ZIELSETZUNG FLOW ENTSPANNUNG MOTIVATION TIPPS GEGEN LAMPENFIEBER SELBSTVERTRAUEN RITUALE & ROUTINEN

Antje Heimsoeth

MENTAL-TRAINING für Reiter

Müller Rüschlikon

Einbandgestaltung: R2 I Ravenstein, Verden

Titelbild: Nicola van Ravenstein

Bildnachweis Innenseiten: siehe Seite 3

Die Trainings- und Coachinghinweise, medizinischen Informationen und sonstigen Empfehlungen stellen die Meinung und Erfahrung der Autorin dar. Sie hat diese nach bestem Wissen und Gewissen überprüft. Die Anleitungen können jedoch eine Beratung, ein Coaching, eine Therapie und/oder eine medizinische Beratung nicht ersetzen.
Für einen eventuellen Missbrauch der Informationen in diesem Buch können weder die Autorin noch der Verlag oder die Vertreiber des Buches zur Verantwortung gezogen werden. Eine Haftung für Personen-, Sach- und Vermögensschäden ist ausgeschlossen.

Eine frühere Ausgabe dieses Buches ist mit der ISBN 978-3-275-01640-2 erschienen.

ISBN 978-3-275-02285-4

Postfach 103743, 70032 Stuttgart
Ein Unternehmen der Paul Pietsch Verlage GmbH & Co. KG

1. Auflage 2023

Sie finden uns im Internet unter www.mueller-rueschlikon-verlag.de

Lektorat: Claudia König
Innengestaltung: Kerstin Diacont
Druck und Bindung: Graspo, CZ, a.s., Zlín
Printed in Czech Republic

Orhidea Briegel: S. 191 Anja Burkel: S. 170

Silke Dehe: S. 94

Illustrationen und Grafiken: Kerstin Diacont (KD), (www.diacontdesign.de): S. 4 li, 5 re, 8 li, 11, 13, 16, 17, 19, 20, 21, 23, 24, 27, 30 (+AH), 31, 36, 38 li, 41, 48, 50, 52, 53, 54, 65, 66, 77, 78, 79, 81, 82, 84, 85, 86, 89, 90 unten, 92, 103, 104, 106, 113, 114, 115 oben, 119, 123, 127, 130, 131(+AH), 137 unten, 141(+AH), 142 (+AH), 143 (+AH), 144, 145, 146, 147, 148, 153 (+AH), 155, 158, 162 (+AH), 164 (+AH), 165, 169 oben+unten (+AH), 173 re (+AH), 175, 176 (+AH), 183, 186/187 (+AH)

Jorge Chaves©www.fotolia.com: S. 137
Rainer Claus©www.fotolia.com: S. 44
MLA Photography©www.fotolia.com: S. 110
Zitrone Fotolia_59830063_XS: S. 116
Rolphoto©www.fotolia.com: S. 167

Antje Heimsoeth (AH): S. 30 (+KD), 45, 131 (+KD), 141 (+KD), 142 (+KD), 143 (+KD), 153 (+KD+pixabay), 162 (+KD), 164 (+KD), 169 oben+unten (+KD), 173 re (+KD), 176 (+KD), 186/187 (+KD)

Maria Irl: S. 185

©istockphoto Cathleen Clapper: S. 136 / Hedda Gjerpen: S. 4 re, 135 / Jeanne Hatch: S. 75 / Rick Hyman: S. 6 re, 11 / Sebastian Kaulitzki: S. 39 / Mikhail Kondrashov: S. 9 li, 93, 98, 126, 128, 156 / John Rich: S. 8 re, 139 / Holly Kuchera: S. 151

Bernhard Podlech: S. 159

Die Fotos auf den Seiten 58, 178–182 stammen aus dem Buch von Ilona Kröger, Abnehmen mit Klopfakupressur, Kirchzarten: VAK, 2006 (www.vakverlag.de)

pixabay: S. 6 li, 18, 38, 45 o, 49, 60, 69, 90 oben, 94, 96, 101, 104 (+KD+AH), 107,129, 138, 140, 145, 149, 153 (+AH+KD), 166, 173 li

Katharina-Maria Schön: S. 7 li, 9 re, 12, 74

Südwest Verlag /Christian Weiß, München: S. 42, 43

Holger Schupp/www.horsesinmedia.com: S. 7 re

Jacques Toffi: S. 4 li, 5 li, 15, 26, 29

Nicola van Ravenstein: S. 10

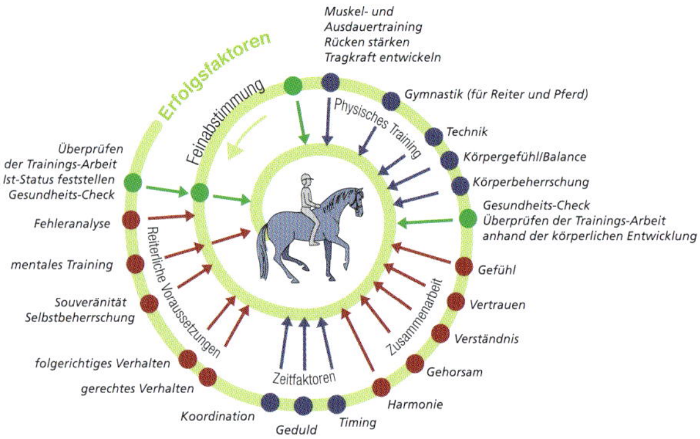

Erfolgsfaktoren
Feinabstimmung
Physisches Training
Reiterliche Voraussetzungen
Zusammenarbeit
Zeitfaktoren
Muskel- und Ausdauertraining Rücken stärken Tragkraft entwickeln
Gymnastik (für Reiter und Pferd)
Technik
Körpergefühl/Balance
Körperbeherrschung
Gesundheits-Check Überprüfen der Trainings-Arbeit anhand der körperlichen Entwicklung
Gefühl
Vertrauen
Verständnis
Gehorsam
Harmonie
Timing
Geduld
Koordination
gerechtes Verhalten
folgerichtiges Verhalten
Souveränität Selbstbeherrschung
mentales Training
Fehleranalyse
Überprüfen der Trainings-Arbeit Ist-Status feststellen Gesundheits-Check

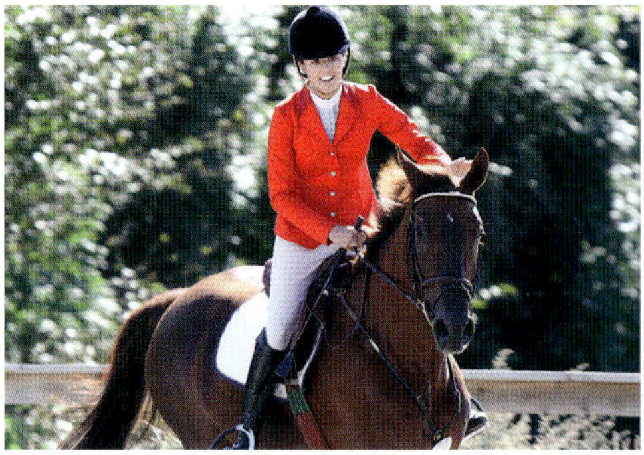

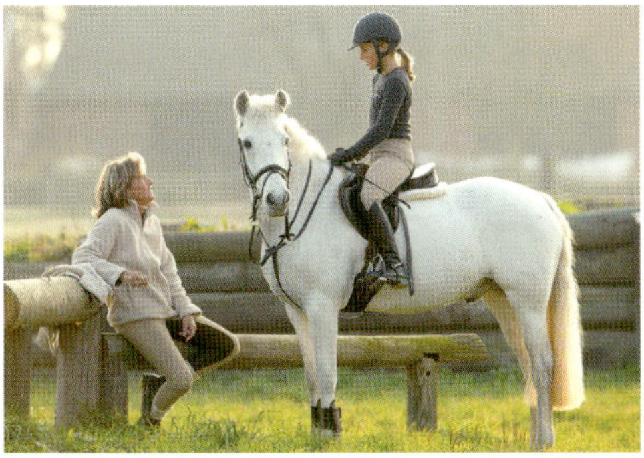

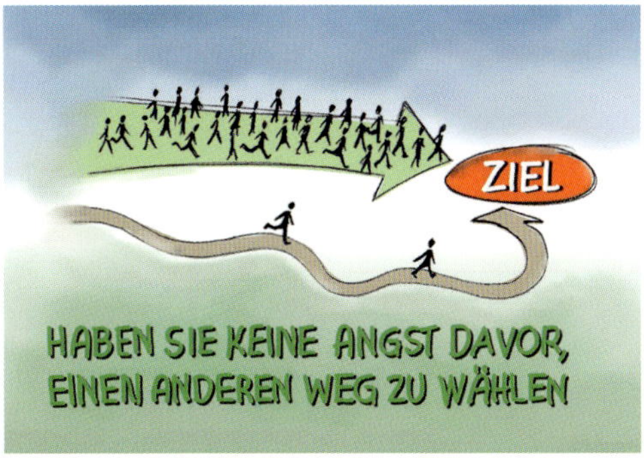
ZIEL
HABEN SIE KEINE ANGST DAVOR,
EINEN ANDEREN WEG ZU WÄHLEN

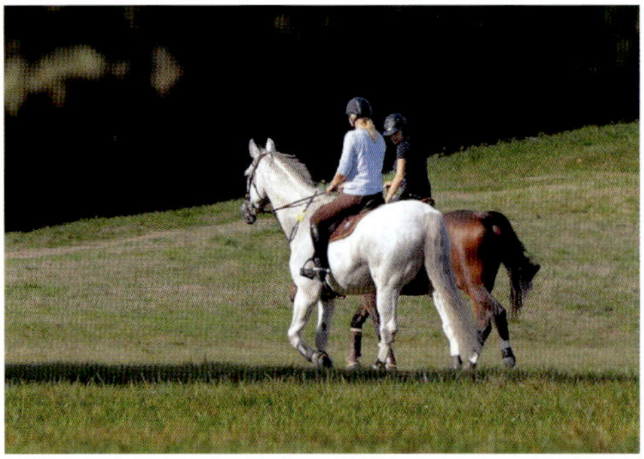

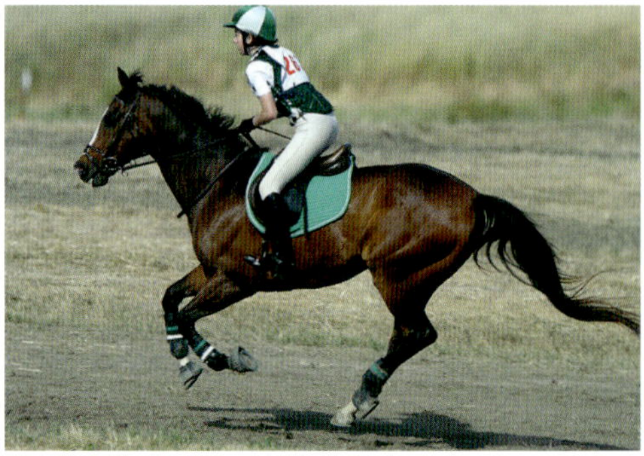

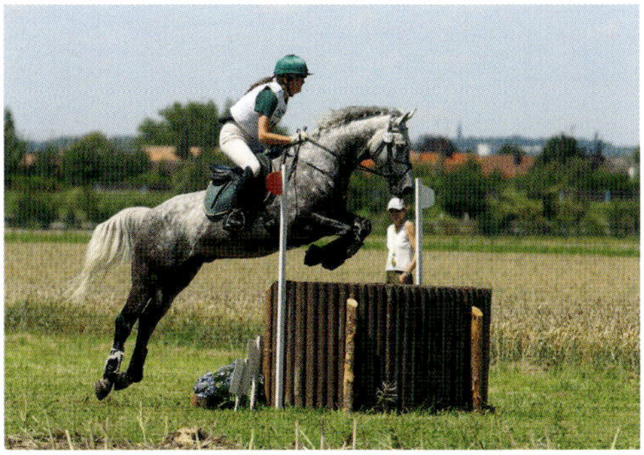

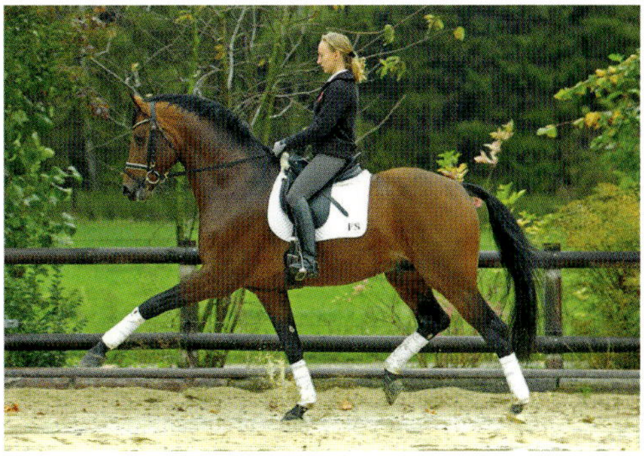

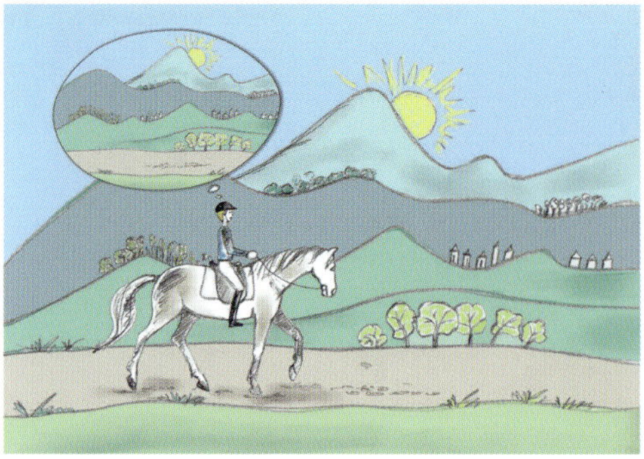

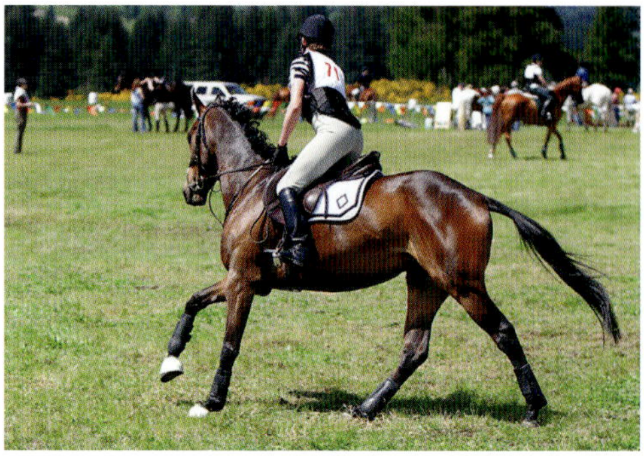

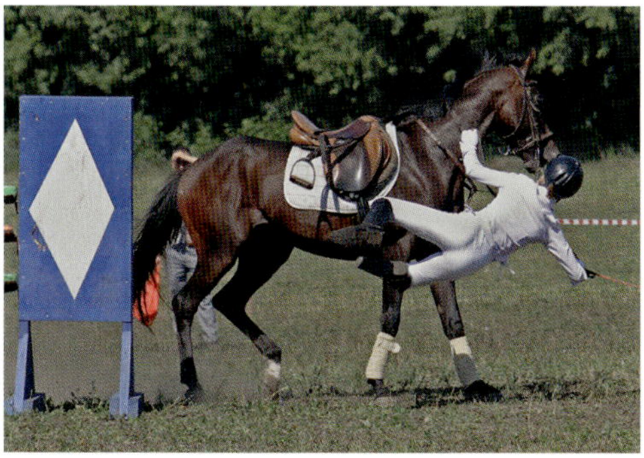

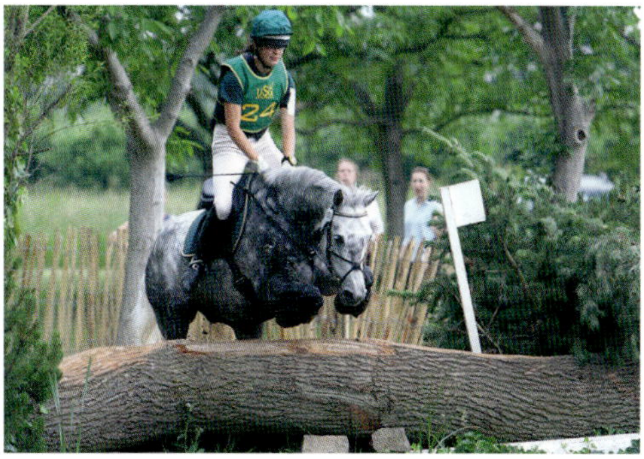

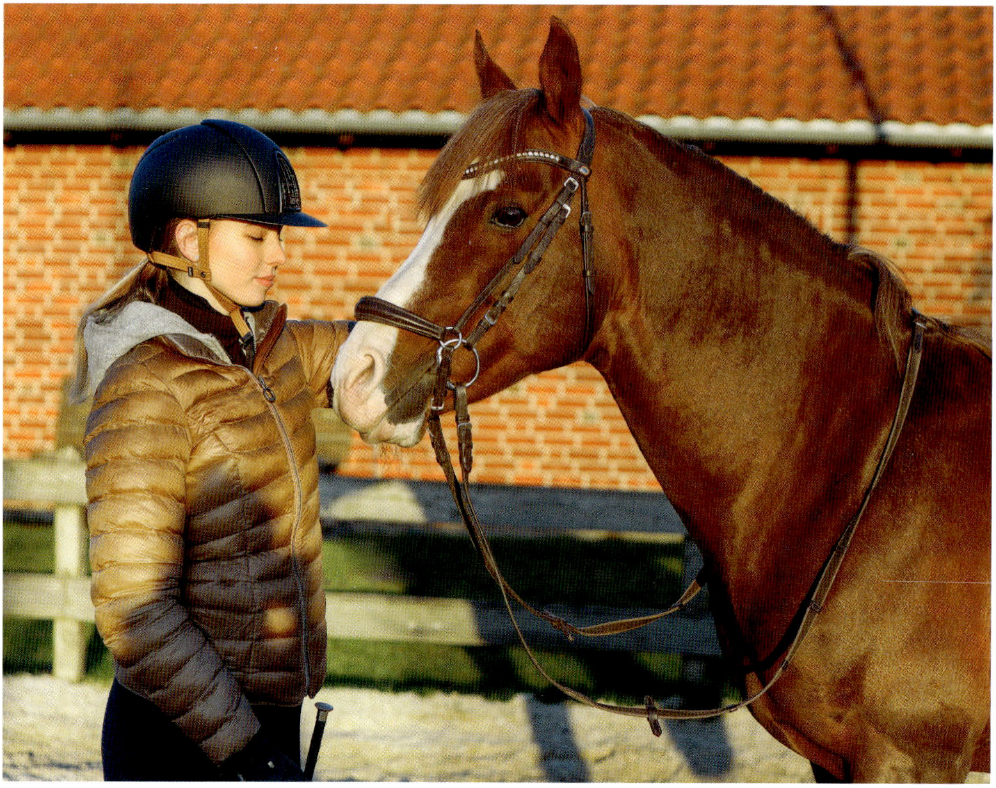

Dieses Praxis-, Arbeits- und Übungsbuch richtet sich an ambitionierte Freizeit-, Amateur- und Profi-Reiter, die durch mentales Training ihre Leistungspotenziale voll nutzen möchten.
Sie werden im Laufe der Zeit mit Hilfe des mentalen Trainings ihre reiterlichen Fähigkeiten verbessern können, ihre Leistung steigern, immer häufiger Erfolgserlebnisse verzeichnen und die Zeit mit ihren Pferden richtig genießen können.

Reitlehrer, die sich weiterbilden möchten, erhalten hier viele Ideen, praktische Übungen und Techniken zu mentalen Aspekten an die Hand. Hier einige Stichpunkte: Konzentration auf das Wesentliche und den entscheidenden Moment (Hier und Jetzt!), Anspannungsniveau, Gedankenkraft, Ziele, Selbstvertrauen, Selbstwert, Selbstwirksamkeit, Selbstliebe, Akzeptanz, Gleichgewicht, Atemtechniken, mentale und emotionale Stärke, Entspannungsfähigkeit, Regeneration und Erholung für Reiter, Motivation sowie Umfeldmanagement.

Für Turnierreiter gibt es ein Kapitel zur mentalen Turniervorbereitung. Hier finden Familienmitglieder, die Mannschaft im Hintergrund und auch Freunde viele nützliche Informationen und spannende Erkenntnisse.
Durch meine langjährige Erfahrung als Reiterin/Mental Coach im Sport und viele Diskussionen mit Reitern und Trainern vermittle ich mentales Training immer mit dem Blick auf den »gesamten Menschen«, d.h., dass ich mir auch das Umfeld genau ansehe, denn erst dies führt zu langfristigem Erfolg.
Auch mein persönlicher Hintergrund liegt in der Welt der Pferde. Ich habe das Reiten mit dem Laufen gelernt. Ich bin passionierte Reiterin, habe an vielen Turnieren teilgenommen, bin Wander- und

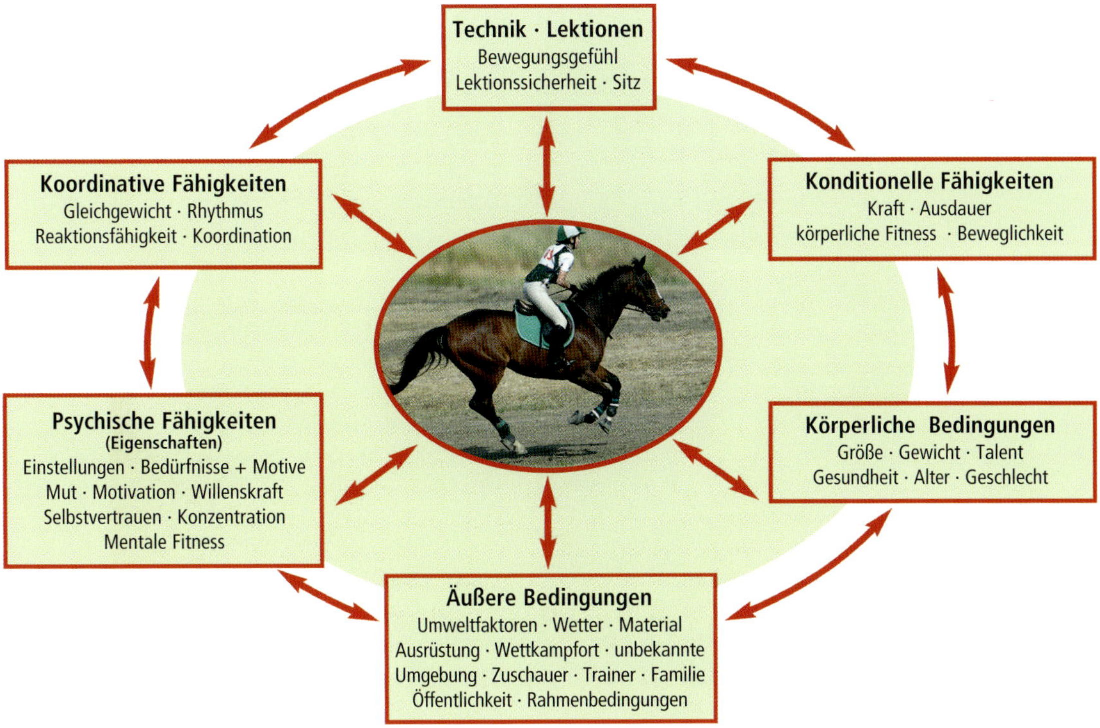

Körperliche Leistungsfähigkeit

Leonhardi-Ritte mitgeritten, habe den 1-PS-Tag und verschiedene Reitturniere (mit-)organisiert, junge Pferde von der Koppel weg und auf Auktionen gekauft und selbst ausgebildet.

Ich habe einen Sommer lang Islandpferde geritten, bin Berittführerin und im Besitz des Silbernen Reitabzeichens. Alles hier aufzuzählen, was ich mit Pferden schon gemacht und erlebt habe, würde den Rahmen sprengen.

Ich stürzte mehrmals schwer beim Springen, 1998 dann sehr schwer mit einem jungen Pferd. Meine reiterliche Laufbahn endete hier zunächst. Ich musste meine Pferde verkaufen. Ganz aufhören? Das Reiten und den Reitsport ganz an den Nagel hängen? Damals ja. Ich nutzte die Auszeit für eine Neu- und Umorientierung in meinem Leben und begann, mich intensiv in NLP, (Sport-)Kinesiologie, Brain Gym, Sportmentaltraining und -coaching (HIM und HAG), wingwave®, in energetischem und systemischem Arbeiten, Konfliktmanagement, in gewaltfreier Kommunikation, Mentaltraining (u.a. nach Tepperwein), Lernberatung, -coaching, in provokativem Coaching u.v.m. ausbilden zu lassen. Ich blicke heute stolz auf über 40 Ausbildungen.

Mittlerweile reite ich auch wieder – ohne Angst und Stress. Ich bin überzeugt vom Wert des Mentaltrainings und der Sportpsychologie. Als Turnierreiterin war ich unsicher und sehr nervös, voller Selbstzweifel und Ängste. Heute kann ich Prüfungen, egal welcher Art auch immer, und Reden vor 1.000 und mehr Menschen genießen. Ich habe sogar Spaß daran.

Entstanden sind aus all meinen Ausbildungen, Erkenntnissen und Erfahrungen unter anderem die Reit-Mental-Coach-Ausbildung und 13 Bücher, darunter dieses Buch über mein Lieblingsthema zur

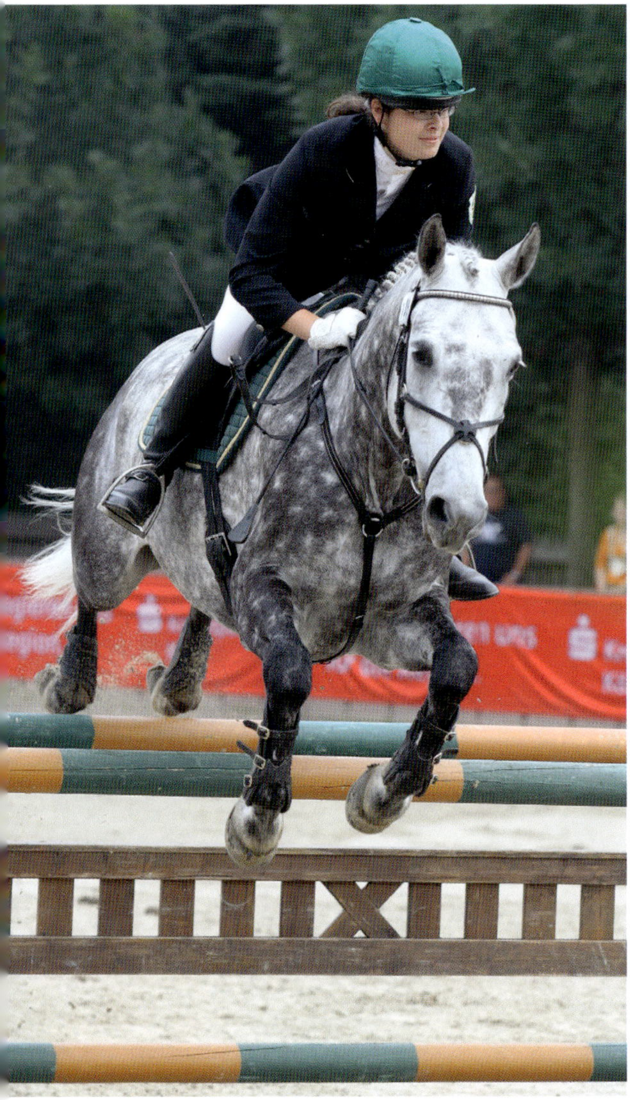

Verbesserung des Reitens und Lebens im Allgemeinen durch mentale und emotionale Stärke. Ich beschäftige mich in diesem Buch in erster Linie mit Ihnen und nicht mit dem Pferd. Ich hoffe, dass Ihnen die Gedanken von großem Nutzen sein werden.

Mentaltraining als »ganz normale« Ergänzung zu den bereits erkannten Trainingsmethoden, ja oder nein? Dies ist für mich keine Frage. Viele Reiter wissen noch nicht, wie wichtig der mentale Bereich gerade beim Reiten ist. Denn Pferde spiegeln uns als Mensch und unsere Stimmung. Auch im Reitsport scheitern bestens ausgebildete Reiter, weil sie ihre Trainingsleistungen auf dem Turnier nicht abrufen können. Die sportliche Leistungsfähigkeit und Karrieren sind ernsthaft gefährdet. Zudem wird immer jede sportliche und nicht sportliche Handlung von einem mentalen Prozess begleitet.

Wollen Sie diesen mentalen Prozess zukünftig bewusst beeinflussen können? Oder seinen Verlauf dem Zufall überlassen? Sie können mit Hilfe des Mentaltrainings mentale Prozesse bewusst und systematisch beeinflussen. Daher ist Mentaltraining so wichtig – und zwar genauso wichtig, wie das Reiten selbst.

Viele Menschen haben schon einmal von Mentaltraining gehört, stehen aber Mentaltraining und der praktischen Sportpsychologie, die sich in den letzten Jahren stark weiterentwickelt hat, mit einiger Skepsis gegenüber. Der Nutzen des Mentaltrainings ist wissenschaftlich abgesichert (vgl. Feltz & Landers 1983). Mit der Zeit nehmen fast alle Menschen, auf die ich in meinen Ausbildungen, Seminaren und in Einzelcoachings gestoßen bin, Mentaltraining ernster. Im Reitsport ist allerdings ein systematisches Durchführen mentaler Übungen eher noch die Ausnahme. Immer mehr Reiter und Ausbilder lassen sich auf Mentaltraining ein. Und natürlich gibt es keine bessere Bestätigung des Mentaltrainings, als wenn eine Reiter-Pferd-Kombination bei einem Turnier erfolgreich ist, wo niemand es erwartet hat.

Ausbilder und Reiter stehen oftmals vor denselben Herausforderungen. In meinen Coachings berate ich selten nur den Reiter, sondern auch die Eltern von Kindern und den Trainer etc. Es ist nicht effektiv und effizient und für alle wenig aufbauend, wenn man einen Reiter in ein Umfeld entlässt, das die positive Veränderung nicht wertschätzt und unterstützt, nicht mitarbeitet und die vom Reiter formulierten Ziele nicht mitträgt. Innere und äußere Konflikte wären vorprogrammiert.

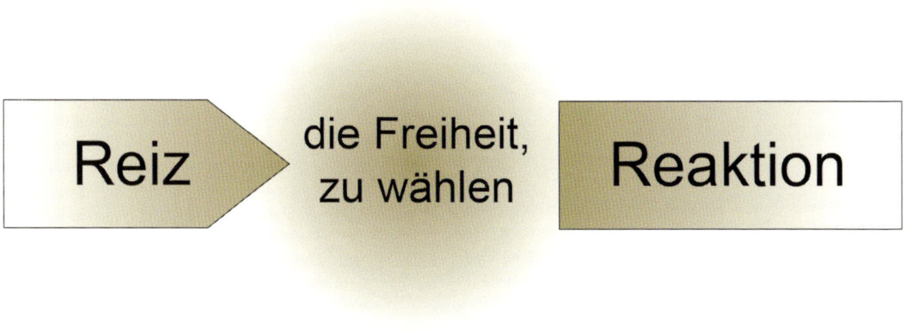

Je nachdem, wie Sie auf die verschiedenen Probleme und Hindernisse, mit denen Sie konfrontiert werden, reagieren, werden Sie als Reiter erfolgreich sein oder eben nicht. Können Sie mit Stress und Angst besser umgehen und diese als Herausforderung sehen, werden Sie an jedem Problem wachsen und dadurch besser werden.

Was nützen sehr gut gerittene Lektionen im Heimatstall auf dem Dressurplatz, was eine optimale Taktik, eine gute physische Verfassung, sehr gute Pferde und sonstige Ausrüstung, wenn Sie im entscheidenden Moment doch sehr nervös sind und sich nicht konzentrieren können?

Aufgrund Ihrer erarbeiteten mentalen Stärke werden Sie immer häufiger in der Lage sein, in Stresssituationen gelassen und erfolgreich zu handeln und Ihre Trainingsleistungen in Turnierprüfungen reproduzieren zu können. Und Sie werden dann auch wieder mehr Zeit für Dinge außerhalb des Reitsports haben.

Mentale Stärke ist trainierbar!

In vielen praktischen Übungen, die leicht ins reguläre Training integriert werden können, werden Sie nachfolgend in wichtige Techniken und Formate des mentalen Trainings eingeführt. Sie erhalten in diesem Buch keine Reitlektionen, Bodenarbeitsübungen oder Ausrüstungsempfehlungen. Zu diesem Thema gibt es bereits viele Bücher, die Sie zum Teil im Literaturverzeichnis finden und die Sie parallel oder danach lesen können.

Nicht jede der in diesem Buch aufgeführten Techniken wird Ihnen zusagen oder für Sie geeignet sein. Treffen Sie Ihre Auswahl aus der Fülle der Techniken und Hilfsmittel, die zu Ihnen passen und Ihren Bedürfnissen entsprechen. Sie können das vergleichen mit einem Einkauf in einem großen Supermarkt. Sie gehen ja auch nicht in den Supermarkt und kaufen alles.

Mentaltraining ist nicht einfach nur positives Denken, es beinhaltet sehr viel mehr. Durch das ganzheitliche Befassen mit Ihrer reitsportlichen Laufbahn, der Kenntnis Ihrer Stärken, Ziele und Blockaden, dem Umgang mit Ihren negativen Gefühlen wie Frustration, Ärger, Missmut, Mutlosigkeit oder Angst werden Ihren Selbstwert und Ihr Selbstvertrauen steigen. Sie werden besser als je zuvor vorbereitet sein auf Turniere und mit dem Umgang mit Pferden wieder positive Gefühle wie Freude, Spaß und Entspannung verbinden.

Natürlich hat das Buch auch seine Grenzen – oder um es deutlich zu sagen: Es bringt Ihnen überhaupt nichts, wenn Sie es sich nur durchlesen oder die Übungen nur einmal ausprobieren. Mentales Training heißt üben, üben, üben, langfristiges und regelmäßiges Durchführen der mentalen Techniken und aktives Handeln. Diesen Schritt kann ich Ihnen nicht abnehmen, und es ist auch nicht meine

Aufgabe, hier mit dem erhobenen Zeigefinger zu stehen.

Alle in diesem Buch vermittelten Strategien und Techniken können Sie natürlich auch in der Schule, in Studium und Berufsalltag sowie im Management einsetzen.
Ich wünsche Ihnen beim Lesen dieses Buches zahlreiche anregende Ideen, viel Erfolg, Motivation und vor allem Spaß auf Ihrer »Reise als Reiter«!

Ihre Mental Coachin Antje Heimsoeth

Anmerkung der Autorin:
Selbstverständlich sind mit Reiter auch Reiterinnen, mit Trainer auch Trainerinnen, mit Reitlehrer auch Reitlehrerinnen gemeint. Aus Gründen der Vereinfachung wird nur die männliche Schreibweise verwendet.
Aus Gründen der besseren Lesbarkeit wird auf die gleichzeitige Verwendung der Sprachformen männlich, weiblich und divers (m/w/d) verzichtet. Sämtliche Personenbezeichnungen gelten gleichermaßen für alle Geschlechter.

Für dieses Buch steht Ressourcenmaterial für die praktische Umsetzung im reiterlichen Alltag zur Verfügung.

Dieser QR-Code führt Sie auf eine Landingpage mit Ressourcenmaterial und Arbeitsblättern.

Mentales Training

»Das Geheimnis des Erfolgs liegt darin, für die Gelegenheit bereit zu sein, wenn sie kommt.«

B. Disraeli

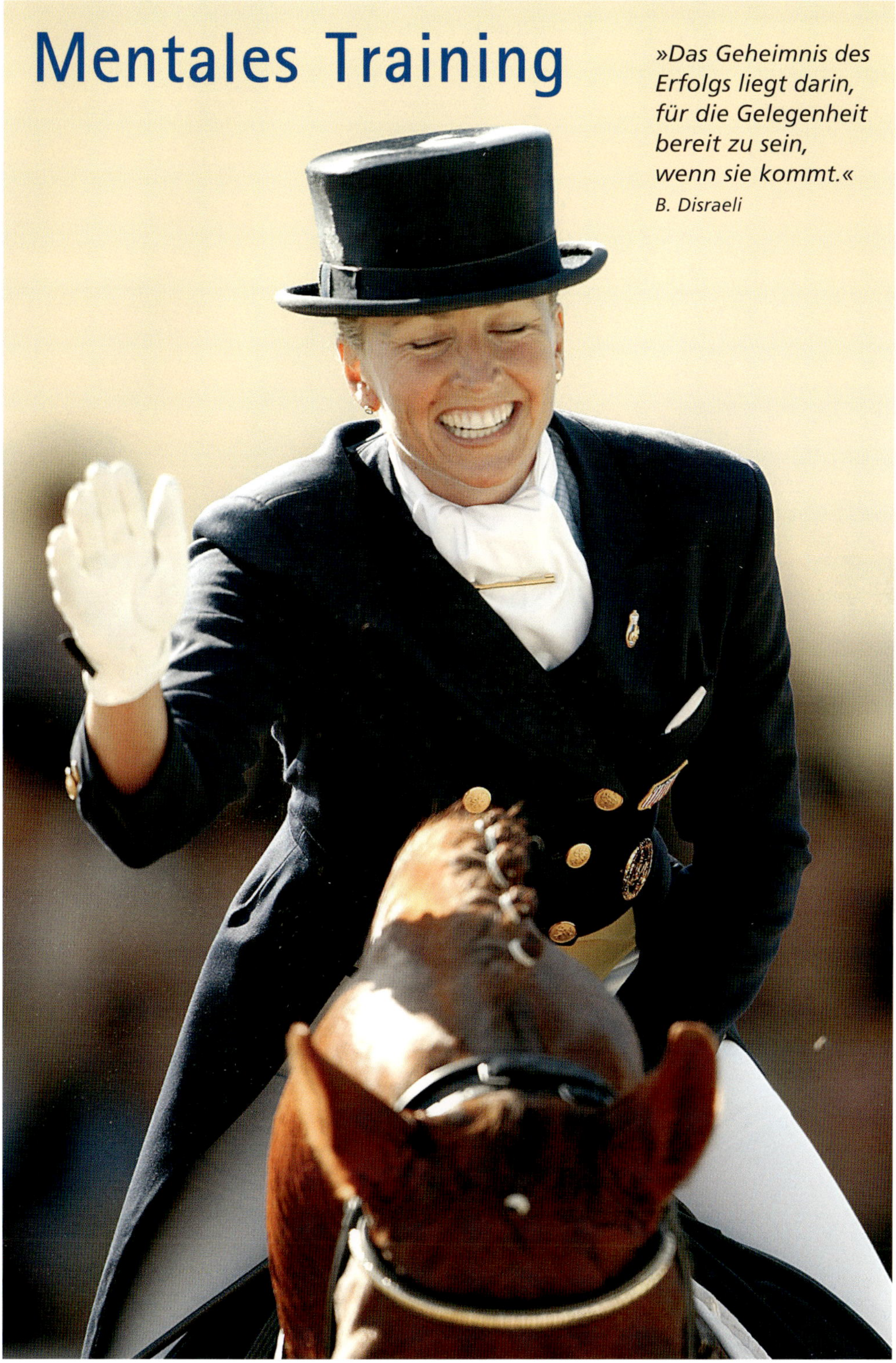

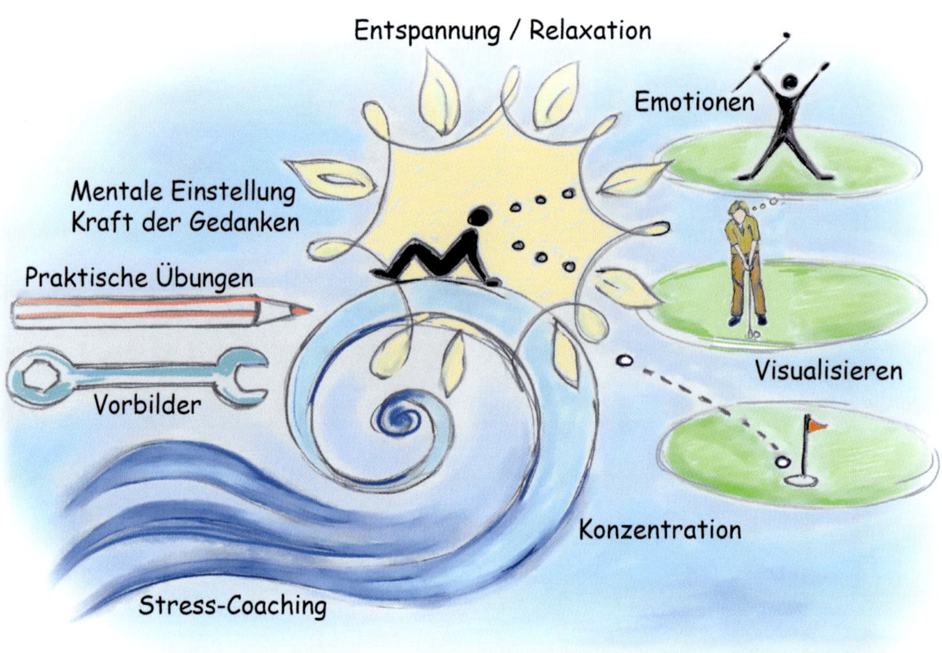

Mentales Training

Definitionen

mental: [lateinisch] die psychischen Vorgänge (Denken und Vorstellen) betreffend. (www.wissen.de)

Ziele des Mentaltrainings	
Mentales Training = Alle Maßnahmen zur psychischen Beeinflussung des Reiters	
Verbesserung psychischer Ressourcen Beeinflussung von Motivation und Emotionen im Training und Turnier	**Verbesserung motorischer Leistung mit psychologischen Mitteln** Motorisches Lernen ohne eine physikalische Ausführung der Bewegungsabläufe

mental: [Adj., o.Steig.] zum Geist gehörend, den Geist betreffend, geistig, (nur) in Gedanken (aus www.wissen.de)

Das Training: [englisch]
Im weiteren Sinne jede organisierte Ausbildung, wie z.B. industrielle Anlernverfahren oder berufsqualifizierende Verfahren wie Verkaufstraining, Astronautentraining u.a. Die Psychologie kennt verhaltensändernde Methoden und Lernverfahren, die auch als Training bezeichnet werden, wie mentales Training, autogenes Training und observatives Training.
Im engeren Sinne spricht man vom sportlichen Training, womit allgemein die verschiedenen Maßnahmen zur zielgerichteten Leistungssteigerung und -erhaltung im Sport bezeichnet werden; wird angewendet im Leistungssport, Schulsport, Breiten- und Freizeitsport sowie in der Prävention und Rehabilitation. (aus www.wissen.de)

Mentaltraining beinhaltet das lat. Wort »mens«, was so viel bedeutet wie »Geist«, »Verstand«, »Intellekt«.

Mentale Stärke

- Selbstreflexion, Selbstbild, Selbsteinschätzung,
- Ist-Analyse
- Stärken stärken
- Werte-Arbeit
- Die richtigen Ziele setzen und erreichen

Gedanken, Denken

- Positives und negatives Denken
- Optimismus, Pessimismus
- Gedankenkontrolle
- Die Kraft der positiven Gedanken
- Neuroplastizität
- Selbsterfüllende Prophezeiung
- Positives Selbstgespräch
- Gedankenstopp

Ergebnis- und Prozessziele

- Ressourcenarbeit
- Handlungsschritte

Entspannung und Regeneration

- Atemübungen zur Entspannung
- Ausreichend Schlaf
- Digital Detox
- Geistige Auszeit
- Progressive Muskelentspannung
- Autogenes Training
- Meditation
- Individuelle Entspannung

Selbstvertrauen und Selbstwert

- Fokus und Ziele
- Selbstakzeptanz, Selbstannahme
- Eigenverantwortliches Leben
- Persönliche Integrität

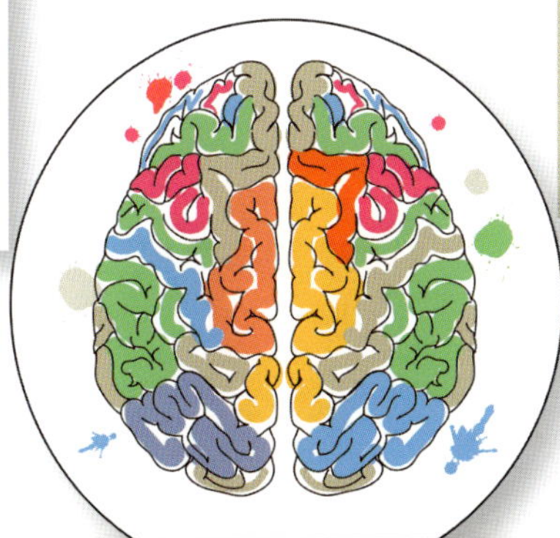

Mentales Training

Emotionsmanagement

- Emotionen sammeln
- Anspannen und Entspannen
- Emotionale Kontrolle durch Atmung
- Umgang mit Druck
- Umgang mit Redeangst, Lampenfieber, Aufregung, Blackout
- wingwave®, Klopftechniken (EFT)
- Problembox
- Submodalitäten

Motivation

- Ziele setzen und erreichen

Konzentration

- Der optimale Leistungszustand
- Flow
- Innere und äußere Ablenkungen ausblenden
- ›Tunnelblick‹
- Hier und jetzt

Mentale Vorbereitung von Herausforderungen

- Erfolgsgalerie nutzen
- Erfolgsvisualisierung
- Zielfoto im Kopf
- Vorstellung der Bewältigung der Herausforderung
- Aufbau mentaler Stärke
- Realistische Affirmationen sprechen
- Meditation, um den Kopf frei zu bekommen
- Entspannungsübungen
- Positive innere Einstellung zur Herausforderung
- Selbstliebe

Stress

- Stress entsteht durch Bewertung
- Innere Antreiber
- Energieräuber, -fass
- Kleine Pausen machen
- Die Macht der inneren Bilder
- Entspannung und Regeneration
- Auszeiten nehmen
- Resilienz

Routinen und Rituale

- Die Macht der Gewohnheiten
- Feierabendritual
- Pausengestaltung
- Rituale vor einer Herausforderung, z.B. Präsentation

* **Mentales Training** ist eine Form des geistigen Trainings zur Verbesserung mentaler Fähigkeiten und Fertigkeiten (gedankliches Durchspielen, Visualisierung, ...).

* **Unter mentalem Training** – es wird auch als ideomotorisches Training bezeichnet – versteht man das Erlernen oder Verbessern eines Bewegungsablaufes durch intensives, bewusstes, wiederholtes Vorstellen einer sportlichen Handlung ohne gleichzeitiges tatsächliches Üben. Voraussetzung für das mentale Training ist eine klare Bewegungsvorstellung und Eigenerfahrung.
Durch ideomotorisches Training wird eine schwache Kontraktion der Muskeln hervorgerufen.

* **Vorstellungen** können bildhaft, verbal oder kinästhetisch sein.

»... Mentales Training verkürzt die Lernzeiten für die Aneignung sportlicher Techniken.« ... »Mentales Training erlaubt relativ hohe Wiederholungsfrequenzen pro Zeiteinheit und wirkt daher energiesparend.« (Weineck)

Mentales Training = gedankliche Vorbereitung, Hineingehen in eine Situation im Vorfeld. Für das Gehirn ist es nahezu egal, ob man etwas macht oder es sich nur vorstellt.

Leitsatz: Ein mental starker Mensch hat nie das Gefühl, ein Verlierer zu sein.

Wozu mentales Training im Reitsport?

Einige Beispiele, zu welchen Zwecken Mentaltraining im Reitsport unter anderem eingesetzt werden kann (auch abgeleitet aus den Erfolgsfaktoren im Reitsport, siehe Abbildung Seite 20):
Verbesserung – Wiederherstellung – Stabilisierung psychischer Leistungen und Prozesse beim Reiten.

Klare Zielsetzung (richtige Formulierung) und Zielorientierung

Das ist die wichtigste Voraussetzung für den Erfolg. Und zwar die »richtige« Zielsetzung.

Vielen ist allein dadurch der nachhaltige Erfolg verwehrt, weil sie nur sehr vage und nicht konkrete Zielvorstellungen im Kopf haben.

Visualisieren des Erfolges, des Sieges

Wenn Sie Sich vorstellen, dass Sie schon gewonnen haben, trägt das wesentlich zum Erfolg bei. Durch diese Vorstellung an den Sieg, verändert sich die »Hirn-Chemie« und dadurch auch die »Körper-Chemie« und entfaltet dabei die Ressourcen im Körper, um Höchstleistungen zu erbringen.

Das Gegenteil bewirken würde, wenn Sie zum Beispiel Angst vor dem Turnier hätten. Das lähmt. Die Trainingsleistungen können nicht umgesetzt werden.

Motivation

Nicht jeden Tag sind wir gleich motiviert, um zu trainieren, oder gleich gut drauf bei einem Turnier. »Schlechte Tagesverfassung« höre ich oft als Grund für mittelmäßige Leistung. Wenn Sie diese Motivation selber beeinflussen können, haben Sie gegenüber anderen einen entscheidenden Vorteil.

Nervös vor dem Turnier

Es gibt unzählige Gründe, warum ein Reiter vor oder bei einem Wettkampf nervös oder »gelähmt«

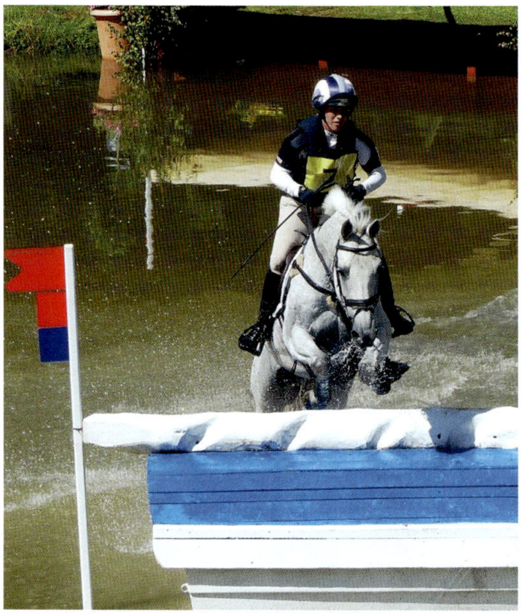

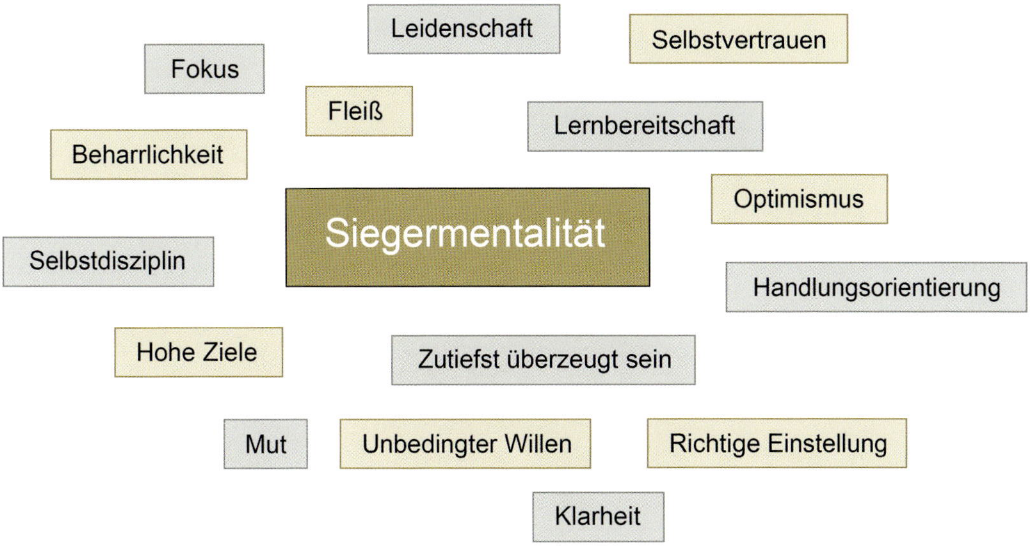

sein kann: hoher Erwartungsdruck von sich selber oder von anderen Menschen, bin heute nicht gut drauf, schlecht geschlafen, usw. Mentale Stärke ist, eben diese Störungen im Griff zu haben.

Aufmerksamkeit und Konzentration – gezieltes Training der Konzentrationsfähigkeit

Ablenkung, Unachtsamkeit, Überforderung, Selbstüberschätzung, Überforderung, Müdigkeit und Leistungsdruck sind oft Gründe für Fehler. Sich im richtigen Augenblick voll konzentrieren zu können, ist eine der wichtigen mentalen Stärken.

Energie und Kraft auf Abruf

Kennen Sie das, im entscheidenden Augenblick fehlt plötzlich die Energie, die Kraft? Während dem Training wurden die Limits erfüllt und nun im entscheidenden Augenblick kocht die Energie nur noch auf Sparflamme. Zum richtigen Zeitpunkt Energie zu mobilisieren entscheidet oft über Sieg oder Niederlage, auch im Reitsport.

Durchhaltevermögen

Bei länger andauernden Belastungen ist das Durchhaltevermögen von entscheidender Bedeutung. Mit entsprechender mentaler Stärke können sich Reiter im Finale sogar noch steigern.

Siegermentalität

Man muss den Willen haben, etwas erreichen zu wollen und den entsprechenden Ehrgeiz. Geben Sie nicht sofort wieder auf, nur weil Sie mal gescheitert sind, sondern bleiben Sie dran. Glauben Sie an Ihre Vision und Ziele, die vielleicht gerade im Moment noch nicht machbar sind, aber die Sie sich vorstellen können, dass Sie diese erreichen können und durch die Vorstellung ein Gefühl dafür entwickeln, was diese zu erreichen, in Ihnen auslösen kann. Arbeiten Sie gelassen auf das große Ziel hin. Schauen Sie dabei nicht auf andere. Nach jedem Sieg beginnt der nächste Zyklus (z.B. auf die Olympischen Sommerspiele – 4 Jahre Vorbereitungszeit). Nichts geht von heute auf morgen – setzen Sie sich ein großes Ziel und dazwischen Etappenziele.

Erholung und Regeneration

Regeneration ist die Fähigkeit, durch die Anwendung geeigneter Entspannungsmethoden (z.B. Autogenes Training, Progressive Muskelentspannung, Tai Chi etc.) ein inneres Gleichgewicht zwischen Körper und Geist, Training und Erholung, Arbeit und Spiel, Entspannung und Bereitschaft bewusst zu steuern.
Wenn zwischen den Turnieren nur kurze Pausen sind, sinkt Ihre Leistungsfähigkeit, auch die des Pferdes, zunehmend.

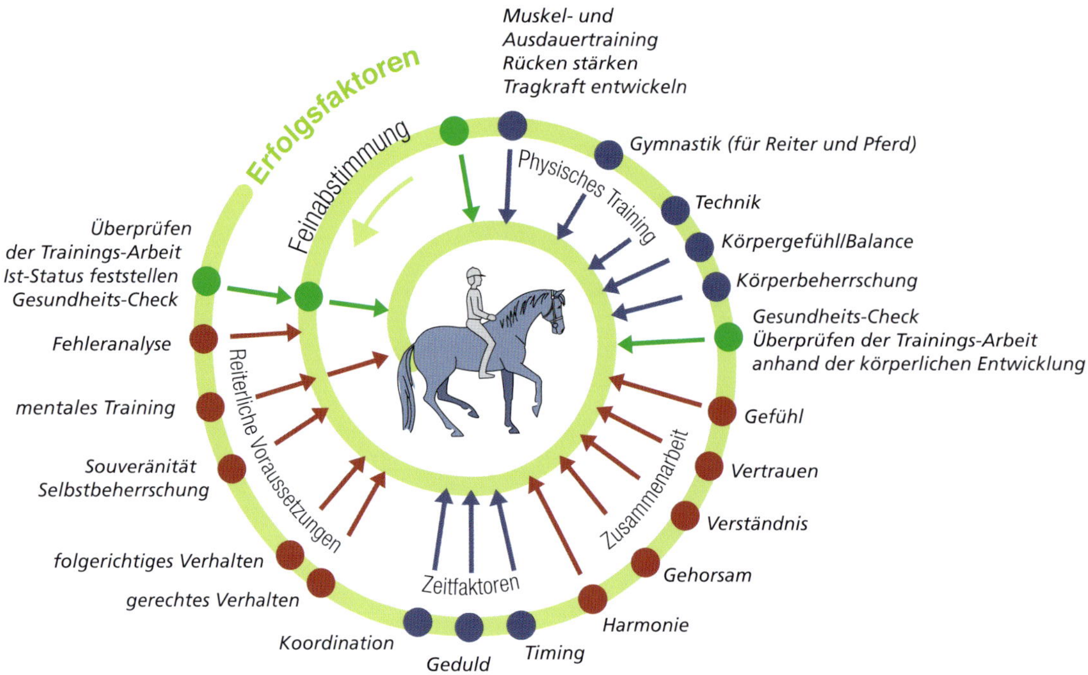

Hier ist entscheidend, wie gut Sie sich regenerieren können. Mit entsprechenden Mentaltechniken kann die Regenerationszeit verkürzt und die Regenerationswirkung stark erhöht werden. Diese Fähigkeit entscheidet eben oft über Sieg oder Niederlage. Oft wird Mentaltraining auf Entspannungstraining reduziert. Fakt ist, dass gezielte Entspannung die Körperwahrnehmung, das Körpergefühl und die Regeneration fördert. Mentaltraining ist jedoch viel mehr als Entspannungstraining.

Ablenkung durch Außeneinflüsse vermeiden

Unzählige Dinge von außen können das Leistungsvermögen beeinflussen: schlechtes Wetter, schlechte Luft in der Reithalle, zu heiß, zu kalt, Mitbewerber betreiben »Psychokrieg« usw. Gegen diese Einflüsse können wir uns mit mentalem Training hervorragend abschotten.

Hohen Leistungsdruck/ Erwartungsdruck aushalten

Ob dieser Druck vom Reiter selber kommt, oder vom Trainer/Reitlehrer oder Freunden usw. ist egal. Er bewirkt einfach einen starken Stress, der das Leistungsvermögen bremsen kann.

Erlernen eines Bewegungsablaufes, einer Technik

Die kognitive Beteiligung des Gehirns an den Bewegungsabläufen ist stärker als bisher angenommen. D.h. das Unterbewusstsein speichert den Ablauf einer Bewegung, die wir unbewusst und reflexartig bei Bedarf abfragen. Dies verdeutlicht auch, warum die Vorstellung über den korrekten Ablauf einer Bewegung zu besserem Reiten führen kann – mentales Training ist also ein weiterer wichtiger Aspekt für das Erlernen des korrekten Bewegungsmusters.
Neue Bewegungsabläufe werden über den »inneren Film« viel schneller richtig erlernt und automatisiert. Sie lernen, sich Bewegungsabläufe genau so vorzustellen, wie sie in Realität ablaufen. Sie sind auf diese Weise nicht darauf angewiesen, alles immer und immer wieder auf dem Pferd zu üben. Ihr Pferd steht dabei im Stall oder auf der Koppel und wird weder psychisch noch physisch unnötig gefordert. Ihre Nerven, Muskeln, Bänder und Sehnen reagieren in feinerer Form auf dieselbe Art und Weise,

wie beim wirklichen Bewegungsvorgang. Und dadurch können Bewegungsabläufe auf einem Turnier auch unter hoher nervlicher Belastung sicher angewendet werden, denn Sie reagieren – im Ernstfall – genauso, wie Sie es sich mental vorgestellt haben!
In Kurzform: So, wie ich mir Bewegungsabläufe vorstelle, laufen sie in Wirklichkeit ab!

Sie reiten innerlich (mental) in allen Details zum Beispiel eine Lektion wie Schenkelweichen, eine Dressuraufgabe oder einen Parcours und drücken, was Sie dabei tun, in Worten (verbal) aus. Das ermöglicht Ihnen ein Höchstmaß an Eigenkontrolle und dem Reitlehrer eine Kontrolle Ihres Verhaltens.
Sie lernen, Übungen mit geschlossenen oder offenen Augen nachzuspüren und zu wiederholen. (Stellen Sie fest, was bei Ihnen besser funktioniert.) Die Fähigkeit, diesen inneren Film in allen exakten Details zu sehen und nachzuspüren, muss trainiert und geübt werden.

Vorteil: Ich kann immer, überall und so oft ich will üben, ohne mein Pferd zu überanstrengen!

Zum Umlernen einer alten Lektion (oder eines Bewegungsablaufes) in eine neue, oder Verbessern einer fehlerhaften Lektion.
Jeder Sportler weiß, wie schwierig es ist, einen automatisierten Bewegungsablauf umzulernen, dass er im Wettkampf dann auch sicher beherrscht wird.

Das Wegstecken eines Fehlers oder einer Niederlage

Nach einem Fehler oder einer Niederlage die alte Sicherheit schnell wiederzuerlangen, ist eine gravierende Stärke und entscheidet oft über Sieg oder Niederlage. Zahlreiche Beispiele aus dem Spitzensport zeigen, was nach einem Fehler passiert.

Beispiele:
Ski-Ass Hermann Meier steckte seinen spektakulären Sturz schnell weg und gewann gleich darauf den Weltcup.
Michael Schuhmacher (Formel 1) erholte sich nach seinem Unfall rasch und geht nun als einer der beste Rennfahrer aller Zeiten in die Geschichte des Rennsports ein.
Andere haben nach einem Fehler einen bleibenden Knacks und können nie mehr an die vorherigen Erfolge anschließen. Oft macht nur die mentale Stärke den Unterschied aus.

Wichtig: Indem Sie lernen, Vergangenheit und Zukunft auszuklammern, lernen Sie, all Ihre Fähigkeiten und Fertigkeiten auf den Punkt zu konzentrieren, auf den es ankommt – auf das Hier und Jetzt.

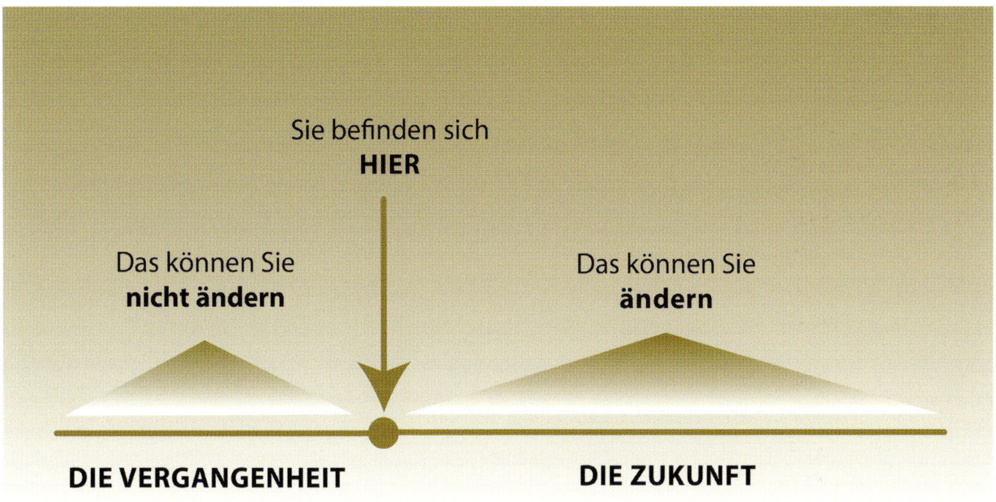

Umgang mit den psychologischen Hürden zwischen dem Potenzial und der Leistung

Unzählige Turniere wurden schon von Reitern gewonnen, weil sie die Ruhe behalten haben und sich konzentrieren konnten, obwohl ein anderer eindeutig Favorit war.
Oder ein anderer hat eine Spitzenleistung »vorgelegt«; dann trotzdem die innere Ruhe zu bewahren, ist mentale Stärke.
Mit Hilfe dieses Buchs lernen Sie, sich in jeder Situation zu konzentrieren und sich nicht von Störfaktoren ablenken zu lassen. Aber auch dies müssen Sie üben.

Muskeltraining durch Mentaltraining

Wissenschaftliche Versuche haben ergeben, dass durch Mentaltraining Muskeln zusätzlich wirkungsvoll trainiert werden können. Und zwar Muskelvolumen, Maximalkraft, Schnellkraft, lokale Muskelausdauer usw.

Schnelle Rehabilitation nach einer Verletzung, Unfällen und Krankheiten

Haben Sie nicht auch schon gestaunt, wie schnell Spitzenathleten nach großen Verletzungen wieder zurück an der Spitze waren? Mentales Training hilft bei der **Prävention von Verletzungen**, bzw. wenn es doch zu Verletzungen gekommen ist, beim **mentalen Aufbautraining** und **nach Verletzungen**. Unfälle werden mittels Mentaltraining leichter verarbeitet.

Grundverständnis/Grundannahmen

- Menschliche Handlungen gehen immer mit inneren mentalen Prozessen einher.
- Diese mentalen Prozesse werden gleichermaßen von unseren Gedanken, Gefühlen und unserer körperlichen Haltung beeinflusst.
- Mentale Prozesse haben immer eine logisch-rationale und eine affektiv-emotionale Komponente.
- Mentale Prozesse können durch Mentaltraining beeinflusst werden.
- Mentaltraining unterstützt Menschen bei der umfassenden Entwicklung ihrer Potentiale. Es hilft Menschen, Ihre Stärken zu stärken.
- Mentaltraining wirkt präventiv.

Konsequenzen für Mentaltraining

- Schaffung eines emotional positiven Umfelds
- Schaffung emotional positiver Beziehungen
  - zwischen Reitlehrer/Ausbilder – Reitschüler
  - zwischen Mentaltrainer – Klient/Reiter
  - zwischen Reitbeteiligung – Besitzer des Pferdes
  - zwischen ...

Wie wirkt mentales Training?

Mentale Stärke

Definition

Als mentale Stärke bezeichnet man die »Fähigkeit, im entscheidenden Moment unter den gegebenen Bedingungen die bestmögliche Leistung zu erbringen«. (Venzl, 1993).
Die folgende Übung als Einstieg soll Ihnen zeigen, wie sich Ihre Gedanken auf Ihre mentale Verfassung auswirken: Wir nutzen dazu den Muskeltest aus der Kinesiologie. Wir testen den Muskeltonus, ob der Muskel stark oder schwach reagiert. Wenn der Muskel schwach reagiert, dann zeigt der Körper dadurch Stress an. Bitten Sie jemanden, mit Ihnen folgende Übung zu machen:

- Machen Sie sich gedanklich frei, und halten Sie Ihren Arm waagerecht bzw. strecken Ihren Arm zur Seite raus und lassen Ihn durch eine andere Person »testen«. (Die Person drückt hinter dem Handgelenk, da wo sonst die Uhr ist, auf Ihren Arm. Im Regelfall können Sie dem Druck einen Widerstand leisten. Der Muskel fühlt sich stark an.)
- Denken Sie an eine Person, die Sie nicht mögen, die Ihnen unsympathisch ist. Diese Person steht vor Ihrem inneren Auge vor Ihnen (VAKOG).

Oder denken Sie an eine Situation, die Sie belastet. Gehen Sie ins Thema. Halten Sie nun Ihren Arm waagerecht bzw. strecken ihn zur Seite raus und lassen Ihn durch die andere Person »testen«.
Was passiert? In ca. 88 % der Fälle signalisiert der Körper den damit verbundenen Stress mit einem »schwachen« Muskel, d.h. der Arm lässt sich leicht nach unten drücken.

- Separator/Unterbrecher (Frage: »Wie viel Uhr haben Sie?«)

Worauf wirken Gedanken?

1 Physiologie

Gedanken bewirken Reaktionen im Körper, bei der Atmung, dem Muskeltonus, Zittern. Gedanken können Sie verkrampfen oder entspannen lassen. Negative Gedanken wirken sich auf Gestik und Mimik aus. Um dem entgegenzuwirken, kann zum Beispiel über das Verhalten »Lächeln« Entspannung gefördert werden. Lächeln steht in Verbindung mit Freude und ist eine Konditionierung.

Ein erstes kurzes Hochziehen Ihrer Mundwinkel bewirkt Entspannung, eine heitere und auflockernde Grundstimmung und ein befreites Gefühl stellt sich im ganzen Körper ein: An was erinnert Sie Lächeln? An Fröhlichkeit? Sie sollten ein leichtes Lächeln automatisieren. Kleben Sie einen besonderen Marker, wie beispielsweise einen ›Smiley‹, in Ihren Spint im Stall, der Sie jedes Mal, wenn Sie ihn öffnen, liebenswürdig an das lächelnde Verhalten erinnert. Oder legen Sie ihn in Ihren Geldbeutel, an Ihren Computer-Bildschirm, auf das Telefon, an den Kühlschrank. Wenn Sie dies gut trainiert und automatisiert haben, dann genügt Ihnen bereits die Vorstellung, ein Lächeln nach innen, um lockerer zu werden. Verkrampfte Reiter erkenne ich an ihren Gesichtszügen.

Negative Gedanken wirken sich auf Gestik und Mimik aus, verschiedene Muskeln beginnen sich anzuspannen und zu verkrampfen. Das Zusammenspiel der an den Bewegungen beteiligten Muskelgruppen gerät ins Stocken, der Bewegungsfluss geht verloren und das Ergebnis wird zum Zufallsprodukt. Die Muskelspannung ist viel zu hoch, und die falschen Muskeln sind zum falschen Augenblick aktiviert.

Daher »schaffen« Sie mit Ihrer Physiologie Gefühle. Ein wesentlicher Beitrag, um Muskulatur zu lockern sowie unsere Stimmung zu verbessern und aufzuheitern, kommt dabei der Stirnmuskulatur zu. Die Entspannung dieser Muskeln überträgt sich schnell auf andere Muskelgruppen. Diesen positiven Aspekt macht man sich beispielsweise auch bei der Spannungskopfschmerz-Therapie zunutze.

Beim Lachen werden bis zu 300 verschiedene Muskeln u.a. bestimmte Muskelgruppen im Gesicht bewegt, wie der große Jochbeinmuskel (er hebt den Mundwinkel nach oben, seitlich, in der Mimik drückt seine Kontraktion Lachen oder Vergnügen aus), der kleine Jochbeinmuskel, der Lachmuskel, der Backen- oder Trompetermuskel (ermöglicht das Ausblasen der Luft, zieht die Mundwinkel nach außen und sorgt für faltenlose Ausbreitung der Wangenschleimhaut, wirkt bei Lachen und Weinen mit, Gesichtsausdruck zeigt Genugtuung). Durch das Bewegen dieser Muskeln wird ein positives Signal direkt zum Großhirn geleitet. Das Verhalten »Lächeln« löst in unserem Gehirn Erinnerungen aus, die bis in die Kindheit zurückgehen und positiv besetzt sind. Bereits nach wenigen Sekunden werden negative Gefühle von positiven Gefühlen überlagert.
Minutenlanges Lachtraining zum Beispiel am Morgen vor dem Spiegel ist eine geeignete Trainingsmaßnahme – Minimum sind 30 Sekunden.

Lächeln und Lachen hilft aber nicht nur im Umgang mit dem Pferd, in der Halle oder beim Ausreiten.
Sprichwörter und Sätze wie: »Lächle, und die Welt lächelt zurück« oder »Humor ist der beste Gegenspieler der Angst« (ausgesprochen von Victor Frankl, einem der Urväter der Lachtherapie) untermalen dies. Das Wissen um das Lachen ist nicht neu. Wie

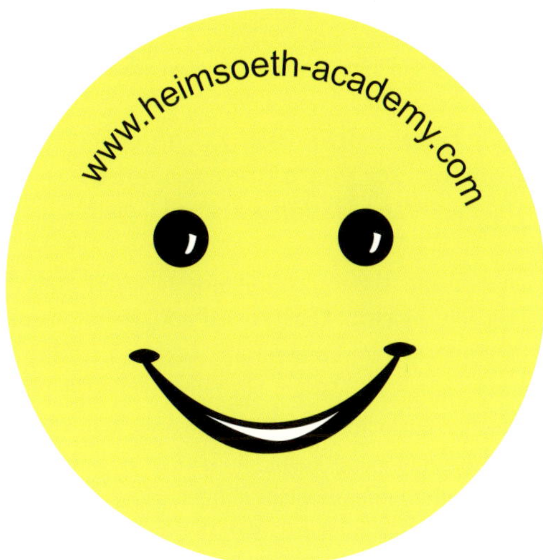

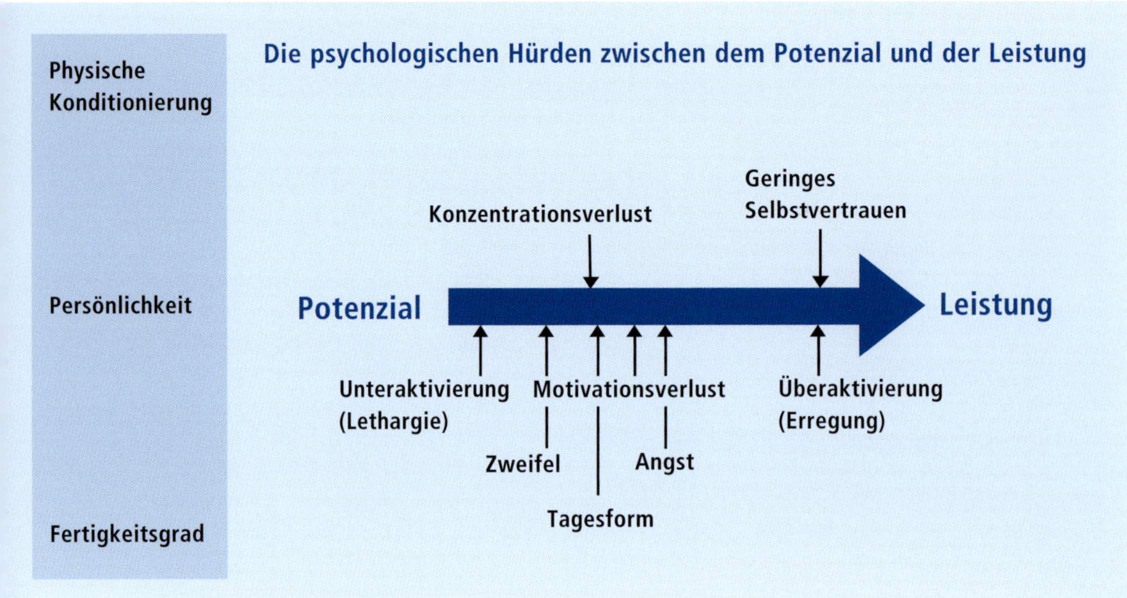

Die psychologischen Hürden zwischen dem Potenzial und der Leistung

amerikanische Wissenschaftler mittels Magnetresonanztomographie bewiesen haben, stärkt Lachen das Immunsystem, steigert die Ausschüttung körpereigener Glückshormone (Endorphine), wirkt Stress abbauend – und steht einem jederzeit zur Verfügung. Seit den 70er-Jahren beschäftigen sich Wissenschaftler mit den körperlichen Auswirkungen des Lachens. Diese Forschungsrichtung nennt sich Gelotologie (abgeleitet von Griechisch »gelos« = lachen) und ist rund 40 Jahre alt. Die Gelotologen fanden heraus, dass herzhaftes Lachen zahlreiche Stoffwechselfunktionen positiv beeinflusst.

Wir lachen nicht, weil wir glücklich sind – sondern wir sind glücklich, weil wir lachen! (Dr. Madan Kataria)

Allerdings: Unsere Leistungsgesellschaft hat das Lachen verlernt. Konkurrenzdruck, Neid, Anspannung stehen im Vordergrund. Lachen ist nicht nur positiv besetzt, sondern auch negativ. Lachen heißt auch »auslachen« oder »ausgelacht« werden. Deutsche Manager haben ihr Lachen verloren. »Wer lacht, der arbeitet nicht.« oder »Erst die Arbeit, dann das Vergnügen.« oder »Ein humorvoller Chef ist keine Führungspersönlichkeit.«, so lauten Sätze. Dabei können Lachen, Humor und fröhliches Auftreten zur Verbesserung des innerbetrieblichen Klimas und der sozialen Strukturen, Förderung der Teamarbeit, Kooperations- und Teamfähigkeit, als Strategie gegen Mobbing und zur Verbesserung der Kritikfähigkeit beitragen. Humor fördert die Kreativität der Mitarbeiter, entschärft Konflikte und sorgt für ein angstfreies, offenes Arbeitsklima.

Konkrete Anwendung:
Wenn Sie auf dem Pferd zu grübeln beginnen, dann ziehen Sie sofort die Mundwinkel nach oben und verändern bzw. reduzieren so Gefühle wie zum Beispiel Angst oder Ärger.

2 Emotionen & Gedanken

Emotionen reagieren weitgehend auf die gleiche Weise wie Muskeln. Diejenigen, die am häufigsten stimuliert werden, entwickeln sich am stärksten und auch am zuverlässigsten.

Gedanken beeinflussen Gefühle – und wir wissen, dass Gefühle wie Freude, Spaß, Genuss, Lust am Leistungsvergleich usw. am ehesten Höchstleistung fördern. Ebenso will der richtige Umgang mit Niederlagen gelernt sein.

Ärger, Wut, Enttäuschung: nicht schön reden, sondern damit umgehen können!

Einen wirklichen Effekt auf Ihre Motivation und auf Ihr Verhalten im Training und auf dem Turnier werden Mentaltechniken dann haben, wenn Sie auch noch Ihre Emotionen auf Ihre Zielerreichung hin aktivieren und Ihr inneres Feuer wirklich zum Brennen bringen. Die emotionale Seite des Menschen hat einen viel stärkeren Einfluss auf unser Handeln, als unser Verstand.

3 Motivation

Man kann sich über die eigenen Gedanken unterstützen und Leistungsreserven freisetzen – oder man kann sich gedanklich aufgeben und dadurch persönliche Bestleistungen und Spaß im Sport verhindern.

4 Erscheinungsbild und Charisma

Man sieht es Reitern an, wenn sie sehr nervös sind. Ich bin fasziniert von der Selbstsicherheit einiger Menschen – Sportler/Reiter. Gerade für turniermäßig trainierende Reiter ist der Punkt entscheidend: »Sieger zweifeln nicht – Zweifler siegen nicht.«

Negative Emotionen wie Eifersucht, Missgunst, Ärger und Rachegelüste sind bekannt dafür, im Sport zu schlechten Leistungen zu führen. Negative Gedanken erzeugen negative Emotionen, und wir wissen bereits, welche Richtung Sie mit negativen Gedanken einschlagen: die falsche ... Sie fokussieren sich dann auf das »Hindernis«, anstatt auf das Ziel.

Fallen Sie niemals darauf rein! Ein mental starker Reiter würde lachen, einen Kommentar runterschlucken und weiterarbeiten. Konzentrieren Sie sich rein aufs Reiten. Es ist wesentlich besser, der coole, intelligente, mental starke Reiter zu sein, der seine Gedanken auf den »Job« und nicht auf die Leistung anderer Reiter konzentriert. Sie haben den stärksten Computer der Welt zu Ihrer Verfügung – Ihre Gedanken. Stellen Sie also sicher, dass er richtig programmiert ist.

Denken Sie daran, dass niemand Sie aufhalten kann, außer Sie selbst. Halten Sie Ihre Gedanken immer fokussiert, positiv, optimistisch, zuversichtlich, gewinnorientiert und kraftvoll (ohne sich selbst dabei etwas vorzumachen). Verlierer spielen dagegen in Gedanken das eigene Versagen durch.

Manchmal ist es sogar hinderlich, überhaupt etwas zu denken: Wenn es richtig super läuft, dann denkt man gar nicht mehr wirklich darüber nach, was man gerade macht. Man geht einfach im Ritt auf und alles scheint völlig mühelos und fast automatisch zu laufen. Diesen optimalen Leistungszustand können Sie nicht erzwingen, aber sie können im Mentalen Training lernen, die Gedanken zu führen, um dadurch die eigene Leistung von der mentalen Seite her optimal zu unterstützen.

Was gehört noch zum mentalen Training?

Savoie, J. (2006), Positiv denken – Erfolgreich reiten, Mit Mentaltraining zum persönlichen Sieg, Kosmos, S. 89: »Es gibt eine sowjetische Studie, die die Bedeutung der mentalen Seite beim Sport unterstreicht. In dieser Studie wurden sowjetische Sportler, die für die Winterolympiade 1980 trainierten, vier verschiedenen Trainingsprogrammen zugeteilt. Die erste Gruppe bestand aus Sportlern, die ihre Zeit zu 100 Prozent mit körperlichem Training verbrachten. Die zweite Gruppe widmete 75 Prozent dem körperlichen und 25 Prozent dem mentalen Training. Die dritte Gruppe teilte ihre Zeit genau zwischen körperlichem und mentalem Training auf. Die letzte Gruppe verbrachte 25 Prozent ihrer Zeit mit körperlichem und 75 Prozent mit mentalem Training.

Die Ergebnisse waren erstaunlich. Je mehr Zeit die Sportler mit mentalem Training verbrachten, desto besser wurden sie. Die größten Fortschritte machten die, die ihre Zeit hauptsächlich (zu 75 Prozent) mit mentalem Training verbrachten, während bei denen, die sich ausschließlich dem körperlichen Training widmeten, kaum eine Verbesserung zu erkennen war.«

Was haben die obige Studie und die Beispiele mit der Entwicklung besonderer reiterlicher Fähigkeiten zu tun? Sie erlernen die Fähigkeit, sich Bewegungsabläufe genauso vorzustellen, wie sie in Wirklichkeit ablaufen. Dabei reagieren Nerven, Muskeln,

Bänder und Sehnen in feinerer Form auf dieselbe Art und Weise wie beim tatsächlichen Bewegungsablauf. Das Erstaunliche daran ist, dass Sie später – in der Wirklichkeit – genauso reagieren, wie Sie es sich mental vorgestellt haben!

Diesen Lernprozess können Sie optimieren, indem Sie die Bewegungen und Lektionen gedanklich zuhause entspannt auf dem Sofa sitzend – mit geschlossenen oder offenen Augen – durchspielen. Und es ist weniger anstrengend für Pferd und Reiter.

Beispiele

- Nachreiten von Lektionen in allen Einzelheiten und mit korrekter Hilfengebung wie Schenkelweichen oder Traversale nach links oder rechts
- Dressuraufgabe
- Parcours

Trainieren Sie daher die Fähigkeit, innere Filme in allen Einzelheiten zu sehen, zu hören und zu fühlen.

Leistung auf dem Turnier

Es liegen Welten zwischen einem Ausritt, nur Sie alleine, ... und einer Deutschen Meisterschaft!
Auch hier hilft Mentaltraining – konkret die mentale Wettkampfvorbereitung –, die antrainierte Leistung unter Prüfungsbedingungen am Tag X unabhängig von inneren und äußeren Störfaktoren abrufen zu können. Mentale Wettkampf-Vorbereitung bedeutet, seinen Fähigkeiten zu vertrauen und auf dem Turnier das abrufen zu können, was man vorbereitet und trainiert hat.

Wir lernen im Training nicht nur Techniken, Lektionen mit allen Details, Bewegungen, Taktik, Verhalten in kritischen Situationen, sondern auch die Bedingungen, die im Training vorherrschen. Wenn wir die Lektionen nun unter veränderten Bedingungen reiten sollen, haben wir oftmals ein Problem damit.

Konsequenzen für die Trainingspraxis: Technik, Lektionen, Taktik und Verhalten im Training durchzugehen, ist immer nur der erste Schritt. Danach ist es ebenso wichtig, die Turnier-Bedingungen zu trainieren.

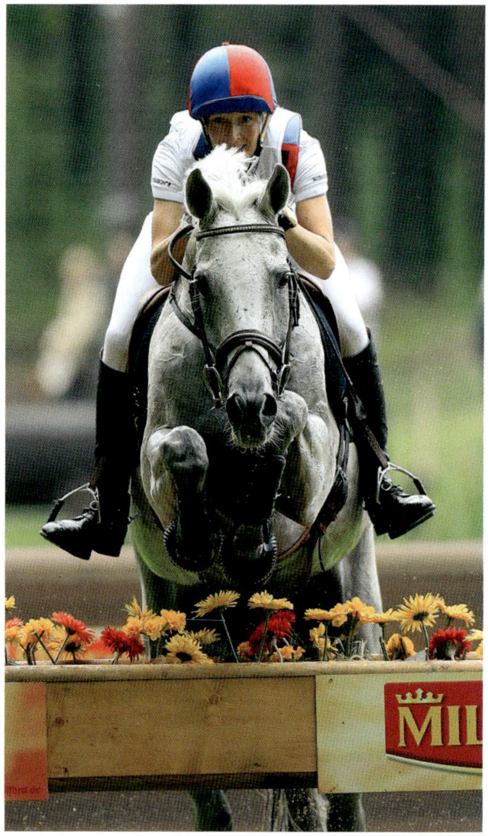

Reiter und Trainer/Ausbilder müssen gemeinsam daran arbeiten, die Herausforderungen in der Praxis kontinuierlich zu erhöhen – vom Training unter optimalen Bedingungen bis hin zu konzentriertem Reiten bei Anwesenheit von Richtern oder im Trubel überfüllter Abreiteplätze.
Der Reiter soll nach und nach mit all diesen besonderen Situationen vertraut werden, mit denen er schließlich unter realen Bedingungen konfrontiert wird. Durch das ›Proben‹ dieser Bedingungen zu Hause oder durch Trainingseinheiten auf verschiedenen anderen Reitanlagen bauen Reiter und Pferde Selbstvertrauen und Routine auf und sind gewappnet für viele Unwägbarkeiten, denen sie auf Turnieren begegnen könnten. Sie sind dann bereit für alles, was da kommen mag!

Aus Dr. J. Schinke, R. (2006), Erfolg beginnt zuerst im Kopf, Mentales Training für Reiter, S. 126: »Dazu gehört auch die ›Kostümprobe‹. Das Wort beinhaltet zwei Aspekte: »Kostüm« – oder allgemeiner Bekleidung – und »Probe«, und beide Aspekte können wichtige Rollen bei der Turniervorbereitung spielen.

Ich habe viele Turnierreiter gesehen, die ihre Turnierjacke das erste Mal auf dem Turnier anhatten, wenn sie sich fertig machten, um zu ihrer ersten Prüfung in die Reithalle einzureiten. Turnierjacken für Dressur- und Springreiter fühlen sich oft einengend an. Für Gelände-/Vielseitigkeitsreiter können ebenso ihre Sicherheitswesten bzw. Protektoren ungewohnt sein. Dressur- und Springreiter sollten außerdem in ihren Turnierstiefeln trainieren, da diese sich häufig rutschig und weniger geschmeidig anfühlen, als die oft getragenen Trainings-Reitstiefel.
Das Gleiche gilt für Pferde, die eingeflochten werden – sie müssen sich an das Gefühl gewöhnen können, dass eine eingeflochtene Mähne fester ist, als üblich.

Tragen Sie Ihre Turnierjacke schon einmal in der Woche vor der Prüfung, und flechten Sie Ihr Pferd probeweise ein! Was sich schon während des Trainings unbequem oder ungewohnt anfühlt, wird bei der Aufregung während des Turniers noch viel weniger bequem sein. Tragen Sie jedes Teil Ihrer Turnierkleidung, bis es sich bequem für Sie anfühlt. So können Sie sich voll und ganz auf die geforderte Aufgabe konzentrieren und lassen sich nicht von ungewohnten Begleiterscheinungen ablenken.«

Das Umfeld

Das Umfeld muss zu Ihren (langfristigen) Zielen und Bedürfnissen passen, ansonsten können Sie nicht ausreichend Energien für Ihre Leistungsentwicklung freisetzen und keine Höchstleistungen erbringen. Um ganz nach oben zu kommen, benötigen Sie ein Umfeld, das Sie unterstützt und motiviert, und das Ihnen möglich macht, sich ganz auf die Erreichung Ihrer Ziele konzentrieren zu können.
Die sportliche Leistung ist immer auch abhängig von der allgemeinen Lebenssituation und Stimmung. Das kennen Sie bestimmt: Wenn es im Beruf stressig wird, fällt es Ihnen schwer, wirklich konsequent zu trainieren bzw. überhaupt täglich in den Stall zu fahren und nicht jemand anzurufen, der Ihr Pferd stattdessen in die Führmaschine oder auf die Koppel stellt. Oder am Wettkampftag … gerade

Das Helfer-Netzwerk.

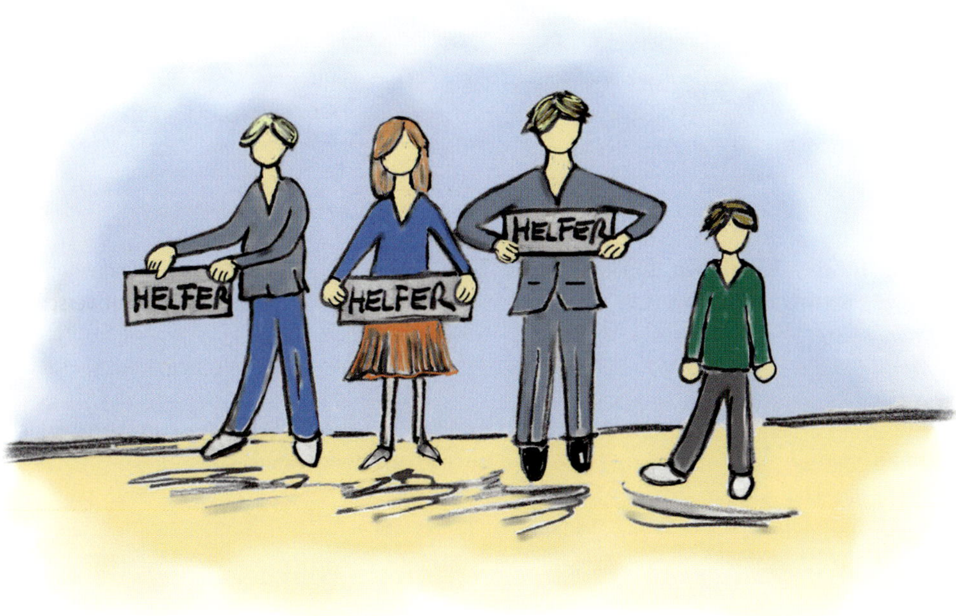

heute gibt es Streit mit dem Lebenspartner am Frühstückstisch ...

Was Ihr Gedankengut ausmacht, ist von außen beeinflusst. Wir alle werden von unserem Umfeld geformt. Wir passen unsere Denkweise der unseres Umfelds an. Das wirkt sich auch auf unser Verhalten aus. Haben wir Freunde im Umfeld, die viel lesen, lesen wir auch mehr. Hat man lauter Freunde, die rauchen, ist die Gefahr groß, dass man selbst damit anfängt. Um erfolgreich zu sein, brauchen wir ein intaktes Umfeld, in dem wir uns wohl fühlen.

Bei der Betrachtung nicht-förderlicher Umfelder unterscheiden wir in »zu wenig« Umfeld, ein »falsches« Umfeld oder ein »richtiges« Umfeld, das falsch genutzt wird. Wir brauchen mehr als eine Person in unserem Umfeld, um für die verschiedenen Facetten unseres Lebens einen Sparrings-Partner zu haben: jemanden für berufliche Themen, für den Reitsport, für den privaten Austausch, für Hobbies, den Konzertbesuch etc. Selbst in einer Beziehung kann der Lebenspartner nicht für alles herhalten. Verschiedene Personen mit unterschiedlichen Stärken im Umfeld zu haben ist wichtig. Ich kenne keinen erfolgreichen Menschen, der völlig allein an die Spitze gelangt ist. Häufig wird über das Umfeld nicht gesprochen, aber es ist vorhanden. Niemand wird erfolgreich ohne ein entsprechendes Unterstützer-Umfeld (Netzwerk). Das ist im Spitzensport oft zu sehen. Das fängt bei Trainingsgemeinschaften an und hört bei Wettkämpfen nicht auf. Die deutsche Fußball-Nationalelf wäre 2014 nicht Weltmeister geworden ohne das Team aus Physiotherapeuten, Ärzten, Athletiktrainern bis hin zu den Lebenspartnern im Hintergrund.

Ein Umfeld, das Sie voll unterstützt, ist nicht automatisch vorhanden, so etwas muss man sich erarbeiten. Die Gestaltung eines optimalen Umfelds nimmt viel Zeit in Anspruch und kann vielleicht auch einmal unangenehme Konsequenzen nach sich ziehen, z.B. weiter weg zum Training zu fahren, weil dort die Bedingungen besser sind, Wechsel des Reitlehrers usw. Natürlich ist Zeit eine knappe Ressource und es fällt nicht immer leicht, sein Umfeld zu »pflegen«, Freunde zu treffen, dem Partner Aufmerksamkeit zu schenken. Was zählt, ist die Qualität der Beziehung und nicht die Quantität. Vergessen Sie die Dankbarkeit nicht: Bedanken Sie sich bei Ihren Unterstützern (Support Team) für deren Hilfe.

Schauen Sie sich nun Ihr Umfeld an und analysieren Sie dies – seien Sie dabei »gnadenlos ehrlich« mit sich:

Habe ich den optimalen Trainingsort/Reitstall?
Überlegen Sie, wie viel Zeit Sie wöchentlich bzw. täglich im Stall verbringen. Treffen Sie bezüglich der Stallauswahl die richtige Entscheidung. Für die meisten Reiter ist der Stall letztlich so etwas wie ein zweites Zuhause. Hier wird nicht nur geritten, trainiert, geackert, geschuftet und gelernt. Sondern hier werden auch soziale Kontakte gepflegt. Neben den lockeren Plaudereien zwischendurch ist dies der bevorzugte Ort, um sich auszutauschen, gemeinsame Interessen wahrzunehmen und zusammen Veranstaltungen wie z.B. ein Reitturnier zu organisieren.

Entscheidungskriterien sind zum Beispiel:
Anfahrtsweg zur Reitschule, Trainingszeiten, Trainingsanlagen, Reithalle (keine oder schlechter Zustand), Reitplatz, Hindernisse, Reitlehrer/Ausbilder und Austausch mit diesem, Integration von Familienangehörigen, Literatur, Videos, Lage des Heimatstalls, Gelände, Ausreitmöglichkeiten. Sonstiges: Verkehrsaufkommen, Führanlage (fehlt), Round Pen, Solarium, Longierplatz.

Habe ich den »richtigen« Reitlehrer oder Trainer?
Behandelt der Trainer das Pferd fair und erzieht es konsequent? Stimmt die Chemie zwischen Ihrem Trainer und Ihnen oder hat sie je gestimmt? Freut sich Ihr Reitlehrer über Sie als Reitschüler? Trägt er mit seinen Unterrichts- und Lehrmethoden entscheidend dazu bei, dass Sie Ihre Ziele erreichen und fühlen Sie sich wohl während des Unterrichts? Wie schätzen Sie die fachliche und menschliche Kompetenz des Reitlehrers ein? Ist er in der Lage, auf Ihre Bedürfnisse einzugehen?

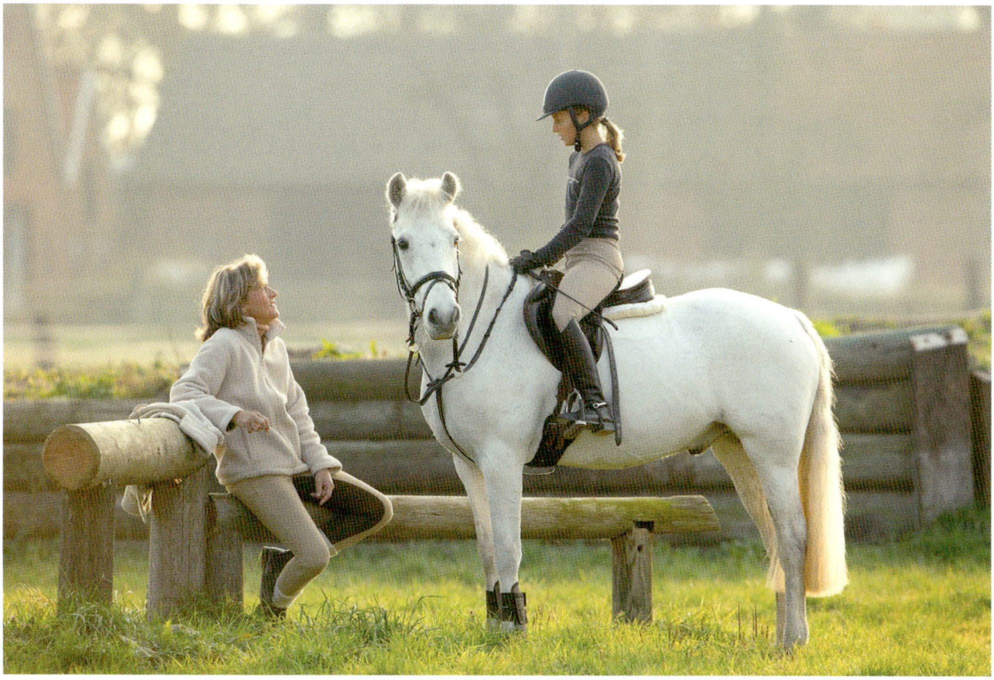

Trainer und Reiter sind die Ersten, die erkennen sollten, wie wichtig Mentaltraining ist. Doch auch das Umfeld muss deren Arbeit unterstützen.

Berücksichtigen Sie bei der Wahl Ihres Trainers sowohl dessen fachliche als auch die menschliche Kompetenz. Wechseln Sie nicht allzu häufig den Reitlehrer.
Und lassen Sie nie außer Acht: Reitlehrer sind auch nur Menschen.

Entscheidungskriterien sind zum Beispiel:
Niveau, Vertrauen, Verfügbarkeit, Chemie, Sympathie, Rapport, Atmosphäre, Erfahrung, Sympathie, Unterrichtsstil

Wie sieht es mit dem Unterricht aus?
Kriterien sind z.B.: Häufigkeit, Longenstunden, Einzelunterricht, Gruppenunterricht, Individualität, Verständlichkeit, Abwechslung, Lernfaktor, Vor- und Nachbereitung, Theorie, Unterstützung bei der Bodenarbeit, Spaß-Faktor, Preis-Leistungsverhältnis

Unterstützen mich meine Freunde und Familie?
Was bedeutet mir die Unterstützung? Was kann ich meiner Familie und meinen Freunden zurückgeben? Der »Chauffeur«, der meine Pferde und mich aufs Turnier fährt, die Organisation von Hotels, das soziale Netz, das mich auch mit meinen Schwächen akzeptiert – wo ich mich aufgehoben fühle, wenn ich im Wettkampf mal richtig versagt habe?

Was gibt/raubt mir Energie?
Was raubt mir Energie? Was gibt mir Kraft und Energie? Und wo kann ich auftanken? Meine Energietankstelle bzw. -quellen? Lebe ich meine Bedürfnisse und Werte? Ist das Verhältnis von Belastung und Erholung richtig?

Koordination von Training und Schule/Beruf
Umfeldmanagement heißt auch, sportfremde Pflichten auf die Karriereplanung abzustimmen, also zum Beispiel die Koordinierung von Training und Schule/Studium/Beruf oder Wehrpflicht.
Und darüber hinaus: Unterstützung von Lehrern, Nachhilfe, Fernstudium, flexible Arbeitszeiten.

Habe ich das Gefühl, genügend Zeit für jeden Bereich zu haben?

Habe ich eine für mich optimale Turnierplanung?
Turnierhöhepunkte, Erholungsphasen eingeplant?

Ist meine Trainingsplanung optimal?
Realistische, positive, interessante, testbare, individuelle, sinnesspezifisch konkrete Ziele? Erholungsphasen eingeplant?

Habe ich ein effektives Zeitmanagement?
Nutze ich meine Zeit optimal? Wie kann ich Wege verkürzen oder lange Wege besser nutzen? Sind meine Prioritäten klar? Ist der Heimatstall für mich auch zu den Hauptverkehrszeiten gut erreichbar?

Ist meine Ausrüstung/mein Material okay?
In dem Moment, in dem Sie Ihre Turnierkleidung/Reitsachen anziehen, sind Sie nicht mehr der Schüler, der Student, der Partner, oder welche Rollen Sie neben dem Reitsport haben – sondern Sie sind Reiter. »Hier reitet jemand, der von seiner Sache überzeugt ist und der etwas im Reitsport erreichen will!«

Habe ich genügend Informationen über meine Disziplin im Reitsport?
Literatur, Videos, Internet, Austausch mit Fachpersonen und anderen Reitern, Videoanalysen, DVDs, Kommentare/Feedback von anderen Reitern und Ausbildern?

Wie steht es mit meinen Finanzen?
»Mein Pferd frisst mir die Haare vom Kopf.« Haben Sie diesen sorgenvollen Satz schon gehört? Am Ende des Monats herrscht »chronische Pleite« auf dem Konto. Welche Einschränkungen nehmen Sie in Kauf? Auf was verzichten Sie? Müssen Sie gar auf Existenzielles verzichten?

Sonstige Problemfelder/Fördermöglichkeiten
Kader, Wehrdienst, eigene Homepage ...

Ernährung
Ernährungsberatung? Ernährung vor und während eines Turniers?

Fütterung des Pferdes?
Futter-Qualität, Futter-Auswahl, Fütterungszeiten

Evtl. Kraft- und Ausdauertraining
Zwischenziele schriftlich fixiert?

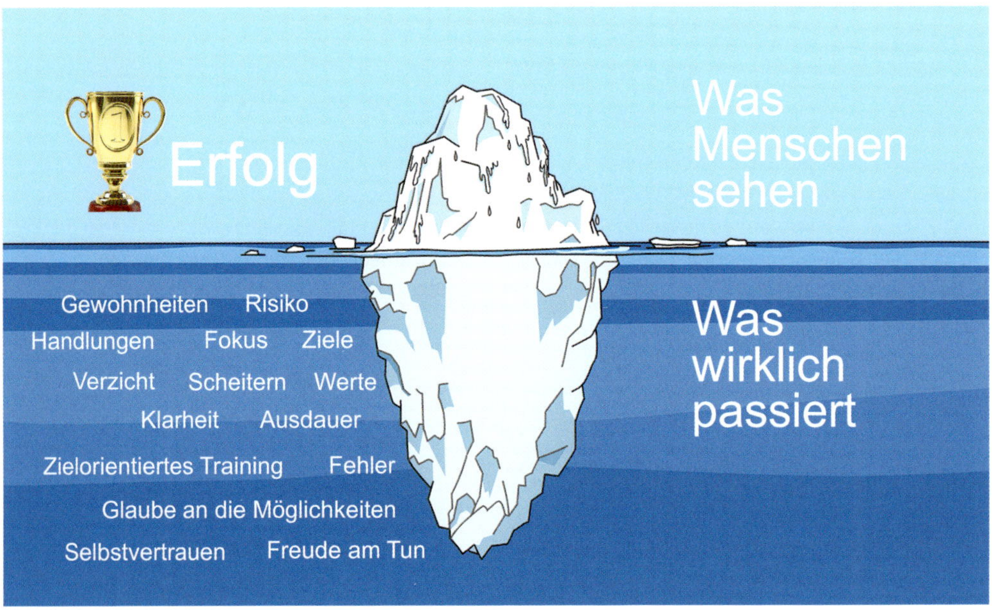

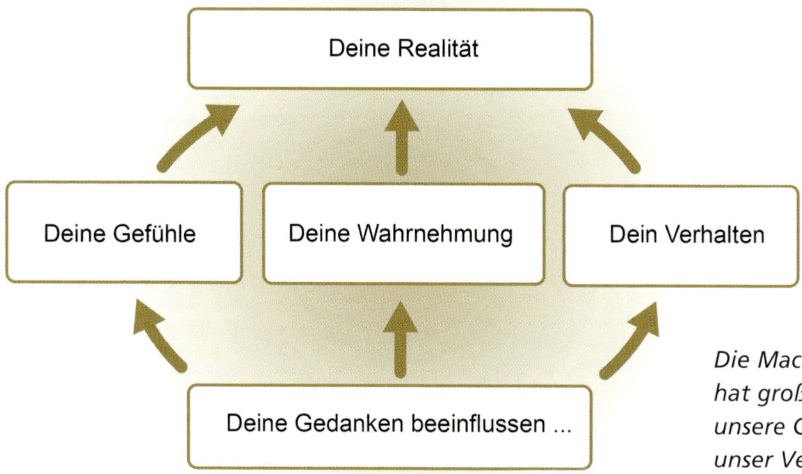

Die Macht der Gedanken hat großen Einfluss auf unsere Gefühle sowie unser Verhalten.

Aufwärmprogramm für mein Pferd und mich
Automatisiertes Aufwärmprogramm? Wende ich es im Training und auf dem Turnier regelmäßig an?

Ihr Pferd?
Rasse, Alter, Größe, Charakter, Gesundheit, Handhabbarkeit, Zielerreichung

Reitbeteiligung, wenn vorhanden?
Reiterliche Qualitäten, soziale Kompetenzen, Beziehung, Kostenbeteiligung

Wiederholen Sie diese Analyse Ihres Umfelds in regelmäßigen Abständen!
Arbeiten Sie Schritt für Schritt immer weiter an Ihrem Umfeld, so dass es in absehbarer Zeit total auf Ihre sportlichen Ziele und Ihre Bedürfnisse/ Werte abgestimmt ist. So werden Sie mehr Freude erleben, sich konsequent voranbringen und Sie können völlig im Reitsport aufgehen!

Das Ziel ist es, Ihr Umfeld so zu gestalten und zu optimieren, dass Sie sich im Training voll auf das Training konzentrieren können. Auf dem Turnier sollte alles so weit geregelt sein, dass Sie sich voll auf das Turnier konzentrieren und in den Erholungsphasen alles Ablenkende delegieren können, damit Sie sich voll entspannen und anderen außersportlichen Bedürfnissen widmen können.

Welche Konsequenzen können Sie nun aus der Analyse Ihres Umfelds ziehen?

1. Bei welchen Punkten besteht Optimierungsbedarf?
2. Wie genau optimiere ich die Punkte?
3. Bis wann habe ich das verändert?

Anmerkung: Der letzte Punkt »bis wann ...?« soll Sie in die Handlung bringen. Überprüfen Sie zum angegebenen Zeitpunkt, ob Sie den Punkt, den Sie ändern wollten, wirklich bis dahin verändert haben.

Ultimative Erfolgsstrategie

Was hindert mich am Erfolg?
Hauptfaktoren in unserem Leben, die unsere Chancen auf Erfolg deutlich schmälern:

- Zweifel
- Unzufriedenheit (mit eigener Leistung, Umfeld)
- Blockaden wie Furcht, Angst, Versagensangst,
- Motivationsverlust
- Fehlender Fokus
- Geringes Selbstvertrauen
- Bequemlichkeit

Zweifel, Unzufriedenheit, Angst und Stress verursachen »Negatives Denken«.
Unsere Gedanken steuern unsere Gefühle (siehe Abb. oben), Empfindungen und Emotionen, diese

wiederum beeinflussen unseren Körper und mein Befinden und Verhalten. Aus negativen Gedanken entwickeln sich unsere Glaubenssätze.

Ersetzen Sie Zweifel, Unzufriedenheit, Angst und Stress durch:

Konzentration und Aufmerksamkeit

Worauf Sie Ihre Aufmerksamkeit lenken, dorthin fließt auch Ihre Energie!
Daher: Lenken Sie Ihre Aufmerksamkeit auf die positiven Aspekte und Stärken in Ihrem Leben!

Selbstvertrauen

Vertrauen Sie auf Ihre Stärken, Fähigkeiten und Talente!

Fleiß

Ohne Einsatz gibt es auch keinen Erfolg.
Beispiel: David Beckham, Freistöße – er hat allein nach Beendigung des offiziellen Trainings auf dem Feld noch Freistöße trainiert.
Daher: Wenn Sie erfolgreich sein wollen, müssen Sie mehr Einsatz leisten als alle anderen!

Beharrlichkeit

Wenn ich bereits beim ersten Fehlversuch aufgebe, werde ich niemals erfolgreich sein.
Daher: Jeder Misserfolg ist nur ein Zwischenergebnis zum Erfolg. Der Erfolgreiche hat wesentlich mehr Misserfolge als der Erfolglose – der Erfolglose gibt gleich auf!

Zielstrebigkeit

Realistische Ziele setzen. Sie werden Ihr Ziel nicht erreichen, wenn Sie Ihrem Unterbewusstsein nur eine vage, undeutliche Vorstellung von Ihrem Ziel vermitteln.
Daher: Mit einem klaren Ziel, einem klaren Wunsch, in jeder Situation, gewinnen Sie an Stärke und Selbstvertrauen!

Modelling

Modellieren, was funktioniert: Von erfolgreichen Menschen lernen und für sich anwenden und adaptieren bzw. aufbauen auf etwas, was jemand schon kann.

Handeln.

Action. Tun, tun, tun. Umsetzung.

Motivation

Eigenschaften von Erfolgsmotivierten
- Sie können länger auf Belohnungen warten.
- Sie können mit unvorhergesehenen Barrieren besser umgehen.
- Sie schreiben sich den Erfolg selber zu.
- Sie haben mehr Zuversicht vor und mehr Zufriedenheit nach einer Handlung.
- Sie wollen Infos über Ihre Fähigkeiten.

Aus Zerlauth, T. (2. Auflage – 2000), Sport im State of Excellence. Mit NLP und mentalen Techniken zu sportlichen Höchstleistungen, Junfermannsche Verlagsbuchhandlung, S. 232–233: »Natürlich will ich gewinnen – wie jeder – aber ich muss nicht gewinnen. Im Grunde will ich einfach das geben, was ich imstande bin zu leisten. Wenn das für den Sieg reicht, freue ich mich – wenn selbst eine optimale Leistung überboten wird, habe ich das zu akzeptieren und als Rückmeldung zu nutzen, dass ich noch einiges verbessern kann. Im Moment des Wettkampfes mein Leistungshoch zu erreichen, ist mein Ziel – meine komplette Aufmerksamkeit ist dieser Vorstellung gewidmet. Sieg und Niederlage stehen für mich nicht im Vordergrund, sondern lediglich eine Rückmeldung, die dann zufrieden stellend sein wird, wenn ich die optimalen inneren Voraussetzungen geschaffen habe.«

Einschätzungshilfe

Wie steht es um Ihre mentalen Fertigkeiten?

Nun wartet wieder Arbeit auf Sie. Mit der folgenden Einschätzungshilfe (Checkliste auf den Seiten 33+34) können Sie eine Bestandsaufnahme Ihrer mentalen Fertigkeiten vornehmen. Bitte seien Sie selbstkritisch und spontan bei der Beantwortung der Checkliste.
Mit dem Ergebnis dieser Einschätzungshilfe können Sie nun in das Mentaltraining voll und ganz einsteigen und sich Ihren Plan, auf sich zugeschnitten, zusammenstellen. Wenn Sie bei jeder Frage die Spalte »immer« angekreuzt haben, darf ich Ihnen gratulieren, und Sie können dieses Buch eigentlich

Checkliste	Nie	Selten	Manchmal	Normalerweise	Meistens	Immer
Ich kann gut beurteilen, wo meine Stärken liegen.						
Ich trainiere zielorientiert.						
Ich richte meine Prioritäten an meinen Zielen aus.						
Ich definiere Ziele positiv, erreichbar/realistisch, prägnant, interessant, sehr spezifisch und überprüfbar.						
Ich bin schnell unruhig und verliere während des Turniers mein Ziel aus den Augen.						
Vor dem Turnier/Prüfung stelle ich mir vor, wie ich optimal einen Parcours/eine Dressuraufgabe reiten werde.						
Ich werde nervös und ängstlich während eines Turnier.						
Ich erlebe starke positive Gefühle während eines Turniers.						
Ich analysiere die Ursachen für Erfolg und Misserfolg.						
Ich weiß, wie ich mich selbst am besten motivieren kann.						
Auf dem Turnier gebe ich mein Bestes.						
Ich genieße Turniere.						
Ich bin ein Reiter mit einer starken Persönlichkeit.						
Ich bin ein mental starker Reiter.						
Wenn mir ein Sprung/eine Lektion misslingt, hake ich diese sofort ab und kämpfe.						
Unvorhersehbare Situationen und Widrigkeiten bringen mich völlig aus dem Konzept.						
Wenn ich reite, ertappe ich mich dabei, dass ich über vergangene Misserfolge und verpasste Chancen nachdenke.						
Ich kann durch Kontrolle meiner Gedanken negative Stimmung in positive Stimmung umwandeln.						
Ich benütze positive Selbstgespräche.						
Ich nutze positive Bilder während des Reitens, die mich unterstützen, eine bessere Leistung zu erzielen.						
Ich verliere schnell mein Selbstvertrauen.						
Ich wirke gelangweilt und müde.						
Ich verkrampfe während des Turniers/der Prüfung.						
Meine Gedanken verwirren mich in der Prüfung.						
Ich stelle mir schwierige Situationen vor, die ich bereits vor dem Turnier bewältigt habe.						
Ich gebe alles, was nötig ist, um mein Potenzial als Reiter voll auszuschöpfen.						
Durch Fehler bekomme ich negative Gedanken und Gefühle.						
Ich behalte meine positive Einstellung während des gesamten Turniers/Meisterschaft.						
Ich glaube an mich als Reiter.						
Ungünstige Gewohnheiten gebe ich auf.						
Ich achte auf ausreichend Freizeit, Regeneration für mich und mein Pferd.						
Ich leite aus meinen langfristigen Zielen konkrete Jahres- und Wochenziele ab.						
Dinge erledige ich möglichst direkt.						
Ich sorge für Ausgleich zu meinem Sport (und Beruf).						
Ich kontrolliere die Umsetzung meiner Ziele.						
Ich setze meine Stärken gezielt im Reitsport ein.						

Checkliste Fortsetzung	Nie	Selten	Manchmal	Normalerweise	Meistens	Immer
Störungen bei meiner Arbeit mit dem Pferd vermeide ich.						
Ich arbeite beharrlich an meinem reiterlichen Erfolg.						
Durch die Macht der Konzentration erreiche ich, was ich erreichen will.						
Meine Macht der Konzentration gibt mir die Fähigkeit das, was ich erreichen will, zu erreichen.						
Ich kann mich in Prüfungen gut konzentrieren.						
Ich trainiere mit starker, positiver Intensität.						
Meine Konzentration kann leicht unterbrochen werden.						
Ich kann Dinge lebhaft fühlen, hören und sehen, wenn ich an mein Reiten denke.						
Ich kann störende Gedanken verdrängen und mich auf das Wichtigste konzentrieren.						
Es fällt mir leicht, mir den Reitsport in Bildern vorzustellen.						
Ich sehe mich im Turnier eher als Verlierer statt als Gewinner.						
Während des Turniers/der Prüfung werde ich leicht wütend und frustriert (auf mich und/oder mein Pferd).						
Mein Trainer würde sagen, dass ich eine gute Einstellung habe.						
Reiten gibt mir ein Gefühl von Freude und Erfüllung.						
Ich kann Krisen in Chancen verwandeln.						

wieder ins Bücherregal stellen. Das wäre zu schön, um wahr zu sein. Dazu werden im Reitsport zu viele »Fehler« gemacht.

Wer mit Pferden arbeitet, kommt immer wieder einmal an seine Grenzen, wo es zunächst einfach nicht weitergeht.

Da hilft nur: **üben, üben und nochmals üben**, um Rat fragen, Hilfe suchen, andere Wege probieren oder manchmal einen Schritt zurückgehen. Bei vielen scheitert es an der Geduld und an der notwendigen Zeit, bestimmte Sachen immer wieder zu wiederholen.

Klein anfangen und allmählich steigern

Wenn Sie anfangen, mentale Techniken zu üben, dann beginnen Sie am besten nicht gleich mit Ihrem größten Lebens- bzw. sportlichen Problem. Fangen Sie mit kleinen Problemen an und steigern Sie sich dann.

Grundlagen des NLP

Ein von mir angewandtes Konzept im Mentaltraining ist das NLP. Die im NLP angewendeten mentalen Trainingsmittel werden »Formate« genannt. Im Folgenden werde ich Ihnen einige wichtige Grundannahmen/Axiome und Modelle des NLPs erklären.

Was ist NLP? Wofür steht NLP?

NLP – Neuro Linguistisches Programmieren

Hinter diesem Kürzel verbirgt sich eine der effektivsten Trainingsmethoden zur Erweiterung und konstruktiven Veränderung menschlichen Erlebens und Verhaltens.

NLP ist ein komplexes Kommunikationsmodell mit einer Vielzahl von effektiven Veränderungstechniken, die leicht erlernbar und in der Praxis schnell umsetzbar sind.

Die drei Buchstaben stehen für

- erfolgreiche Kommunikation,
- zielorientiertes Handeln,
- Persönlichkeitsentwicklung.

N = Neuro: Bio-Computer, neurologisch, das Nervensystem, Rückenmark und das Gehirn betreffend. Wozu brauchen wir das Nervensystem?
Denken und Sehen, Fühlen, Handeln ... Jedes Verhalten lässt sich aus neurologischen Prozessen des Sehens, Hörens, Schmeckens, Berührens und Empfindens ableiten. Wir erfahren die Welt durch unsere fünf Sinne, geben diesen Informationen Sinn und handeln dementsprechend.
Das Gehirn lernt in Bildern. Bevor Sie eine neue Lektion reiten wollen, muss diese Lektion als mentale Vorstellung innerlich vorhanden sein. Achten Sie sehr gut auf Ihre inneren Bilder.
»NLP ist die Gebrauchsanleitung fürs Gehirn.«

L = Linguistisches: »Sprich ... und ich sage Dir, wie Du denkst!«
Es geht um Sprechen und Hören, um die Sprache und Sprachmuster, die unsere Denkstruktur und die internen Prozesse unserer Persönlichkeit widerspiegelt. Sie zeigen, ob wir uns selbst behindern oder unseren Erfolg unterstützen. Wir benutzen Sprache, um Ordnung zu schaffen und unser Verhalten zu koordinieren. Mit Sprache kommunizieren wir nicht nur mit anderen, sondern auch mit uns selbst. Durch die Veränderung der Art, wie Sie mit sich selbst und anderen sprechen und Fragen stellen, verändern Sie sich selbst und unterstützen (als Ausbilder) andere dabei, Fortschritte zu machen und zu sich selbst zu finden.
Wahrnehmung und Sprache stehen in ständiger Wechselwirkung.

P = Programmieren: Damit ist geplantes, bewusstes, zielgerichtetes Handeln und Fühlen gemeint. Handeln ist veränderbar, denn es gibt viele verschiedene Möglichkeiten, Erfahrung etc. zu strukturieren und dementsprechend zu handeln.
Ziel ist die konstruktive Erweiterung und systemische Veränderung unserer Verhaltensmöglichkeiten, die wir mit Kenntnis unserer internen Prozesse programmieren können. Programmieren bedeutet im NLP auch aus Feedback lernen.
NLP ist lösungs-, ziel- und ressourcenorientiert.

Ressourcen

Ressourcen sind Erfahrungen, Kenntnisse, Fähigkeiten und Anlagen, die jedem Menschen für Lern- und Wachstumsprozesse zur Verfügung stehen. NLP geht von der Überzeugung aus, dass die Ressourcen, die für eine Veränderungsarbeit auf der Situationsebene notwendig sind, in der Lebensgeschichte jedes Menschen vorhanden sind. Wenn man bedenkt, dass von all dem, was ein Mensch lernt, 80 % vor dem Eintritt in die Schule stattfindet, haben selbst Kinder schon eine sehr lange Lerngeschichte hinter sich. Grundsätzlich gehören alle Erfahrungen, die wir sinnlich konkret gemacht, verarbeitet und gespeichert haben, dazu. Auch die Kenntnisnahme von Geschichten, das heißt schriftlich oder mündlich vermittelter Erfahrung, führt zur Aneignung von Ressourcen, die in persönliche Problemsituationen integriert werden können und so zur Veränderungsarbeit beitragen. Wichtig ist es daher, diese Erfahrungen zu mobilisieren. Darüber hinaus können durch Beobachten und Nachahmen, also durch Modellieren von nichteigenen Ressourcen, weitere, für Veränderungs- und Gestaltungsprozesse nützliche Hilfsquellen »angezapft« werden. Ressourcen können überall gefunden werden: in unserer Vergangenheit, in der Gegenwart und in der Zukunft. Ressourcen können wir in uns und außerhalb von uns entdecken. Starke Ressourcen sind mit hohen Werten und mit einem guten Selbstbild (personale Identität) verbunden.

NLP kennt viele Techniken, um nicht ressourcevolle Situationen (stuck states) in ressourcevollen Situationen zu verwandeln. Das Erleben von nicht-ressourcevollen Zuständen (»Problemen«) dient im NLP (im Unterschied zu anderen psychologischen oder therapeutischen Richtungen) nur zur Informationsgewinnung und erfolgt im Regelfall sehr kurz. In allen Änderungs-Techniken geht es darum, sich (oder andere) zuerst wirksam vom Erleben nicht-ressourcevoller Zustände zu dissoziieren (= innerlich Distanz halten, Abstand haben). Das Ziel ist immer, das Bewusstsein vom Problem-Fokus auf

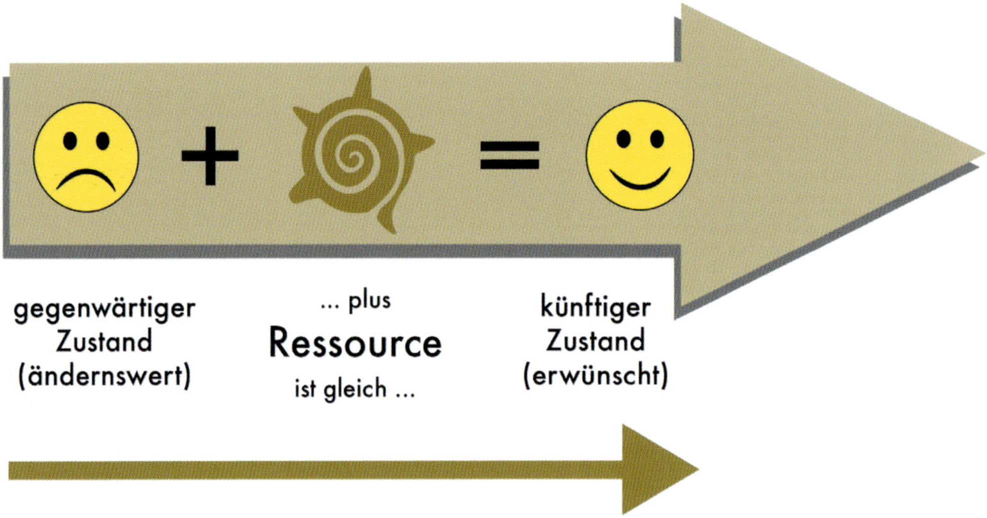

einen Ressourcen-Fokus zu lenken. In vielen Fällen werden Ressourcen dadurch aktiviert, dass der Fokus des Bewusstseins auf Erinnerungen gelenkt wird, wo genau die gewünschte Ressource erlebt wurde. Eine Person, die z.B. wenig selbstbewusst auftritt, kann sich selbst (oder geführt durch eine NLP-kundige Person) beibringen, in der Begegnung mit Dritten Erinnerungen an Ereignisse zu aktivieren, bei denen sie sehr selbstbewusst gewesen ist (meist in einem ganz anderen Kontext, wie z.B. beim Sport). Weil jede Person Referenz-Erfahrungen über gewünschte Ressourcen hat (jeder und jede war schon einmal in seinem/ihrem Leben selbstbewusst, überzeugend, energievoll, ruhig, ... usw.), kann sie – so die Überzeugung von NLP – lernen, diese Ressourcen in Situationen einzusetzen, wo sie scheinbar nicht verfügbar sind.

Nutzen:

- Motivation für Zielerreichung und Veränderungsarbeit wächst
- Wachsendes Selbstwertgefühl und Selbstvertrauen (Vertrauen in die eigene Kraft)
- Erweiterung des »Tu-so-als-ob-Rahmens«

Finden einer passenden Ressource im Problemkontext

Was können Sie tun, um in der Problemsituation Ihr Ziel zu erreichen? Was brauchen Sie, das Sie befähigt, genau das zu tun, was für Sie richtig ist? Was wäre hilfreich? Was fehlt Ihnen, um ... zu erreichen? Es ist nicht immer leicht, eine passende Ressource zu finden.

Bandler und Grinder: »Von damals bis jetzt ist einige Zeit verflossen; ich weiß nicht wie viel, aber während dieses Intervalls hast Du als Mensch Ressourcen dazubekommen, zu denen Du damals keinen Zugang hattest. Ich möchte, dass Du unter diesen Ressourcen eine auswählst, die Dir damals hätte helfen können, eine völlig andere Erfahrung zu machen.«

Und wenn Sie wirklich nicht wissen, was Sie in der Problemsituation gebraucht hätten, um anders reagieren zu können, dann raten Sie. Benutzen Sie den »Als-ob-Rahmen«: »Angenommen, Sie wüssten es, was könnte es für eine Ressource sein?« Eine solche Frage macht oft unbewusst existierende Ressourcen bewusst.

Modelling – Modellieren von Ressourcen

Das Herausfinden und Nachahmen der Strategie und Ressourcen eines Menschen, der eine bestimmte Aufgabe hervorragend bewältigt oder eine besondere Fähigkeit besitzt.

Kennen Sie jemand (persönlich oder aus einem anderen Kontext), der eine solche Ressource hat? Wie machen es Personen, die solche Ressourcen haben? Können Sie probehalber so tun, als hätten Sie ebenfalls diese Ressource?

Ressourcen mobilisieren

Ressourcen können nach Qualität und Intensität sehr unterschiedlich sein.
Wenn Sie eine Ressource mobilisieren wollen in sich, finden Sie bitte zunächst eine Situation in Ihrem Leben, in der Sie diese gewünschte Ressource zur Verfügung hatten bzw. schon einmal erlebt haben. Erinnern Sie sich an diese Situation, als würde sie gerade jetzt passieren. Gehen Sie in diese Situation hinein und erleben Sie diese noch einmal mit geschlossenen Augen, mit allen Sinnen (VAKOG).

Ressourcen testen

Stellen Sie sich vor, Sie haben Ihre Ressource zur Verfügung. Gehen Sie nochmals in die Problemsituation und überprüfen Sie, wie sehr sie Sie unterstützt, Ihr Ziel zu erreichen.

Paralleles Leben

(nach Bernd Isert)
Ein vereinfachtes Modellierungsverfahren mit Time-Line-Techniken stammt von Bernd Isert:
Beim Einsammeln von Ressourcen aus der Vergangenheit ist man nicht auf seine eigenen beschränkt.

- Legen Sie zwei Zeitlinien aus: Ihre eigene und die einer von Ihnen bewunderten Person (die noch am Leben sein mag oder nicht).
- Markieren Sie für beide Zeitlinien markante Lebensstationen, wo Sie nützliche Ressourcen zu finden hoffen (z.B. frühe Kindheit, Schule, erste Liebe, erstes Gehalt ...).
- Legen Sie die Ressourcenpunkte parallel so aus, dass Sie jeweils beim Zurückgehen mit beiden Füßen in diese Punkte eintreten können.
- Spüren Sie bei jedem Schritt, wie sich Ihr Ressourcenpool aufstockt; lassen Sie sich überraschen, wie viele »neue« Ressourcen Sie wieder finden.
- Gehen Sie nun mit allen Ressourcen erneut in die Gegenwart zurück und genießen Sie Ihre Schätze.
- Stellen Sie sich vor, in wie vielen zukünftigen Situationen Sie Nutzen daraus ziehen werden.

wingwave®-Coaching

wingwave® ist eine lösungsorientierte Kurzzeit-Coaching-Methode zur Regulation von Leistungsstress, zur Stärkung und Stabilisierung eigener Ressourcen und zur Leistungssteigerung, u.a. basierend auf Erkenntnissen der Neurobiologie und der Gehirnforschung. Begründet wurde sie in Deutschland von Cora Besser-Siegmund, Psychologin und NLP-Lehrtrainerin.
Der Begriff setzt sich zusammen aus wing (Flügelschlag eines Schmetterlings) und wave (Assoziation zum englischen Begriff brainwave, was sinngemäß tolle Idee oder Gedankenblitz heißt).

Ein typisches Einsatzgebiet ist der (Leistungs-)Sport, wenn Leistung punktgenau abgerufen werden soll und eine starke, stabile mentale Verfassung gefordert ist. Ein Reiter etwa, der überemotional, ängstlich, an sich zweifelnd oder unsicher agiert, verkrampft und erzielt nicht die gewünschten Erfolge. Leistungsoptimierung durch schnell geführte Augenbewegungen.

Mit einer verblüffend wirkungsvollen Grundintervention – und zwar mit schnell geführten Augenbewegungen zur Anregung der Gehirnkoordination – wandelt sich jegliche Unsicherheit nachhaltig in emotionale Stärke und optimiert innerhalb von wertvollen Millisekunden die Präzision Ihrer Bewegungsabläufe und Ihr Selbstbewusstsein.
Diese schnellen Augenbewegungen – auch genannt »wache REM-Phasen« (Rapid Eye Movement) – durchlaufen wir Menschen sonst nur im Traumschlaf, wenn unser Gehirn die Fülle unserer Erlebnisse speichert und in unsere Neurobiologie integriert.

Die wingwave®-Methode integriert folgende Elemente:

1. Bilaterale Hemisphärenstimulation (Stimulation der Zusammenarbeit beider Gehirnhälften)
Eine Optimierung der Zusammenarbeit aller Gehirnareale wird – wie bei der EMDR-Methode – durch eine abwechselnde Aktivierung beider Hirnhälften erreicht. Abwechselnde auditive oder taktile Rechts-Links-Impulse – in der Regel über eine Stimulation von horizontalen Augenbewegungen – erzeugen eine Wirkung im Wachzustand ähnlich der REM-

Phasen im Schlaf. Die Winkbewegungen vor den Augen des Klienten, denen er folgen soll, setzen einen äußerst schnellen Verarbeitungsprozess in Gang. In »Turbo-Geschwindigkeit« werden so steckengebliebene Prozesse zum Laufen gebracht und es kann zu erstaunlichen Erkenntnissen kommen.

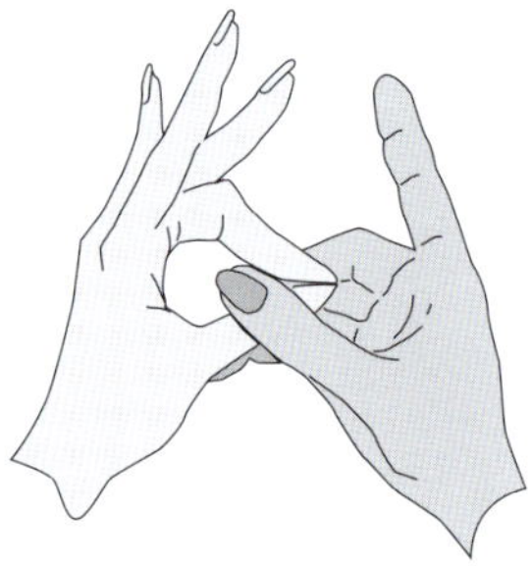

2. Kinesiologischer Muskeltest (Myostatiktest, kurz O-Ringtest)

Bevor das »Winken« oder andere Formen bilateraler Hemisphärenstimulation zum Einsatz kommen können, ist es entscheidend, den richtigen »Themenpunkt« für das Coaching und die Intervention zu finden: Um welche Blockade genau handelt es sich? Was ist der ganz persönliche Stresstrigger?
Der Myostatiktest dient sowohl der gezielten Themenfindung als auch der Überprüfung der Wirksamkeit der Interventionen. Damit ist er wie ein Kompass, der durch den gesamten Coachingprozess führt.

3. Neurolinguistisches Programmieren – NLP

Im wingwave® sind die unterschiedlichsten NLP-Formate integriert, wie Zielformulierung und -planung, die Imaginative Familienaufstellung und das Reimprint, die Umformulierung und Veränderung von negativen Glaubenssätzen (= Blockaden) in positive Glaubenssätze und Vorstellungen, Reframing, die Arbeit mit Persönlichkeitsanteilen oder die Arbeit mit der Timeline, um nur einige Beispiele zu nennen.

wingwave® Coaching ist keine Psychotherapie und kann eine solche nicht ersetzen. Voraussetzung bei den Klienten und Kunden ist – wie auch sonst beim Coaching üblich – eine normale psychische und physische Belastbarkeit.

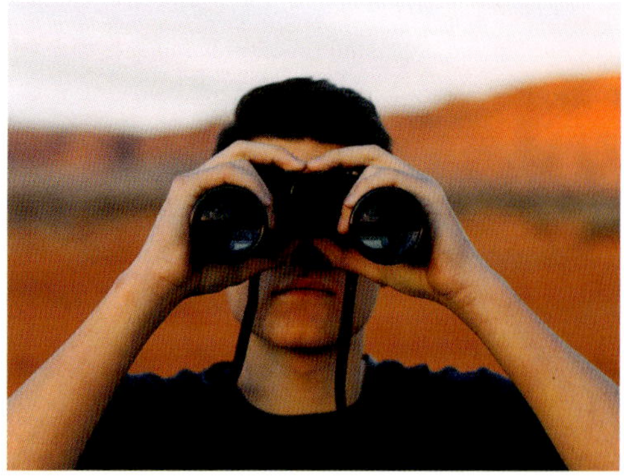

Future Pace

= der Brückenschlag oder »Schritt in die Zukunft«: im Geiste durchspielen, einstudieren wie man ein Ziel erreicht, um sicherzustellen, dass man das erwünschte Verhalten einsetzen wird.

Thomas Rückerl (1996), NLP in Stichworten, das aktuelle NLP-Lexikon, S.77:
»Der Future Pace ist eine grundlegende Maßnahme im NLP. Er wird nach jeder Intervention zur Transfersicherung eingesetzt. Dabei werden zukünftige Ideen, Wünsche, Ziele, Pläne oder Visionen in den wesentlichen Punkten konkret formuliert. Ein Future Pace kann in der inneren Vorstellung geschehen oder er kann verbal durchgesprochen werden. Er kann auch schriftlich geankert werden. Der Future Pace ist eine aktive Gestaltung der Zukunft. Es ist ein strukturierender Handlungsentwurf, der zugleich motivierend wirkt. Der Future Pace ist insofern ein Pacing, als dass er uns auf die Zukunft einstimmt. Future Pacing bedeutet im Coaching, den Klienten in die Zukunft zu begleiten. Dabei paced der Coach nicht nur das, was jetzt da ist, sondern auch die Vorstellung der Zukunft im Kopf des Klienten. Er motiviert den Klienten, sein eigenes Verhalten möglichst konkret auf die realen Erfordernisse der Zukunft abzustimmen. Um einen Future Pace zu sichern, können spezielle Anker eingerichtet werden. Sie können vom Klienten in der realen Situation aktiviert werden und ihm benötigte Ressourcen verfügbar machen.
Der Future Pace ist auch ein kleines magisches Ritual, um dem Unbewussten zu symbolisieren, dass jetzt ein Veränderungsprozess begonnen hat.«

Physiologische Grundlagen

Romantik auf der Leinwand: Leonardo DiCaprio und Kate Winslet stehen mit ausgestreckten Armen am Bug der Titanic, der Fahrtwind bläst ihnen ins Gesicht. Der Zuschauer meint, die frische Meeresbrise zu spüren. Das Gefühl von Freiheit schwappt vom Atlantik ins Kino. Minuten später hat sich der englische Luxusliner in einen Ort des Schreckens verwandelt. Wenn die Passagiere verzweifelt versuchen, sich vom sinkenden Schiff zu retten, rast auch das Herz des Zuschauers, sein Atem stockt, die Muskeln sind angespannt und zur Flucht bereit. Die Ursache für das Wechselbad der Gefühle liegt im Gehirn. Dort gaukeln uns spezielle Zellen – sogenannte Spiegelneuronen (mirror neurons, einfühlende Nervenzellen) – vor, die Szenen auf der Leinwand tatsächlich zu erleben. Sie reagieren beim Beobachten von Verhaltensweisen ebenso, als würde man diese selbst ausführen. Spiegelneuronen werden nicht nur aktiv, wenn wir selbst jemand in den Arm nehmen, sondern auch, wenn wir dies nur sehen.

Früher glaubte man, Spiegelneuronen würden nur auf Bewegungen ansprechen. Der Biopsychologe Christian Keysers vom Neuro-Imaging-Center im niederländischen Groningen konnte nachweisen, dass die Nachahmerzellen auch dann feuern, wenn Berührungen oder Emotionen wie Ekel betrachtet werden. Das hieße: Spiegelzellen sind in der Lage, die ganze Palette menschlicher Gefühle zu imitieren: Freude und Trauer, Furcht und Angst. »Tatsache ist: Wir haben ein ziemlich soziales Gehirn«, sagt Keysers.

Wahrnehmung

Was steht am Anfang einer Kommunikation? Womit beginnt Kommunikation? Am Beginn einer Kommunikation steht immer irgendeine Form von Wahrnehmung z.B. Hören und Sehen. Unsere Wahrnehmung ist sehr stark.

Ich werde Ihnen dazu eine kleine Geschichte erzählen: Drei Blinde sollen einen Elefanten beschreiben. Obwohl sie noch nie einen Elefanten in seiner ganzen Größe haben sehen können (sie sind seit Geburt blind), fühlen sie sich doch berufen, ein fachmännisches Urteil über einen Elefanten abzugeben. Denn alle drei hatten schon die Möglichkeit, in der Nähe eines Elefanten zu sein, ihn zu berühren und zu betasten.

- Der 1. beschreibt ihn als Schlange.
- Der 2. beschreibt ihn als Teppich.
- Der 3. beschreibt ihn als Säule.

Der erste, der nur den Rüssel untersucht hat, ist ganz sicher, dass der Elefant sich so ähnlich wie eine Schlange verhält. Der Zweite, der die lapprigen, großen Ohren untersucht hat, weiß genau, dass der Elefant so ähnlich wie ein hängender Teppich ist. Und der Dritte, der ein Elefantenbein umklammert hat, findet an diesem Bein eine große Ähnlichkeit mit einer Säule, die er auch schon einmal umklammert hat.

So ist sich jeder seiner Meinung ganz sicher und total überrascht, dass die anderen, blinden Kollegen zu ganz anderen Meinungen kommen konnten. Es kommt zum Streit, weil keiner die Meinung der anderen akzeptieren kann, weil er doch mit seinen eigenen Händen den Elefanten erforschen konnte.
Wer hat von den drei Blinden recht? Jeder hat recht aus seiner Perspektive. Jetzt werden Sie sich fragen, was hat denn das mit mir zu tun? Sehen wir immer, wie die Dinge wirklich sind? Haben Sie schon mal gestritten und dabei geglaubt, Sie hätten recht? Meinen Sie nicht, dass der andere auch geglaubt hat, er hat recht? Natürlich – ansonsten hätte jemand nicht mit Ihnen gestritten.

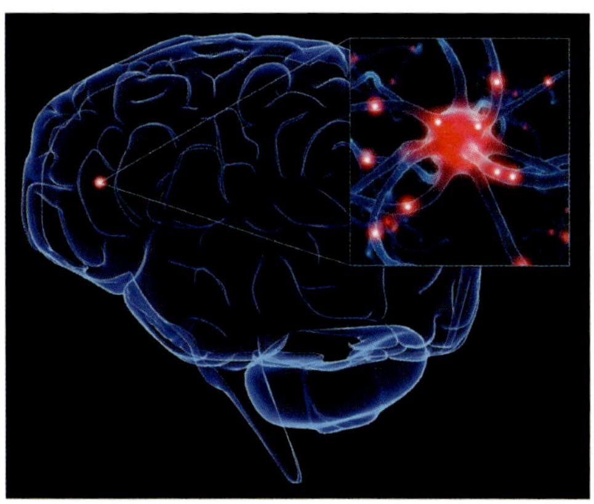

Zwei Menschen reden miteinander und glauben beide, sie haben Recht. Das ist das Grundproblem in der Kommunikation.
Die Welt ist nicht immer so, wie wir sie gerade sehen. Die Außenwelt ist so unendlich vielfältig, dass wir bei allen Reizen, die auf uns einströmen, Filter einbauen müssen, um in der Welt zurechtzukommen.

Ein Beispiel: Wenn ich ein Buch lese, merke ich vielleicht gar nicht, dass es draußen mittlerweile dunkel geworden ist. Oder: Wenn ich diese Zeilen schreibe, achte ich nicht auf die Geräusche meiner Umwelt.
Mit dem Filtern öffnen wir eine ganze Menge »Schubladen«, um Kategorien zu bilden.
Beispiel: Männer – Frauen, schwarz – weiß, arm – reich, gut – böse

Diese Vereinfachungen dienen uns ebenfalls zur Orientierung in unserer Umwelt.
Allerdings filtern Menschen ganz unterschiedlich.
Weil wir unterschiedlich gut hören, sehen, fühlen und weil wir unterschiedliche Lernerfahrungen gemacht haben, nimmt jeder Mensch die Welt anders wahr.

Es gibt daher nicht eine gültige Wirklichkeit! Es gibt viele Wirklichkeiten.

NLP-Grundannahme: Jeder hat seine eigene Wirklichkeit. Die Landkarte ist nicht das Gebiet. Jeder hat sich eine Landkarte gemacht, wie die Welt (der Pferde) funktioniert. Darin enthalten ist, was wir glauben, was gut und was richtig ist, was man machen sollte, was eine anständige Reitausbildung ist, wie man mit seinen Reiterfreunden umgeht und all solche Dinge. Oft glauben wir, dass unsere subjektive Landkarte die tatsächliche ist. Und wenn wir uns mit jemand anderem unterhalten, dann reden wir immer über diese Landkarte, nicht über das, was tatsächlich passiert ist.

Ein Beispiel: Ich gehe abends mit fünf Freunden ins Kino. Anschließend sprechen wir über den Film. Jeder hat den Film anders gesehen.
Ein Grundphänomen komplexer Situationen wird klar. Dadurch, dass man nur Teile des Problems sieht oder versteht, kann es zu widersprüchlichen Bewertungen und Aussagen kommen. Die Art der Kommunikation ist von der Interpretation abhängig.

So verunsichernd diese Erkenntnis ist, so hat sie auch etwas Tröstliches. Es gibt eben keine einzige Wahrheit, solange wir nur Teile eines Größeren sehen. Man muss daher mit (scheinbaren) Widersprüchen leben können. Oder positiv ausgedrückt: Man kann Widersprüche akzeptieren und hat trotzdem Recht.

Im NLP sprechen wir von selektiver Wahrnehmung. Wenn wir uns auf die Dinge konzentrieren, die nicht gut funktionieren, was passiert dann? Wir nehmen ganz viel davon wahr. Wir begegnen im Laufe des Tages ganz vielen Dingen, die nicht funktionieren. Was passiert, wenn ich mich darauf konzentriere, was gut funktioniert? Wenn ein Ziel vorhanden ist, dann bestimmt meine Aufmerksamkeit, ob mir die richtigen Menschen und Möglichkeiten begegnen. Ich begegne Menschen, die die Erfahrung auch schon gemacht haben, ich entdecke ganz viel Ressourcen. Das ist der Filter in unserer Wahrnehmung. Die meisten Menschen glauben felsenfest daran, zu wissen, was wahr ist.

Der Durchbruch in der Kommunikation ist, wenn wir uns klar machen: Ich habe meine Vorstellung, der Andere hat seine.
Und das Gleiche gilt für die Kommunikation zwischen Reitschüler und Ausbilder oder Einsteller und Stallbesitzer.

Rapport zwischen Reiter und Trainer

Wie ist Rapport definiert?

Das englische Wort »rapport« ist hergeleitet vom französischen Verb »rapporter«, was heißt »zurückbringen« oder »sich beziehen auf«. Die englische Bedeutung »eine Beziehung in Harmonie, Übereinstimmung, Einklang oder Ähnlichkeit« weist auf die Wichtigkeit von Rapport in der Kommunikation hin.
Die Kommunikationsprozesse u.a. während einer Reitstunde basieren auf vergangenen Interaktionen und auf dem gegenwärtigen Geschehen. Das gegenwärtige Geschehen wird insbesondere durch

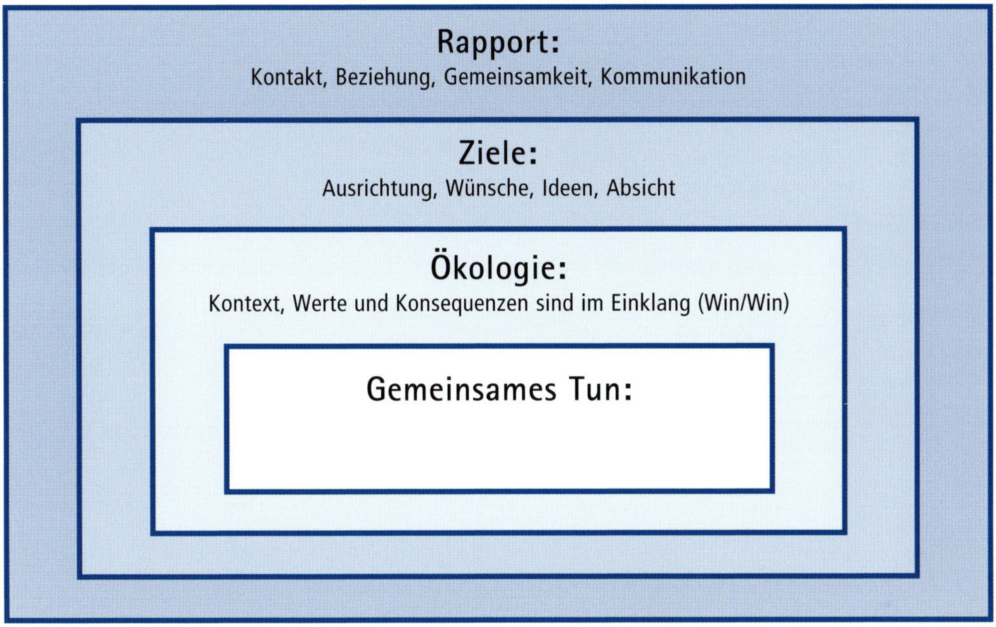

Rahmenbedingungen für gute Kommunikation

das Vorhandensein von Rapport oder Empathie beeinflusst. Rapport schafft spontanes Vertrauen. Denn nur innerhalb einer Gesprächsatmosphäre (in der Reithalle, auf dem Reitplatz), die von Zuversicht, Vertrauen, Verständnis und gegenseitiger Beteiligung gekennzeichnet ist, können Menschen frei und natürlich reiten und reagieren.

Rapport (gleiche Wellenlänge, guter Draht) ist die Grundlage/Basis jeder guten, gelungenen Kommunikation.

Wie kann ich Rapport herstellen?

- Aufmerksam sein
- Dem Anderen genau (aktiv) zuhören
- Den Anderen gut beobachten
- Offen sein
- Positive Grundeinstellung

»Gleich und gleich gesellt sich gern«

Wir können Gemeinsamkeit über den Inhalt finden. Sich gut unterhalten, gemeinsame Ziele erkennen: Hier ist ganz starkes Potenzial für Sympathie und Gemeinsamkeiten. Wir mögen Menschen, die so sind wie wir, die so sprechen wie wir, die sich so bewegen wie wir, die eine Körpersprache haben, die unserer sehr ähnlich ist. Und was machen wir im NLP? Wir spiegeln unser Gegenüber.

Unsere stärkste Kraft liegt nicht im Inhalt

Sie nehmen die Körpersprache Ihres Gegenübers an, Sie sprechen mit der Stimme und in der Sprache, die Ihr Gegenüber hat. Begegnen Sie Ihrem Gegenüber in dessen Art, sich zu bewegen. So bauen Sie einen tiefen Kontakt und ein Vertrauensverhältnis auf. Passen Sie sich an die unterschiedlichen Menschen, denen Sie begegnen, an. Wenn Ihr Gegenüber hektisch ist, sind sie auch hektisch, wenn jemand ganz ruhig ist, sind Sie auch ganz ruhig.
Wir machen das oft unbewusst und stellen uns ein auf jemand, der uns sympathisch ist. Sie haben das mit Sicherheit schon gemacht – der springende Punkt ist jedoch: Sie können es jetzt bewusst tun und bewusst Sympathie erzeugen

Angleichen (Pacing)

= verbal und/oder nonverbal, Angleichen des eigenen Ausdrucksverhaltens an das einer anderen Per-

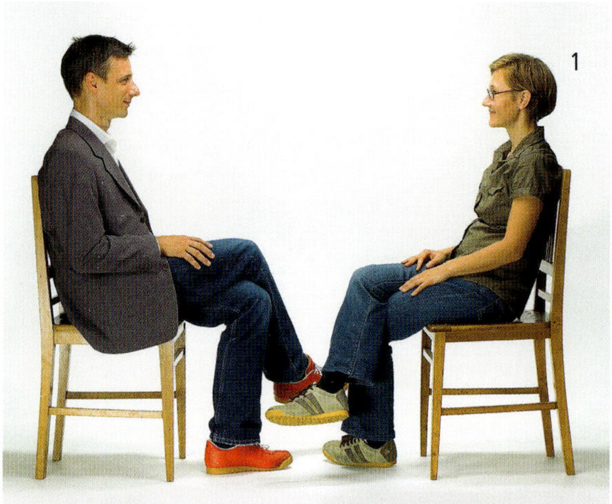

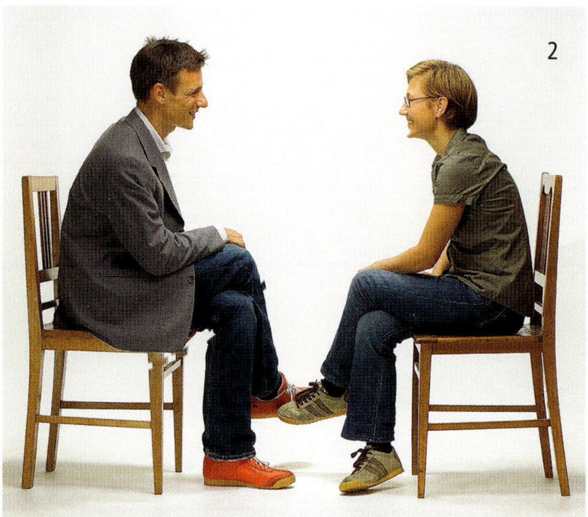

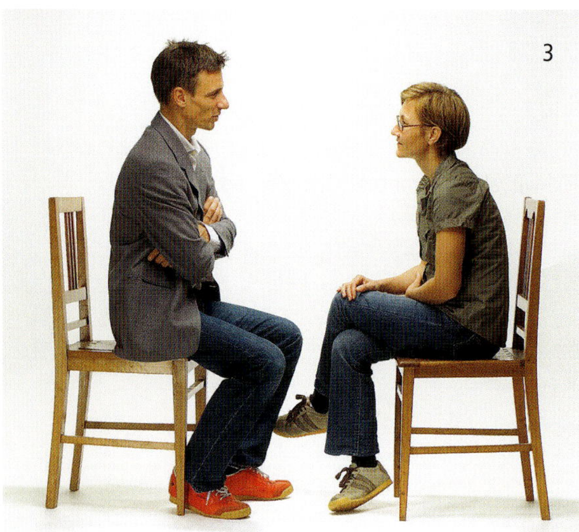

son zum Herstellen und Vertiefen von Rapport (auf Sach- und Beziehungsebene).

Was kann man alles spiegeln?

Armbewegungen: viel oder wenig Gestik? Wo hat er die Arme, hat er sie fest am Körper oder woanders?
Lachen und zurücklachen – Lachen ist oft ansteckend.
Atmung: Tiefe Atmung? Atmung oben in der Brust (bei Stress) oder im Bauch?
Auf dem Pferd: Wie atmet mein Pferd? Spüren Sie, wie sich der Brustkorb Ihres Pferdes mit jedem Atemzug dehnt?
Sprechgeschwindigkeit: Spricht er schnell? Oder langsam? Manche Menschen sprechen so unheimlich schnell, dass einem die Luft fast wegbleibt. Und andere Menschen sprechen sehr l a n g s a m. Oft erzeugt schon die unterschiedliche Art zu sprechen eine Antipathie. Wir registrieren nicht, dass jemand sehr langsam spricht, aber wir merken intuitiv, irgendwie kann ich nicht so mit ihm. Das liegt einfach daran, dass unser Gegenüber schneller oder langsamer spricht. Oder eine spezielle Tonlage hat.
Körperhaltung: Wie jemand steht oder sitzt. Beine überkreuzt oder verschränkt.
Kopfhaltung: Bewegt unser Gegenüber seinen Kopf viel? Ist der Kopf nach vorne geneigt?

Varianten des Pacings

matching (1) = sich anpassen, angleichen an Teile des Verhaltens einer anderer Person, um Rapport zu bekommen, mirroring (2) (spiegeln) und crossover-mirroring (3) (über Kreuz spiegeln z.B. das Beinkreuzen wird durch das Armkreuzen gepacet).

Beispiel:

Ein schüchternes Kind kommt zum ersten Mal zum Reitunterricht. Der Rapport wird hergestellt, indem Reitlehrer und Kind sich beide hinsetzen. Da das Kind sehr ruhig ist, leise und langsam spricht, senkt auch die Reitlehrerin ihre Stimme und vermeidet viele Bewegungen.

1 Matching · 2 Mirroring
3 Crossover-Mirroring

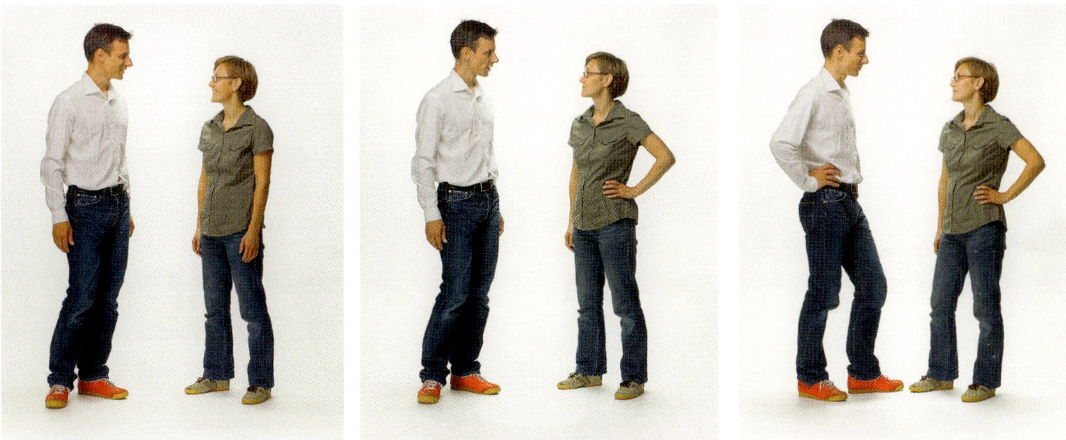

Mit Pacen ist kein affektiertes Nachäffen gemeint, sondern ein Sich-Einlassen auf den Anderen.

Wenn die Reitlehrerin jetzt laut, schnell und gestenreich sprechen würde, hätte das Kind das Gefühl, »überfahren« zu werden. Es soll erst mal Vertrauen bekommen. Durch die Aufmerksamkeit und die Rücksichtnahme der Reitlehrerin auf die Gefühle des Kindes bekommt das Kind eine Wertschätzung. Es kann sich öffnen und der Reitlehrerin zuhören.

Führen (Leading)

Es bleibt nicht nur beim Pacing. Es geht noch einen Schritt weiter. Wenn ich mit meinem Gesprächspartner oder Reitschüler auf einer Wellenlänge bin, kann ich beginnen, ihn zu führen. Dann sprechen wir im NLP von »Leading«.

Das kann dann sinnvoll sein, wenn jemand in einem schlechten Zustand ist. Beispiel: Das Pferd meiner besten Freundin musste eingeschläfert werden. In welcher Stimmung ist sie dann? Sie ist sehr traurig. Und jetzt spiegele ich sie – meine Stimme geht auch runter. Wenn ich mich ein bisschen auf sie eingeschwungen und eingestellt habe, dann kann ich sie da rausholen. Wenn ich aber nun überschwänglich zu ihr käme, was würde passieren? »Du hast ja keine Ahnung, wie es mir geht. Lass mich in Ruhe. Bleib mir vom Leib.« Besser: Ich stelle mich ein Stück auf sie ein und beginne, sie langsam zu führen. So führe ich sie langsam Schritt für Schritt in einen anderen Zustand.

Noch einmal zurück zum Beispiel des schüchternen Kindes: Jetzt könnte sich die Reitlehrerin z.B. aufrichten und schauen, ob das Kind ihr folgt. Eine Körperaufrichtung würde das Kind nun aus seinem »Schneckenhaus« herausbringen. Es würde den Kopf heben und sich seine Umgebung genauer anschauen. Die anderen Kinder würden es eher bemerken. Eine gelungene Eingliederung in die Gruppe könnte damit erfolgreich sein. Die Reitlehrerin könnte auch versuchen, ihre Stimme lebhafter werden zu lassen oder Gestik wieder einzusetzen. Die Reitlehrerin hat so Vertrauen aufgebaut.

Beispiel für »Pacing und Leading« aus Ina G. Sommermeier (2000), Pferdeschule – Menschenbildung, Olms, S.124 und 126: »Immer wieder erleben wir es, dass unser Pferd vor irgendeinem ihm bedrohlich erscheinenden Gegenstand zurückscheut, den wir aber als absolut harmlos erkannt haben. Wie sollten wir uns in solcher Situation verhalten? Treiben wir unser Pferd einfach mit Gewalt vorüber, entsteht eine Diskrepanz. Eine Verkennung der Gefahrenquelle kann uns in den Augen des Pferdes als Leittier disqualifizieren und zum Vertrauensverlust führen. Also werden wir einen Augenblick aufmerksam in die Richtung starren, die uns das Pferd vorgibt – auch wenn uns von vornherein klar ist, dass da nichts zu entdecken ist. Damit signalisieren wir dem Pferd: »Aha, da scheint etwas zu

sein, ich kümmere mich darum.« Dann entspannen wir mit Nachdruck, atmen vielleicht tief durch und reiten weiter. Dadurch kommt beim Pferd die Botschaft an: »Nein, alles in Ordnung! – Der da oben hat das auch gesehen und findet es nicht gefährlich.« – In der Regel haben wir damit Erfolg.
Manchmal werde ich in meinen Seminaren gefragt, ist das nicht Manipulation? Na klar – wie jede Form von Kommunikation. Kommunikation ist immer manipulativ, selbst wenn Sie nichts sagen. Win-Win, eine im NLP verbreitete Philosophie – eine Beziehung herstellen, wo ich gewinne und der andere auch, wo wir beide mehr davon haben. Sie bekommen vielleicht Informationen, die Sie sonst nicht bekommen hätten. Die Information erlaubt Ihnen aber, sich ein sehr genaues Bild zu machen, was der Andere, z.B. der Reitschüler oder Einsteller, tatsächlich von Ihnen braucht. Der Reitschüler oder Einsteller profitiert und letztendlich Sie auch. Und das ist Win-Win.
Auch in dem von Ina G. Sommermeier beschriebenen Fall »hat der Reiter keine Wahl, denn das Pferd könnte durch sein Ausbrechen ihn, sich selbst und möglicherweise Spaziergänger in Gefahr bringen. Im Umgang mit Pferden entspringt das, was – menschlich gesehen – als Manipulation gelten kann, unserer bewussten Führungshaltung dem Pferd gegenüber«. (Sommermeier, 2000, S. 126–127)

Kommunikation

Vom Sender direkt zum Empfänger: So einfach ist Kommunikation leider nicht! Kommunikation ist keine leichte Sache zwischen zwei Menschen.

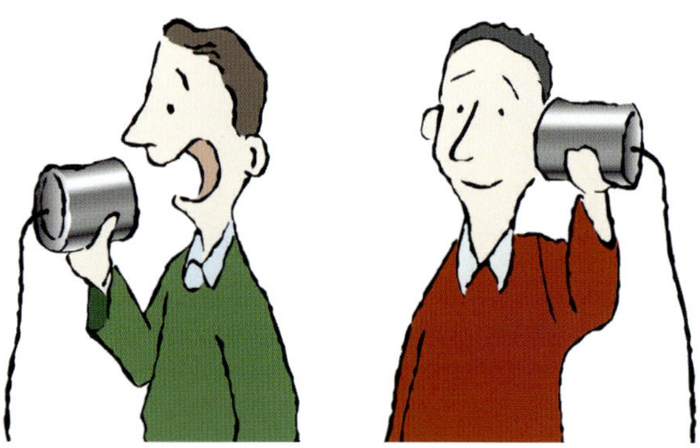

Kommunikation findet statt

- zwischen Reitern, Reiterfreunden,
- zwischen Reiter und Ausbilder/Reitlehrer,
- zwischen Reitern und Verein,
- zwischen Ausbilder/Reitlehrer und Verein,
- zwischen Reiter und Tierarzt,
- und natürlich kommunizieren alle genannten mit den Medien,
- zwischen Reiter und Hufschmied,
- zwischen Reiter und Stallbetreiber und Stallpersonal.
- Medien kommunizieren mit anderen Vereinen und anderen Medien.

Durch den Einsatz von Kommunikationsmethoden und Interventionsmethoden kann der Erfolg der Kommunikation erheblich gesteigert werden. Zuerst muss der »äußere« Rahmen, der Rapport, stimmen, dann sollen sich z.B. Reitlehrer und Reiter über die persönlichen und gemeinsamen Ziele der Begegnung/Reitunterricht einigen und klar werden. Wenn dies in einem stimmigen Kontext geschieht, erst dann hat das gemeinsame Tun eine Chance auf Erfolg und Beständigkeit.

Wann findet Kommunikation statt?

- Während des Reitens (Signale, Beifalls- und Missfallensbekundungen, ...)
- Nach der Reitstunde (Videofeedback, Stärken- und Schwächenanalyse, ...)
- Im Training: kontinuierliche Beobachtung des Fortschritts des Reiters unter Berücksichtigung lang- und kurzfristiger Ziele (Turniersaisonziel, das nächste Turnier, individuelle Ziele der Spieler)

Feedback

Die Rückkoppelung/Rückmeldung informiert, welche Reaktionen das gezeigte Verhalten (verbal – nonverbal) bei anderen auslöst.
Feedback als zentraler, oft unterschätzter Bestandteil der Kommunikation ist sehr wichtig sowohl für den Reiter als auch für den Reitlehrer/Ausbilder. Feedback ist ein Geschenk.

Regeln für den Feedback-Geber

- kurz
- konkret, sachlich, objektiv, sofern es möglich ist

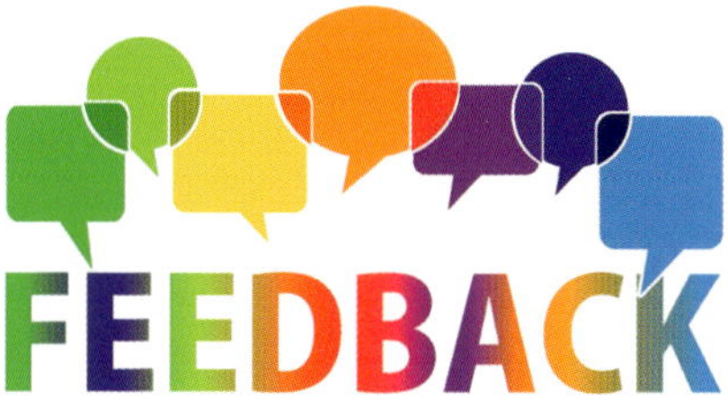

- zeitnah
- verhaltensorientiert
- Ich-Botschaften
- konstruktiv und im Sandwich-Format

Wie ist »Kritik« am besten annehmbar?
Metapher: Ein »Feedback-Sandwich« besteht aus Kritik, die zwischen zwei positiven Kommentaren/ Lob »eingepackt« wird, und zwar auf folgende Weise: ein spezifischer positiver Kommentar »Was genau war gut« – Kritik und/oder ein Verbesserungsvorschlag »Was ist zu verbessern« – ein umfassender positiver Kommentar »Was war insgesamt gut«. Dabei beachte man, die Konjunktion »aber« zu vermeiden, da sie das vorgenannte quasi wieder entkräftet und abschwächt. Verwenden Sie stattdessen »und«. Zeigen Sie als Feedback-Geber eine Perspektive auf, wie das Fehlverhalten bereinigt werden soll (Zielfokus statt Fehlerfokus).
Die Absicht dieser Regeln ist, Kritik leichter zu äußern und annehmen zu können.

Regeln für den Feedback-Geber:
- wann immer es möglich ist, positiv
- Raum geben für persönliches Gespräch
- beim Namen nennen
- Person anschauen (Blickkontakt)
- nonverbale Passung zum Gesagten in Mimik und Gestik
- vermeiden Sie Verallgemeinerungen
- variable Gestaltung der Diskussion (Demonstration, Diskussion mit Gegenfragen)

Regeln für den Feedback-Nehmer:
- Bedanken!
- Nachfragen – nicht rechtfertigen, nicht erklären

Feedback beginnt mit Zuhören:
- es ist einfach, jemanden misszuverstehen und schwer, jemanden wirklich zu verstehen
- zu Rückfragen ermutigen, anstatt einfach Annahmen über das Gesagte zu treffen
- das Gesagte in eigenen Worten wiederholen »Du meinst also ...«, »wenn ich Dich richtig verstehe, dann ...«

Feedback von außerhalb
Feedback vermag ein Reiter sich selbst zu geben, es kann aber auch von außerhalb kommen. Da gibt es zum Beispiel die Teamkollegen, die die Leistung beurteilen können. Die Trainer können während des Turniers oder in den Pausen zwischen Prüfungen wertvolle Tipps geben. Nach Csikszentmihalyi und Jackson (2000, S. 31) übermitteln Zuschauer Feedbacks durch ihre Pfiffe oder ihren Applaus. Das Umfeld, in dem ein Turnier stattfindet, und die Ausrüstung oder Pressemitteilungen können Feedback sein.

Feedback vom Begleiter/Betreuer
Damit ein Betreuer Aufschluss darüber erhält, welches Feedback für Sie das Beste ist, ist eine gründliche Analyse unumgänglich. Im Rahmen der Beschäftigung mit mentalen Abläufen beispielsweise ist eine Bestimmung und Klärung der so genannten »neuro-

Die goldenen Feedback-Regeln

Ich-Botschaften	Zeitnah
Konstruktiv	Kurz
Sachlich	Konkret
Verhaltensorientiert	

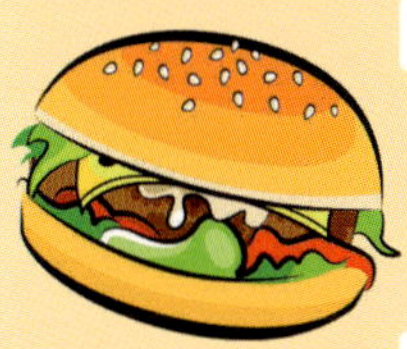

Was genau war gut?

Was genau ist wie zu verbessern?

Worauf kannst Du in Zukunft bauen?

Zusammenfassung

1. Geben Sie dem anderen nur Feedback, wenn der andere es aufnehmen kann.
2. Beobachten Sie als (Feedback-Geber) genau: Halten Sie Augen und Ohren offen.
3. Legen Sie Ihre Kriterien offen für Beobachtung und für Bewertung.
4. Trennen Sie Wahrnehmung des Verhaltens von Ihrer Interpretation.
5. Glauben Sie dem anderen, dass er Sie so sieht, wie er Sie sieht.
6. Begriffe klären.
7. Entscheiden Sie selbst, ob Sie als Feedback-Nehmer Feedback als Information oder Veränderungsappell aufnehmen wollen – und betrachten es in jedem Fall als Geschenk.
8. Lassen Sie sich in dem Maße auf die Wünsche anderer ein, wie es Ihren Fähigkeiten entspricht.
9. Nehmen Sie Feedback so an, dass Sie leicht weiteres Feedback bekommen.
10. Stören Sie den Feedback-Geber möglichst wenig, um den Rapport nicht zu stören. Stören Sie den Feedback-Geber soviel wie nötig, damit Sie ihn verstehen.
11. Bedanken Sie sich für Feedback!
12. Nennen Sie als Feedback-Geber auf jeden Fall mehr positiv als negativ bewertete Punkte.
13. Ein elementar wichtiges Modell für das Verständnis von Lern- und Erinnerungsprozessen ist das Konzept der »Magical Number Seven Plus or Minus Two«. Dieses von dem Psychologen George Miller 1956 nach langen Studien aufgestellte Modell besagt, dass das menschliche Bewusstsein durchschnittlich in der Lage ist, maximal 7 Elemente/Informationseinheiten/Chunks gleichzeitig »bewusst« zu halten und zu verarbeiten. Das menschliche Bewusstsein kann empirischen Studien zufolge im Durchschnitt nur 7+/-2 Informationseinheiten zum gleichen Zeitpunkt verarbeiten und sich kurzfristig merken.

logischen Ebenen« (siehe Kapitel Motivationspyramide) ein Muss für jeden Sportler und jede Sportlerin. Die meisten Trainer wissen nach Zerlauth (2000, S. 39) oftmals nicht, auf welcher Ebene ein Wettkämpfer Schwierigkeiten hat und versuchen in vielen Fällen, mit ungeeigneten Methoden an die beobachtbaren Schwierigkeiten heranzugehen.

Ein guter Reitlehrer/Ausbilder ist der, der die Reiter so oft es geht

- lobt,
- ermuntert,
- nach Fehlern wieder aufbaut,
- immer wieder motiviert, sich für die eigenen Ziele »reinzuhängen«.

Er wird so von seinen Schülern andere/bessere Leistungen bekommen.

Meiden Sie Reitlehrer/Ausbilder, die

- regelmäßig die Fehler der Reiter aufzeigen,
- sich distanziert und unnahbar geben,
- die ständig auf verbale wie nonverbale Art ihr Missfallen bekunden.

Positives Feedback ist die erste unabdingbare Voraussetzung für erfolgreiche Kommunikation. Das gilt auch für die Kommunikation vom Reiter zum Reitlehrer. Selbstverständlich benötigt auch der Reitlehrer Signale, ob das, was er mit dem Reiter erreichen will, über seine Art mit ihm zu kommunizieren, auch erreicht werden kann. Viele Reitlehrer bevorzugen es, einen autoritären Ansatz zu nutzen, dessen klarer Nachteil es ist, dass es früher oder später zu Missverständnissen zwischen Reitlehrer und Reiter kommen muss.

Falsch: »Du hast heute gut gekämpft, Lisa, aber das Angaloppieren musst Du wirklich verbessern. Aber sonst hast Du es gut gemacht.« Weder die Kritik noch das Lob wirken tatsächlich glaub- und ernsthaft.
Richtig: »Du hast heute gut gekämpft, Lisa, und am Angaloppieren werden wir diese Woche im Training arbeiten. Wirklich gut gemacht, Lisa.« Hier kommen sowohl das Lob, als auch der Kritikpunkt bei der Reiterin an. Diese Reiterin wird sich auf die nächste Woche freuen und motiviert zur Reitstunde kommen.

Aufmerksamkeit und Konzentration

Worauf konzentrieren Sie sich bei schwierigen Aufgaben bzw. unter Druck? Worauf sollten Sie sich fokussieren? Wie fokussiert sind Sie? Können Sie Zuschauer, Familie, Lärm und Umfeldfaktoren ausblenden? In welchen Situationen lassen Sie sich leicht ablenken? Wie können Sie Ihr Konzentrationsfähigkeit verbessern und Ihre Konzentration lenken?

Was bedeutet Aufmerksamkeit oder Konzentrationsfähigkeit?

Konzentration kommt vom lateinischen ‚concentra', ›zusammen zum Mittelpunkt‹. Es handelt sich um ›die willentliche Fokussierung der Aufmerksamkeit auf eine bestimmte Tätigkeit‹, wie es bei Wikipedia geschrieben steht.

›Sich auf das Wesentliche zu richten, auf das Gegenwärtige und dabei bis auf die unterstützenden alle inneren und äußeren Einflüsse auszublenden – das ist Konzentration. Man ist auf das Ziel und die optimale Handlung gerichtet.‹ (Eberspächer 2008, S. 146) Leichter gesagt als getan.

Unter Konzentration versteht man die relativ lange und bewusste Fokussierung der Aufmerksamkeit auf eine Sache, eine Tätigkeit, ein Ziel, eine Person, einen Gegenstand oder eine Aufgabe. Störquellen wie Zuschauer oder eigene Zweifel werden ausgeblendet.

Konzentration ist keine Eigenschaft, die man einmal erwirbt und immer und jederzeit vorhanden ist, sondern eine Fähigkeit, die man sich immer wieder bewusst machen muss und in besonderem Maße von der Situation abhängt.

Konzentration ist die Fähigkeit die gesamte Aufmerksamkeit auf etwas auszurichten.

Die verschiedenen Arten von Aufmerksamkeit

NIDEFFER (1976), ein amerikanischer Sportpsychologe, definiert Konzentration als **Gerichtete Aufmerksamkeit**, was man sich wie den Lichtkegel einer Taschenlampe oder eines Bühnenscheinwerfers vorstellen kann: Entweder wir beleuchten einen kleinen Bereich oder Gegenstand sehr hell (Konzentration), während anderes drum herum im Dunklen bleibt, oder einen weiten, größeren Bereich bzw. die Umgebung eher schwach (Distribution). Darüber hinaus ist entscheidend, ob wir unsere Aufmerksamkeit auf ein Objekt außerhalb unseres Körpers und die Umwelt lenken (external oder außen), oder in unseren Körper hineinhorchen (internal oder innen) bzw. ich die Konzentration auf mich selbst und meine Gedanken richte, so dass sich vier verschiedene Konzentrationsarten ergeben:

Außen/External (auf Umweltsignale)

Wir streuen unsere Aufmerksamkeit auf einen weiten Bereich. Wir verschaffen uns z.B. auf einem uns unbekannten Turniergelände einen Überblick.

Innen/Internal (auf Körpersignale)

Wir hören in uns hinein. Hier können wir uns auf einen weiten oder auf einen engen Bereich konzentrieren, jedoch sind unsere eigenen Körpersignale im Zentrum der Aufmerksamkeit.

Nach Nideffer gibt es vier Formen der Aufmerksamkeit:

Vier Formen der Aufmerksamkeit

1. Weit nach außen (external – weit)

Diese Form der Aufmerksamkeit ist dann angebracht, wenn es um Orientierung geht. Diese Form der Aufmerksamkeitsausrichtung ermöglicht eine große Informationsaufnahme, -sammlung des Außen bzw. einer unbekannten Umgebung, eines größeren Umfelds. Ich verschaffe mir einen Überblick bzw. eine weiträumige Vorstellung einer bestimmten Situation/eines Turnierplatzes/einer Vielseitigkeitsstrecke vor dem Start. Das Wahrgenommene bleibt relativ unspezifisch und undifferenzierbar. Es entsteht ein grobes Bild.

Beispiele:

Der Reiter kommt zu einem internationalen Reitturnier auf den Turnierplatz und orientiert sich zunächst auf der Anlage, an den räumlichen Besonderheiten und an der Atmosphäre, die an diesem Platz herrscht.

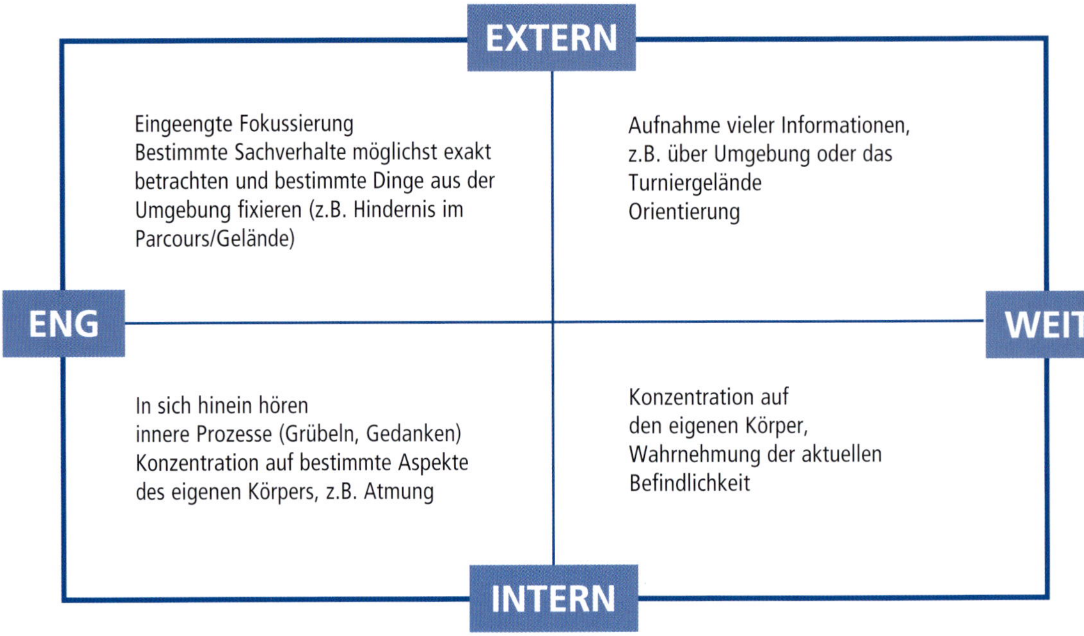

Formen der Aufmerksamkeit nach Nideffer, 1981. In Anlehnung an: Eberspächer, 2001, S. 46 f.

Streckenbesichtigung einer Geländestrecke vor dem Start. Sie orientieren sich: Wie ist die Streckenführung? Wie groß ist das Starterfeld?
Um Details zu erkennen und genauere Aufschlüsse treffen zu können, fokussiere ich meine Aufmerksamkeit und richte sie nach:

2. Eng nach außen (external – eng)
Ist die Umgebung oder Situation erst einmal im Ganzen wahrgenommen, richtet sich die Aufmerksamkeit auf Einzelheiten bzw. die genaue Betrachtung bestimmter Sachverhalte. Die vage erkannte Situation wird nun genauer »unter die Lupe genommen«. Die Funktion einer Lupe besteht auch darin, spezifischer irgendwelche (ausgesuchte) Details zu registrieren. Der Aufmerksamkeitsbereich ist eingeschränkt, die Intensität der möglichen Feinwahrnehmung jedoch eindeutig erhöht.
Beispiel: Die Geländestrecke wird genauer analysiert. Wie sieht der Start aus? Wie genau ist der Streckenzustand?

3. Weit nach innen (internal – weit)
Während Ihr Blick bei den beiden vorhergehenden Formen nach außen auf das Umfeld gerichtet war, wendet sich jetzt Ihre Aufmerksamkeit nach innen auf sich selbst.

Dieser Aufmerksamkeitsbereich dient der Bewusstwerdung der eigenen momentanen gesamtkörperlichen Befindlichkeit. Wie fühlen Sie sich im Allgemeinen? Beispiel: »Ich fühle mich ausgeruht.« »Ich fühle mich schlapp.« »Ich fühle mich heute stark.« »Ich fühle mich nicht bzw. sehr wohl.«
Letztendlich meint man damit eine Form der »Innenschau« und »Gesamtreflexion« (und zwar in kinästhetischer Weise).

- Kontrolle verschiedener körperlicher Parameter.
- Die Feststellung des Erregungsniveaus und der koordinativen Fähigkeiten.
- Der Zugang zu bestimmten Ressourcezuständen z.B. Entspannung und Gleichgewicht wird hierdurch geschaffen.

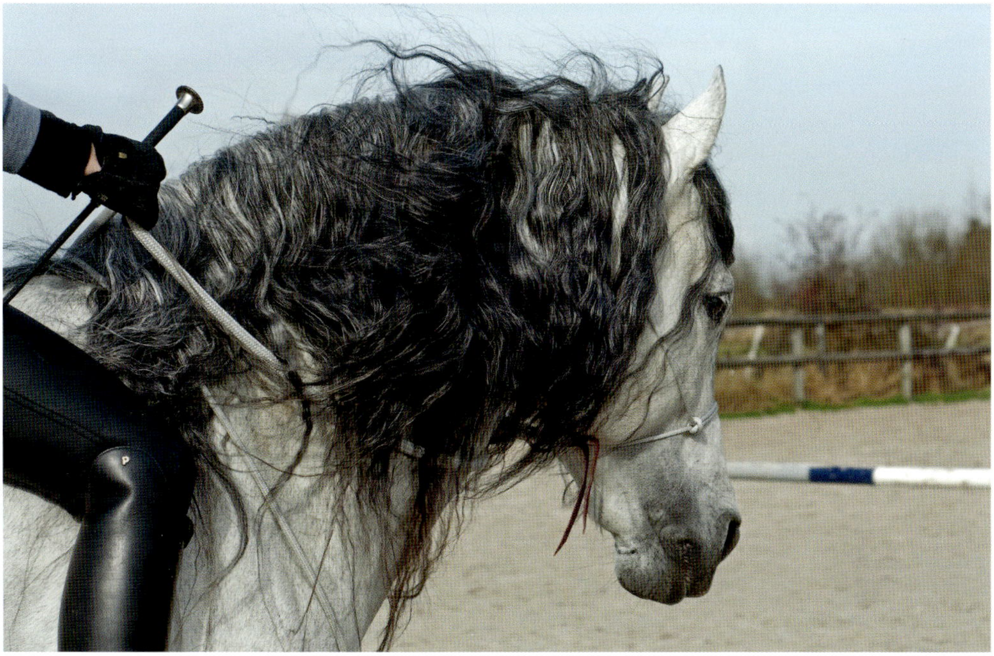

4. Internal – eng

Sie beschreiben den Allgemeinzustand konkreter. Die Aufmerksamkeit richtet sich bewusst auf Einzelheiten/Details/bestimmte Ausschnitte des Innenlebens.

Beispiel:

- Die Beine sind schwer und schmerzen.
- Verfolgen des Atemrhythmus.
- Verteilen des Gewichts im Sattel; sich einer Gewichtsverlagerung bewusst werden.
- Zittern der Hände.
- Erkennen von technischen Details.
- Verspüren von körperlichen Verspannungen.
- Konzentration auf das kürzlich verletzte Knie.
- Analyse der Herzfrequenz.

Konzentrierte Reiter tun im entscheidenden Moment eines Wettkampfs Folgendes: Sie bündeln ihre Aufmerksamkeit, ziehen alle zur Verfügung stehenden Kräfte zusammen und lenken sie auf den in diesem Moment richtigen »Aufmerksamkeitsbereich«.

Daher ist ein wichtiges Trainings- und Lernziel, hier effektiv zwischen den einzelnen Formen der Aufmerksamkeit hin- und herschalten zu können, um je nach Situation optimal aufmerksam zu sein. Es ist wichtig, zu wissen, dass allen Umstellungen der Aufmerksamkeit eine tief verwurzelte Vorliebe für eine bestimmte Form der Konzentration zugrundeliegt. Die Vorliebe verändert sich auch nicht. Im Gegenteil: In Augenblicken großen Stresses im Reitsport können Sie eine starke Tendenz beobachten, dass wir zu unserem sehr persönlichen Stil der Konzentration zurückkehren, ob es in dieser Situation nun sinnvoll ist oder nicht.

Durch regelmäßiges Imaginationstraining lässt sich dieser Prozess intensivieren und gezielt vervollkommnen.

Negative und positive Glaubenssätze

+ –

Positiver Glaubenssatz

Ich bin geliebt.
Ich bin liebenswert, so wie ich bin.
Ich achte auf meine Körpersignale.
Ich liebe meine Arbeit.
Ich ziehe Geld an wie ein Magnet.
Ich bin sehr erfolgreich und sehr wohlhabend.
Ich genieße mein Leben Tag für Tag mehr.
Ich kann alles erreichen.
Wundervolle Menschen lieben mich.
Ich bin gut so, wie ich bin.
Ich darf Fehler machen.
Ich bin besonders und einzigartig.
Ich bin mutig.
Ich verdiene eine glückliche Beziehung.
Das Leben fließt leicht.

Negativer Glaubenssatz

Niemand liebt mich.
Ich falle zur Last.
Ich bin zu nichts fähig.
Ich genüge nicht.
Ich bin nicht liebenswert.
Ich bin langweilig.
Ich scheitere sowieso.
Ich bin ein Versager.
Ich bin zu dick.
Ich bin zu alt.
Ich bin es nicht wert.
Ich habe immer Pech.
Ich verdiene keine Liebe.
Ich bin unwichtig.
Ich bin kompliziert.

Die innere Haltung

Glaubenssätze

»Der Glaube versetzt Berge« heißt es im Volksmund. Für ihren Glauben sind Menschen zu Märtyrern geworden, andere haben andere Menschen umgebracht, weil sie den »falschen« Glauben hatten. Kinder glauben an den Weihnachtsmann, Erwachsene an den Lottogewinn. Der Glaube ist sowohl unserem Verhalten als auch unseren Fähigkeiten logisch übergeordnet.

Definition

Glaubenssätze/Überzeugungen/»Beliefs« (im NLP) sind Verallgemeinerungen, verallgemeinerte Aussagen, Meinungen, Werte, Leitsätze, -prinzipien oder innere Einstellungen über die Bedeutung, Grenzen und Zusammenhänge von »Dingen«.
»Dinge« können sein:

1. Personen, Ereignisse und Gegenstände in unserer Umwelt
2. (spezielle) Verhaltensweisen
3. Fähigkeiten und Strategien
4. Glaubenssätze (beliefs) und Wertesysteme
5. wir selbst, unsere Identität

Hört man diese Glaubenssätze immer und immer wieder, wird man sie am Ende im wahrsten Sinne des Wortes aufnehmen und als Teil von sich akzeptiert haben. Später als Erwachsene macht uns dies das Leben schwer. Immer dann, wenn es ernst wird, wenn Herausforderungen auf uns zukommen, wenn unsere Stärke gefragt ist, dann melden sich diese Sätze wieder zu Wort und beschwören uns.

Hier einige Beispiele von hinderlichen Glaubenssätzen:

»Es ist wichtig, niemals seine Gefühle zu zeigen!«
»Ich kann das sowieso nicht.«
»Ich lerne das ja doch nie!«
»Du bist zu doof«
»Da passiert bestimmt etwas ganz Schlimmes«
»Ich bin ein Opfer meiner Umstände!«
»Ich habe keine Zeit!«
»Ich könnte scheitern, deshalb ...«
»Ich bin zu alt um ...«
»Ich habe es nicht verdient«
»Ich will anderen gefallen!«
»Ich bin nicht gut genug!«
»Gefühle machen das Leben kompliziert.«

»Ich schaff' das sowieso nicht.«
»Ich werde nie gut werden.«
»Ich werde nur geliebt, wenn ich Leistung bringe.«
»Ich bin nicht gut genug.«
«Ich rege mich auf Turnieren so auf.«
»Ich habe im Springen immer vier Fehlerpunkte.«
»Du verdienst es (heute) nicht zu gewinnen!«
»Bei Lärm kann man sich nicht konzentrieren.«
»Das darf man nicht tun.«
»Ich bin körperlich nicht fit.«
»Ich bin ein Pechvogel.«
»Ich bin blockiert.«
»Ich habe erst als Erwachsene angefangen zu reiten.«
»Ich bin von Natur aus eher der ängstliche Typ.«
»Ich habe nicht genügend Übung.«
»Ich bin nur ein Freizeitreiter.«
»Wenn es um nichts geht, bin ich gut!«

Mit derartigen Glaubenssätzen im Hintergrund kann fast nichts gelernt werden, kann eine Leistung schwer abgerufen werden und wird die eigentlich gewünschte Veränderung unmöglich (selbst, wenn eigentlich nichts gegen sie spräche).

Eine kleine Geschichte

(nach Truckenbrodt und Fiegler (2004). S.66–68)
»Stellen Sie sich vor: Die Sonne scheint, ein Reiter sattelt sein Pferd, sitzt auf und macht sich auf zu einem schönen Ausritt ins Gelände. Er ist gut gelaunt nur eine kleine Sorge belastet ihn: Er weiß, dass sein Pferd Angst vor Traktoren hat – und hofft, dass ihnen keiner begegnen wird.

Sie reiten vom Hof, in den Wald, über die Feldwege. Alles ist wunder bar. Plötzlich hören sie schon von weitem dieses eine Geräusch: Ein Traktor! Da sie sich auf einem Weg befinden, bei dem es kein Ausweichen gibt, nähern sie sich dem ratternden, stinkenden und lauten Traktor mit zunehmender Anspannung. Sowohl Reiter als auch Pferd fangen an zu zittern. Um die Kontrolle zu behalten, greift der Reiter schon mal die Zügel nach, sagt seinem Pferd, dass es keine Angst haben muss, doch er weiß eigentlich, dass das vermutlich nichts nützt. Innerlich befürchtet er Schlimmstes. Denn schon dreimal ist ihm der blöde Gaul wegen eines Traktors (einmal auch noch genau an dieser Stelle!) durchgegangen. Das Pferd beginnt auch schon zu tänzeln. Die Zügel noch ein wenig kürzer gefasst. Das Pferd spannt sich langsam wie ein Flitzebogen an. Auf der Höhe des Traktors, bereits kurz dahinter, weiß er, dass er es diesmal geschafft und das Pferd in den Griff bekommen hat. Auch der Bauer glaubt, die Situation sei entschärft und legt den nächsten Gang ein. Ein Ruck fährt durch den Traktor – und wie ein Blitz durch Pferd und Reiter. Und so schießen unsere beiden wie ein Pfeil auf und davon. Wussten wir es doch. Schon wieder!

Zwar kommen sie nach dem Schreck wohlbehalten in ihren Stall zurück, der Reiter schwört sich jedoch, in Zeiten, wo Traktoren fahren, nie mehr auszureiten. Das Pferd hat ihm den Schneid endgültig abgekauft.

Die gleiche Geschichte, diesmal etwas anders:
Die neue Reitbeteiligung sattelt zum ersten Mal dieses Pferd für das Gelände.
Sie weiß nichts von der Traktoren-Geschichte. Auch dieses Mal scheint die Sonne, die Reitbeteiligung ist gut gelaunt und freut sich auf den Ausritt.
Sie reiten durch Wald und Felder, alles wunderbar. Von weitem hören sie Traktorengeräusche, das Pferd schaut auf und lauscht mit einem Ohr nach hinten. Die Reitbeteiligung pfeift ein Lied, das Pferd am langen Zügel und der Traktor nähert sich. Die Reitbeteiligung winkt dem Bauern schon von weitem zu, der in gleichmäßigem Tempo am Pferd vorbeifährt. Nachdem der Traktor an ihnen vorbei ist, traben beide locker und entspannt den Feldweg entlang. Zu Hause angekommen treffen sie auf den Pferdebesitzer, der völlig entsetzt feststellt, dass die neue Reitbeteiligung schon im Gelände war. Und das, bevor er Gelegenheit hatte, sie zu warnen! Er will schon schimpfen, da fragt ihn die Reitbeteiligung, wer denn der nette Bauer sei, der das Feld am Weg hat, er habe ihr so freundlich vom Traktor aus zugewunken. Unser Reiter wird blass vor Schreck und fragt entsetzt: »Was ist geschehen?« Das ist eine gute Frage: Was ist eigentlich geschehen? Ein Pferd, zwei Menschen – und zwei Geschichten. Unglaubwürdig sagen Sie? Da sind wir mittendrin im Thema!

Welchen Glaubenssatz hatte wohl der Pferdebesitzer? Es könnten mehrere Glaubenssätze sein, zum Beispiel: »Das schaffe ich nicht« oder »Pferde sind unberechenbar« oder »Wenn Gefahr im Verzug ist, reiß Dich zusammen« oder »Dieses Pferd scheut vor Traktoren!«

Es ist klar, dass unsere Reitbeteiligung wohl andere Erfahrungen mit Traktoren und Pferden gemacht und damit andere Glaubenssätze entwickelt hat.

Wie sind nun die Unterschiede in den zwei Geschichten zu erklären?

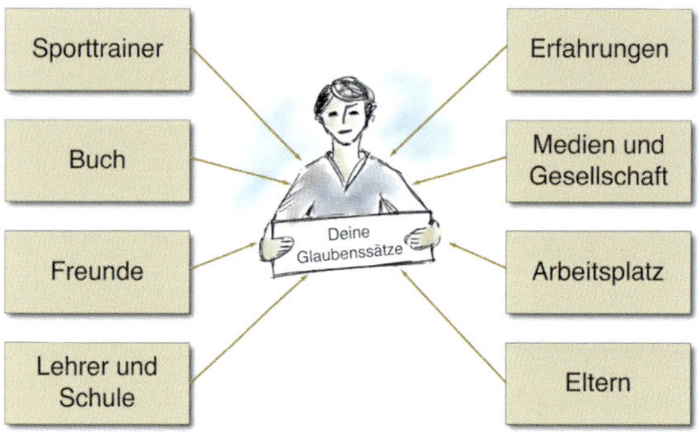

Glaubenssätze entstehen ...

- indem wir in der Kindheit die Glaubenssätze von wichtigen Bezugspersonen, hauptsächlich den Eltern, aber auch von Lehrern, Geschwistern oder anderen für uns wichtigen Personen übernehmen (frühkindliche Prägungen).
- aus unseren eigenen Erfahrungen: Wir erleben bestimmte Dinge und Situationen wiederholt (»Nur wenn ich anderen helfe, wird mir geholfen«) oder sehr intensiv.
- durch Lernen.

Das Besondere an Glaubenssätzen oder Überzeugungen ist, dass wir sie für selbstverständlich halten, insbesondere die einschränkenden Glaubenssätze über uns selbst. Wir neigen dazu, solche Glaubenssätze zu beweisen. Überzeugungen haben die Tendenz zu einer »Sich-selbst-erfüllenden-Prophezeiung«.»Was ich denke, das bin ich, und wie ich bin, so verhalte ich mich auch.«

Ist Ihr Glas halbvoll oder halbleer?

Der US-amerikanische Schriftsteller Mark Twain sagte auf dem Sterbebett: »Ich hatte mein ganzes Leben viele Probleme und Sorgen. Doch die meisten von ihnen sind niemals eingetreten.« Wie ist es bei Ihnen? Schauen Sie beim Lernen einer neuen Bewegung zuerst nach möglichen Schwierigkeiten oder überwiegt bei Ihnen die Freude auf das Erkunden Ihres Körpers und Spüren der Gefühle? Pessimistisches Denken, so hat die Forschung festgestellt, lähmt und macht handlungsunfähig. Warum? Weil die Wahrnehmung eines Pessimisten verzerrt ist und deshalb sein Angstzentrum im Gehirn übermäßig aktiv. Das beeinflusst sein Denken negativ. Widerfährt ihm etwas Positives, hält er es für Zufall. Erlebt er Negatives, betrachtet er es oft als selbst verschuldet. Damit schwächt er sich selbst.

Optimisten sind handlungsfreudiger, flexibler und geben nicht so schnell auf. Positives Denken kann für eine gehobene Grundstimmung sorgen, mit der sich Unwegsamkeiten leichter meistern lassen.

Selbsterfüllende Prophezeiung

Die Prophezeiung des Ereignisses führt zum Ergebnis der Prophezeiung! (im Englischen als ›self-fulfilling prophecy‹ bezeichnet).

Zu meinen Klienten zählt eine junge Reiterin, die bei den Landesmeisterschaften zum ersten Mal mit einem Großpferd startete. Ihre Mutter sagte im Vorfeld zu mir: »Es wird sehr schwer werden.« Ich antwortete ihr: »Ja, dann wird es schwer."« Wenn wir glauben, dass eine Aufgabe schwer ist, dann wird sie schwer. Unsere Erwartungen beeinflussen unser Verhalten und Wahrnehmung.

Jeder von uns hat Überzeugungen und Glaubenssätze gelernt, geerbt oder selbst entwickelt oder sie beruhen auf Erfahrungen. Als Kinder glauben wir alles, was uns erzählt wurde. Wir sind als Kinder wie ein Schwamm, der alles ungefiltert in sich aufnimmt. Wir sind wie eine Computerfestplatte, auf der all diese ungefilterten Informationen als verschiedene Programme gespeichert sind. Erst als Erwachsene sind wir in der Lage, zu unterscheiden und zu prüfen, ob das, was uns erzählt wurde, für uns stimmig ist oder ob es uns in unserem Selbstausdruck behindert und uns das Leben schwer macht.

Wir beginnen bereits nach der Geburt, Verhaltensmuster auszubilden. Viele unserer gegenwärtigen Eigenschaften entstehen aus den Erlebnissen unserer frühen Kindheit. In den ersten Jahren haben wir nichts im Kopf und sind für alles empfänglich. Da unsere erste Beziehung in der Regel die zu unseren Eltern ist, ist deren Einfluss auf unser späteres Leben und unsere späteren Beziehungen erheblich. Wir werden also auf bestimmte Verhaltensweisen und Glaubenssätze konditioniert.
Wir versuchen, Mama und Papa zu gefallen, wir versuchen, den Lehrern in der Schule zu gefallen; und auf diese Weise fangen wir an, unecht zu werden. Die Angst vor Zurückweisung wird zu Angst davor, nicht gut genug zu sein. Wir werden zu einer Kopie von Mamas Erwartungen, Papas Glaubenssätzen, den Glaubenssätzen der Gesellschaft und denen der Religion.

Unsere Eltern haben uns das Meiste von dem beigebracht, was wir über uns und unsere Umwelt glauben. Wenn man also jetzt entdeckt, dass etwas davon für einen nicht stimmig ist und einem das Leben schwer macht, geht es nicht darum, die Eltern dafür zu verurteilen und ihnen die Schuld zu geben, oder ihnen vorzuwerfen, was sie alles falsch gemacht haben, sondern darum, anzuerkennen, dass sie es nicht anders konnten und kannten.

Unsere Eltern erzogen uns nach bestem Wissen und Gewissen. Sie wagten sich mit Hilfe der ihnen zur Verfügung stehenden Informationen und der von ihnen erlebten Vorbilder ins Neuland »Elternschaft« hinaus. Ihnen unaufhörlich Schuld dafür zuzuschieben, dass sie ihre Aufgabe schlecht gemacht hätten, ist sinnlos und destruktiv. Selbst wenn unsere Eltern uns im allerschlimmsten Fall das Schlechteste vom Schlechten mitgegeben haben, sind wir heute selbst erwachsen und für unser Tun, Handeln und Denken selbst verantwortlich. Es liegt jetzt in unseren Händen, was wir aus dem Mitgegebenen machen.

Glaubenssätze bestimmen unser Leben

Glaubenssätze bestimmen unser Leben weit mehr, als wir uns vorstellen können. Aber sie haben nur solange Macht über uns und unser Leben, solange wir sie glauben! Wenn wir sie nicht in Frage stellen und überprüfen, können sie unser Leben zur Hölle machen. Unsere Glaubenssätze werden zu einem Gesetzbuch, welches unser Leben bestimmt. Was wir glauben, muss nicht der Realität entsprechen. Selbst wenn ein Großteil der Menschheit daran glaubt. Das Glaubenssystem ist wie ein Gesetzbuch,

Die Zusammenhänge bei der selbsterfüllenden Prophezeiung.

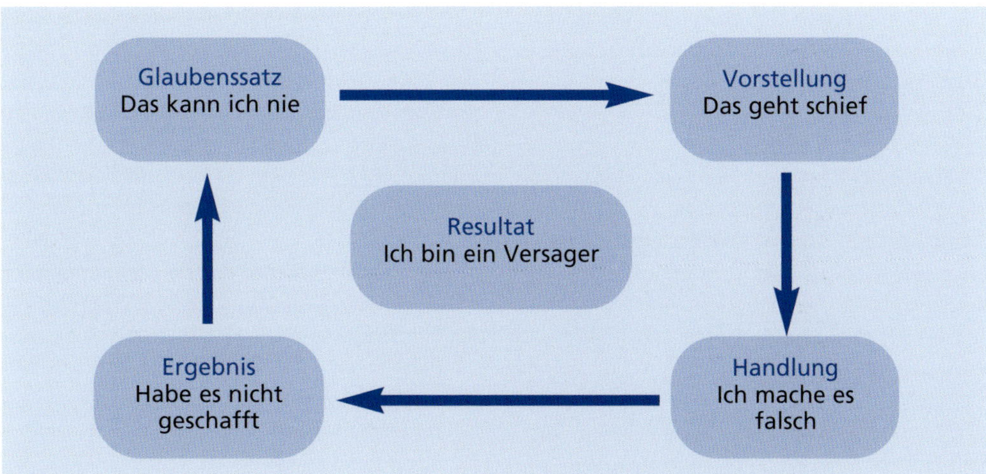

Glaubenssätze

Ich habe kein Talent zum Reiten.

Ich bin nicht gut genug.

Ich werde es nie schaffen, ein guter Reiter zu sein.

Ich habe es nicht verdient, erfolgreich zu sein.

Ich werde es nie schaffen ...

Ich bin nur etwas wert, wenn ich Erfolg habe.

Ich habe immer Pech.

Ich bin einfach nicht so mental stark wie andere Reiter*innen.

Fehler und Misserfolge sind schlecht und sollten um jeden Preis vermieden werden.

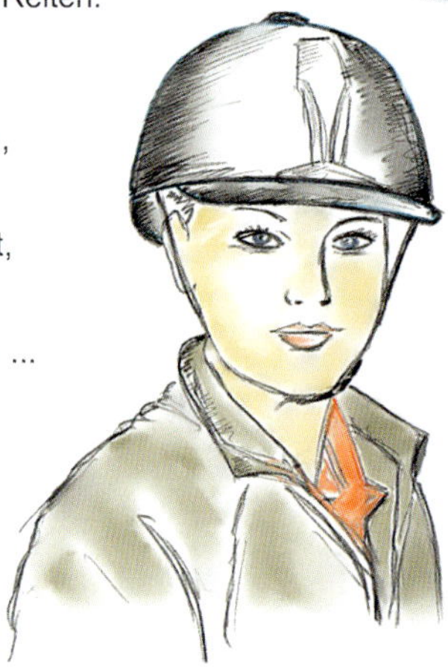

Kann ich aus dem Gedanken Kraft schöpfen oder entzieht er mir Energie?

Kann ich mit 100%iger Sicherheit sagen, dass dieser Gedanke wahr ist?

Was gehe ich aus dem Weg?

Was gewinne ich dadurch, dass ich so bin und denke?

Bringt mich dieser Gedanke einer Lösung näher?

Wovor möchte mich dieser Gedanke schützen?

Welche schlechte Gewohnheit muss ich aufgeben?

Was wäre schlimm, wenn ich mich an dieser Stelle anders verhalten würde?

Gibt es einen Nutzen oder Vorteil, wenn ich ›Glaubenssatz‹ weiter festhalte?

das unseren Geist beherrscht. Ohne es infrage zu stellen, was in diesem Gesetzbuch steht, haben wir alles als unsere Wahrheit akzeptiert. Wir gründen all unsere Ansichten und Werturteile auf dieses Gesetzbuch, auch wenn sie gegen unsere innere Natur verstoßen.

Ein Problem besteht darin, dass uns meistens die Glaubenssätze und Programme, die wir mit uns herumtragen, nicht bewusst sind. Daher brauchen wir Bewusstheit, um darüber entscheiden zu können, welche Gedanken und Programme für uns nützlich und stimmig sind, und welche nicht. Fast alles, was wir heute tun, denken und fühlen ist in unserem Unterbewusstsein abgespeichert. Um zu einem selbst bestimmten und zufriedenen Leben zu kommen, liegt der Schlüssel darin, die eigenen Programme zu erkennen und sie dann schrittweise abzulegen und durch neue effektivere zu ersetzen.
Die Einstellung, die wir uns selbst gegenüber haben, entscheidet darüber, was wir wagen, angehen, entwickeln und verwirklichen. Das Bild, das wir von uns selbst haben, prägt die Gedanken und Verhaltensweisen und letzten Endes unser Schicksal. Wie man sich selbst und die Welt sieht, bestimmt, wie man durchs Leben geht.

Wie entstehen einschränkende Glaubenssätze?

- durch Generalisierung, Tilgung, Verzerrung
- durch Problemrahmen (statt positivem Rahmen mit guter Absicht)
- durch Abspaltung: Glaubenssatz wird von der ursprünglichen Erfahrung getrennt
- durch Einflüsse von außen (Imprints)

Wenn man Überzeugungen/Glaubenssätze in ihrem inneren System versteht, eröffnen sich verschiedene Möglichkeiten ihrer Entwicklung/Veränderung:

- Klären der Erfahrung (»offene Sinne«)
- Würdigen der guten Absicht (»Wert«)
- Feedback nutzen (Erwartungen und vorweggenommene Konsequenzen)
- State Management (»innerer Zustand, Filter«)

Übung: Umformulierung von Glaubenssätzen
aus Müller, M. (2003), Trainingsprogramm Schlüsselqualifikationen. Mit besten Übungen aus Karriere-Seminaren. Eichborn, S.15
Sie benötigen ca. zehn Minuten, ein Blatt Papier und einen Stift dazu. Und so geht's: Überlegen Sie, wie folgende Glaubenssätze umzuformulieren sind, damit daraus motivierende und Mut machende Sätze werden. Schreiben Sie die besseren Formulierungen auf ein Blatt Papier.

Beispiel:
Vorher: Das kann ich sowieso nicht.
Nachher: Ich versuche es wenigstens mal. Versuch macht klug!

Wie können Sie die folgenden Sätze umformulieren?
Eigenlob stinkt.
Die anderen können das bestimmt besser.
Ich darf mir keine Fehler erlauben.
Ich bin aber auch so blöd, schon wieder habe ich einen Fehler gemacht.
Ich bin nicht intelligent genug.
Ich mache mich immer lächerlich.
Ich bin nicht interessant.
Ich bin in meinem Job nicht gut genug.
Ich muss immer bescheiden sein.
Ich bin ein Taugenichts.
Ich gebe 150 Prozent Leistung.

Bitte überprüfen, ob dem so ist: Die Lösungen bzw. motivierenden Glaubenssätze stehen auf der nächsten Seite.

Nach dieser Trockenübung geht's nun »ans Eingemachte«. Vielleicht haben diese eben von mir genannten Beispiel-Glaubenssätze nichts oder eher wenig mit denen zu tun, die Sie sich sagen? Möglicherweise haben sich bei Ihnen ganz andere Sätze verankert? Um Ihre persönlichen Glaubenssätze geht es in folgender Übung:

Umformulierung eigener Glaubenssätze
Gehen Sie einmal in sich: Was hat man Ihnen vorgeworfen? Wie hat man Ihr Selbstvertrauen geschwächt? Wie machen Sie sich heutzutage selber klein und das Leben schwer?

Notieren Sie nun mindestens zehn hinderliche und einschränkende Glaubenssätze, die bei der Erreichung Ihrer Ziele hinderlich erscheinen oder die Sie als Menschen einschränken, sowie »Lieblingsklagen«, die Sie gerne über sich sagen und glauben. Sie können dabei nach dem Muster »Ich bin zu X« (X steht für ein x-beliebiges Eigenschaftswort: z.B. zu blöd, zu ungeduldig, zu aufbrausend, zu aggressiv, zu unbeteiligt, zu hässlich, zu was auch immer, Sie glauben zu sein) vorgehen.

Hinterfragen Sie Ihre Glaubenssätze mit folgenden Fragen:

- Welche Überzeugung steckt dahinter, dass Sie dieses Verhalten nicht mögen?
  Was glauben Sie über dieses Verhalten?
  Wie bewerten Sie es?
- Welche negativen Bewertungen haben Sie von anderen über Ihr Verhalten gehört?
  Was glauben Sie darüber, dass Sie es beibehalten anstatt es zu ändern?
- Was würde schlimmstenfalls geschehen, wenn Sie es ablegen würden? Was sagt es über Sie aus, dass Sie das Verhalten beibehalten/nicht ändern können? Seit wann glauben Sie das? Wodurch sind Sie zu dieser Überzeugung gelangt?

Unterstützende Fragen, um eine positive Variante Ihres Glaubenssatzes zu formulieren:

- Was würden Sie stattdessen lieber glauben?
- Was ist das genaue Gegenteil von Ihrer alten Überzeugung?
- Was müsste in Ihrer neuen Überzeugung alles mit eingeschlossen sein?
- Was stellt Ihr bisheriger Glaubenssatz sicher?

- Was davon müsste im positiven Glaubenssatz auch gewährleistet sein?
- Was wäre, wenn Sie diese neue Überzeugung tatsächlich hätten? (Ökologie)
- Wäre das eine gute Alternative, oder muss der Satz noch in irgendeiner Weise geändert werden? Wenn nicht, dann notieren Sie den gefundenen Glaubenssatz.

Überlegen Sie dann weiter:

- Welche Ressourcen brauchen Sie, um diesen neuen, begünstigenden Glaubenssatz verinnerlichen zu können?
- Und über welche Referenzerlebnisse verfügen Sie bereits, die diesen neuen Glaubenssatz unterstützen oder Grundlage dafür sein könnten?

Sollten Sie nach genauester Suche in Ihrem Inneren keine Referenzerfahrungen finden, schlage ich Ihnen folgendes vor:
Stellen Sie sich vor, sie hätten bereits Erfahrungen gemacht, aus welchen sich diese (neuen) Überzeugungen hätten bilden können.
Welche Erfahrungen könnten das gewesen sein?

Konstruieren Sie mindestens drei Referenzerlebnisse, und versuchen Sie, sich möglichst intensiv hineinzuversetzen. (Als-ob-Rahmen)

- Was können Sie dabei erleben?
- Wie fühlen sich diese Erfahrungen an?
- Was können Sie sehen, hören, empfinden oder riechen?
- Kennen Sie einen Reiter, der solche »positiven« Referenzerfahrungen gemacht hat?

Versetzen Sie sich in die Haut dieses Reiters und empfinden Sie nach, wie sich diese Erfahrung anfühlt? Wie fühlt sich eine Person, die solche unterstützenden und begünstigenden Erfahrungen gemacht hat?

Schreiben Sie Ihre Glaubenssätze auf

Legen Sie ein Blatt Papier mit 2 Spalten an und schreiben Ihre Glaubenssätze auf – linke Spalte: Vorher, rechte Spalte: Nachher

Anschließend schreiben Sie den positiven, unterstützenden Glaubenssatz (= rechte Spalte) auf eine farbige, feste Karte. Entweder heften Sie die Karte an die Wand Ihres Büros, an Ihren Computer, in den Spint im Stall oder an die Tür Ihres Kühlschranks, um immer wieder daran erinnert zu werden, oder stecken Sie die Karte ins Portemonnaie, um regelmäßig einen Blick darauf zu werfen. Das ist wichtig, damit Sie nicht in alte Gewohnheiten zurückfallen.

Wenn Sie an einschränkenden Glaubenssätzen festhalten, stehen Sie sich weiter selbst im Weg. Daher halten Sie sich an unterstützende Glaubenssätze.

Seien Sie sich selbst eine gute Freundin, ein guter Freund, die bzw. der aufmuntert, Mut macht, bestätigt, lobt, wertschätzt und vertraut. Das baut Sie auf, und Sie meistern Ihr Leben besser.

Antworten für das Umformulieren von Glaubenssätzen (Übung von S. 55)

aus Müller, M. (2003), Trainingsprogramm Schlüsselqualifikationen. Mit besten Übungen aus Karriere-Seminaren. Eichborn, S. 200

Vorher: Das kann ich sowieso nicht.
Nachher: Ich versuche es wenigstens mal. Versuch macht klug!
Vorher: Eigenlob stinkt.
Nachher: Ich bin stolz auf meine Erfolge, und es tut mir gut, anderen davon zu erzählen.
Vorher: Die anderen können das bestimmt besser.
Nachher: Ich erledige die Aufgabe, so gut ich kann.
Vorher: Ich darf mir keine Fehler erlauben.
Nachher: Fehler sind menschlich. Nur aus Fehlern kann man lernen.
Vorher: Ich bin aber auch so blöd, schon wieder habe ich was falsch gemacht.
Nachher: Ich habe einen Fehler gemacht. Davon geht die Welt nicht unter. Beim nächsten Mal mache ich es besser.
Vorher: Ich bin nicht intelligent genug.
Nachher: Ich habe Talente und Fähigkeiten. Es gibt eine Reihe von Gebieten, auf denen ich sehr gut und sogar besser bin als andere.
Vorher: Ich mache mich immer lächerlich.
Nachher: Ich bin ein ehrlicher Mensch und kann

nicht allen gefallen. Wichtig ist, dass ich zu mir stehe. Wenn ich von mir überzeugt bin, dann überzeuge ich auch andere.
Vorher: Ich bin nicht interessant.
Nachher: Ich bin jemand Besonderes. Es gibt niemanden, der genauso ist wie ich. Es gibt viel an mir zu entdecken.
Vorher: Ich bin in meinem Job nicht gut genug.
Nachher: Ich habe großes Interesse an dem Job und werde täglich dazulernen, um mich Stück für Stück weiter zu entwickeln.
Vorher: Ich muss immer bescheiden sein.
Nachher: Ich benenne meine Wünsche und Erwartungen deutlich. Ich habe ein Recht auf Zufriedenheit.
Vorher: Ich bin ein Taugenichts.
Nachher: Ich tauge etwas. Ich bin ein wertvoller Mensch.
Vorher: Ich bin ein Nichtsnutz.
Nachher: Ich biete Nutzen, und ich ernte Nutzen. Ich bin ein liebenswerter Mensch.
Vorher: Ich habe nur eine Lebensberechtigung, wenn ich für Andere da bin.
Nachher: Ich lebe. Ich bin verantwortlich für mich. Ich bin auch für andere da. Ich entscheide selbst über mich, nicht die anderen. Ich bin ich.
Vorher: Ich gebe 150%ige Leistung.
Nachher: Ich bin mit mir sehr zufrieden, wenn meine Arbeit zu 98 % korrekt ist.

Überzeugungen verändern

Sonnenstrahl-Übung (nach Hedy Lötscher-Gugler (2006). Lernen mit Zauberkraft. NLP für Kinder. Walter. S. 57–59)
Zeichnen Sie eine Sonne in die Mitte eines Blattes Papier. In der Mitte des Kreises schreiben Sie »Ich bin«. Der Kreis kann auch ein Symbol sein für Ihr inneres Selbst, Ihr Kern-Selbst. Auf die Sonnenstrahlen können Sie innere Zustände einsetzen, die Sie manchmal erleben und die hilfreich für Sie sind. Sie müssen die Sonne nicht auf einmal erstellen. Sie können nach und nach Sonnenstrahlen anfügen. Vielleicht haben Sie Lust, nach einer besonderen Erfahrung einen Sonnenstrahl aufzumalen.
Finden Sie heraus, welche Strahlen an diesem Tag besonders kraftvoll waren. Vielleicht sind neue dazugekommen, die man zeichnen kann.

Es kann auch sein, dass ein innerer Zustand über längere Zeit nicht zur Wirkung gekommen ist. Ein anderer positiver Gefühlszustand, symbolisiert als Sonnenstrahl, könnte in diesem Fall behilflich sein. Nehmen wir an, der Sonnenstrahl »zufrieden« hat schon lange nicht mehr gestrahlt. Mit anderen Worten, Sie sind mit sich oder einem anderen Menschen oder einer Situation unzufrieden. Welcher Strahl könnte Ihnen helfen? Vielleicht geht es darum, »mutig« und »entschlossen« Lösungen für ein Problem zu suchen, einen neuen Weg zu gehen, »kreativ« zu sein, um wieder »zufrieden«, also in Frieden mit sich selbst sein zu können.

Hier können Sie alles anführen, was Sie gerne tun (Tätigkeiten) und Ihnen gut gelingen (Fähigkeiten). Dahinter steckt natürlich immer eine Überzeugung, ein Glaubenssatz. Sie haben in einer oder mehreren Situationen eine Erfahrung gemacht und leiten bewusst oder unbewusst einen Glaubenssatz davon ab. Je häufiger Sie mit Ihren Fähigkeiten und Ressourcen in Kontakt kommen, desto stärker wird Ihr Selbstvertrauen wachsen. Und das macht Mut.
Eine Variante zu »Ich bin« ist »Ich bin ein Mensch, der ...«

Die Selbsthilfe-Übung zur Veränderung negativer Glaubenssätze

Generelle Korrekturen bei **»psychischer Umkehr«**/ PU (nach Callahan).

Die Problematik der psychischen Umkehrung (PU) wurde von dem amerikanischen Psychologen Roger J. Callahan bei der Behandlung einer Patientin mit Ess-Sucht entdeckt.
Callahan berichtete von der Beobachtung einer »Psychischen Umkehrung« bei einer übergewichtigen Patientin, die seit Jahren erfolglos immer wieder versuchte abzunehmen. Er wandte das Muskeltestverfahren an, indem er sie ihren linken Arm horizontal ausstrecken ließ, während er die Stärke ihres Deltamuskels testete, indem er ihren Arm nach unten drückte, und sie versuchte, seinem Druck Widerstand entgegenzusetzen. Zunächst konnte sie seinem Druck widerstehen, der Muskel testete »stark«, sie ließ sich also nicht runterdrücken. Dann forderte er sie auf, sich vorzustellen, sie

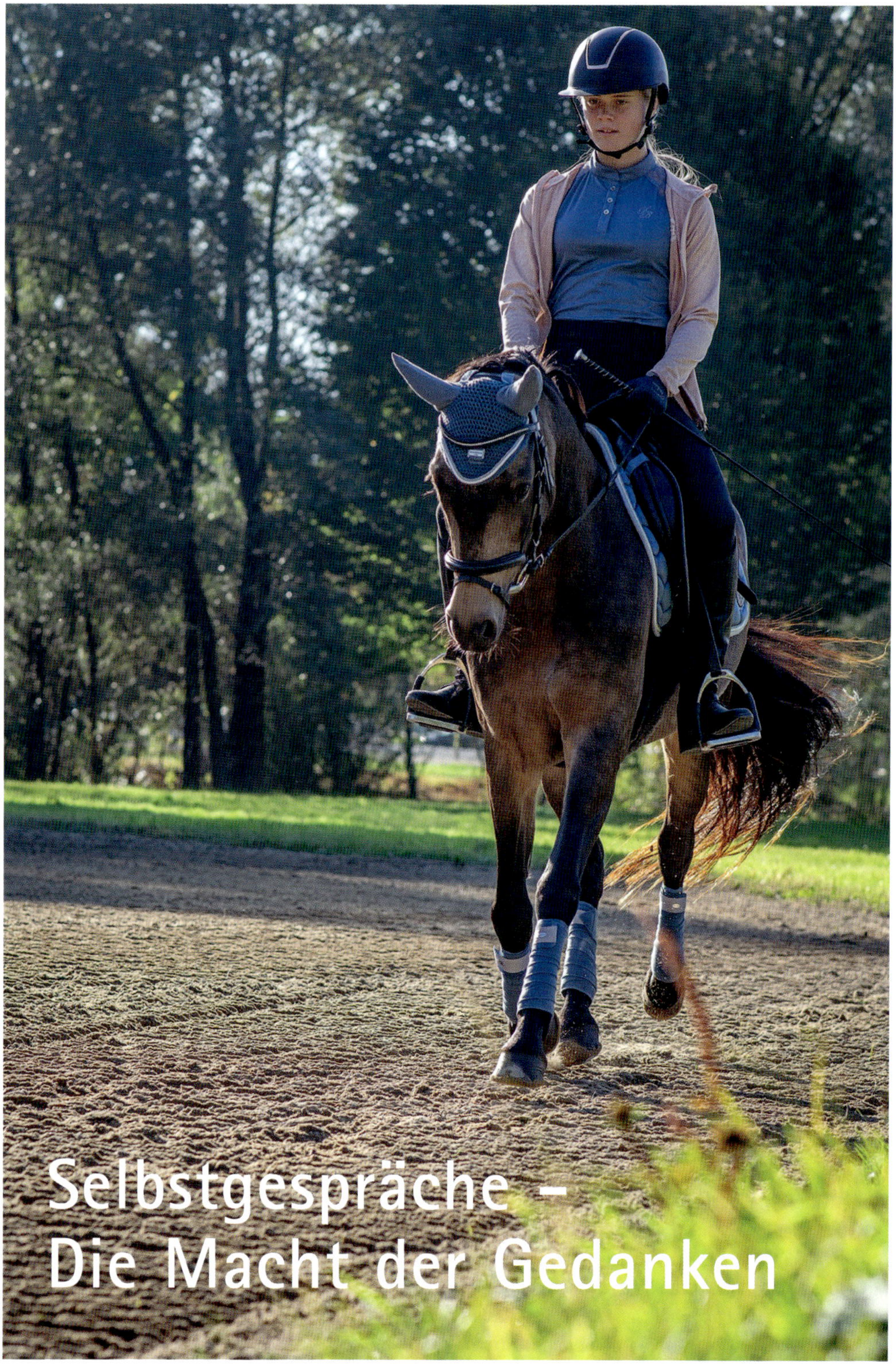

Selbstgespräche – Die Macht der Gedanken

Wir denken weitaus mehr als wir sagen, jeder von uns. In Gedanken führen wir bereits Dialoge, lange bevor wir sie mit anderen nach außen beginnen. Die besten Gespräche führt man mit sich selbst, behauptet lakonisch der Volksmund. Aber stimmt das eigentlich? Wer seinen inneren Dialog (z. B. während des Reitens) aufmerksam verfolgt, wird feststellen, dass negative Dialoginhalte in Form von Ungeduld, überzogener Selbstkritik, etc. die positiven wie Vertrauen, Respekt, Verständnis und Geduld bei Weitem überwiegen. Das ist fatal, denn, was Sie denken und innerlich zu sich sagen, hat erheblichen Einfluss auf Ihre Gefühle, Ihren Körper, Ihre Leistung, Ihr Allgemeinbefinden und Ihre Gesundheit.

Der ehemalige Fußball-Nationaltorwart Oliver Kahn sagt: »Der innere Dialog ist ein Werkzeug, mit dem es gelingt, einen Zustand zu erreichen, den ich mit ›stark im Kopf‹ und ›mental stark‹ bezeichne. Das ist die Fähigkeit, Herr seiner Gedanken zu sein und sich in einen positiven Zustand zu versetzen, der von tiefer Überzeugung und Zuversicht geprägt ist.« (Kahn, 2010). Kahn hat während seiner Fußballkarriere bewusst und systematisch immer wieder an seinem inneren Dialog gearbeitet, damit dieser – vor allem in Phasen von Unsicherheit und Selbstzweifeln – für statt gegen ihn arbeitete. Die Kontrolle des inneren Dialogs ist ein entscheidender Bestandteil mentaler Stärke. Mehr noch: Ohne die Kontrolle des inneren Dialogs sind keine guten Leistungen möglich. Mit Wut, Frust, Ärger, Versagensangst, Problemen oder Resignation, verbalisiert im inneren Dialog, sind noch auf keinem Gebiet Höchstleistungen erzielt worden. Hier liegt der Schlüssel zum mentalen Erfolg! Mit anderen Worten: Erst die Kontrolle des inneren Dialogs bringt Sie auf die Straße zu Ihrem idealen Leistungszustand.

Werden Sie zum Architekt Ihrer Gehirnstruktur!

»Jeder Handlung geht ein Gedanke voraus« (Ralph Waldo Emerson) oder ein innerer Dialog. In unserem Gehirn leiten neuronale Verbindungen Informationen in Form elektrischer Impulse weiter. Gedanken verändern die Struktur unseres Gehirns. Und diese Struktur kann sich lebenslang verändern. Bereiche können sich vergrößern, schlummernde Verbindungen können aktiviert, überaktive Verbindungen können lahmgelegt, pathologische Verbindungen gekappt werden (vgl. Begley, 2010). Diese Eigenschaft nennt sich Neuroplastizität. Dahinter steckt das Prinzip des lebenslangen Lernens. Je häufiger Sie bestimmte neuronale Verbindungen im Gehirn nutzen, desto stärker werden sie. U.a. durch Lernen vermehren sich die Verbindungen zwischen zwei Nervenzellen. Stellen Sie sich die Verstärkung von Nervenverbindungen wie das Trainieren eines Muskels vor. Wenn Sie regelmäßig im Fitness-Studio bestimmte Muskelgruppen trainieren, werden diese ausgeprägter und kräftiger. Das Gleiche geschieht mit häufig genutzten Nervenbahnen – diese verstärken sich. Auf diese Weise wird aus einem neuronalen Trampelpfad eine neuronale Autobahn (nach Franz Hütter). Ein Gedanke, eine Überzeugung oder eine Zielformulierung werden also umso mächtiger, je häufiger Sie deren mentalen Pfade beschreiten. Je seltener Sie einen Gedanken verfolgen, umso verkümmerter wird auch sein mentaler Pfad, also die neuronale Verbindung im Gehirn. Das bedeutet, Sie können aktiv gestalten, welche Verbindungen stark werden und welche Sie lieber schrumpfen lassen wollen. Damit beeinflussen Sie wiederum Ihr Leistungsvermögen und Allgemeinbefinden, kurz: Ihre Realität.

Ist Ihr Glas halbvoll oder halbleer?

Der US-amerikanische Schriftsteller Mark Twain sagte auf dem Sterbebett: »Ich hatte mein ganzes Leben viele Probleme und Sorgen. Doch die meisten von ihnen sind niemals eingetreten.« Wie ist es bei Ihnen? Schauen Sie beim Lernen einer neuen Lektion oder Distanz zuerst nach möglichen Schwierigkeiten oder überwiegt bei Ihnen die Freude, eine neue Lektion zu lernen?

Pessimistisches Denken, so hat die Forschung festgestellt, lähmt und macht handlungsunfähig. Warum? Weil die Wahrnehmung eines Pessimisten verzerrt ist und deshalb sein Angstzentrum im Gehirn übermäßig aktiv. Das beeinflusst sein Denken negativ. Widerfährt ihm etwas Positives, hält er es für Zufall. Erlebt er Negatives, betrachtet er es oft als selbst verschuldet. Damit schwächt er sich selbst.

Den inneren Dialog beobachten

Wie sieht Ihr innerer Dialog aus? Unterstützt Sie Ihr innerer Dialog oder blockiert er Sie? Haben Sie sich selbst schon einmal aufmerksam zugehört? Wie gehen Sie mit sich selbst um? Was denken Sie über andere? Was denken Sie über das, was gerade ist? Was lösen diese Gedanken in Ihnen aus? Was denken Sie, wenn Sie sich in einer schwierigen Prüfungssituation befinden?
Es ist wichtig, die eigenen Gedanken bewusst zu kontrollieren, damit sich negative Gedanken nicht vermehren und zerstörerisch wirken.

Sprich Klartext mit deinem Unterbewusstsein!

In unserem Gehirn spielen sich bewusste und unbewusste Vorgänge ab. Das Bewusstsein kann Ziele setzen, Ergebnisse bewerten, Probleme lösen. Das Unterbewusstsein ordnet, d.h. es verarbeitet aufgenommene Informationen und reduziert sie. Während das Bewusstsein abhängig ist von begrenzten Ressourcen, ist unser Unterbewusstsein unabhängig davon. Es arbeitet schnell und mühelos. Dabei vergleicht es neue Informationen mit bereits vorhandenen und teilt das Ergebnis dem Bewusstsein mit. Das bedeutet, das Unbewusste entscheidet, was uns bewusst werden soll. Unser Unterbewusstsein ist, weil es Neues mit Altbekanntem vergleicht, gleichzeitig die Verbindung zur Vergangenheit und zur Zukunft (vgl. Schützenhöfer, 2007). Stellen Sie sich Ihr Unterbewusstsein wie eine Software auf der Festplatte Ihres Computers vor. Ihre Gedanken, Worte und Bilder sind dort sozusagen wie ein Programm gespeichert. Genau wie beim Computer können Sie Ihre alten, negativen, selbstzerstörerischen (Lebens-)Programme im Unterbewusstsein löschen und neu schreiben. Wenn wir uns der Arbeitsweise des Gehirns bewusst sind, dann liegt es bei uns, womit wir es als nächstes programmieren. Wie das geht? Mit Hilfe von Autosuggestion bzw. Affirmationen (positive Selbstgespräche).

Ihr Unterbewusstsein ist wie ein gewissenhafter Angestellter: gewöhnliche Aufgaben bei der Informationsverarbeitung erledigt es routiniert und es sucht nach Führung. Verweigern Sie als ›Chef‹ Ihrem Unterbewusstsein diese Führung, dann holt sich Ihr Unterbewusstsein aus externen Quellen die benötigten Anweisungen: Eltern, Partner, Respektspersonen, Trainer, Co-Trainer, Physiotherapeut, sogar aus den Medien. Wenn Sie also nicht der ›geborene‹ Führer für Ihr Unterbewusstsein sind, dann stellt sich die Frage, wie viele der Gedanken, die Sie täglich denken, tatsächlich von Ihnen stammen.
Es ist so: Entweder Sie wählen Ihre Gedanken selbst oder Sie akzeptieren sie von einer auswärtigen Quelle!
Wenn Sie selbst Ihrem Unterbewusstsein keine Anweisungen geben, dann wird es jemand anderes tun- so einfach ist das! Geben Sie daher Ihrem Unterbewusstsein jeden Tag die notwendigen Instruktionen.

Bitte bedenken Sie: Ihr Mitarbeiter zwischen den Ohren wird manche Anweisungen mit Freuden ausführen, manche nur halbherzig und bei manchen Instruktionen stoßen Sie auf Widerstand. Aber Sie sind der Boss. Also wiederholen Sie Ihre Anweisungen so lange, bis Sie die gewünschten Ergebnisse sehen. Auch bezüglich dieses speziellen Mitarbeiters gilt die Kraft der Gewohnheit. Auch im realen Leben haben Chefs, die plötzlich bestehende Gewohnheiten ändern wollen, nicht immer sofort den gewünschten Erfolg. Übernehmen Sie aktiv die Führungsrolle.

Die Macht der Gedanken über unser Handeln kann man gar nicht genug betonen – es ist einer der effektivsten Zugänge zur Psyche und einer der wichtigsten Ansätze in der praktischen Sportpsychologie und im Sport Mental Coaching.

Entscheidend für Sieg oder Niederlage – die Kontrolle des ›inneren Dialogs‹

Unsere Gedanken bestimmen unser Handeln und unser Tun, unser Handeln und unser Tun bestimmen unser Verhalten, und unser Verhalten gestaltet unser Leben und unsere Umwelt.
Überzeugungen, Gedanken, Meinungen, Glaubenssätze und Konzepte äußern sich in der Regel als ständige Selbstgespräche. Also innere Stimmen, die dem Verhalten, dem Tun zuvor gehen, es begleiten bzw. als Folge des Verhaltens auftreten.

Negative Gedanken lassen sich nicht vermeiden. Sie können nicht ausgeschaltet, unterdrückt oder verdrängt werden, aber der Mensch kann seine passive und negative Einstellung aufgeben und diese mit diszipliniertem Üben durch eine aktive und positive Einstellung ersetzen. Dies erreicht der Mensch durch die Umwandlung negativer Gedanken in positive Gedanken, sogenannte Affirmationen (Selbstgespräche), mit denen negative Gedanken, Gefühle, Vorstellungen durch positive ersetzt werden.

Beispiele für negative Selbstgespräche

Hier mal ein paar Beispiele aus der Praxis für Negativbotschaften: »Heute geht auch gar nichts!«, »Warum habe ich nur soviel Pech mit ...?« »Ich lerne das nie.« »Dieses Turnier ist wichtig, hoffentlich geht nichts daneben! Und was ist, wenn's schiefgeht?« »Hier habe ich noch nie gewonnen.« »Ich kann mich einfach nicht konzentrieren«, »Ich kann das nicht.« »Warum bin ich eigentlich hier.« »Das ist hoffnungslos.« »Es war schon immer so – es wird auch dieses Mal so sein.« »Ich kann das einfach nie – wieder typisch für mich – ich schaffe das nicht.« »Ich bin mir nicht sicher, ob ich genug trainiert habe.« »Ich werde müde! Was ist, wenn ich jetzt schlapp mache?« »Ich habe kein Selbstvertrauen.« »Der Trainer berät uns schlecht.«

Negative Selbstgespräche entstehen durch:

- Denken in Begriffen, wie schlimm oder tragisch die Situation ist
- Denken in absoluten Begriffen – immer/nie, totales Versagen anstatt in Abstufungen
- Verurteilung anderer oder von sich selbst.

Negative Selbstgespräche führen zu Stress, Angst, Verspannung, Unsicherheit und Unzufriedenheit, das Selbstvertrauen wird geschwächt und tatsächlich zeigen Sie eine schwache Leistung. Ratlosigkeit macht sich breit. Negative Selbstgespräche (ent-) nerven uns und machen uns schwach. Sie dienen einzig und allein dazu, uns von unseren Zielen abzubringen, sowohl beim Sport als auch im normalen Leben: Kurz gesagt, sie fördern eine Abwärtstendenz. Um wieder eine Aufwärtstendenz zu bekommen, nutzen Sie eine positive Sprache und positive Wörter, die Ihre Leistungen bestärken und die dafür sorgen, dass Sie sich wohl fühlen in Ihrer Haut. Wer sich wohl fühlt, ist leistungsfähiger.

Übung Gedankenprotokoll

vgl. Antje Heimsoeth. Chefsache Kopf. Mit mentaler und emotionaler Stärke zu mehr Führungskompetenz. 2015. S. 41

Es ändert sich nichts in unserem Leben, solange unsere alten negativen Denkmuster und Gewohnheiten dominieren. Wie sieht Ihr innerer Dialog aus? Ärgerlich? Wütend? Schädlich? Ängstlich? Oder positiv? Förderlich? Liebevoll? Freundlich? Glücklich? Motivierend? Anleitend? Haben Sie sich schon einmal selbst aufmerksam zugehört? Ist Ihnen bewusst, wie Sie mit sich reden? Wie gehen Sie selbst mit sich um? Was denken Sie über sich und andere? Was denken Sie über das, was gerade ist? Was lösen Ihre Gedanken in Ihnen aus?

Beobachten Sie Ihre Gedanken. Während Sie eine leicht stressbesetzte Lektion oder Aufgabe im Parcours, eine schwierige Lektion oder Distanz oder eine aussichtslos scheinende Aufgabe erledigen oder sich in einer typischen Angst- oder Konfliktsituation oder Situation mit maximaler Belastung befinden, sprechen Sie alles, was Ihnen durch den Kopf geht, was Sie denken und wie sich das für Sie anfühlt, laut aus und zeichnen dies mit dem Smartphone oder Diktiergerät auf (vgl. Eberspächer, 2007).
Beobachten Sie vor, während und nach Turnierprüfungen, was Ihnen durch den Kopf geht und ab wann genau sich Ihre Gedanken verändern? Erinnern Sie sich an Ihre letzte erfolgreiche Turnierprüfung etc. Was haben Sie vor Beginn, wäh-

renddessen und danach zu sich selbst innerlich gesagt? Erinnern Sie sich an Ihren letzten misslungenen Wettkampf. Was haben Sie vor Beginn, währenddessen und danach zu sich selbst innerlich gesagt?

Fertigen Sie eine schriftliche Dokumentation an und sortieren Ihre Selbstgespräche (Gedanken) in unterstützende und einschränkende, negative Gedanken. Was stellen Sie fest? Leiten Sie Ihre Konsequenzen auf Ihre Leistung daraus ab. Welche Worte können Sie am besten beruhigen oder entspannen, welche Worte können Sie am ehesten aktivieren?

Das positive Selbstgespräch

Das positive Selbstgespräch ist wahrscheinlich die grundlegendste aller mentalen Fähigkeiten. Positiv zu sein bedeutet, negative Selbstgespräche absichtlich zu stoppen und durch positive Selbstgespräche zu ersetzen, positive Selbstgespräche zu verwenden, um (Selbst-)Vertrauen aufzubauen, und sich auf die kontrollierbaren Aspekte zu konzentrieren - die Aspekte der Situation, die wir beeinflussen können.

»Ich schaffe das« – dieser vom bekannten Buchautor Hannes Lindemann geprägte Satz begleitete ihn bei seinen beiden Atlantiküberquerungen mit einem Serienfaltboot. Er erkannte den Zusammenhang zwischen inneren Gedanken und der Leistungsfähigkeit seines Körpers und Handeln. Er war der Meinung, dass erfolglose Handlungen (z.B. eine Aufgabe bei seinen Überquerungen) ihren Ursprung in negativen Selbstgesprächen haben. Lindemann hat es folgendermaßen formuliert: »Ein Schiffbrüchiger gibt zuerst seelisch auf, dann erst folgen die Muskeln, und als letztes überlebt das Rettungsboot!«

Wie sollten Gedanken optimaler Weise formuliert sein? – Erstellungsregeln

- Immer **positive** bejahende Aussageformen wählen.
- Affirmationen streben ausschließlich einen positiven Effekt an, deshalb müssen auch die Inhalte positiv formuliert werden.
- Kurze, klar formulierte und präzise Sätze (mit höchstens 10 Worten) bilden. Einfach, eingängig, leicht auszusprechen und leicht zu wiederholen.
- Rhythmisch formulieren (ggf. auch lustig oder originell)
  Die kurze Formulierung kann sich reimen, damit Sie sich die Affirmation besser merken können.
- Ausschließlich in der Gegenwartsform formulieren.
  - Ich bin gut vorbereitet.
  - Ich habe Selbstvertrauen.
  - Ich bleibe ruhig und gelassen.
- Entwickle ein innerliches Lächeln.
- Ohrwurm (mit wiederholendem Charakter)
- **Ichbezug**
  Alle Aussagen und Feststellungen beziehen sich auf die eigene Person.
- **Schriftliche Formulierungen**
  Es kommt darauf an, die positiven Formulierungen oft zu wiederholen und sie damit zur Grundlage einer neuen, positiven Überzeugungen zu machen. Es hat sich bewährt, die Affirmationen schriftlich zu formulieren und häufig zu lesen.
- Schreiben Sie jede Formulierung auf jeweils ein eigenes Kärtchen.
- Tragen Sie ein oder mehrere dieser Kärtchen eine Zeit lang mit sich herum und lesen Sie diese Texte immer wieder. (›Steter Tropfen höhlt den Stein!‹)
- **Symbolgehalt**
  Affirmationen können auch positive Symbole beinhalten. Das Symbol sollte stets vom Sportler selbst gewählt werden.
  Beispiel: »Ich stehe wie ein Fels.«

Vermeide:

- Negative Formulierungen, Selbstbeschimpfungen, Verneinungen.
- Formulierungen, die Sie vor, während oder nach misslungenen Turnieren zu sich selbst gesagt haben und die Ihnen nicht weitergeholfen haben.

Was sollten Sie beachten?

Positives Denken bedeutet jedoch nicht, dass Sie alles erreichen, was Sie sich zum Ziel gesetzt haben. Auch dem positiven Denken sind Grenzen durch die objektiven Leistungsbedingungen des Sportlers gesetzt. (vgl. Baumann 1993. S. 282)

Es geht »nicht darum, irgendwelche unrealistischen Ziele per Selbstgespräch herbeizuzaubern, sondern die eigenen realistischen Leistungsmöglichkeiten ausspielen zu können, wenn es darauf ankommt.« (aus Eberspächer 2007. S. 26)

Beispiele:

Im Folgende sind positive Selbstgespräche (Affirmationen), für ReiterInnen und TrainerInnen geeignet, die (vielleicht) einen Teil Ihres Reiterlebens und Mindsets verändern werden.

1. Ich bin der Architekt meines Lebens. Ich baue das Fundament meines (Reiter-)Lebens.
2. Mein Körper ist gesund, mein Geist ist offen.
3. Ich vergebe den Menschen / Trainern, die mir in meiner Vergangenheit geschadet haben.
4. Ich löse mich friedlich von den Trainern, die sie kranke oder verdorbene Pferde verkauft haben.
5. Ich bin voller Selbstvertrauen und Freude.
6. Ein Fluss des Mitgefühls wäscht meinen Zorn weg und ersetzt ihn durch die Entschlossenheit.
7. Meine Beziehung zu meinem Pferd wird von Tag zu Tag stärker, tiefer und stabiler.
8. Ich besitze die Eigenschaften, die erforderlich sind, um Dinge, die mein Pferd möglicherweise erschrecken könnten, erfolgreich zu erkennen und zu vermeiden.
9. Ich darf erfolgreich sein.
10. Glück ist eine Wahl.
11. Ich verdiene es, für meine Zeit, mein Engagement und meine Ideen gut bezahlt zu werden. (Richtet sich an Trainer)
12. Ich bin mutig.

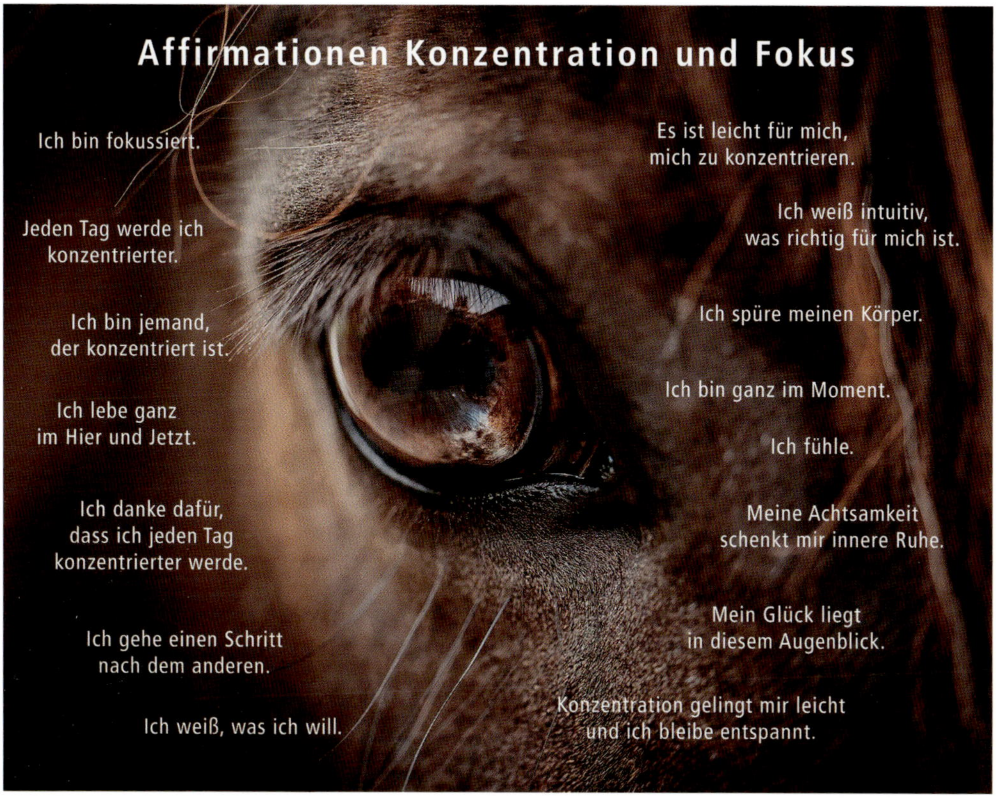

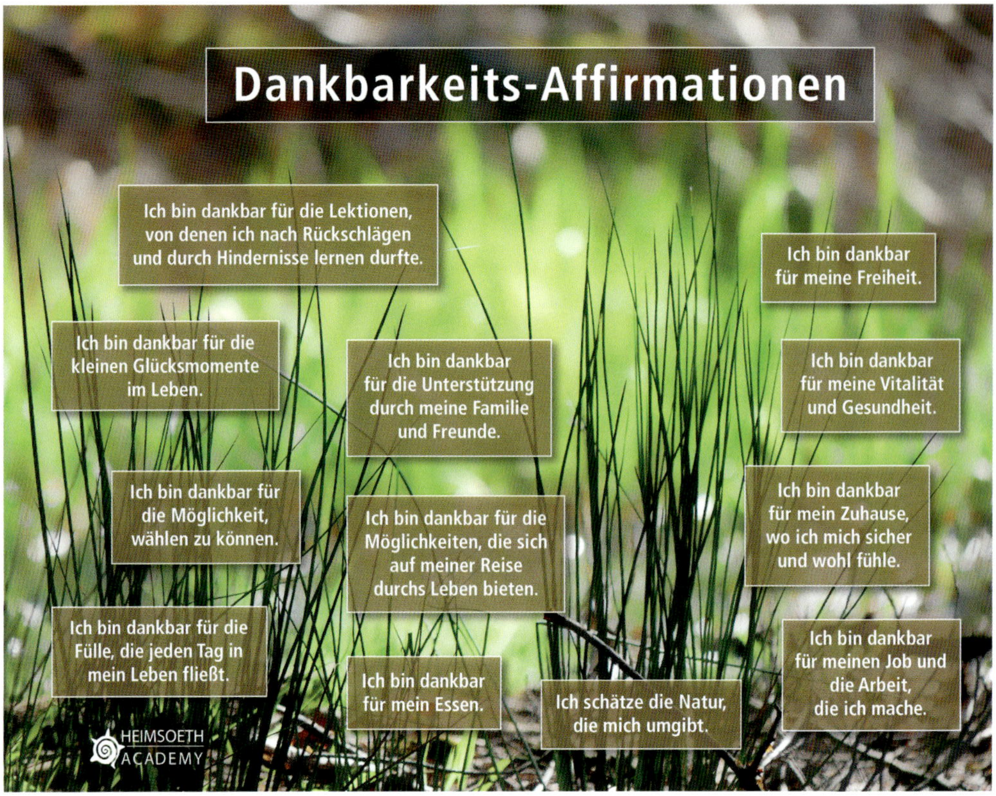

13. Ich bin geduldig mit mir und meinem Pferd.
14. Meine Gedanken sind erfüllt von Segen für das Geschenk, das »Name des Pferdes« ist.
15. Heute gebe ich meine alten Gewohnheiten auf und beschließe, »X« zu tun.
16. Ich bin mit einer unglaublichen vierbeinigen Familie und wunderbar pferdemotivierten Freunden gesegnet.
17. Ich erkenne meine eigenen Grenzen an.
18. Mein Vertrauen in meinen TrainerIn steigt.
19. Ich bin in Frieden mit all den Tierarztrechnungen, die passiert sind, passieren und passieren werden.
20. Ich bin mein eigener Held.
21. Ich bin ein Konkurrent voller Selbstvertrauen.
22. Ich bin am lebendigsten, wenn ich in das Dressurviereck einreite.
23. Was auch immer das Ergebnis sein mag, ich lerne täglich dazu und werde ein besserer Reiter.
24. Gewinnen oder verlieren, ich habe immer noch mein tolles Pferd!
25. Wie ich heute reite, definiert mich, mein Leben oder meine Zukunft nicht.
26. Ich bin genau dort, wo ich auf meiner (Dressur-)Reise sein soll.
27. Was ich heute in der Reitstunde / im Training lerne, wird meine Zukunft verbessern.
28. Jedes Mal, wenn ich reite / joggen gehe, werde ich fitter und stärker.
29. Ich habe das Zeug, ein/e großartige/r Reiter/in zu sein.
30. Ich bin erfolgreich, weil ich durchhalte und niemals aufgebe.
31. Immer wenn ich im Sattel sitze, bin ich ruhig und entspannt.
32. Ich weigere mich, meinen Fortschritt zu messen, indem ich mich mit anderen vergleiche.
33. Ich bin immun gegen negative Gespräche oder Klatsch.
34. Die einzige Meinung, die zählt, ist meine eigene.
35. Ich fahre / reite für mich.

Halten Sie nun positive, für Sie nützliche Affirmationen fest und stellen Sie fest, wann genau Sie sich während eines Turniers oder eines Trainings an diese erinnern wollen.

Anwendung Affirmationen

Die unterstützenden Sätze werden bewusst und regelmäßig in Trainings- und Turniersituationen, beim täglichen Zähneputzen, nach dem Aufstehen oder vor dem Schlafengehen (ruhig als Einschlafhilfe) laut ausgesprochen und so eingeübt und integriert. Durch diese ständige Wiederholung üben Affirmationen dann eine autosuggestive Wirkung auf dich aus. Dadurch gelingt es dir, Trainingsleistungen aufs Turnier zu übertragen – unabhängig von der äußeren Situation.

Weitere Schritte:

- 1. Die Wirkung von Affirmationen wird entscheidend verstärkt, wenn Sie sich in einem entspannten Zustand befinden.
- 2. Affirmationen so oft wie möglich wiederholen! Schreiben Sie sie auf Zettel oder Postkarten und hängen Sie den Zettel im Bad an den Spiegel oder an die Kühlschranktür, damit Sie den Zettel immer wieder vor Augen haben.
- 3. Ändern Sie Ihre Affirmationen parallel zu ihrer Veränderung.
- 4. Trainieren Sie Ihre Affirmationen auch in optimalen Leistungsphasen.
- 5. Brennen Sie sich eine CD mit Ihren Affirmationen und Zielen zu einer von Ihnen gewählten Musik. Hören Sie diese mindestens dreimal pro Woche. Attackieren Sie Selbstzweifel, hören Sie Ihre Affirmationen noch im gleichen Moment an.

Umformulieren von negativen Selbstgesprächen

Beschreiben Sie eine Situation, in der Sie negative Selbstgespräche geführt haben. Was genau war die Situation? Was haben Sie ›gesagt‹ (d.h., was haben Sie gedacht)?

Haben Sie, weil es sich um negative Selbstgespräche handelte, sich selbst gestoppt und sich wieder auf Ihre Leistung konzentriert? Wenn ja, wie haben Sie das getan? Was haben Sie zu sich selbst gesagt? Wie hat sich das auf Ihre Leistung ausgewirkt?

Wenn nicht, nutzen Sie die Tabelle zur Umformulierung Ihrer negativen Selbstgespräche und halten Sie positive Bekräftigungen und Selbstgespräche fest, die Sie zu sich selbst vor, in und nach jeder Prüfung oder jedem Training während einer leichten oder schwierigen Lektion/Aufgabe/Turnierprüfung unterstützend sagen werden.

Sie können das Blatt mit der Tabelle nach dem Aufschreiben in der Mitte auseinanderschneiden und die Hälfte mit den negativen Selbstgesprächen vernichten.

Meine typischen negativen Selbstgespräche	**Meine hilfreichen Selbstgespräche**
negativ vor der Prüfung / vor dem Turnier	**positiv** vor der Prüfung / vor dem Turnier
während der Prüfung / während des Turniers	während der Prüfung / während des Turniers
nach der Prüfung / nach dem Turnier	nach der Prüfung / nach dem Turnier

Legen Sie fest, wann und wie genau Sie sich während der Situation an diese positiven Formeln erinnern werden (Erinnerungshilfe).

Selbstgespräche verbessern durch: Problembox

Jedes Mal, wenn Sie an etwas denken, um das Sie sich Sorgen machen, was Sie belastet und frustriert, schreiben Sie es auf ein Stück Papier und stecken Sie dieses in eine leere Keksdose (o.ä.) – Ihre Problembox, Ihre Sorgendose, -truhe, Ihre Gedankenkiste. Durch die Bewusstmachung verhindern Sie, dass negative Gedanken während des Trainings oder in der laufenden Prüfung plötzlich wie ein Blitz bei Ihnen einschlagen.

Einmal pro Woche nehmen Sie sich Zeit und widmen sich ausschließlich dem Sich-Sorgen-Machen.

Wenn die Sorgen in der Keksdose nicht länger angebracht sind, z.B. weil die befürchtete Situation sich nicht verwirklicht hat, knüllen Sie das Papier genüsslich zusammen und werfen Sie es in einen Mülleimer, während Sie dankbar sind, für diese Sorge keine Energie verschwendet zu haben.

Jede berechtigte Sorge legen Sie beiseite.

Mit der Lösung der wenigen verbliebenen Sorgen beschäftigen Sie sich den Rest der Zeit.

Ich liebe, glaube, vertraue, bin dankbar und mutig.

Ich liebe … mich selbst, meinen Partner, meine Eltern, die Menschen um mich herum, meinen Sport, meinen Beruf, die Aufgabe, die mir gestellt werden, … Wenn ich mich nicht liebe, wer dann? Wir wollen geliebt werden, aber viele lieben sich selbst nicht. Und wundern sich dann, wenn sie nicht geliebt werden.

… glaube … an mich, an meinen Trainer, an meinen Partner, an die Fähigkeiten, Stärken und Talente, die ich habe, …. Wenn ich nicht an mich glaube, wie sollten die Sportler, die ich als Trainer betreue, an mich glauben? Wenn ich nicht an den Sportler und seine Karriere glaube, spürt dieser das.

… vertraue … mir, meinem Trainer, meinem Partner, auf Ethik und Werte … Wenn ich mir nicht vertraue, wie sollen andere mir ihr Vertrauen schenken?

… bin dankbar … für das Leben, den Sport, mich, meine Möglichkeiten, für all das, was ich (schon) erreicht habe, für all das, was ich noch erreichen werde, für das bevorstehende Training oder Turnier, leckere Pizzeria um die Ecke, spielende Kinder, Vögelgezwitscher, problemlose Anreise, gutes Glas Wein, Blumen am Feldwegrand, Sonne, Reinigungskraft in der Umkleidekabine oder im Büro, für den Trainer oder Freund, der sich mit meinen Sorgen beschäftigt …
Eine der neueren Erkenntnisse ist: Dankbarkeit. Ja, Dankbarkeit macht glücklich.

Überlegen Sie in jeder Situation, wofür Sie gerade dankbar sein können. Um dankbar sein zu können, müssen Sie wahrnehmen, was um Sie herum passiert.

… und mutig.

Der Sportmental-trainingszyklus

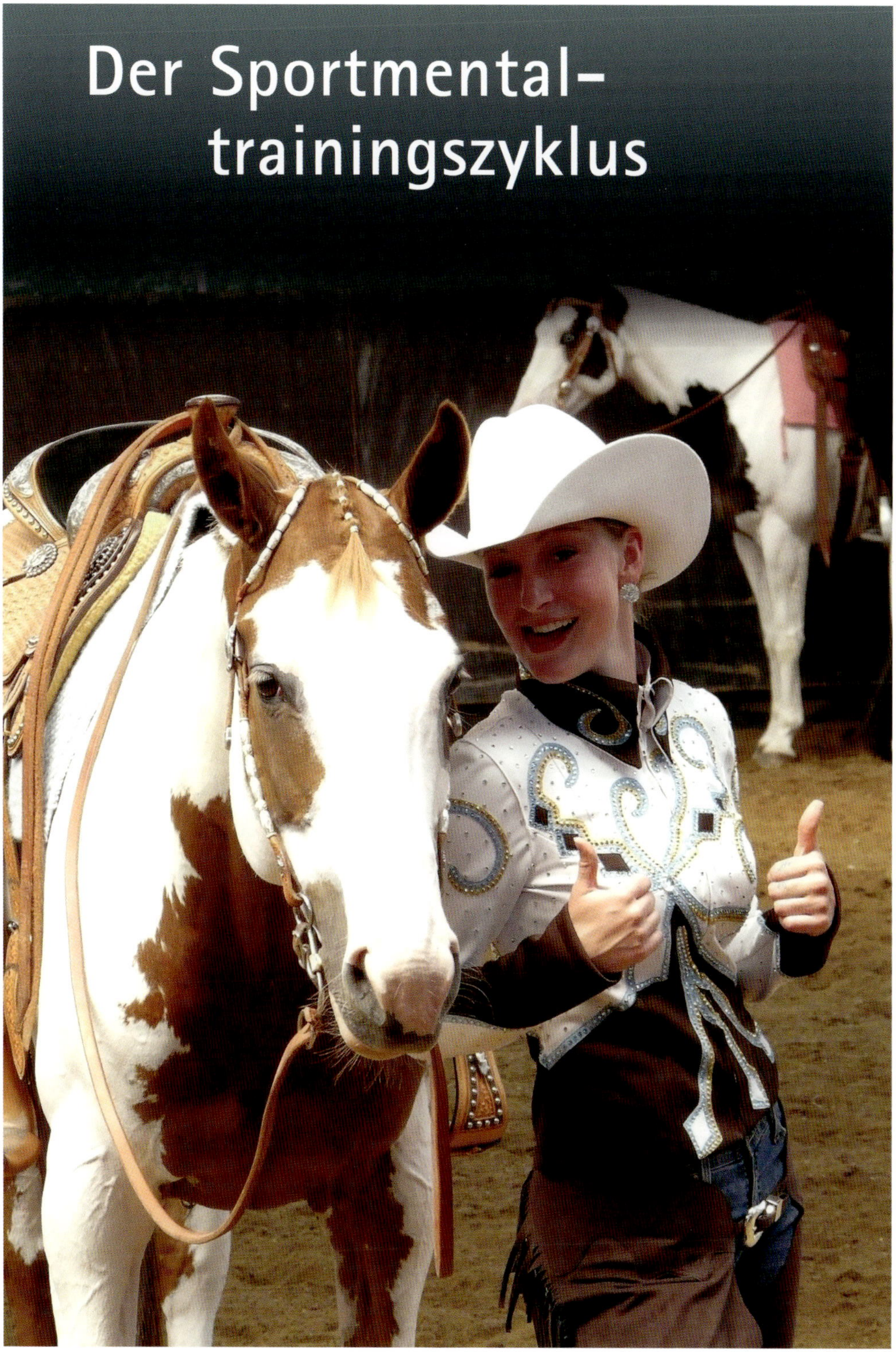

Sportmentaltrainingszyklus

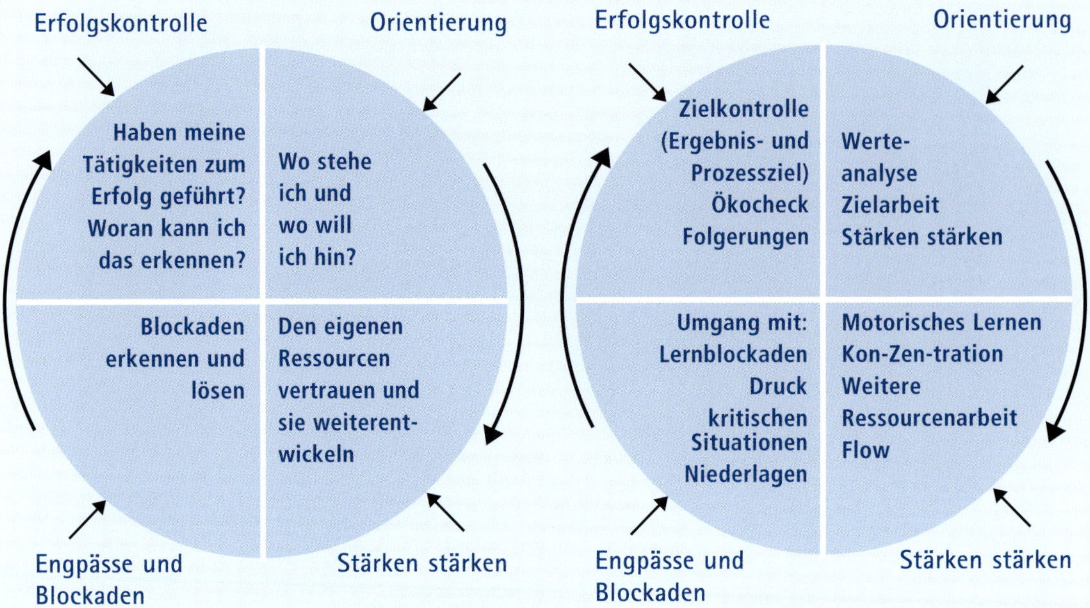

Der HIM-Sportmentaltrainingszyklus aus meiner Ausbildung an der Heidelberger Akademie nach Amler/Bernatzky/Knörzer.

In meiner Ausbildung zum Sportmentaltrainer und -coach an der Heidelberger Akademie für Gesundheitsbildung habe ich den HIM-Sportmentalzyklus kennen gelernt und seither in meine Arbeit als Coach integriert. Dieser wurde von Amler/Bernatzky/Knörzer am Heidelberger Institut für Mentaltraining in Anlehnung an den von W. Edward Deming (1982) entwickelten »Regelkreis zur kontinuierlichen Qualitätssteigerung« entwickelt, um den Prozess der kontinuierlichen und planmäßigen Leistungssteigerung zu gewährleisten.

Der Sportmentalzyklus umfasst vier Phasen:

1. Orientierungsphase
2. Stärken stärken
3. Mentale Blockaden und Engpässe
4. Erfolgskontrolle

Für jede dieser vier Phasen gibt es ein umfangreiches Repertoire an Interventionen und Übungsformaten. Mentales Training, so aufgebaut, gewährleistet vom Anfänger-, Freizeit- bis in den Profisport einen kontinuierlichen Verbesserungs- und Veränderungsprozess.

Da immer auf die besonderen Stärken und die persönliche Zielsetzung des Reiters bzw. der Mannschaft geachtet wird, ist ein hohes Maß an Selbstbestimmung und Selbstverantwortung des Reiters gegeben.

Orientierung

Die Orientierungsphase dient zum einen der Standortbestimmung bzw. Bestandsaufnahme (IST-Zustand) und zum anderen der Bestandsaufnahme/Beschreibung des SOLL-Zustands bzw. der Zukunft.

- Was ist mir wichtig? Welche Werte sind wichtig für mein Leben? An welchen Werten orientiere ich mich?
- Welche Werte sind wichtig für folgende Lebensbereiche? Beruf, Reitsport, Karriere, Partnerschaft, Familie, Freunde, Körper, Gesundheit, Intellekt, Wissen, Freizeit und Hobbys
- Wohin will ich?
- Wie weiß ich, dass meine Werte erfüllt sind? Welche inneren und äußeren Kriterien geben an, dass der Wert gelebt wird? Kriterien sind innere und äußere Erkennungssignale, die sinnlich wahrnehmbar sind.
- Welche Werte, die in der Vergangenheit wichtig waren, haben sich verändert?
- Was kann mich dabei unterstützen?
- In welchen Lebensbereichen oder Situationen sind meine Werte nicht erfüllt? Was denke ich warum? Was ist meine Begründung dafür?
- Welche Werte vertragen sich nicht? Z.B. Freiheit und Sicherheit?
- Weiß ich, welche Werte ich verkörpere oder darstelle?

Nehmen Sie sich jetzt Zeit und Energie und beantworten Sie diese Fragen ausführlich. Es lohnt sich. Die genaue Bearbeitung der Fragen ist die Basis für Ihren Erfolg.

Werte- und Wünscheanalyse

- Sammlung (Was ist mir im Reitsport wichtig?)
- Hierarchiebildung
- Verwirklichung der Werte

Definition: Werte = Nominalisierungen
(was man nicht in eine Schubkarre packen kann)
Werte = Dinge,
die uns wichtig sind,
die uns motivieren,
die uns sagen, was richtig oder falsch ist,
die uns sagen, was gut oder böse ist,
für die wir Zeit, Energie und Ressourcen aufwenden.
Es gibt globale Werte, die das ganze Leben betreffen und kontextabhängige Werte.

Beispielhafte Auswahl für Bedürfnisse/Werte

Abwechslung, Aktivität, Anerkennung, Akzeptanz, Aufrichtigkeit, Austausch, authentisch sein, Autonomie, Balance von Arbeit und Freizeit, Balance von Geben und Nehmen, Balance von Sprechen und Zuhören, Balance von aktiv sein und ausruhen, Bewegung, Bewusstheit, Beständigkeit, Echtheit, Effektivität, Ehrlichkeit, Einfachheit, Einfühlsamkeit, Engagement, Entspannung, Entwicklung, Erfolg, ernst genommen werden, Feiern, Flexibilität, Freiheit, Freizeit, Freude bereiten, freundschaftlicher Umgang, Freundschaft, Frieden, Geborgenheit, gehört werden, Gemeinschaft, gesehen werden, Gelassenheit, genießen, Gesundheit, Gemeinsamkeit, Gemeinschaftssinn, Gesundheit, Gleichwertigkeit, Glück, Großzügigkeit, Harmonie, Herausforderung, Hilfsbereitschaft, Humor, Hygiene, Identität, Initiative, innerer Friede, Integrität, Inspiration, Klarheit, Konfliktfähigkeit, Kongruenz, Kontakt, Konzentration, Kraft, Kreativität, Lebensfreude, Lebenserhalt, Liebe, Menschlichkeit, Mitgefühl, Mitgestalten, Mut, Nähe, Natur, Offenheit, Optimismus, Orientierung, partnerschaftlicher Umgang, Privatsphäre, Raum für persönlichen Ausdruck, Raum, Respekt, Ruhe, Rücksichtnahme, Selbstbestimmung, Selbstrespekt, Selbstverantwortung, Selbstvertrauen, Selbstverwirklichung, Sicherheit, Sinnhaftigkeit, Schutz, Umweltschutz, Sexualität, Spiritualität, Stärke, Struktur/Ordnung, Tatkraft, Toleranz, Unterstützung, Verantwortlichkeit, Verbundenheit, Verständnis, Verstehen, Verlässlichkeit, Vorwärtskommen, persönliches Wachstum, wahrgenommen werden, Wärme, Weitblick, Wertschätzung, Wohlergehen, Zeit/Energie sinnvoll nutzen ...

Die Klärung dessen, was dem Reiter wichtig ist, was seine Werte sind, steht bei der Werteanalyse im Vordergrund. Denn diese Werte bestimmen, bewusst oder unbewusst, sein Handeln. Werte können helfen, Ziele zu erreichen, können aber einer Zielerreichung auch im Wege stehen.

Diese Übung/Werteanalyse unterstützt Sie dabei, sich über Ihre persönlichen Werte klarer zu werden. Die Werteanalyse schafft aber auch Klarheit für den Reitlehrer. Sie hilft Ihnen außerdem, die Werte zu entdecken, die Sie künftig stärker zum Ausdruck bringen möchten. Vorhandene Werte- und Kriterienkonflikte (etwa zwischen Reitlehrer und Reitschüler, aber auch innerhalb der Person des Reiters) lassen sich mittels der Werteanalyse aufdecken und anschließend klären. Denn wenn Werte miteinander konkurrieren, wird man leicht unschlüssig in seinem Handeln.

1. Schritt: Sammlung Ihrer Werte
Gehen Sie auf die Suche nach Ihren Werten!

Was ist Ihnen wichtig?

Wofür lohnt es sich Ihrer Meinung nach morgens aufzustehen? Wofür lohnt es sich, sich einzusetzen? Was bringt Ihnen das? Was soll dadurch in Ihrem Leben entstehen?

Was ist Ihnen an Ihrem Sport wichtig? Auf welche drei Werte kommt es Ihnen an? Wozu arbeiten Sie? Was fehlt Ihnen manchmal (im Sport)? Was schätzen Sie besonders?

Wie motivieren Sie sich, wenn's richtig schwer wird?

Was muss erfüllt sein, damit Sie rundum zufrieden sind?

Was ist Ihnen in einer Beziehung wichtig? (Partnerschaft, Freundschaft, Verwandtschaft, zum Trainer/Ausbilder) Was fehlt Ihnen da manchmal? Was schätzen Sie besonders?

Sie haben verschiedene Freizeitaktivitäten. Was stellen Sie damit sicher?
Sie lesen viele Fachbücher. Wozu ist das wichtig? Was gewährleistet das?
Passen Ihre Werte zu dem Leben, das Sie führen? Welchen Wert sähen Sie gern fester in der Gesellschaft verankert, als es derzeit den Anschein hat?

Suchen Sie drei Menschen, mit denen Sie sich schwer tun. Welche Werte verletzen diese bei Ihnen? Aus welchen eigenen Wertigkeiten könnte das Handeln bzw. Verhalten dieser Menschen kommen?

Notieren Sie alles, was Ihnen einfällt. Sammeln Sie alles, was Ihnen spontan in den Sinn kommt. Sie sind es wert! Und je mehr dieser Werte erfüllt sind, desto zufriedener und glücklicher werden Sie sein.

Erarbeiten Sie eine Hierarchie Ihrer persönlichen Werte aus diesen Beobachtungen heraus. Markieren Sie in Ihrer Wertesammlung maximal sechs Werte, die für Sie am wichtigsten sind. Übertragen Sie diese Werte in der für Sie richtigen Reihenfolge auf ein Blatt Papier.

Tragen Sie in eine Tabelle ein, wie wichtig Ihnen die jeweiligen Werte sind und inwieweit Sie diese in Ihrem aktuellen Reiterleben verwirklichen (in %). Legen Sie dann fest, was Sie tun werden, wenn es eine Abweichung gibt?

Ihre Werte – Wunsch und Realität

Ihre Wertvorstellungen können Sie nur in Zusammenhang mit Ihrem bisherigen Leben verstehen und weiterentwickeln. Bei der Frage, welche Werte für Sie wichtig sind, spielen das Elternhaus, der Partner, Freunde, der Glaube und Sinnfragen eine entscheidende Rolle.

- Wie wichtig ist mir ... z.B.: Kameradschaft
- Inwieweit werden meine Werte in meinem aktuellen Reiterleben verwirklicht? (in %) z.B. 60 %
- Was werde ich tun? z.B. Reiterkollegen loben; vier Reiterkollegen zur nächsten Geburtstagsfeier einladen

Standortbestimmung

Legen Sie eine Tabelle mit den folgenden vier Spalten an

- Welche Wertvorstellung wollen Sie überdenken?
- Welchen Nutzen konnten Sie bisher aus der betroffenen Wertvorstellung ziehen?
- Wo führen diese Werte in meinem Leben zu Reibungsverlusten? Welche Nachteile bringt das Ausleben dieser Wertvorstellung mit sich?
- Was kann ich ändern?

Auf der Grundlage einer solchen Werte- und Standortbestimmung lassen sich Strategien für die Zukunft erarbeiten:

Fragen bei hoher Bewertung:
Zu wie viel Prozent wurde der Wert X verwirklicht und wodurch wurde dies bewirkt? Was werden Sie zukünftig tun, damit der Wert auf dieser Höhe bleibt oder sogar noch steigt? Diesen Wert gilt es zu erhalten und zu verstärken.

Fragen bei niedriger Bewertung:
Was würde für Sie eine Verbesserung bedeuten? Was genau müsste geschehen, damit Sie diesen Wert erreichen?
Was werden Sie zukünftig tun, damit Sie sich Ihrem Wunschwert annähern?

Die **schriftliche** Dokumentation dieser Arbeit unterstützt Ihren Prozess nachhaltig. Eine abschließende Vereinbarung über das, was Sie ändern können und werden und was Sie tun werden, können Sie mit sich selbst treffen (Selbstkontrakt) oder bilaterial mit Ihrem Ausbilder.

Wertekonflikt

Ein Beispiel aus dem Sportcoaching:
Ein junger Tennisspieler verliert zum dritten Mal bei einem wichtigen Ausscheidungsturnier das entscheidende Match und bleibt weit unter seinen Trainingsleistungen. Bei einem Sieg und dem Gewinn des Turniers hätte er die Möglichkeit, in ein Leistungszentrum aufgenommen zu werden. Der Leistungseinbruch im Finalspiel war zunächst nicht erklärbar. Der Tennisspieler selbst gab an: »Ich wollte zu 100 %, aber es ging einfach nicht!« Stattdessen machten sich während des Spiels Gedanken breit wie: »Es ist eh egal, ich bekomm schon wieder einmal die Chance.« Auf die Frage: »Was würde passieren, wenn Du das Turnier gewinnst?«, reagierte er emotionslos und meinte: »Dann könnte ich ins Bundesleistungszentrum wechseln.« Der Gewinn des Ausscheidungsturniers wäre für ihn mit einem Wohnortwechsel verbunden. In diesem Fall könnte es sein, dass die Werte »Familie« oder »Freunde« höherwertiger sind, als der »sportliche Erfolg«. Im Rahmen einer Werteanalyse wurde dies vom Spieler bestätigt: »Vielleicht ist es noch nicht der richtige Zeitpunkt, eigentlich will ich gar nicht weg von meinem Wohnort!« Die »befürchtete« Trennung von Familie und Freundeskreis führte zu einem unbewussten Konflikt und hatte ein immer wiederkehrendes Selbstsabotagemuster zur Folge.
Nachdem die Bedenken des Jugendlichen offen gelegt waren, wurde gemeinsam mit Trainer und Eltern eine passende Lösung erarbeitet, die es dem Sportler erlaubte, sowohl leistungsorientiert zu handeln, als auch Zeit für Familie und Freunde zu integrieren. (aus Amler/Bernatzky/Knörzer (2006), Integratives Mentaltraining im Sport, Meyer & Meyer Verlag, S. 19)

Setzen Sie sich mit Ihren Wertekonflikten und Lebensregeln auseinander, und trainieren Sie, in Gesprächen die Werte Ihres Partners, Ihrer Reiterkollegen oder Reitschüler herauszufinden. Wenn Sie im Einklang mit Ihren Werten handeln, dann werden Sie eine neue, starke Energie in sich spüren.

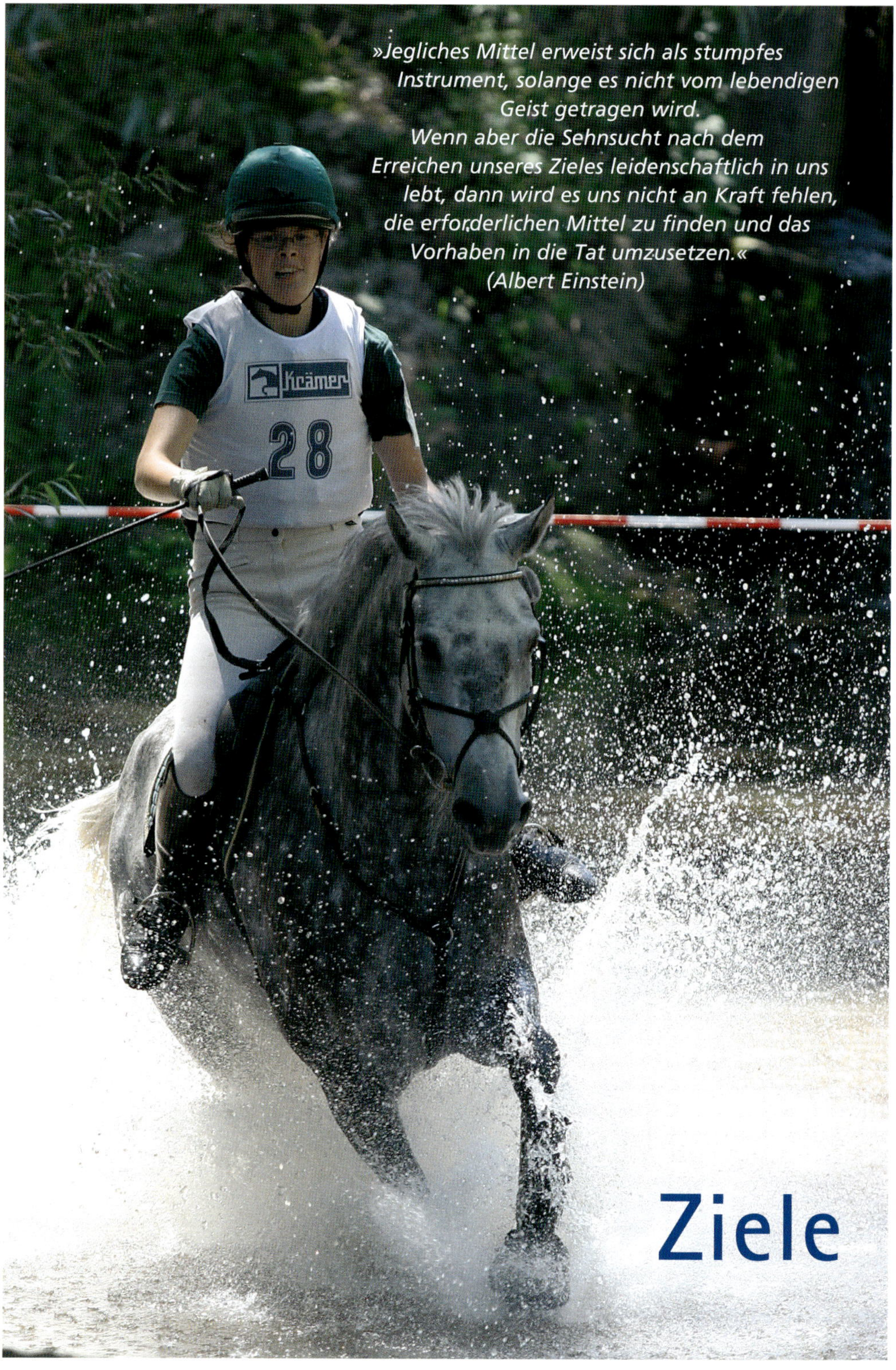

»Jegliches Mittel erweist sich als stumpfes Instrument, solange es nicht vom lebendigen Geist getragen wird.
Wenn aber die Sehnsucht nach dem Erreichen unseres Zieles leidenschaftlich in uns lebt, dann wird es uns nicht an Kraft fehlen, die erforderlichen Mittel zu finden und das Vorhaben in die Tat umzusetzen.«
(Albert Einstein)

Ziele

Einleitung

»Der langsamste, der sein Ziel nicht aus den Augen verliert, geht immer noch geschwinder, als der, der ohne Ziel umherirrt.« (Gotthold Ephraim Lessing)

Warum Ziele so wichtig sind

Kennen Sie Ihre Ziele? Nicht nur Ihr Urlaubsziel oder wirtschaftliche Ziele, sondern auch Ziele im Sport, im Beruf, für Ihre Gesundheit, für Ihre Familie? Wenn ich Sie bitte, mir diese näher zu erläutern, haben Sie eine Antwort parat? Wer keine Ziele hat, kann nirgendwo ankommen, kann keine konkreten Pläne verfolgen und seltener Erfolge verbuchen, was sich wiederum auf das Selbstvertrauen und den eigenen Energiehaushalt auswirkt.
Ohne Ziele kein Wachstum. »Man kann nicht nichtwachsen«. Sie haben schon recht, wenn sie protestieren. Natürlich kann man auch »schrumpfen«. Was ich meine, ist: Man sollte nicht schrumpfen wollen. Man sollte nicht mal »auf der Stelle treten« wollen. Denn bereits »Nullwachstum« zähle ich dem Schrumpfen zu. »Nur wer sich bewegt, kann auch wachsen.« (Oliver Kahn. ICH. Erfolg kommt von innen. Goldmann. S. 51)

Wenn ich von Zielen spreche, dann meine ich Ihre persönlichen Ziele und nicht fremde oder Standardziele: Prüfen Sie Ihre Ziele darauf, ob es Ihre Ziele oder die Ziele z.B. Ihrer Eltern sind, die diese für Sie formuliert haben.

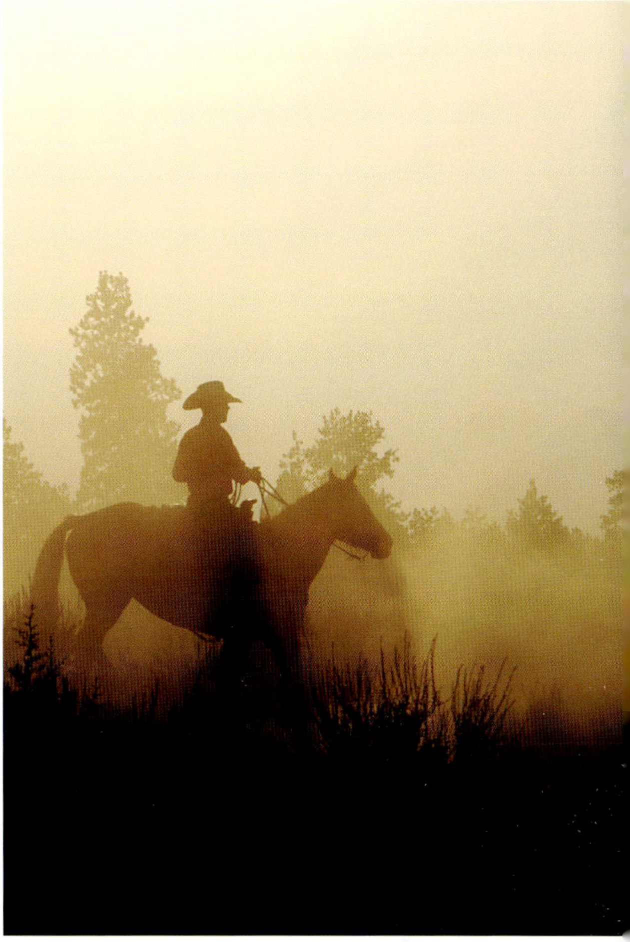

Ihre Reiterträume können immer noch wahr werden.

Vision, Wunsch, Wille, Ziel

... wie halten wir diese drei Begriffe auseinander?

Definitionen

Wunsch

www.wikipedia.de: »Der Wunsch ist ein Begehren oder Verlangen nach einer Sache oder einer Fähigkeit, ein Streben oder zumindest die Hoffnung auf eine Veränderung der Realität oder das Erreichen eines Zieles für sich selbst oder für einen anderen. Zu den Wünschen gehören sowohl die Glückwünsche als auch negativ besetztes Verlangen. (Verwünschungen, Flüche, jemandem die Pest an den Hals wünschen).«

www.wissen.de: »gleichbedeutend mit Begehren und Verlangen; das Herbeisehnen von etwas, wobei dieses fantasierte Ziel nicht unbedingt mit der Realität in Einklang zu bringen sein muss.«

- Wünsche sind gefühls- und lustbezogen.
- Der Wunsch als treibende Kraft: Wünsche sind wichtig, doch ein Wunsch allein lässt mich mein Ziel nicht erreichen.
- Wünsche zielen auf einen erwarteten Lustzustand.
- Wünsche richten sich auf Gegenstände, Personen oder auf lustvoll erlebte Sachverhalte.

- Der Wunsch ist der Vater des Ziels.
- Wünsche haben oftmals ein unrealistisches Ziel; die Erfüllung bleibt meist dem Zufall überlassen.
- Oft unterliegt die Erfüllung eines Wunsches nur teilweise eigenem Einfluss.
- Die Umsetzungsstrategie fehlt beim Wunsch.
- Man unternimmt keinerlei aktive Schritte, um dieses Ziel zu erreichen.
- Metapher: Ich pflanze ein Samenkorn, gieße es aber dann nicht.

Beispiele:
»Ich wäre gern 2024 als Mentaltrainer bei der Eröffnung der Olympischen Spiele in Paris dabei.«
»Ich möchte ein ...«
»Ich wünsche mir schönes Wetter beim nächsten Reitturnier«.

Wille

Etwas zu wollen bedeutet: Man setzt sich ein Ziel und macht sich sehr differenziert Gedanken darüber, was man selbst Schritt für Schritt tun muss, um dieses Ziel zu erreichen. Etwas zu wollen, setzt also Eigeninitiative und Eigenleistung voraus und führt dazu, dass man sich einen Weg sucht, um das Gewollte, das Ziel, zu erreichen. (Eberspächer, S.91)

Vision

Sandburg (zit. nach Zerlauth, 2000, S. 99) hat die Welt der Träume und Visionen treffend beschrieben, als er sagte: »Nichts geschieht, ohne dass ein Traum vorausgeht.«

- Die Vision beschreibt ein Zielbild, ein Szenario in der Zukunft.
- Eine Vision ist »weit weg«.
- Synonyme: Lebenszweck, Sinn, Lebensaufgabe, Mission State
- Eine Vision ist manchmal wie ein Traum, der Zugkraft entfalten kann.
- Eine Vision unterscheidet sich von einem Ziel dadurch, dass sie allgemeiner und weniger spezifisch ist.
- Aus Visionen können Ziele werden. Eine Vision kann mehrere Ziele beinhalten.
- Allgemein: eine im Hinblick auf die (unbestimmte) Zukunft entworfene, oft träumerische Vorstellung oder Imagination bezüglich eines Zustands, z. B. die Vision einer völlig konfliktfreien Welt.

Visionen sind einfach, klar und bildhaft. Sie bezeichnen den größeren Zusammenhang, eine für die Zukunft entworfene Vorstellung. Ihnen fehlt die Strategie zur Umsetzung.

Beispiele:
- Ein Freizeitreiter möchte bei der nächsten WM Weltmeister werden.
- Gesunde und glückliche Pferde zu Höchstleistungen

Mögliche Fragen zur Entwicklung einer Vision:
Warum existieren Sie?
Was ist Ihr Geschenk an die Welt?
Worin können Sie am besten in der Welt sein?
Wenn Geld keine Rolle spielt, was würden Sie tun?
Wenn Sie für eine Sache berühmt wären – was sollte das sein?
Wenn Sie noch 2 Jahre zu leben hätten – was würden Sie tun?
Stellen Sie sich vor, Sie wachen morgen auf, und ein Wunder ist geschehen – das Leben Ihrer Träume ist wahr: Wie sieht das Wunder genau aus?
Wie sehe ich mich in der Zukunft? Welche Werte verkörpere ich? Wie sieht meine ›Mission‹ aus?
Nun gehen Sie in Ihre Zukunft. Was werden Sie in zehn Jahren machen? In 20 Jahren? Wo werden Sie stehen, wenn Sie wie bisher mit dem Thema Ziele und Erfolg umgehen? Gehen Sie weiter in Ihre Zukunft. Sie sind schon sehr alt – 89, 90 Jahre – und blicken zurück auf Ihr Leben. Was denken Sie dann über Ihr Leben? Haben Sie all das verwirklicht, was Sie verwirklichen wollten? Was haben Sie ausgelassen? Was haben Sie versäumt?

Ziel

Webster´s Dictionary: »Das, worauf Bemühungen oder Ambitionen gerichtet sind« oder »ein Zustand, der durch eine bestimmte Vorgehensweise erreicht werden kann.«

- Das Ziel ist die Antwort auf die Frage »Was will ich?«
- Ein Ziel ist verbindlich, realistisch, unter eige-

nem Einfluss, herausfordernd, beinhaltet die Strategien zur Umsetzung, positiv formuliert, konkret, messbar, fordernd und fördernd, ist die Quelle der Motivation und mobilisiert bewusste und unbewusste Ressourcen.

Beispiele:
Gewinn der Europameisterschaft
»Ich qualifiziere mich für dies oder jenes Turnier an diesem oder jenem Datum.«

Achtung:
Ich darf dabei mein Ziel als Mentaltrainer oder Reitlehrer nicht auf den Reiter übertragen! Die Ziele des Trainers und die des Reiters sind voneinander zu unterscheiden.

Langfristige, mittel- und kurzfristige Ziele

Langfristige Ziele

Für die meisten Reiter (Profisportler und Olympioniken verwenden unterschiedliche Zeitpläne) ist ein Jahr oder eine Saison der perfekte Zeitplan für langfristige Ziele.
Hier sind einige Beispiele für langfristige Ziele:

- In den Kader berufen werden
- Meine Anerkennung beim Bundes- oder Landestrainer verbessern.
- Einer der mental stärksten Reiter des Landes sein.

Träumen Sie groß. Machen Sie Ihre Ziele groß! Klar, Sie sollten realistisch sein.

Zu viele Menschen setzen sich selbst Grenzen, bevor sie überhaupt anfangen, sich Ziele zu setzen. Sich selbst einzuschränken ist wahrscheinlich eine der größten menschlichen Herausforderungen, die wir alle zuweilen meistern dürfen. Und mit dieser Herausforderung ist eine der größten Emotionen verbunden, die uns im Weg steht – die Angst.

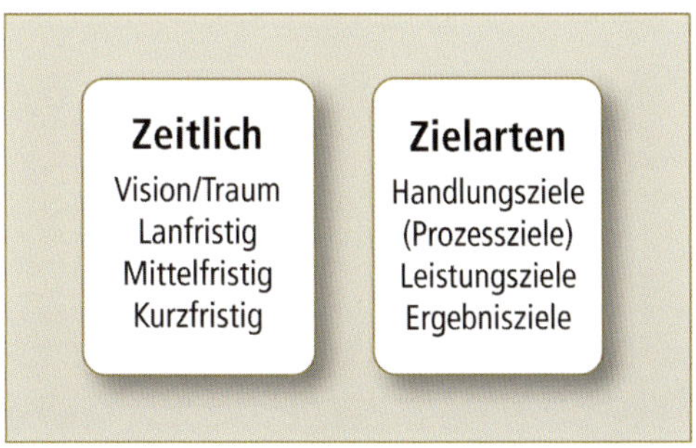

Mittelfristige Ziele

Als Nächstes setzen Sie sich mittelfristige Ziele, die Sie in etwa sechs Monaten (oder einer halben Saison) erreichen wollen. Diese Ziele sollten so genannte Prozessziele sein, d. h. Ziele, die sich darauf beziehen, wie Sie die Dinge angehen wollen.

Beispiel für mittelfristige Prozessziele:

- Der am besten trainierte Reiter im Starterfeld sein.
- Verstärkungen mutig reiten.
- Im Viereck gemachte Fehler sofort abhaken.
- Sich von schlechten Leistungen schnell erholen.

Kurzfristige Ziele

Ihre kurzfristigen Ziele erstrecken sich über einen Zeitraum von einem bis sechs Monaten. Die Erreichung der kurzfristigen Ziele ist Voraussetzung für den Erfolg der mittelfristigen Ziele.

Beispiele für kurzfristige Ziele:

- Meine Kraft in den Beinen verbessern.
- Mein Gleichgewicht verbessern.
- Jeden Tag meine mentale Stärke trainieren.

Ergebnis- und Prozessziele

Die vollständige Zielarbeit umfasst

- Ergebnisziele und
- Prozess- bzw. Handlungsziele.

Ergebnisziele (Was will ich erreichen?)

Beispiele:
»Ich werde Erster/Weltmeister/Deutscher Meister.«
»Ich erringe die Goldmedaille.«
»Ich qualifiziere mich für ein Championat.«
»Ich gewinne …«

Für den Menschen ist es natürlich, die meisten seiner Lang- und Kurzzeitziele auf der Basis von konkreten Ergebnissen festzulegen. Sie beschreiben, was erreicht werden soll. Ergebnisziele sind klar quantitativ messbare Ziele wie Titelgewinne, Platzierungen,

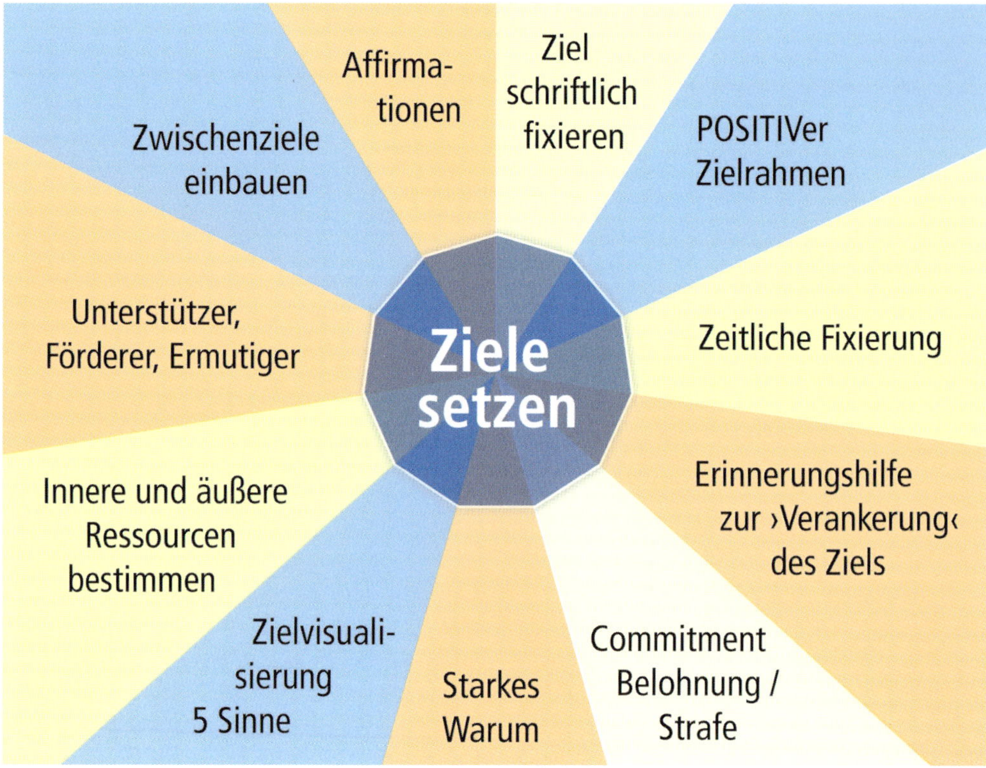

Zeiten, Gewinnen von Schleifen und Pokalen, Hindernisfehler und Wertnoten. Oft werden Ergebnisziele an Platzierungen festgemacht (Platz auf dem Treppchen, x-ten Tabellenplatz).

Hier liegt eigentlich ein Verstoß gegen das Zielkriterium »eigenverantwortlich erreichbar« vor, da die sportliche Konkurrenz des Reiters durchaus an der Zielerreichung hindern kann.
Wir haben bei Ergebniszielen oft keine Kontrolle. Wenn Sie einmal ein Kind gesehen haben, das an einem Herbsttag versucht hat, ein im Wind wehendes Blatt zu fangen, können Sie sich vielleicht vorstellen, wie sich ein Ergebnisziel anfühlen kann. Es kann frustrierend sein und ist nicht leicht zu erreichen.
Selbst wenn Sie sich für einen Streber halten und sich zu 100 % einem Ziel verschrieben haben, kann es sein, dass Sie über ein unvorhergesehenes Hindernis stolpern, das Sie daran hindert, Ihr Ziel zu erreichen. Und was dann? Nachdem man öfter gestolpert ist, als einem lieb ist, denkt man oft darüber nach, aufzugeben ... oder schlimmer noch, man tut es tatsächlich.

Sich große Ziele zu setzen, kann eine wunderbare Sache sein ... und es ist nichts Falsches daran, höhere Ansprüche zu haben oder von großen Dingen zu träumen. Problematisch wird es jedoch, wenn Sie sich nicht erlauben, einem Fahrplan zu folgen, der Sie dorthin bringt, wo Sie hinwollen.

Prozessziele (Wie will ich es erreichen?)
Jeder will gewinnen, ein bestimmtes Gewicht erreichen, erfolgreich sein oder einen Meistertitel.
Ergebnisziele unterliegen allerdings nicht unserer 100%igen Kontrolle.

Wenn wir uns Ergebnisziele setzen, sind wir besessen von den Ergebnissen und vergessen den Prozess und die Handlungen, die uns dorthin bringen. Das, was uns ursprünglich zum Handeln motiviert hat,

kann dazu führen, dass wir die falsche Einstellung haben und die falschen Verhaltensweisen fördern.
Etwas, das ich in 15 Jahren Reitsport und in meinen 20 Jahren als Sport Mental Coach und in vielen Jahren mit Selbstverbesserungsbemühungen intuitiv gelernt habe, ist, dass es eine andere Art der Zielsetzung gibt: Prozessziele.
Am besten für:

- Fortschritte bei größeren Zielen machen
- Entwicklung von Fähigkeiten und Eigenschaften
- Aufbau eines guten Stallklimas

Im Gegensatz zum ergebnisorientierten Ziel konzentriert sich ein Prozessziel NICHT auf spezifische Ergebnisziele, sondern auf die Änderung konkreter Verhaltensweisen, Gewohnheiten, Routinen und Prozesse. Prozessziele beschreiben, wie das Ergebnis erreicht werden soll, welche Handlungen kurz- oder mittelfristig konkret erfolgen müssen, beschreiben den Weg zum Ziel und die Qualität der Handlung. Handlungsziele sind leistungs- und verhaltensorientiert. Sie sind von Fremdverhalten unabhängig.

Statt sich auf Ergebnisziele zu fokussieren, fragen Sie sich, was Sie in Ihrer Entwicklung kontrollieren können. Nennen Sie 3–5 Kriterien, an denen Sie Ihre Zielerreichung erkennen können.
Beispiele für Prozessziele:
»Blick über die Ohren. Atmen. Dranbleiben.«
»Voller Energie, mutig, kraftvoll usw.«
»Optimale Körperspannung, Arme locker an den Oberkörper, Blick voraus. Atmen.«
»Täglich meditieren«
»Früh morgens trainieren, damit ich vor der Arbeit noch Zeit für meine Familie habe.«
»Mutiges Reiten einer Geländestrecke«
»Genuss eines Ritts«
»Ich bin beim Abreiten/in der Reitstunde voll konzentriert.«
»Entspannter Ausritt allein oder in der Gruppe«

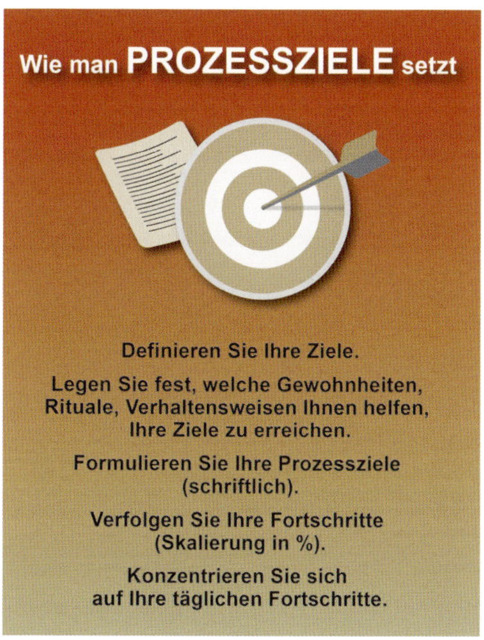

Prozessorientierte Ziele führen in der Regel zu besseren Ergebnissen, weil sie sich auf die Dinge konzentrieren, die man kontrollieren KANN, anstatt sich um die Dinge zu sorgen, die man nicht kontrollieren kann. Menschen, die in der Lage sind, sich auf Prozessziele zu konzentrieren, kommen in der Regel weiter, bleiben länger dabei und erreichen mehr als andere mit einem ähnlichen Maß an angeborenen Talenten, weil sie lernen, ihr Tun und Training von den Ergebnissen zu trennen.

Menschen, die sich prozessorientierte Ziele setzen, sind diejenigen, die bei Wind und Wetter zum Training erscheinen, weil sie erkennen, dass selbst ein schlechtes Training eine Leistung darstellt.

Prozessziele beschreiben, wie das Ergebnis erreicht werden soll, beschreiben den Weg zum Ziel und die Qualität der Handlung. Dabei sollen 3–5 Kriterien genannt werden, an denen man die Zielerreichung erkennen kann. Diese werden vom Reiter selbst formuliert. Beispielsweise: »Ich bin voller Energie, mutig, kraftvoll usw.«

Im nächsten Schritt werden dann die Kriterien weitergehend hinterfragt:
»Wie sehen Sie aus, wenn Sie energievoll reiten?«
»Wie hört sich das an?« »Wie fühlt sich das an?«
»Wo spüren Sie die Energie am stärksten?«
Mithilfe einer Skala (siehe unten) lässt sich einordnen, wie viel Prozent der jeweiligen Zielerrei-

Datum:	Name:	Prozessziel:	
Zielerreichungskriterien	Voller Energie	Mutig	Kraftvoll
		Indikatoren	
Wie sehen Sie aus?	Leuchtende Augen	Mit breiter Brust	Aufrechte Haltung
Wie hört es sich an?	Ein inneres Vibrieren	»Do it!«	»Ich pack es!«
Wie und wo fühlen Sie es besonders intensiv?	Im ganzen Körper	In der Brust	In den Armen und Beinen
Wie viel %			

Arbeitsblatt: Zielerkennungskriterien (aus Amler/Bernatzky/Knörzer (2006), Integratives Mentaltraining im Sport, Meyer & Meyer Verlag, S. 26)

chungskriterien in einer Trainings- oder Wettkampfsituation verwirklicht wurde.

Hinweis für Reitlehrer/Ausbilder

Die Zielsetzung kann sehr gut am Anfang der Turniersaison durchgeführt werden. Zur Saisonmitte wird verglichen, welche Ziele der Reiter bis dahin erreicht haben wollte und wo er jetzt steht. Die nächste Kontrolle ist dann am Ende der Saison mit Rückblick und neuer Zielsetzung.

Vermeidungsziele (»Weg-von-Ziele«) und deren negative Wirkung

Jeder kennt das: Vor dem Einreiten in den Parcours oder ins Dressurviereck werden die letzten Anweisungen der Begleiter/des Reitlehrers mit auf den Weg gegeben. In den meisten Fällen handelt es sich dabei um Vermeidungsanweisungen, die man aber auch als Prozessziele formulieren kann, was gleich eine ganz andere Wirkung hat.

Ziele, die sprachlich den Zustand beschreiben, der vermieden werden soll, heißen Vermeidungsziele.

Übung: Formulieren Sie Ihnen bekannte Vermeidungsziele um in Prozessziele.

Prozessziele (aus Sicht des Reiters):
»Ich reite sicher und konzentriert!«
»Ich bleibe ruhig.«
»Meine Beine sind schwer.«
»Meine Schultern fallen.«
»Ich habe feinen Kontakt zum Pferdemaul.«

Formulieren Sie Ziele als Prozess- und Ergebnisziele und nicht als Vermeidungsziele. So mancher Reitlehrer formuliert seine Absichten für den Reiter als Vermeidungsziele. Für jüngere und unerfahrene Reiter – und vor allem Jugendliche – sind solche Aussagen wenig hilfreich, da diese Aussagen ihnen nicht aufzeigen, wie sie sich tatsächlich zu verhalten haben. Vermeidungsziele erhöhen die Unsicherheit dann, wenn Reiter keine Fortschritte erkennen. Positive Prozessziele wirken jedoch motivierend.

Annäherungsziele (hin zu ...)

Ziele, in denen das Thema so formuliert ist, dass der Zustand, der erreicht werden soll, darin enthalten ist, werden Annäherungsziele genannt. Formulieren Sie Ihr Ziel so, dass es zum Annäherungsziel wird.

Schritte im Zielsetzungsprozess

Konfuzius sagte: »Selbst eine Reise über tausend Meilen beginnt mit einem einzigen Schritt.«

Wählen Sie Ziele, die Ihren Werten entsprechen. Sie kennen sich selbst besser als jeder andere – auch Ihr Trainer und Ihre engsten Freunde. Setzen Sie sich Ziele selbst, denn sie spiegeln wider, was Sie – und nicht jemand anderes – erreichen wollen.

Richten Sie Ihre Ziele an Ihren Fähigkeiten aus. Betrachten Sie objektiv Ihre reiterlichen Stärken, Ihr derzeitiges Leistungsniveau und die Bereiche, in denen Sie sich verbessern müssen. Denken Sie daran, dass höhere Ziele – solche, die Sie an den Rand Ihrer Komfortzone bringen – zu einer besseren Leistung führen. (Erinnern Sie sich an das Sprichwort ›Wer nicht wagt, der nicht gewinnt‹?)

Der Ablauf:

- Entscheiden Sie konkret, was Sie erreichen wollen.
- Erkennen Sie mögliche Blockaden, Herausforderungen und Hindernisse, die Ihre Weiterentwicklung und Ihren Fortschritt hemmen.
- Entwickeln Sie Aktionspläne für den Fall, dass die Blockaden und Hindernisse auftreten. Dadurch werden Sie in die Lage versetzt, sich diesen Herausforderungen und Hindernissen zu stellen, anstatt sich zu entmutigen. Das kann eine Verletzung sein, Ihr Pferd lahmt, Sie müssen den Stall wechseln usw.
- Der beste Weg, Ihre Ziele zu verfolgen und auf sie hinzuarbeiten, ist, sie täglich zu sehen. Tragen Sie Ihre Mikro- oder Trainingsziele in Ihren Kalender ein, damit Sie sich Zeit dafür nehmen und beurteilen können, ob Sie auf dem richtigen Weg sind oder nicht. Es ist in Ordnung, Ihre Mikro- oder Trainingsziele zu verschieben, wenn Sie den Termin nicht einhalten können, aber stellen Sie sicher, dass Sie den Grund für das Nichterreichen dieses Ziels ermitteln und sich damit auseinandersetzen.

Zielkriterien für effektive Zielsetzung – Der POSITIVe Zielrahmen

Voraussetzung für eine realistische Zielsetzung (nach Eberspächer, 2004, S. 91):

- Eigene Fähigkeiten kennen
- Standort definieren

Wegplaner

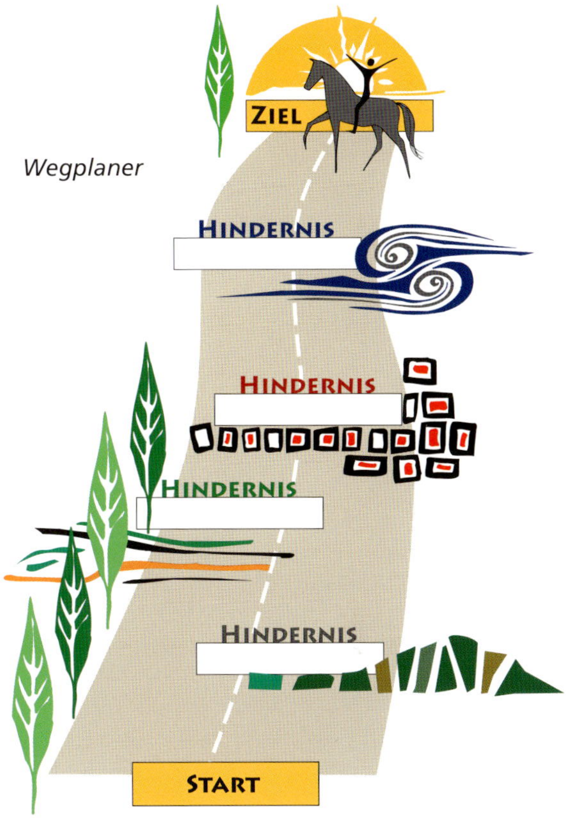

- Was muss ich tun?
- Was müssen wir im Team tun?
- Zwischenziele setzen
- »Leiter bauen«
- Schritt für Schritt dem Ziel näher kommen

Ziele werden oft zu allgemein formuliert. Ihren vollen Einfluss auf unsere mentalen Prozesse entfalten Ziele erst dann, wenn sie nach bestimmten Zielkriterien formuliert werden.

Formulieren Sie Ihre persönlichen und reiterlichen Ziele nach dem POSITIVen Zielrahmen:

Positiv: Positive Beschreibung des Ziels – ohne sprachliche Verneinungen (kein, nicht, nie etc.)! Das Gehirn kann keine Negationen verarbeiten. Positive Formulierungen sind wichtig, denn sie helfen Ihrem Gehirn, sich auf die richtige Idee bzw. Aufgabe zu konzentrieren. Wenn jemand zu Ihnen sagen würde: »Denken Sie nicht an einen rosa Elefanten«, wür-

POSITIVe Zielkriterien

P	Positiv und in der Gegenwart formuliert, ohne Vergleiche und Verneinungen, ohne ›möchte‹, ›will‹ oder sprachliche Verneinungen (kein, nicht, nie etc.)
O	Ökologisch (ohne innere und äußere Widerstände; im Bewusstsein für die Auswirkungen und Konsequenzen des Ziels)
S	Sensorisch/sinnesspezifisch konkret, d. h. den Zielzustand mit allen Sinnen (sehen, hören, fühlen, riechen, schmecken) vorweg im Kopf erleben
I	Individuell, realistisch, selbst kontrollier- und initiierbar
T	Testbar, überprüfbar, messbar
I	Interessant, relevant – Bedeutung des Ziels für Sie
V	Visionär – wie passt das Ziel zu den Zukunftsvorstellungen?

den Sie sich automatisch einen rosa Elefanten vorstellen. Wenn Sie sich auf das konzentrieren, was Sie nicht wollen, üben Sie, was Sie nicht wollen.
Formulieren Sie Ihre Ziele in positiven Worten. Sagen Sie:

- Statt: »Ich mache mich nicht steif beim Schulterherein.«
  Besser: »Ich bin locker und beweglich.«
  (Pferd: »Und ich fühl' mich wohl.«)
- Statt: »Ich lasse mich nicht davon ablenken, was andere Reiter tun.«
  Besser: »Ich bin auf dem Turnier ruhig und entspannt.«
  »Ich bin voll konzentriert, wenn ich reite.«
- Statt: »Ich werde mich auf Turnieren nicht mehr aufregen.«
  Besser: »Ich bin auf Turnieren entspannt.«
- Statt: »Ich habe keine Angst vor ...«
  Da das Gehirn keine Negationen verarbeiten kann und Verneinungen in unserem Bewusstsein nicht ankommen, wird durch eine solche Formulierung die »Angst« ins Bewusstsein gebracht.
  Richtig: »Ich gehe voller Selbstvertrauen in den Wettkampf.«
- Statt: »Ich werde es vermeiden, in der Vorrunde auszuscheiden.«
  Besser:»Ich schaffe es ins Finale.«
- Statt: »Ich werde beim Bergabgehen nicht die Kontrolle verlieren.«
  Besser: »Ich werde im Gleichgewicht bergab traben.«

Negative Aussagen neigen dazu, sich selbst erfüllende Prophezeiungen zu werden.

Keine Vergleiche

Das Gehirn kann auch mit »vergleichenden Zielen« wenig anfangen, denn es bleibt offen, worauf es seine Aufmerksamkeit richten soll. Bei dem Ziel »Ich will besser als X reiten können«, bleibt offen, wie gut X reitet.

Konkretion, Präzision, Timing und Kontext

Formulieren Sie Ihr Ziel ohne »ich werde«, »ich will«, »ich möchte«.

Wenn Sie ein Ziel formulieren, dann soll es konkrete Hinweise geben, wer, was genau, wie, wann, wie viel, wo und gegebenenfalls mit wem Sie dieses Ziel erreichen möchten – je genauer, desto besser.

- »Ich möchte bei meinem nächsten Turnier gut abschneiden« klingt nach einem lohnenswerten Ziel, das man anstreben sollte. Doch ›gut‹ ist ein breiter, allgemeiner Begriff, der eher der Interpretation als einer objektiven Bewertung unterliegt. Setzen Sie sich stattdessen ein Ziel, das klarer definiert und leichter zu bewerten ist: »Bei der nächsten Prüfung absolviere ich die Geländestrecke in der vorgegebenen Zeit.«
- »Ich möchte besser reiten.«
  Besser: »Ich sitze gerade und im Gleichgewicht.«
  »Ich gebe feine und wirkungsvolle Hilfen.«
  »Ich habe einen unabhängigen Sitz.«
- »Ich möchte mein Pferd auf das nächsthöhere Niveau bringen.«
  Besser: Setze Dir einen Stichtag. »An Pfingsten reite ich meine erste A-Vielseitigkeit.«

Formulieren Sie Ihr Ziel **in der Gegenwart** (oder Zukunft) – so als ob Sie es schon erreicht hätten!
Geben Sie einen **konkreten Zeitpunkt**, ein konkretes Datum, einen konkreten Zeitrahmen an, zu dem oder in dem Sie Ihr Ziel erreicht haben werden.

Ökologie

Die Frage nach der Ökologie ist die entscheidende Frage, die es zu prüfen gilt. Ökologisch bedeutet in diesem Fall: ohne innere und äußere Widerstände und negativ empfundene Konsequenzen.
Jedes Erreichen eines Zieles bringt Veränderung im eigenen Leben und evtl. auch im Leben anderer Menschen mit sich. Manchmal mag zwar das Ziel an sich sehr attraktiv sein, die Konsequenzen daraus jedoch nicht. Das konsequente Verfolgen von Zielsetzungen bedeutet großen und starken Einsatz – oft auf Kosten anderer Lebensbereiche. Ziele können auf der Strecke bleiben, wenn sie es nicht wirklich wert sind, über den eigenen Schatten zu springen, eine Extrameile zu gehen und Grenzen auszudehnen. Andere Ziele sind uns wichtig genug, um Zeit zu investieren, Seminare zu besuchen, Neues zu lernen, Experte zu werden usw.

Welche Konsequenzen/Auswirkungen entstehen, wenn Sie am Ziel sind? Sind negative Konsequenzen für Sie akzeptabel? Wenn nicht: Wie können diese Nachteile ausgeglichen werden? Wie wird Ihre Umgebung reagieren, wie wirkt es sich auf Ihr gesamtes Leben aus (Familie, Partnerschaft, Beruf ...). Welche Rahmenbedingungen müssen Sie auf dem Weg zum Ziel beachten? Stimmt Ihre persönliche Kosten-Nutzen-Rechnung?
Sind die Vorteile des alten Verhaltens im Neuen integriert? Wenn nicht: Ist das okay? Auf welche Weise können Sie sie in das neue Verhalten integrieren?

Welchen »Preis« sind Sie bereit, für das Erreichen des Ziels zu bezahlen?

Sie »bezahlen« für das Erreichen des Ziels mit

- Fleiß
- Zeit
- Investition in Training und Turnier
- Dingen, die Sie zugunsten des reiterlichen Erfolgs/Engagements hinten anstellen.

Es geht darum, sportliche Ziele im gesamten Lebenszusammenhang des Reiters zu sehen.
Meist ist die Missachtung der »Ökochecks« verantwortlich für das Nicht-Erreichen eines Ziels bzw. für Rückschläge beim Erreichen eines Ziels.

Sensorisch und sinnesspezifisch konkret

Die Schritte der Zielarbeit verlaufen überwiegend auf der gedanklich-kognitiven Ebene. Das vollständige Potenzial entfaltet sich dann, wenn der Reiter das Erreichen des Ziels zusätzlich emotional und körperlich erlebt.

Formulieren Sie daher Ihr Ziel so konkret, dass Sie den Zielzustand sehen, hören und spüren (VAK) – vielleicht auch riechen und schmecken können. Was haben Sie an? Wie sieht Ihr Pferd aus? Wo reiten Sie? Hören Sie den Rhythmus der Pferdebeine auf dem Hufschlag? Wie werden Sie aussehen, wenn Sie Ihr Ziel erreicht haben? Schließen Sie die Augen, und erleben Sie möglichst intensiv, wie es sein wird, am Ziel zu sein! Versetzen Sie sich in das Bild Ihres gewünschten Ergebnisses. Lassen Sie Ihre Phantasie spielen und vor Ihrem inneren Auge einen Film ablaufen, in dem Sie das Ziel schon erreicht haben.

- Sehen Sie sich in Harmonie mit Ihrem Pferd.
- Atmen Sie beim Ausreiten die frische, klare Luft nach einem Gewitter ein.
- Fühlen Sie die elastische Verbindung zum Pferdemaul.
- Aktivieren Sie Ihre Emotionen. Dadurch werden kraftvolle »Erinnerungen an die Zukunft« (vgl. Liggett, 2004) geschaffen.
- Genießen Sie den Erfolg.
- Nehmen Sie den Erfolg als Ressource mit in die Gegenwart.

Die folgende Übung hilft dabei, das Erleben der Zielerreichung zu intensivieren. Sie lässt sich selbstständig oder mit einem anleitenden Partner/Mental-Coach durchführen.

Übung: Zielvisualisierung

Ziele erreichen mittels Tiefenentspannung

Nehmen Sie sich ein paar Minuten Zeit.
Machen Sie es sich auf Ihre ganz persönliche Art bequem, schließen Sie die Augen und lassen Sie sich sanft hinabtreiben an einen Ort, wo Sie alles loslassen können, an dem Sie zur Ruhe kommen. Lassen Sie Ihre Gedanken kommen und gehen. So

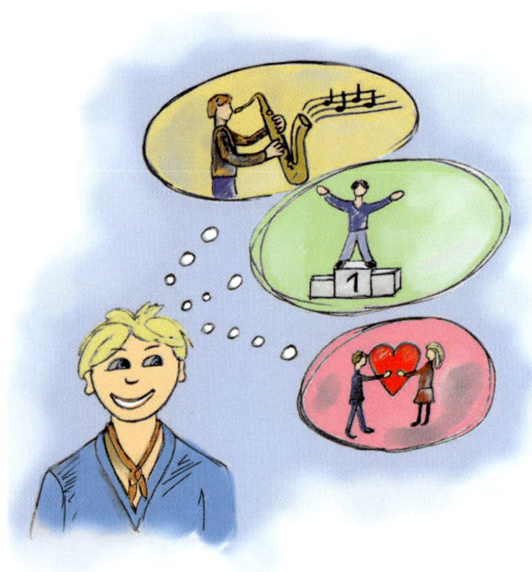

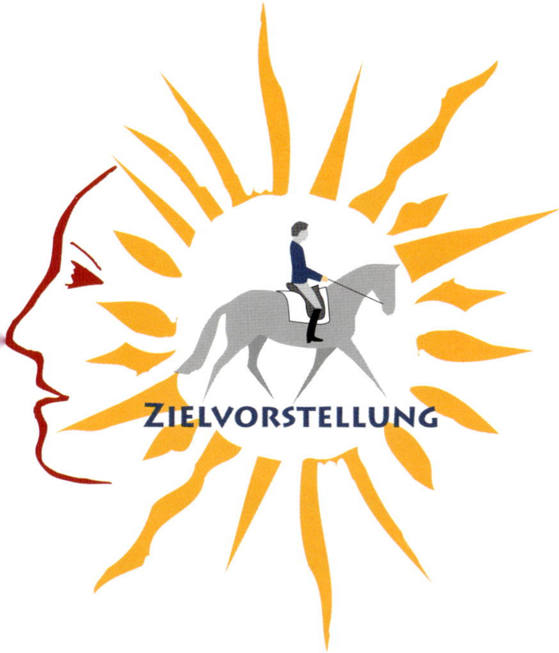

wie ein Baum die alten Blätter des vergangenen Sommers einfach loslässt.
Nehmen Sie sich die Zeit, die Sie brauchen, um sich allmählich tiefer und tiefer zu entspannen.
Vertrauen Sie sich ganz der Unterlage/dem Stuhl an. Sie werden wahrnehmen, wie sich mit jedem Ausatmen alle Spannungen lösen ... in Ihren Beinen, Ihren Schultern, Ihrem Bauch, Ihrem Gesicht und in Ihrem Rücken.
Erlauben Sie sich, weiter loszulassen und sich ganz gelöst und entspannt auszuruhen, während Sie tiefer und tiefer in die Unterlage sinken und entspannen. Wenn Sie mögen, hören Sie dabei meditative Musik.
Genießen Sie diesen Zustand der Ruhe und des Friedens.
Zählen Sie dann von eins bis zehn und entspannen Sie sich mit jeder Zahl tiefer. Sie sind gleichzeitig aufmerksam und wach. (So wie Sie sich zuerst Zahl für Zahl tiefer entspannen, kommen Sie nachher Zahl für Zahl wieder hierher zurück.)
Wenn Sie in Ihrer Entspannung bei der Zahl 10 angelangt sind, lassen Sie allmählich ein Bild vor Ihrem inneren Auge auftauchen, auf dem Sie sehen, wie Sie gerade eben Ihr Ziel erreicht haben.
Nur wer ein Ziel hat, kann sich auf den Weg machen und handeln. Es macht Spaß, Ziele zu erreichen.
Stellen Sie sich die Situation in allen Einzelheiten genau vor. Setzen Sie sich realistische und klare Ziele.
Sie erreichen sie leicht und sicher.
Wie sieht Ihr Leben aus? Beschreiben Sie es!
Was macht die Reiterei? Reiten Sie noch? Wie gut reiten Sie? Reiten Sie erfolgreich auf einem Niveau, an das Sie früher noch nicht einmal gedacht haben? Ist Ihre Grundeinstellung zum Reiten so geblieben oder hat sie sich verändert? Wie wichtig ist Reiten für Sie? Sind neue Aspekte der reiterlichen Entwicklung wichtig geworden? Wie passt das Reiten in Ihren Tagesablauf? Wie harmoniert das Reiten mit Ihrem Privatleben und Berufsleben?
Wie sieht die Situation aus, jetzt, nachdem Sie Ihr Ziel gerade erreicht haben.
Es ist befriedigend, Ziele zu erreichen, weil Sie immer wieder dazulernen.
Wo, in welcher Umgebung werden Sie Ihr Ziel erreichen? Beschreiben Sie (innerlich) diese Umgebung (Halle, Sportplatz, Gelände), so gut Sie können. Wenn Ihnen die Umgebung noch nicht bekannt ist, stellen Sie sich vor, wie diese aussehen könnte.
Was haben Sie an? Wie sieht Ihr Pferd aus? Sind Sie in einer Halle oder im Freien? Sind Sie allein oder sind andere Menschen bei Ihnen? Wie fühlen Sie sich, wo Sie Ihr Ziel gerade erreicht haben? (z.B. Freude) In welchen Körperbereichen spüren Sie dies am intensivsten? (z.B. im ganzen Körper)
Erlauben Sie sich erfolgreich zu sein und Ihren Erfolg zu genießen.
Freuen Sie sich, dass Sie Ihr Ziel erreicht haben.
Was sagen Sie zu sich selber, zu Ihrem Erfolg? Sie können Ihrem Wissen und Können und Ihrer Intuition vertrauen. Sie sind bereit, ständig dazuzulernen.
Was sagen andere Menschen zu Ihnen, nachdem Sie Ihr Ziel gerade erreicht haben? Hören Sie genau hin! Sie haben das Recht, sich über Ihre Fähigkeiten zu freuen.

Was genau tun Sie, nachdem Sie Ihr Ziel erreicht haben? (z.B. jubeln oder den Erfolg still genießen, den Sportkameraden, den Reitlehrer/Partner umarmen? »Ich mache einen Luftsprung!« usw.) Wie feiern Sie Ihren Erfolg? Wie danken Sie den Menschen, die Sie auf Ihrem Weg zum Ziel unterstützt haben? Sie arbeiten gern mit anderen Menschen zusam-

men. Sie vertrauen sich und anderen. Wie danken Sie sich selbst dafür, dass Sie am Ball geblieben sind?
Sie können Ihre Energien bis zum Erreichen Ihres Ziels bündeln. Und Sie nehmen jede Chance zu wachsen wahr.

Gehen Sie jetzt noch einmal einen Schritt zurück und erinnern Sie sich, welche Fähigkeiten Ihnen geholfen haben, Ihr Ziel zu erreichen.
Sie können Ihre Fähigkeiten realistisch einschätzen und sich erlauben, all diese Fähigkeiten konstruktiv zu nutzen.
Welche Fähigkeiten haben Sie auf Ihrem Weg zum Ziel erweitert?
Es macht Spaß zu handeln und Herausforderungen zu meistern.
Ist es nicht interessant, wie lebendig und wach Sie sich fühlen, wenn Sie etwas Neues lernen?
Welche Hindernisse haben Sie auf Ihrem Weg zum Ziel überwunden? Vertrauen Sie Ihrer Kraft und Energie.

Stellen Sie sich jetzt noch einmal vor, wie es ist, Ihr Ziel gerade eben erreicht zu haben. Spüren Sie, wie Sie sich dabei fühlen.
Nehmen Sie wahr, wie sich Ihr Körper anfühlt. Was sagen Sie selber zu Ihrem Erfolg?
Passt ein Satz, ein Kommentar dazu?
Passt eine Bewegung, eine Geste dazu? (z.B. der hoch gestreckte rechte Arm)

Lassen Sie jetzt allmählich das Bild verblassen und verschwimmen mit dem Wissen, dass Sie das Bild unterstützt, Ihr Ziel zu erreichen. Sie erreichen Ihr Ziel leicht und sicher. Sie kommen Ihrem Ziel jeden Tag einen Schritt näher. Sie wissen, was Sie als Nächstes tun. Erlauben Sie sich, erfolgreich zu sein. Jetzt.
Zählen Sie von 10 bis 0 zurück. Mit jeder Zahl werden Sie munterer und bei null strecken und dehnen Sie sich. Sie wissen, dass Sie immer wieder tief entspannen können, wann immer es für Sie richtig und wichtig ist.
Sie können dieses Erleben der Zielerreichung so oft wiederholen, wie Sie möchten. Mit jeder Wiederholung (an unterschiedlichen Tagen) verstärken Sie Ihre innere Motivation. Sie hilft Ihnen dabei, Ihre Ziele zu verwirklichen. Das Vorwegerleben der Zielerreichung weckt Begeisterung und aktiviert Energien. Ziele, die in der Vorstellung bereits mehrfach erfolgreich erreicht wurden, stärken das Selbstvertrauen. Sie haben im Sinne von »sich selbst erfüllenden Prophezeiungen« einen positiven Einfluss auf die Gegenwart.

Die Zeitspanne, die man zur Wiederholung dieser Übung benötigt, kann unterschiedlich lang sein. Manchmal kann sie auch sehr kurz sein, blitzlichtartig, zwischendurch im normalen Alltag – das erfolgt dann eher spielerisch und spontan. Man kann sich auch länger dafür Zeit nehmen, z.B. abends vor dem

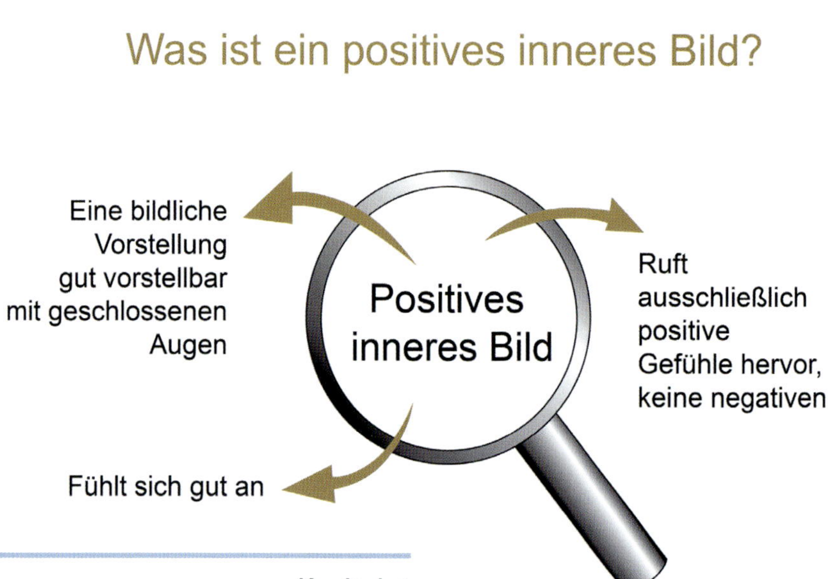

Einschlafen, wenn man sich die Situation sehr detailliert vorstellt, oder als Hausaufgabe: Stehen Sie jeden Morgen fünf Minuten früher auf und überprüfen Sie Ihr Vier-Jahres-Drehbuch. Sie werden merken, wie Sie mit mehr und positiverer Energie in den Tag starten, wenn Sie schon beim Aufstehen an eines Ihrer Lieblingsthemen denken: das Reiten!

Das wiederholte Erleben der erfolgreichen Zielerreichung ist ein wesentliches Element des Mentaltrainings. Je öfter man sich in diesen Zielzustand versetzt, umso stärker wird die diesbezügliche mentale Landkarte ausgeprägt. Hier wird der Weg zum Erfolg gebahnt (aus Amler/Bernatzky/Knörzer, 2006).

Regelmäßiges Mentaltraining führt dazu, dass aus neuronalen Trampelpfaden neuronale Autobahnen werden. Gehirnphysiologisch betrachtet kommt es zur Ausbildung stabiler neuronaler Vernetzungen (vgl. Hüther, 2004; Spitzer, 2002)

Individuell, selbst kontrollierbar und initiierbar

Ich formuliere mein Ziel so, dass die Erreichbarkeit in meinem eigenen Einflussbereich/Kontrolle liegt! Ich formuliere mein Ziel so, dass es von mir abhängt, ob ich es erreiche oder nicht.
Kann ich mein Ziel ohne fremde Hilfe erreichen? Ist mein Ziel erreichbar? Bei einem wohlgeformten Ziel spielen Sie eine aktive Rolle und sind nicht abhängig von anderen oder äußeren Umständen, d.h. die Verantwortung für das Ziel muss bei Ihnen selbst liegen und darf sich nicht auf Dritte (Reitlehrer) oder Rahmenbedingungen beziehen (Beispiel: Ein Lottogewinn ist nicht selbst erreichbar.)

Testbar, überprüfbar, messbar

So wichtig wie die Klarheit Ihrer reiterlichen Ziele, so wichtig ist auch deren regelmäßige Überprüfung. Klare Ziele müssen regelmäßig ausgewertet werden, um sicherzustellen, dass Sie sich in die angestrebte Richtung bewegen. Haben Sie jemals Ihre Ziele überprüft? Wenn ja, wie gehen Sie dabei vor? Benutzen Sie eine Auswertungsmethode, anhand derer Sie Ihre Ziele überwachen? Setzen Sie die kurzfristigen Ziele in Relation zu den langfristigen Zielen? Wenn Sie Ihre Ziele systematisch auswerten, werden Sie leichter zu Verfeinerungen und Verbesserungen kommen und Ihre reiterliche Entwicklung beschleunigen.

Woran werden Sie merken, dass Sie Ihr Ziel erreicht haben? Woran werden andere Menschen merken, dass Sie Ihr Ziel erreicht haben?

Interessant, relevant

Was (genau) bedeutet dieses Ziel für Sie? Haben Sie Ihr Ziel so gesteckt, dass Sie es auf jeden Fall erreichen, oder hängt der Apfel zu hoch am Baum? Müssen Sie vielleicht Zwischenschritte oder Zwischenziele definieren?

Es gibt unzählige Reiter, die Ziele verfolgen, die für sie nicht wichtig sind. Erwachsene Freizeitreiter, die reiten lernen wollen, um sich zu erholen und zu entspannen, landen überfordert und nervös auf Turnierplätzen. Begeisterte Jugendliche mit einer Liebe zur Dressur enden als verängstigte Spring- und Vielseitigkeitsreiter. Manchmal folgen Reiter Träumen der Menschen in ihrem Umfeld, vielleicht, weil sie für diese Bereiche des Reitsports, die sie eigentlich selbst nicht als erstrebenswert ansehen, Anerkennung gezollt bekommen. Trainer, Eltern und Freunde wollen nur das Beste, wenn sie Unterstützung anbieten. Zielsetzung kann in der Zukunft nur Realität werden, wenn Sie Ihre eigenen Hoffnungen und Träume verfolgen. Deshalb sollten Sie sich immer wieder fragen, ob die Ziele, die Sie sich setzen, die Sie verfolgen und auswerten, wirklich Ihre eigenen sind. Kümmern Sie sich nicht darum, anderen zu gefallen. In Wirklichkeit werden die Menschen in Ihrem Umfeld am glücklichsten sein, wenn Sie zufrieden und motiviert diejenige Variante Ihres Sports ausüben, von der Sie sich ursprünglich angezogen gefühlt haben. Gleichen Sie Ihre Ziele mit Ihren eigenen Hoffnungen und Träumen ab – dann werden Sie sicher sein, dass Sie beim Reiten das tun, was Ihnen am meisten Spaß macht.

Visionär

Formulieren Sie Ihr Ziel so, dass Sie den Kern Ihrer Wünsche und Ihrer persönlichen Bedeutung treffen! Wozu wollen Sie Ihr Ziel erreichen? Welches größere (übergeordnete) Ziel gibt es »dahinter«? Wie fügt sich das sportliche Ziel in Ihre Lebensplanung ein? Passt Ihre Vision zu Ihrem Ziel?

Wollen statt müssen!
Verwenden Sie keine Muss-Formulierungen, sonst entsteht womöglich eine Trotzreaktion.

Hilfreiche Fragen zur Zielformulierung und -festlegung

Positiv:
(ohne sprachliche Verneinung, ohne Vergleich mit anderen wie »ich möchte besser sein als du«, ohne möchte, will, kann)
»Wenn Sie das nicht wollen, was wollen Sie dann?«
»Sondern?«
»Was denn ...?«
»Wie machen Sie etwas »nicht«?«
»Wenn Sie keine Angst hätten, was würden Sie statt dessen empfinden?«
»Was würden Sie gern tun, statt (sich selbst zu kritisieren)?«
»Wie wäre es, wenn Sie in der Lage wären, ... ?«
Beispiel: »Ich will nicht mehr rauchen« ist kein Ziel.

Ökologisch:
(Wo und wann? Konsequenzen? Kosten?)
»Was wird es Ihnen bringen, dass Sie dieses Ziel erreichen?«
»Was kostet Sie das Erreichen des Ziels? Wie sehr sind Sie bereit, diesen Preis zu bezahlen?«
»Welchen Preis sind Sie bereit, dafür zu bezahlen?«
»Welche anderen Ziele haben Sie, die damit in Konflikt geraten könnten? Und wie gehen Sie damit um?«
»Wie würde Ihre Umgebung (Familie, Partner, Arbeitskollegen, Chef, ...) reagieren, wenn Sie dieses Ziel erreicht haben? Und wie gehen Sie damit um?«
»Was ist es Ihnen wert?«

Sensorisch konkret:
»Woran werden Sie erkennen, dass Sie Ihr Ziel erreicht haben?«
»Was werden Sie sehen, hören, spüren? Was sehen Sie, hören Sie, spüren Sie ?«
»Welche Bilder, Gefühle, Klänge/Geräusche (evtl. auch welchen Geschmack und Geruch) verbinden Sie mit Ihrem Ziel?«

Individuell:
(im eigenen Einflussbereich/unter Ihrer Kontrolle)
»Was ist Ihr persönlicher Anteil (an diesem Ziel)?«
»In wessen Verantwortung liegt die Erreichbarkeit Ihres Zieles?«
»Wer ist dafür zuständig?«

Testbar:
»Woran werden Sie merken, dass Sie auf Ihr Ziel zugehen oder sich davon entfernen?«
»Woran werde ich, Sie oder ein anderer (Mensch) erkennen, ob Sie das Ziel erreicht haben?«
»Wann darf ich Sie nach dem Ergebnis fragen?«

Interessant: (in der Gegenwart)
»Wie wird es sein, am Ziel zu sein?«
»Was bedeutet es für Sie?«
»Was wird es Ihnen bringen, dass Sie dieses Ziel erreicht haben?«

Visionär:
»Warum ist das für Sie wichtig?«
»Wie passt dieses Ziel zu Ihrer Vision/Zukunft?«
»Wozu wollen Sie Ihr Ziel erreichen? Ein größeres Ziel »dahinter«?«
»Welcher Sinn ...?«
»In welchem Zusammenhang ...?«

Denken Sie daran, warum Sie reiten. Stellen Sie sicher, dass Ihnen das Reiten Spaß macht.

Beweggründe – Warum reiten Sie?

Bevor Sie nun beginnen, Ihre Ziele für sich zu formulieren, nehmen Sie sich eine Minute Zeit, um so viele Gründe, wie möglich aufschreiben, warum Sie reiten. Denken Sie nur an die wichtigen Gründe, die nicht davon abhängig sind, wie gut Sie reiten, sondern vielmehr an Dinge wie Spaß und Freude haben, sich mit Reiterkollegen gut verstehen, die Natur zu genießen, gegen sich selbst außerordentlich gern zu kämpfen oder Ähnliches.
Wählen Sie nun drei Gründe aus, die für Sie am wichtigsten sind. Setzen Sie eine Bewertungsskala von 1 bis 3.
Konzentrieren Sie sich auf Beweggrund Nummer 1. Nehmen Sie sich eine Minute Zeit, um folgende Frage zu beantworten: Wie wollen Sie wissen, wann

dieser Beweggrund in die Tat umgesetzt wird, während Sie reiten? Seien Sie genau!
Was müssen Sie beim Reiten denken, empfinden oder tun, um Ihren Beweggrund in die Tat umzusetzen?
Tun Sie dann das Gleiche für die Beweggründe 2 & 3.

Wir sprechen in diesem Kapitel über das Stecken von Zielen im Reitsport und untersuchen, was Sie wirklich erreichen wollen. Ein Ziel ist kein Beweggrund. Ein Ziel ist erreichbar. Denken Sie daran: Alle guten Leistungen beginnen mit klaren Zielvorstellungen!
Nehmen Sie sich erneut Zeit, und schreiben Sie das auf, was Sie erreichen wollen, um sich auf dem Pferd wohl zu fühlen.
Nun formulieren Sie eins Ihrer Ziele. Benutzen Sie die nachfolgenden Fragen als Hilfe. Die blauen Texte sind Beispiele für mögliche Zielformulierungen.

Ziele setzen

1. Was möchte ich im Reitsport erreichen?
»Ich bringe 100 % meiner Trainingsleistung beim Turnier.«
2. Wie weiß ich und woran merke ich, dass ich mein Ziel erreicht habe?
»Persönliche Zufriedenheit.«
3. Wann, wo, in welchem Kontext und mit wem möchte ich dies erreichen?
»Im August 2023 bei der Europameisterschaft.«
4. Was wird sich dadurch im Reitsport bzw. meinem Leben verändern?«
»Zusätzlich ca. … Stunden Training/Turniervorbereitung täglich.«
Hält mich das ab?
5. Was muss ich dafür aufgeben?
»Zeit für familiäre Begegnungen.«
6. Was hindert mich, mein Ziel zu erreichen?
7. Muss ich mein Ziel eventuell ändern?
»Nein.«
Wenn ja, wie lautet mein verändertes Ziel?
(Wiederholung ab Schritt Nr. 2)
8. Was ist mein endgültiges Ziel?
(Genaue Zielformulierung und/oder Symbol finden, auf einer Karte fixieren.)
»Ich bringe im August 2007 bei den Europameisterschaften in Mannheim auf dem Turnier 100 % meiner Trainingsleistung!«
9. Was ist mein persönlicher Gewinn beim Erreichen meines Ziels?
»Anerkennung und einen Stammplatz in der deutschen Mannschaft.«

Übungen zur Zielsetzung

Inzwischen haben Sie eine ziemlich gute Vorstellung davon bekommen, welche Kriterien und Richtlinien Sie für eine effektive Zielsetzung brauchen. Im nächsten Schritt geht es darum, Ihr Wissen in Taten und Handlungen umzusetzen.

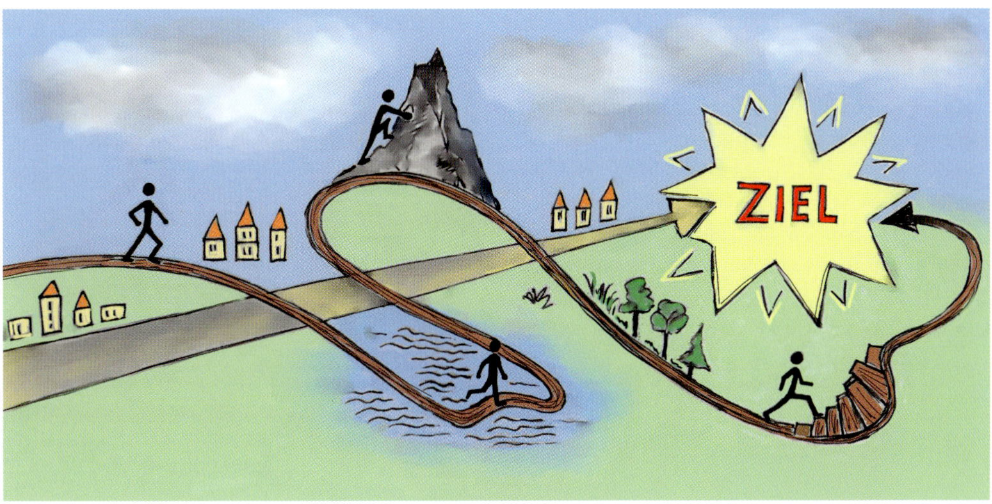

Einschätzung
Suchen Sie sich eins Ihrer formulierten Ziele heraus. Schätzen Sie anhand einer Skala zwischen 1 und 5 den Grad Ihrer Überzeugung in Bezug auf das Erreichen Ihres Ziels ein.
1 = kaum überzeugt, 5 = das höchste Maß an Überzeugung in Bezug auf dieses Ziel.
»Es ist möglich, mein Ziel zu erreichen.«(Umwelt)
»Was ich tun muss, um mein Ziel zu erreichen, ist klar, angemessen und ökologisch.« (Verhalten)
»Ich habe die nötigen Fähigkeiten, um mein Ziel zu erreichen.« (Fähigkeiten)
»Mein Ziel ist wünschenswert und lohnt sich.« (Werte)
»Ich verdiene es, mein Ziel zu erreichen.« (Identität)

Der nächste Schritt beginnt damit, dass Sie den Satz auswählen, den Sie mit der niedrigsten Ziffer bewertet haben. Schreiben Sie ihn in die folgende Zeile. Ergänzen Sie Ihren Zweifel dann mit Hilfe der unten folgenden Verbindungsworte.

Zweifel/Einschränkender Glaubenssatz
weil …
bevor …
nachdem …
während …
jedes Mal, wenn …
so dass …
falls …
obwohl …
auf die gleiche Weise wie …

Dieser Erkenntnisprozess im Mentaltraining ist sehr erhellend für den Reiter, weil mögliche Einwände und Zweifel nun deutlich sichtbar und auch verstehbar werden. Man kann mit diesen Ergebnissen auf unterschiedliche Weise weiterarbeiten, um den Zweifel zu entkräften, denn es geht ja darum, Überzeugungen zu entwickeln, die das Ziel unterstützen und fördern. Eine Möglichkeit besteht darin, für diesen Zweifel Gegenbeispiele zu finden; also Beispiele aus einem Bereich, bei dem diese »Logik« des Zweifels nicht zutrifft.

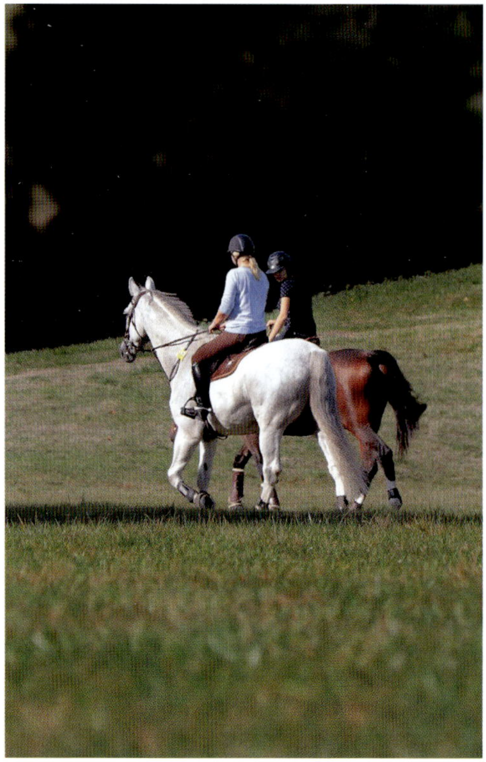

Der Zweck des schriftlichen Formulierens von Zielen

Es reicht nicht, Ihr Ziel im Kopf zu definieren. Der Reiter schließt stattdessen einen »persönlichen Vertrag« mit sich selbst, und das schriftlich. Das geschriebene Wort besitzt eine fast magische Kraft.

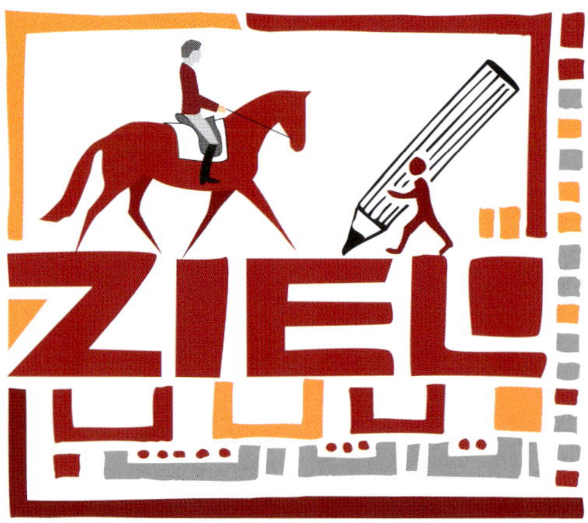

ARBEITSBLATT

Meine Vision

____

____

Nennen Sie ein anspruchsvolles Ziel, das Ihnen wichtig ist und das Sie innerhalb der nächsten 12 Monate erreichen möchten. Formulieren Sie das Ziel positiv, klar und konkret.
Mein ZIEL:

____

____

Was sind einige Prozessziele oder kurzfristige Ziele, die das Erreichen Ihres Ziels erleichtern werden?
PROZESSZIEL 1:

____

____

PROZESSZIEL 2:

____

____

PROZESSZIEL 3:

____

____

Wissen Sie, wie Sie Ihr langfristiges Ziel erreichen können, und verfügen Sie über die Kenntnisse, inneren und äußeren Ressourcen, Eigenschaften, Talente, Fähigkeiten und Fertigkeiten, um Ihr Ziel zu erreichen? Wenn die Antwort auf eine dieser Fragen ›Nein‹ lautet, müssen Sie möglicherweise auch Lernziele festlegen. Führen Sie im Folgenden alle Lernziele auf, die Ihnen die Verwirklichung Ihres langfristigen Ziels erleichtern werden.
LERNZIEL 1:

____

____

LERNZIEL 2:

____

____

Wie werden Sie Ihre Leistungen und Fortschritte in Bezug auf Ihr Ziel verfolgen? Welche Art von Feedback holen Sie sich, um festzustellen, ob Sie auf dem richtigen Weg sind, um Ihr Ziel zu erreichen, oder ob Sie Ihre Strategie ändern müssen, um Ihr Ziel zu erreichen? Woran werden Sie erkennen, dass Sie Ihr Ziel erreicht haben?
FEEDBACK 1:
FEEDBACK 2:
FEEDBACK 3:
Meine Belohnung für das Erreichen des Ziels, der Prozess- und Etappenziele:

____

____

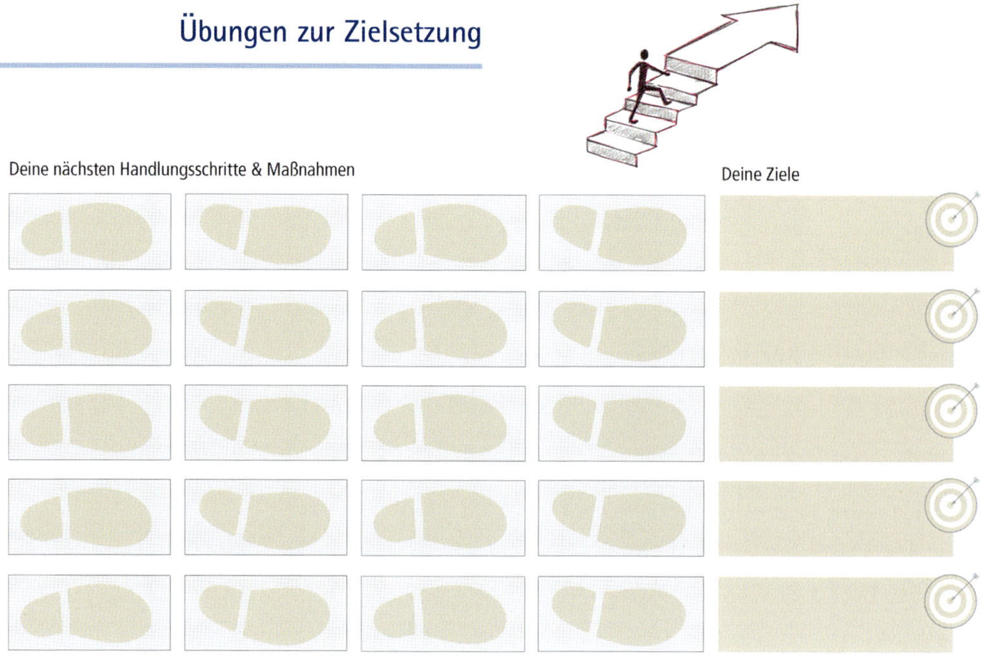

Ein Maßnahmenplan zur Erreichung von Zielen.

Durch die schriftliche Erfassung wird auch das Unterbewusstsein stärker aktiviert. Wenn Sie Ihr Ziel definieren, indem Sie es aufschreiben, fangen Sie wirklich an, Ihre Zukunft zu gestalten.

Sie können einen Vertrag und/oder Karteikarten anfertigen. (vgl. Jane Savoie (Juni 2006). Positiv denken – Erfolgreich reiten. Mit Mentaltraining zum persönlichen Sieg. Kosmos. S. 21)

- Nachdem Sie alle »Ich bin«-Aussagen fertiggestellt und Sie noch einmal hinsichtlich der Richtlinien des positiven Zielrahmens geprüft haben, schreiben Sie sie alle Ziele zusammen auf eine leuchtend farbige (orange) Karteikarte.
- Ein »Zeuge« unterschreibt den Vertrag.
- Im Falle der Nichteinhaltung des Vertrags muss er sich gegenüber sich selbst rechtfertigen.

Erfahrungswerte zeigen, dass sich Reiter so um eine möglichst termingerechte und konsequente Erledigung der Aufgaben bemühen und Konsequenz, Bereitschaft und Ausdauer zeigen. Sie halten sich eher an eine kontinuierliche Leistungsentwicklung, auch wenn es einmal etwas zäh läuft.

- Unterschreiben Sie den Vertrag auch selbst – als Appell an das eigene Pflichtgefühl.
- Heften Sie den Vertrag/die Karteikarte an den Badezimmerspiegel, an Ihren Arbeitsplatz, ins Auto, an den Kühlschrank, in den Sattelschrank oder über das Bett.
- Jetzt, wo alle Karteikarten an Ihrem Platz hängen, fängt die eigentliche Arbeit an: Jedes Mal, wenn Sie an einer Karte vorbeikommen, müssen Sie anhalten, alle Ziele laut lesen (und wenn Sie es nur für Sie selbst ist) und sich einige Sekunden Zeit zum Nachdenken über diese Ziele nehmen. Das Aufstellen von reiterlichen Zielen ist die eine Sache – das Nachdenken über sie und ihre Überprüfung bzw. Auseinandersetzung damit ist eine andere! Langfristige Ziele brauchen ständiges Augenmerk und viel Hingabe – sie werden nicht einfach so verwirklicht.

Mal ehrlich: Die meisten Menschen machen sich ihre Ziele nicht täglich bewusst. Und selbst wenn sie es tun, ist das meist noch zu selten. Damit sich Ziele verwirklichen, müssen Sie wissen, wohin Sie wollen, und Sie müssen daran erinnert werden, regelmäßig etwas dafür zu tun. Je mehr Sie sich in die richtige Richtung bewegen, desto schneller werden Ihre Ziele Realität. Ich halte dieses Vorgehen mit Karteikarten für nützlich, da die Menschen, die dies ernsthaft betreiben, ihre Ziele mehr als vierzig Mal täglich beachten!

- Vor allem bei langfristigen Zielen vergessen Sie nicht, was genau Ihr ursprüngliches Ziel war.

Beispiel für den Wortlaut eines persönlichen Vertrags:
Persönlicher Vertrag von
»Name des Reiters«
Ich »Name des Reiters« verpflichte mich und verspreche mit meiner Unterschrift nach bestem Wissen und Gewissen, dass ich in einem Zeitraum von *»Anzahl der Monate«* beginnend mit dem »Datum« mindestens *»Länge, Art und Ort des Trainings«* durchführen werde.
Mein Ziel: z.B. Konzentration, unabhängiger Sitz
Benötigter Aufwand: in Stunden pro Woche
Wann und wo: Tage, Art und Ort des Trainings
Ort, Datum, Unterschrift:
Zeuge, Unterschrift:

Vertrag bezüglich der Zielsetzung (Beispiel)
Ab sofort ist es mein Ziel, einen unabhängigen Sitz zu bekommen. Dazu ergreife ich folgende Maßnahmen.

1. Ich lasse mich longieren.
2. Ich sehe mir Videos von Reitern mit schönem Sitz an.
3. Ich visualisiere, wie ich aus einer schönen, eleganten Haltung heraus ruhige Hilfen gebe.
4. Ich reite ohne Steigbügel.

Ich bin hundertprozentig entschlossen, mein Ziel zu erreichen. Dies ist ein verbindlicher Vertrag, den ich mit mir selbst abschließe.
Datum/Unterschrift:
Zeuge/Unterschrift:
(aus Jane Savoie (Juni 2006). Positiv denken – Erfolgreich reiten. Mit Mentaltraining zum persönlichen Sieg. Kosmos. S. 21)

Ziele überprüfen

Es gibt verschiedene Methoden, um Ziele zu überprüfen, z.B. die Tagebuchanalyse:
Tipp: Führen Sie ab sofort ein Sportleistungs- oder Trainings- und Turniertagebuch!

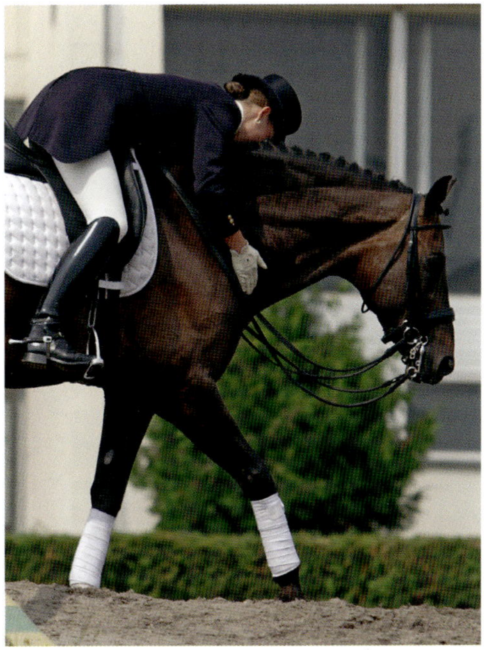

Eintrag ins Tagebuch: »Platzierung nach einem gelungenen, harmonische Start in der Dressurprüfung.«

Ziele der Tagebuchanalyse:

- Sie können genau überprüfen, was Sie erreicht haben.
- Sie können Ihre Leistung kontrollieren und ggf. steigern.
- Sie haben handfeste Beweise.
- Sie können vergangene Erfolge und die Faktoren, die zu diesen geführt haben, dokumentieren.
- Sie können noch einmal den Augenblick des Erfolgs genießen, damit Sie Ihre schon erreichten Erfolge nicht vergessen, denn es ist großartig, Träume zu erreichen.
- Sie können Ihren Erfolg mit früheren Zielen abgleichen.
- Sie erkennen, an welchen Schwächen Sie arbeiten müssen und welche schlechten Gewohnheiten es zu verändern gilt.

Falls Sie Ihre Gedanken gern ausführlicher aufschreiben, kann zumindest ein Teil des Auswertungsprozesses darin bestehen, dass Sie diejenigen Aspekte,

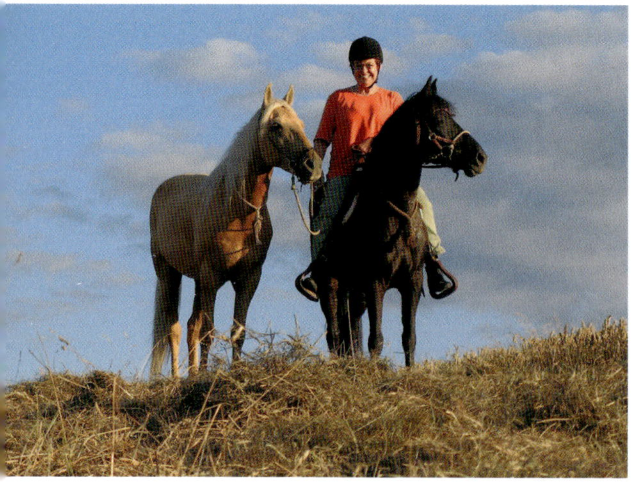

Eintrag ins Tagebuch: »Wunderschöner Ausritt mit Handpferd.«

die Sie in der täglichen Reitstunde oder auf einem Turnier nach vorn gebracht haben, Dinge, die Sie gelernt haben, kurz skizzieren und festhalten. Schreiben Sie einen Erfolg in Richtung Ihres Ziels so detailliert wie möglich auf. Es reicht nicht zu schreiben, dass Sie einen speziellen Schritt vorangekommen sind; vielmehr sollten Sie Schritt für Schritt dokumentieren, wie dies erreicht wurde. Mit einer genauen Erkenntnis über Ihre jüngsten Fortschritte und darüber, wie Sie sie erreicht haben, werden Sie Ihr Selbstvertrauen als Reiter und als Zielsetzer stärken.

Nehmen Sie sich jede Woche mindestens einmal ein paar Minuten Zeit und werfen einen Blick in die so dokumentierte Entwicklung. Seien Sie stolz auf sich und was Sie bis hierhin erreicht haben. Lassen Sie Ihren Gedanken und Emotionen freien Lauf. Ihre reiterliche Weiterentwicklung hängt auch von Ihren positiven Gefühlen und Gedanken an vergangene Erfahrungen ab.

Übung: Zielbalken – über den Balken gehen

Laufen Sie über eine Turnbank, einen gefällten Baumstamm im Wald, einen »Zielbalken« (3–5 Meter Länge, ca. 20 bis 30 cm Durchmesser) ungefähr 20 cm über dem Boden, der metaphorisch für einen Weg zum Ziel steht. (Zur Not tut es auch eine Schnur, die auf den Boden gelegt wird.)

a) Sie legen Ihr Ziel in der Zukunft fest, nennen Ihr (dissoziiertes) Zielbild, bevor Sie sich auf den Balken stellen. (Zielkriterien noch einmal abklären.) Das Ziel wird örtlich am Ende des Baumstamms/Zielbalkens fixiert. Ein Mentaltrainer/Reitlehrer bietet seine Hilfe als Begleiter an und weist noch mal darauf hin, dass er jederzeit Hilfe beim Balancieren leistet. Sie entscheiden, ob Sie die Hilfe in Anspruch nehmen oder nicht. Sie fixieren das Ziel am Ende des Weges, stellen sich vor, was Sie sehen, was Sie hören, wie sich das Erreichen des Ziels anfühlt. Sollte eine weitere Person zur Verfügung stehen, dann bitten Sie diese Person, sich ans andere Ende des Zielbalkens zu stellen und Ihnen seine Hand auf Augenhöhe hinzuhalten, so dass Sie Ihr Zielbild auf seine Hand projizieren können (Sie sehen sich dissoziiert). Sie balancieren nun auf dem Zielbalken in Ihr Zielbild hinein (1–2 Mal). Nehmen Sie bewusst die mit der Zielerreichung verbundenen Gefühle wahr.

b) Wenn mehrere Personen anwesend sind, klären Sie für den nächsten Durchlauf, welche Aussagen das Erreichen des Ziels unterstützen könnten und welche hinderlich/einschränkend sind. Mehrere Personen, die neben dem Baumstamm/Zielbalken rechts und links stehen, rufen dann laut sowohl unterstützende/positive als auch negative Aussagen, während Sie mindestens zweimal über den Baumstamm auf Ihr Ziel zulaufen. Der Mentaltrainer/Reitlehrer läuft als Begleitung nebenher. (Wieder 1–2 Mal wiederholen.)

c) Am Ende eines Durchgangs reflektieren Sie: Wie ist es Ihnen ergangen? Wie hat es sich angefühlt? Was haben Sie gemacht, ums ins Ziel zu kommen? Welche Gedanken gingen Ihnen durch den Kopf? Was hätten Sie gebraucht, um noch sicherer über den Zielbalken zu gehen? Welche unterstützenden Ressourcen benötigen Sie? Was könnte Ihnen helfen, trotz der Störungen durch Andere souverän ans Ziel zu kommen?

d) Die Übung wird solange wiederholt, bis eine Handlungssicherheit eintritt. Es ist durchaus möglich, zwischendurch zur ausschließlich positiven Formulierung der Aussagen zurückzukehren.

e) Am Ende der Übung reflektieren Sie, welche Strategien Sie im Umgang mit den Störungen genutzt haben, um diese dann positiv zu ankern. Sie fassen Ihre Erfahrungen (schriftlich) zusammen und beschreiben in Ihrem Tagebuch, wann, wie und wo Sie die Erfahrung konkret in die Praxis übertragen werden z.B. »Ich werde darauf achten, dass meine Selbstgespräche konstruktiv verlaufen.«

Interessant ist es, zu beobachten, ob der Reiter die Hilfe des Reitlehrers bei einer auftretenden Unsicherheit oder bei einem Sturz vom Balken annimmt oder nicht. Bei Kindern sollte man ohne die unterstützenden und einschränkenden Aussagen arbeiten!

Geben Sie sich die Erlaubnis, Ihre Ziele anzupassen

Betrachten Sie Ihre Ziele als lebende, atmende Organismen – sie können sich je nach Bedarf ändern. Gelegentlich setzen Sie sich ein Ziel und erreichen es früher als erwartet, oder Sie stoßen auf Hindernisse (wie Verletzungen von Pferd oder Reiter), die Sie zwingen, Ihre Ziele anzupassen.
Erfolgreiche Reiter passen ihre Ziele an, wenn es nötig ist, und sie entschuldigen sich nicht dafür. Sie sind sich bewusst, dass sie nicht perfekt sind und dass das Leben und die Saison unvorhersehbar sein können. Sie brauchen Flexibilität, nicht Starrheit.
Wenn Sie Ihre Ziele anpassen, bedeutet das nicht, dass Sie gescheitert sind – es bedeutet nur, dass Sie den Kurs ein wenig ändern oder den Zeitplan verschieben. Obwohl es frustrierend sein kann, seine Ziele anpassen zu müssen, ist dies ein natürlicher Bestandteil des Erfolgs im Pferdesport und im Leben.

Und noch ein Tipp: Sie gehen zu Ihren Eltern oder Freunden und erzählen diesen: »Ich möchte das und das tun.« und es kann passieren, dass diese sagen: »Jetzt heb' mal nicht ab. Das geht nicht, das schaffst Du nicht ….« Das ist nicht förderlich und zieht Sie (energetisch) nach unten. Man muss unter Freunden schauen, wer toleriert das, wer lässt sich mitziehen, wer bremst einen, wer zieht einen zurück. Manchmal muss man Menschen hinter sich lassen. Die wenigsten Eltern haben uns auf den Weg mitgegeben: »Du kannst alles, was Du willst. Du kannst alles lernen. Du bist fähig und kompetent. Du schaffst es.« So eine Botschaft hören nur wenige Menschen. Obwohl dies in diesem Moment, psychologisch gesehen, extrem wichtig wäre. Lassen Sie daher Einschränkungen beiseite.

Wahrnehmungspositionen

Im NLP gibt es drei verschiedene Wahrnehmungspositionen.
Wahrnehmungspositionen beschreiben die Perspektive (Stand-/Blickpunkt), aus der wir vergangene und momentane Situationen wahrnehmen.
Grundsätzlich kann zwischen
- assoziierter und
- dissoziierter Wahrnehmung
unterschieden werden.

Es ist wichtig, zwischen den einzelnen Positionen zu unterscheiden, denn unsere Kommunikation, unser Denken und unser Verhalten werden durch die genaue Unterscheidung der Wahrnehmungspositionen maßgeblich beeinflusst.

1. Position: assoziiert, ICH

Ich bin ich, ich selbst, das eigene Selbst. Man sieht mit den eigenen Augen und Wertungsmustern in die Welt; man erlebt sich selbst im Körper: Das Geschehen wird gegenwartsbezogen und subjektiv erlebt. Die Sinne sind auf das direkte Erleben gerichtet. In der ersten Position ist es nicht möglich, zwischen Beschreibung und Beurteilung zu unterscheiden. Jemand, der in der 1. Position stecken bleibt, kann zum egoistischen Monster werden, der andere Sichtweisen nicht gelten lässt.

Meistens erinnern wir uns an Ereignisse auf eine assoziierte Weise. Wir erzeugen die internen Bilder, Worte, Geräusche, Gefühle, den Geruch und Geschmack, die mit einer Situation zusammenhängen oft assoziiert, d.h. wir sind in uns drin, fest verbunden mit der Situation.
Leitfragen: Was sehen Sie, hören Sie, fühlen Sie, welche Glaubenssätze haben Sie in dieser Situation?

2. Position: assoziiert, DU

Ich versetze mich in die Haut einer anderen Person z.B. des Chefs, Reiterkollegen, Reitlehrers, ..., mit dem ich kommunikative Probleme habe, der mir z.B. Vorwürfe macht und dabei brüllt.
Die eigene kinästhetische Ebene ist blockiert bzw. abgeschwächt.

Leitfragen: Stellen Sie sich vor, Ihnen steht jemand gegenüber, den Sie gut kennen. Nehmen Sie jetzt seine Position ein. Was sehen Sie, hören Sie, fühlen Sie, wenn Sie als diese(r) andere auf sich schauen, mit Ihnen reden, streiten etc.?

3. Position: dissoziiert, BEOBACHTER, Meta-Position

Die 3. Position würde ein unbeteiligter Beobachter außerhalb der Handlung und des Erlebens einnehmen. Die dritte Position befindet sich auf einer höheren logischen Ebene. Das Geschehen wird aus einem neutralen, objektiven Blickwinkel gesehen. Die Wahrnehmungskanäle sind akkurat und flexibel.

Sie beobachten das damalige Szenario noch einmal aus einem beliebigen Blickwinkel, nicht aber aus der eigenen Position. Sie sind Zeuge des Geschehens. Neutrale Betrachtung und Bearbeitung von außen werden möglich. Wenn Sie Ihre Erinnerungen auf eine Leinwand projizieren, werden Sie feststellen können, dass Ihre Gefühle dabei nicht so stark sind, wie bei dem tatsächlichen Erleben bzw. wie beim assoziierten Erinnern.

Die Metaposition ist eine Position der Ruhe und als Unterbrecher sehr nützlich. Jemand, der die 3. Position nicht verlässt, ist ein vom Leben abgetrennter Beobachter, immer auf Distanz bedacht.
Wenn das eigene innere Erleben aus der 3. Position gesehen wird, fragt man: »Wie würde die Situation aussehen für jemand, der nicht beteiligt ist?«

Alle drei Positionen sind Teil unseres Bewusstseins, aber beschreiben nicht das Bewusstsein selbst.
Für Reiter stellt die Möglichkeit, bewusst zwischen assoziierten und dissoziierten Erlebenszuständen

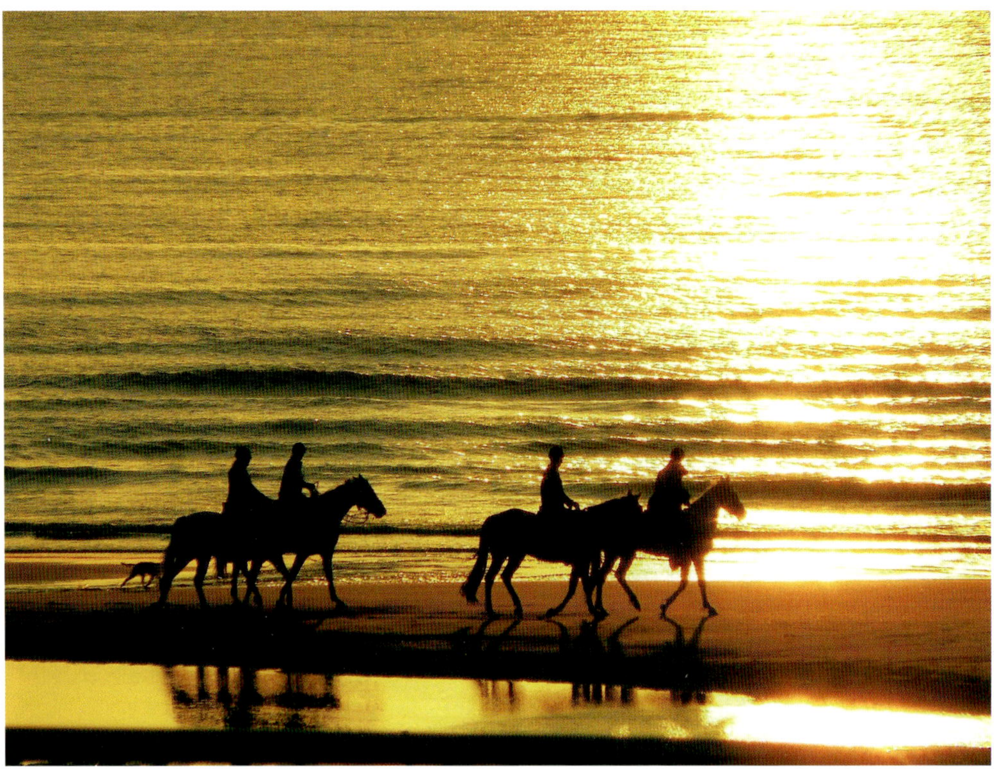

hin und her zu wechseln eine wichtige mentale Kompetenz dar, die es aufzubauen und zu festigen gilt.

assoziiert
emotionsgeladen/emotional
z.B. mit den eigenen Augen sehen

Merkmale	**Vorteile**
drin sein	bei schönen Ereignissen
präsent sein	Mitgefühl,
ich-bezogen	Begeisterung
involviert	Energie
betroffen	subjektiv
direkt	

dissoziiert
emotionslos/eher rational reagieren
z.B. mit der Videokamera aufnehmen

Merkmale	**Vorteile**
Abstand	bei negativen Ereignissen
Überblick	bei Stress, Problemen
Distanz	bei Schmerz, Belastungen
draußen sein	bei negativen Erinnerungen
Zuschauer	analytisch, Überblick
tangiert nicht	objektiv

(vgl. Bert Feustel und Iris Komarek (2006). NLP-Trainingsprogramm. S.118)

Assoziation und Dissoziation verändern das Gefühl!

Während Sie assoziiert Angst empfinden, können Sie dissoziiert gelassen bleiben und ruhig über Lösungsmöglichkeiten nachdenken.

Ein dissoziierter Zustand ist günstiger z.B.:

- bei Schmerzen
- beim Zahnarztbesuch
- beim unsympathischen Kollegen X
- bei einem äußerst schwierigen Kunden Y
- um Erfahrungen zu reflektieren
- um aus vergangenen Erfahrungen zu lernen
- um die Zeit im Auge zu behalten
- um aus unangenehmen Situationen einen Schritt zurückzutreten

Ein assoziierter Zustand ist günstiger z.B.:

- um zu motivieren
- um zu überzeugen
- wenn man mit guten Freunden zusammen ist
- wenn man ein Baby im Arm hält
- um angenehme Erfahrungen zu genießen
- um in angenehmen Erinnerungen zu schwelgen
- um eine Fertigkeit zu üben
- wenn man aufmerksam sein will

Ziel von Assoziation und Dissoziation ist die Veränderung von Gefühlsreaktionen.
Übrigens: Auch erinnerte und vorgestellte Situationen können assoziiert oder dissoziiert erlebt werden, nicht nur gegenwärtige.
Jeder Mensch hat einen bevorzugten mentalen Zustand.

Wir wissen ja: Das Gehirn ist einfallslos und faul. Wenn wir ungünstige Muster durchbrechen wollen, dann müssen wir trainieren und üben.
Probieren Sie die Möglichkeiten aus, variieren Sie die Vorschläge und stellen Sie fest, welche am besten bei Ihnen funktioniert, und trainieren Sie diese Variante so oft wie möglich!
Dadurch werden Sie in kurzer Zeit in der Lage sein, selbst Kontrolle über Ihre Emotionen zu haben und Manager bzw. Managerin Ihrer Gefühle sein!

Erfolgreiches Selbstmanagement bedeutet, dass die Wahrnehmungspositionen gezielt und richtig eingesetzt werden können.

Sich kinästhetisch zu assoziieren bedeutet, sich auf Körper-Gefühle zu konzentrieren und sie zu verstärken. Eine gute Methode besteht darin,

- sich auf jene Körperstelle zu konzentrieren, an denen das Körper-Gefühl am stärksten ist,
- die spezifischen Untereigenschaften dieses Gefühls zu erkunden,
- sie zu verstärken und
- dann mit dem Atem über den ganzen Körper zu verteilen.

Gefühle sind immer mit einem spezifischen Atem-Muster verbunden. Genau in diesem Atem-Muster zu atmen, kann eine gute Strategie sein, Ereignisse

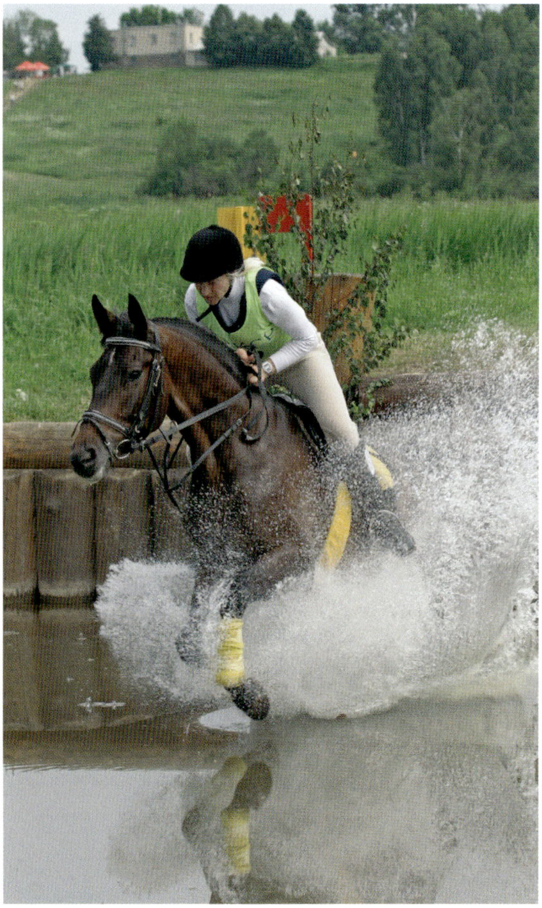

Verbinden Sie mit der Verfolgung Ihrer Ziele nicht nur harte Arbeit, sondern auch Freude. Dies hilft Ihnen, Durststrecken durchzustehen und am Ball zu bleiben.

assoziierter zu erleben. Gefühle und die dazu passende Atmung versetzen den Körper in einen bestimmten inneren Rhythmus. In vielen Fällen ist es möglich, den inneren Rhythmus von Gefühlen zu erfahren. Viele Menschen erleben dies in Form einer Welle, die durch den Körper geht. Um sich schnell mehr zu assoziieren, kann es hilfreich sein, sich diese Welle vorzustellen und dann die Höhe und den Rhythmus dieser Welle zu verändern. Typischerweise wird in einer Richtung das Gefühl stärker, in einer anderen schwächer.

Dissoziations-Techniken

(vgl. www.nlp.at)

Dissoziations- (oder Dissoziierungs-)Techniken sind Prozesse, die bewirken, dass eine Person mehr dissoziiert ist. Die Dissoziierungs-Techniken des NLP sind das Gegenstück zu den Assoziierungs-Techniken des NLP. Beide können in allen Repräsentations-Systemen ablaufen. Visuell (auditiv) sich zu dissoziieren bedeutet, eine Szene von außen zu betrachten (von außen zu hören). In einer dissoziierten visuellen Erinnerung sehe ich die damalige Szene von außen: Ich sehe mich selbst als Teil der Szene. In einer dissoziierten auditiven Erinnerung höre ich von außen, aus der Distanz, was es da zu hören gab. Wenn ich in dieser Szene selbst gesprochen habe, dann höre ich in einer dissoziierten Erinnerung meine eigene Stimme von weit weg.

Eine visuelle Dissoziation wird in den meisten Fällen möglich, wenn eine Person die Szene, um die es geht, weit weg und/oder nach unten schiebt. In der visuellen Dissoziation betrachte ich eine Szene, die sehr weit weg (im Extremfall am Horizont) oder weit unten ist: Ich bin auf einem hohen Berg, sitze in meinem Lieblings-Ufo, auf einer Wolke, auf einem großen Adler, betrachte weit unten im Tal die Szene und sehe mich selbst, was ich damals getan habe.

Andere Beispiele sind, sich vorzustellen:

1. man sei hinter einer dicken Glasmauer und könne so die Szene betrachten,
2. man sei mit einer schützenden Licht-Hülle umgeben,
3. man befände sich hinter einer Hülle aus Bienenwaben, könne durch die Waben hindurchsehen und in den Waben bliebe die negative Energie hängen, die von der Szene da vorne ausgeht,
4. man befände sich hinter einer Licht-Schranke, die alle schädlichen Strahlen aufhält, usw.

In sehr belastenden Erinnerungen oder bei Szenen, die jemanden »überfallen« (die Person muss zwanghaft daran »denken«), kann eine **doppelte oder dreifache Dissoziation** hilfreich sein. Bei der doppelten Dissoziation wird eine weitere Meta-Ebene konstruiert: ich (aus Ebene 3) betrachte mich (in Ebene 2), wie ich dasitze und auf das Geschehen in Ebene 1 schaue, wo ich zu sehen bin.

Beispiel: Eine Person kann sich z.B. (aus Ebene 3) vorstellen, sie würde Rad fahren (Ebene 2) und dabei einen Film betrachten, indem sie selbst in dem unangenehmen Geschehen (Ebene 1) zu sehen ist.

Eine **dreifache Dissoziation** kann hilfreich sein, um eine Erinnerung zu analysieren, in der mich eine andere Person mit massiven Vorwürfen überhäuft hat, die mich damals sehr betroffen gemacht haben. In der dreifachen Dissoziation wird es oft möglich, den »eigentlichen« Informations-Kern der Vorwürfe zu entdecken: Was wollte mir diese Person damals »wirklich« (jenseits der »Verpackung«, der Wort-Wahl) mitteilen? Mehrfache Dissoziationen sind in beliebiger Zahl möglich.

Für eine **auditive Dissoziierung** ist oft eine Veränderung des inneren Dialogs nützlich. Hier werden die Untereigenschaften (Submodalitäten, siehe nächster Abschnitt) innerer Stimmen erkundet (Von wo kommen sie her? Aus dem Körper oder von außen? Wo genau stelle ich mir den Ort dieser Stimmen vor? Handelt es sich um männliche oder weibliche Stimmen? Laut oder leise?) und anschließend verändert (z.B. sich vorstellen, die Stimmen kämen von weit weg, sie würden langsamer oder schneller sprechen, usw.).

Kinästhetische Dissoziation wird durch eine Veränderung der Körperhaltung ermöglicht. In vielen Fällen genügt es, die Haltung leicht zu verändern, vielleicht die Schultern etwas zurückzunehmen, um sich von der aktuellen Situation dissoziieren zu können (und z.B. fähig zu sein, die Situation aus der dritten Wahrnehmungs-Position zu analysieren). Dissoziieren im Alltag kann durch bestimmte Gesten oder Bewegungen erreicht und trainiert werden, z.B. durch einen Selbst-Anker.

Arbeit mit Submodalitäten

Submodalitäten sind die sinnesspezifischen Unterscheidungen, die wir innerhalb eines Repräsentations-Systems treffen können.
Innerhalb jedes Repräsentations-Systems gibt es Feinabstimmungen. Die detaillierten Feinabstimmungen der Repräsentations-Systeme werden Submodalitäten genannt. Unsere Erfahrungen sind auf der Ebene der Submodalitäten codiert und gespeichert. Die Submodalitäten werden auch die »physische Ebene des Bewusstseins« genannt.

So lässt sich beispielsweise das innere Bild einer Erfahrung aus der Vergangenheit genauer erfragen und beschreiben: Ist das Bild in Farbe oder in schwarz/weiß? Ist das Bild groß oder klein? Ist das Bild nah oder fern? Gerahmt oder wie ein Panorama? Ist das Bild eher pastellfarben oder in grellen, intensiven Farben gehalten? usw.
Diese Art von Unterscheidung kann unabhängig vom eigentlichen Inhalt des Bildes gemacht werden. Ebenso lassen sich die mit dieser Erinnerung verbundenen, auditiven Wahrnehmungen genauer bestimmen. Hören Sie Geräusche und/oder eher Stimmen? Ist der Klang der Stimmen eher hoch oder tief, wird schnell oder langsam gesprochen, rhythmisch oder arhythmisch? usw.

Natürlich lassen sich auch Empfindungen während dieses Erlebens differenzieren:
Sind sie im ganzen Körper zu spüren oder nur an bestimmten Stellen des Körpers? Ist die Empfindung eher warm oder kalt, bewegt oder unbewegt, schwer oder leicht, eng oder weit? usw.
Wer sein eigenes Gehirn nicht nur besitzen, sondern auch benutzen möchte, muss wissen, welche Submodalitäten bei ihm wie funktionieren, und lernen, sie zu verändern!
Man könnte den Umgang mit Submodalitäten mit einem riesigen Mischpult vergleichen, bei dem jeder Knopf eine Untereigenschaft reguliert. Hierbei ist zu beachten, dass es am Anfang den meisten Menschen schwer fallen wird, alle Untereigenschaften willentlich zu verändern, doch dies gibt sich mit der Übung. Wichtig ist in diesem Zusammenhang, dass einige Untereigenschaften miteinander gekoppelt scheinen, d.h., wenn ich die eine verändere, verändert sich die andere gleich mit (wie ein Mobile).
So gesehen ist es wichtig, erst einmal alle wesentlichen Untereigenschaften zu kennen, verändern zu lernen und zu erleben, wie sich dadurch unsere Körperempfindungen und unser Gefühl ändern, um dann die komplexeren Submodalitätsinterventionen zu lernen.

Nachfolgend einige Kriterien, nach denen die verschiedenen Submodalitäten »abgefragt« werden können.

Visuell

farbig/schwarz-weiß
Ist es farbig oder schwarz-weiß?
Ist das ganze Farbspektrum vorhanden?
Sind die Farben intensiv oder verwaschen?
Helligkeit Ist es heller oder dunkler als normal?
Kontrast Hat es viel Kontrast oder wenig?
Schärfe Ist das Bild scharf oder unscharf?
Oberfläche Ist die Oberfläche glatt oder rau? (glänzend oder matt?)
Fokus Ist es ein Gesamtüberblick, oder sind Einzelheiten hervorgehoben?
Größe Wie groß ist das Bild?
Entfernung Wie weit ist das Bild weg (in Metern)?
Form Ist das Bild rund, quadratisch oder rechteckig.
Begrenzung/Rahmen Hat das Bild einen Rahmen? Sind die Ränder undeutlich?
Position Wo in Ihrem Gesichtsfeld sehen Sie das Bild?
Bewegung Ist es ein Film oder ein Standbild?
dissoziiert/assoziiert
Sehen Sie sich selbst im Bild oder sehen Sie die Ereignisse so, als ob Sie dort wären?
Wenn dissoziiert: Sehen Sie sich von rechts oder links, von hinten, vorne, oben?
Proportionen Stehen die Einzelheiten im Bild im richtigen Verhältnis zueinander oder sind einige Dinge größer oder kleiner als normal?
Dimensionen Ist das Bild flach oder dreidimensional?
Singular/Plural Gibt es ein Bild oder mehr als eines? Sehen Sie eines nach dem anderen oder alle gleichzeitig?

Auditiv

Position: Woher kommen die Laute, Geräusche oder Stimmen, von innen oder außen?
Tonlage: Ist die Tonlage höher oder niedriger als normalerweise?
Tonalität: Wie ist die Tonalität: nasal, volltönend, klangvoll, dünn, heiser?
Melodie: Ist es monoton oder gibt es eine Melodie?
Modulation: Welche Teile sind betont?
Lautstärke: Wie laut ist es?
Geschwindigkeit: Ist es schnell oder langsam?
Rhythmus: Gibt es einen bestimmten Rhythmus?
Dauer: Ist es stetig oder mit Unterbrechungen (intermittierend)?
Mono/Stereo: Hören Sie es einseitig oder ist der Klang überall?

Kinästhetisch

Qualität: Wie würden Sie die Körperempfindung beschreiben: prickelnd, warm, kalt, entspannt, gespannt, verkrampft, diffus, taub?
Intensität: Wie stark ist die Empfindung?
Position: Wo spüren Sie sie in Ihrem Körper?
Bewegung: Gibt es eine Bewegung der Empfindung? Ist diese Bewegung kontinuierlich und wenn ja, in welcher Form (z. B. Wellen)?
Richtung: Wo beginnt die Empfindung und wohin bewegt sie sich?
Geschwindigkeit: Ist der Verlauf langsam, schnell oder sprunghaft?
Dauer: Ist sie stetig oder mit Unterbrechungen (intermittierend)?

Olfaktorisch/Geruch

Da das Geruchsempfinden ein instinktiver Prozess ist, gibt es keine cerebrale Weiterleitung oder Übersetzung des Geruchssinnes. Die Geruchs-Reaktionen sind außerhalb unserer bewussten Wahrnehmung. Sie gelten umso mehr als starke Stimuli.
Es gibt zwei Hauptkategorien der Gerüche:
1. Organische: Sie stammen von lebenden Organismen (z.B. Rosen).
2. Anorganische: Sie stammen aus mineralischen Stoffen (z.B. Sulfur).
Es gibt ein weiteres Sinnesphänomen, das Aroma genannt wird. Das ist die Überlappung von olfaktorisch und gustativ (Synästhesie).

Gustativ/Geschmack

sauer, bitter, süß, salzig

Einsatzmöglichkeiten der Arbeit mit Submodalitäten

- in Krisensituationen
- bei der Durchführung in Form eines internen Selbst-Coaching-Prozesses

- bei Ängsten
- bei unangenehmen Erinnerungen
- bei der Arbeit mit Zielen

Submodalitäten und Ziele

Stellen Sie sich vor, wie Sie das Ziel, für das Sie sich motivieren wollen, erreichen. Drehen Sie innerlich Ihren Erfolgsfilm zum Ziel, und wenn Sie diesen anschauen, achten Sie mal darauf, ob Sie sich im Film selbst sehen, als ob man Sie fotografiert/gefilmt hätte, oder ob Sie es so erleben, wie aus eigenen Augen heraus gesehen, wobei Sie sich nicht selbst sehen können. Achten Sie darauf, wie groß Sie sich diesen Film vorstellen. Begrenzter Ausschnitt oder das ganze Feld? Wie in einem großen Kino oder auf einem Fernseher? Ist der Film schwarz-weiß oder farbig? Läuft er in Echtzeit oder Zeitlupe? Ist der Film hell oder dunkel? Gibt es Geräusche, Stimmen? Vielleicht sagen Sie ja etwas zu sich oder jemand anders sagt etwas zu Ihnen? Lassen Sie den Film einmal groß werden, wenn er ein bisschen klein war, so richtig groß, als ob Sie im Kino in einer der vorderen Reihen sitzen; Sie sehen ganz groß auf der Leinwand diesen Erfolgsfilm über Ihr Ziel. Dann lassen Sie das Bild/den Film schrumpfen und stellen sich vor, Sie würden den Film nicht im Kino sehen, sondern im Fernseher ein paar Meter entfernt von sich mit kleinem Bildschirm. Spüren Sie, ob es einen emotionalen Unterschied gibt! Machen Sie das Bild/den Film wieder groß. Achten Sie auf die Farben. Stellen Sie sich vor, Sie sind mitten drin. Sie sehen vielleicht Ihre Hände, niemals jedoch Ihr Gesicht. Und wenn Sie vorher drin waren, dann stellen Sie sich vor, jemand hätte Sie gefilmt. Sie würden sich selbst von außen zuschauen, wie Sie das Ziel erreichen. Erkennen Sie einen Unterschied? Finden Sie eine optimale Version! Variieren Sie Größe, Farbe, Entfernung, und nun stellen Sie sich vor, Sie wären Regisseur und sollten aus diesem kleinen Film einen Werbefilm drehen für dieses Ziel. Einen Film, der andere Menschen und Sie selbst motiviert und begeistert, dieses Ziel anzugehen. Welche Special Effects könnten Sie noch einbauen? Probieren Sie aus, wie es mit Stimmen funktioniert (»Hey, super«). Verändern Sie den Fokus von Weitwinkel auf ganz nah, zoomen Sie einmal heran und wieder heraus an bestimmten Stellen. Entwickeln Sie Ihre Version, die absolut unwiderstehlich für Sie ist. Bei der Werbung finden Sie oft im Hintergrund eine Melodie oder ein Lied. Vielleicht gibt es hier auch so etwas, was Ihnen helfen könnte? Vielleicht ist es einfach ein Tusch oder Applaus. Sie selbst sind Ihr Regisseur. Sie schneiden die Szenen, Sie bestimmen die Perspektive, die Darsteller, den Soundtrack, die Schauspieler. Atmen sie ein- oder mehrmals tief durch ... und tauchen Sie wieder auf.

Spüren Sie einen Unterschied?

Für die meisten Menschen ist z.B. ein großes farbiges Bild motivierender als ein kleines schwarzweißes Bild.

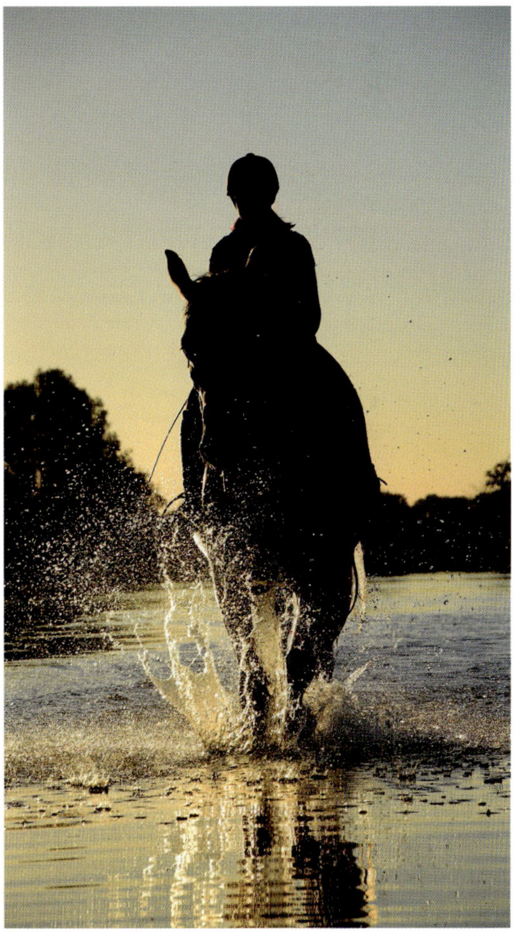

Stärkenanalyse

Wie steht es um Ihr Selbstvertrauen? Kennen Sie Ihre Stärken? Wissen Sie, was Sie tun können? Glauben Sie fest an sich und Ihr Können? Vertrauen Sie Ihren Fähigkeiten und Ihren eigenen Möglichkeiten? Wie Sehen Sie sich selbst als Sportler? Können Sie sich in Ihrem Kopfkino als Sieger sehen? Können Sie Fehler akzeptieren? Bekommen Sie Ihr Temperament in den Griff? Machen Sie, was Sie wollen?

Es geht darum, die persönlichen sportlichen, reiterlichen Stärken des Reiters zu erkennen und systematisch weiterzuentwickeln, um so das Selbstvertrauen des Reiters zu stärken. Die Vorgehensweise bei der Stärkenanalyse ist die gleiche, wie bei der Werteanalyse.

In meinen Seminaren und Coachings stelle ich immer wieder Folgendes fest: Viele Menschen haben Probleme, ihre eigenen Stärken benennen zu können und anzuerkennen. Oder sie auch nur zu sehen. Fehler- und Schwächenanalysen werden in der Literatur bis ins kleinste Detail beschrieben; die Beschäftigung mit den eigenen Stärken dagegen viel zu sehr vernachlässigt.

Stärkensammlung

Schon mal überlegt, was Ihre Person ausmacht und was Sie können? Was Sie super, ganz gut, passabel oder überhaupt nicht können? Was Sie gern intensivieren oder neu lernen möchten? Um ein tiefes Vertrauen in Ihre Fähigkeiten und Stärken entwickeln zu können, besteht Ihre nächste Aufgabe darin, herauszufinden, was Ihre Leistungsfähigkeit ausmacht, was Ihre persönlichen Stärken und bereits vorhandenen Ressourcen sind. Sind Sie besonders ehrgeizig und konsequent im Training? Können Sie kämpfen? Geben Sie nie auf? Was fühlen Sie in bestimmten Lektionen, im Gelände oder beim Springen? Haben Sie Menschen, die Sie unterstützen? Was können Sie besser als andere? usw.

Wenn Sie sich noch nie so recht damit auseinander gesetzt haben, dann befinden Sie sich in bester Gesellschaft: Leider ist es fast die Regel, dass sich Leute nicht mit sich selbst beschäftigen. Das heißt, dass sie sich nicht dessen bewusst sind, welche

STÄRKENLISTE

Abschätzend
Achtsam
Adrett
Akkurat
Aktiv
Alternativen erkennend
Analytisch
Anleitend
Anpassungsfähig
Aufgeschlossen
Aufgeweckt
Aufmerksam
Aufrichtig
Ausdauernd
Ausgeglichen
Ausgleichend
Autoritär
Begeisternd
Begeisterungsfähig
Beharrlich
Bilingual
Belastbar
Besonnen
Beständig
Bringt Dinge zu Ende
Darstellend

Detailorientiert
Diplomatisch
Durchsetzungsfähig
Effizient
Ehrgeizig
Ehrlich
Einfallsreich
Einfühlsam
Einsatzbereit
Energetisch
Engagiert
Enthusiastisch
Entschlossen
Entschlussfreudig
Erfindungsreich
Engpässe erkennend
Ermutigend
Ethisch
Experimentierfreudig
Fähig
Fantasievoll
Fleißig
Flexibel
Fortschrittlich
Freundlich
Führungsstark
Fürsorglich

Geduldig
Geistesgegenwärtig
Gelehrig
Gemeinschaftlich
Genau
Genießerisch
Geschäftsorientiert
Gewissenhaft
Glaubwürdig
Großzügig
Handwerklich geschickt
Hart arbeitend
Hartnäckig
Hilfsbereit
Höflich
Humorvoll
Initiativ
Innovativ
Intelligent
Interessiert
Introspektiv
Intuitiv
Klug
Kollegial
Kommunikativ
Kompetent
Konfliktfähig

Konsequent
Kontaktfreudig
Konzentriert
Kooperativ
Kreativ
Kritikfähig
Künstlerisch
Leistungsbereit
Lernbereit
Liebenswürdig
Logisch denkend
Loyal
Lustig
Mächtig
Moralisch
Motivierend
Musikalisch
Nachdenklich
Neugierig
Nüchtern
Offen
Optimistisch
Organisiert
Philanthropisch
Positiv
Praktisch
Präsent

Präzise
Produktiv
Professionell
Pünktlich
Qualifiziert
Rational
Reaktionsschnell
Realistisch
Reisefreudig
Respektvoll
Risikobereit
Rücksichtsvoll
Ruhig
Scharfsinnig
Schlichtend
Selbstbewusst
Selbstmotivierend
Selbstsicher
Selbstständig
Sensibel
Seriös
Sorgt für gutes Gruppenklima
Sozial
Spezialisiert
Spontan
Sportlich

Stabilisierend
Tatkräftig
Tolerant
Überzeugend
Umsichtig
Umsorgend
Unabhängig
Unterhaltsam
Verantwortungsbewusst
Verantwortungsvoll
Verbissen
Verbindet Menschen
Verlässlich
Verständnisvoll
Vertrauensvoll
Vielseitig
Visionär
Vorausschauend
Vorsichtig
Wandlungsfähig
Willensstark
Wohltätig
Zielstrebig
Zusammenhänge erkennend
Zuverlässig
Zuversichtlich

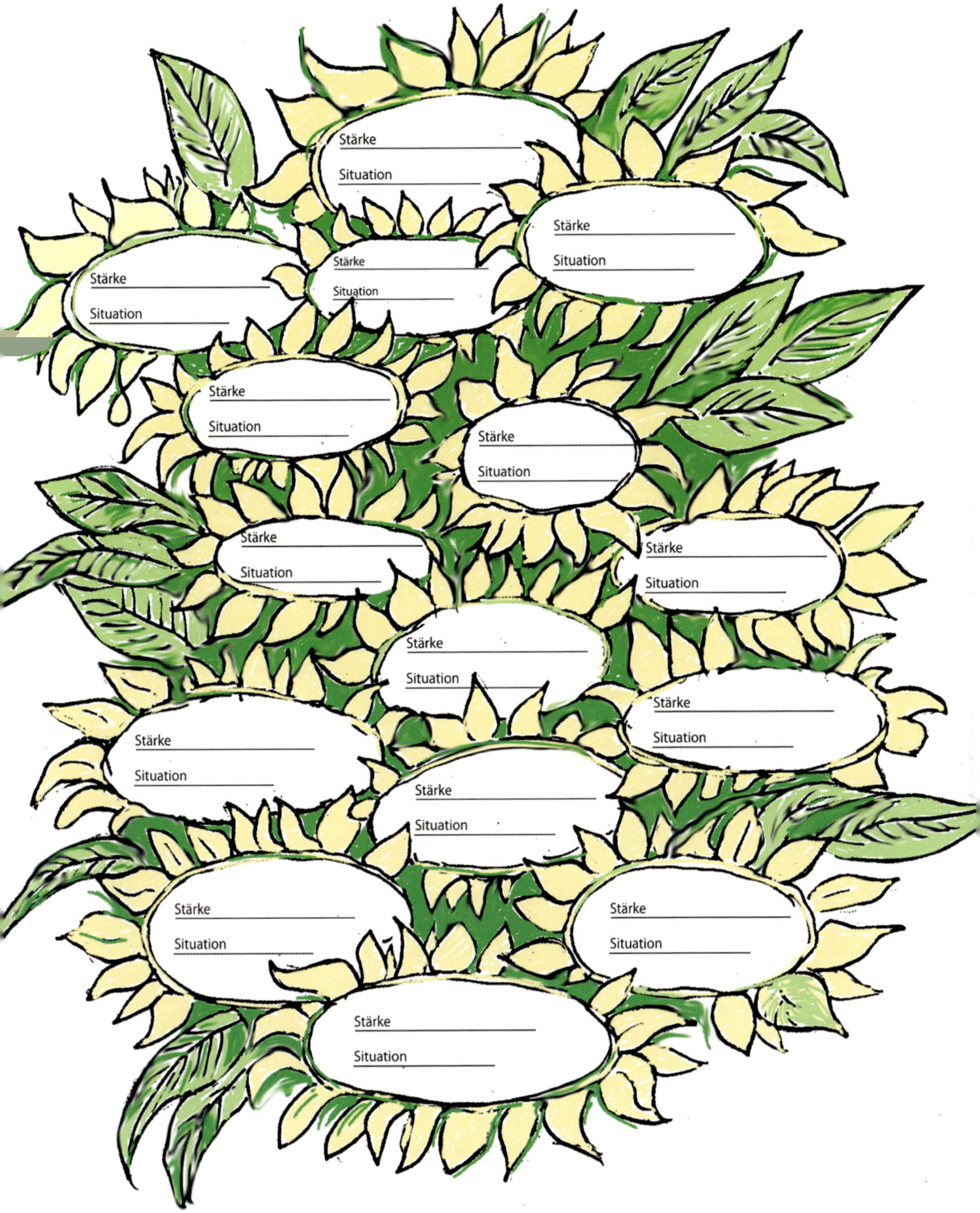

Stärkenstrauß

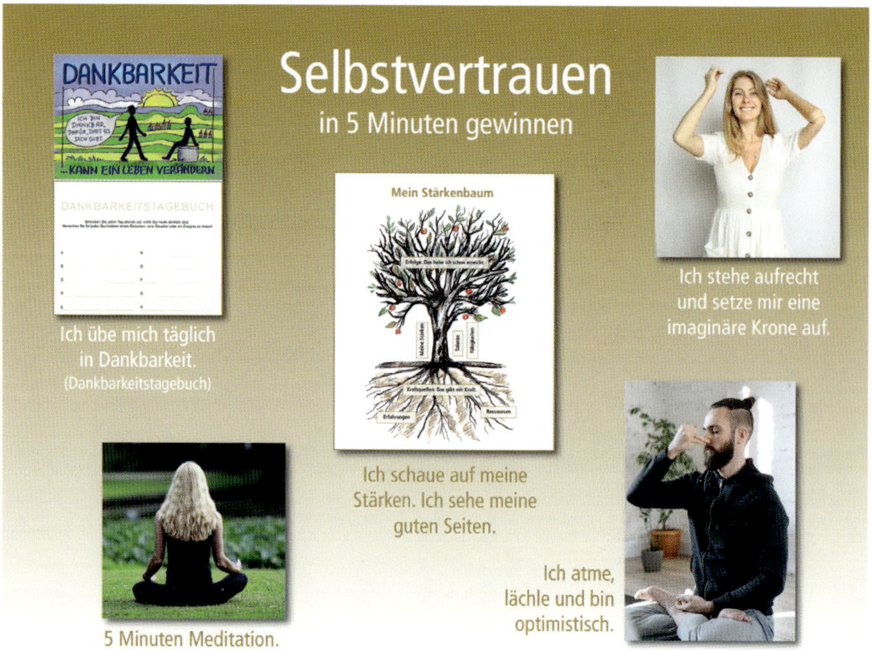

Wie Sie Ihr Selbstvertrauen in nur 5 Minuten täglich stärken.

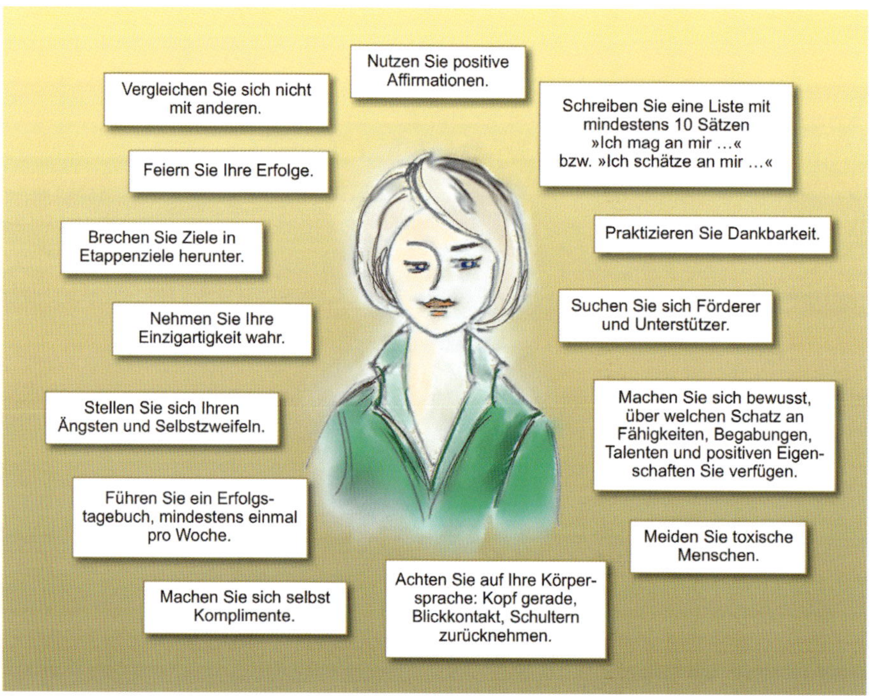

Weitere Tipps, wie Sie Ihr Selbstvertrauen aufbauen und trainieren können.

Qualitäten sie haben oder wo es Defizite gibt, die schon mal ein Hindernis bei der Zielerreichung darstellen können.

Schreiben Sie jetzt
Ihre persönlichen Stärken auf:
Welche Eigenschaften/Kenntnisse/Fähigkeiten haben Sie? Machen Sie es sich schwer: Nehmen Sie sich vor, mindestens 15 Stärken zu finden. Gerne auch mehr!
Nutzen Sie dazu gerne den Stärkenstrauß auf S.103.

Wichtig: Begnügen Sie sich nicht damit, irgendwelche allgemeinen Begriffe runterzurattern (zuverlässig, kommunikativ, ...), sondern schreiben Sie eine Begründung oder Ihre eigene Definition mit dazu.
Denn nur so können Sie konkret sagen, was Sie meinen, wenn Sie sich als zuverlässig ansehen. Außerdem fallen Ihnen andere Begriffe ein, die vielleicht noch besser passen bzw. die dazu gehören und weitere Qualitäten zeigen.
Manche Menschen tun sich schon mit dem Wort »Stärke« schwer – weil sie einen sehr strengen Maßstab haben (»das kann ich gut, aber nicht so gut, dass ich gleich sagen würde, es ist eine Stärke von mir«) oder auch weil es etwas ist, das sie eben einfach können.
Prägen Sie sich die Liste Ihrer Stärken gut ein – sie sollte Ihnen immer präsent sein!

Stärken Sie Ihre Stärken

Erfolgreiche Menschen wissen, dass es keinen Sinn hat, nur an Schwächen zu arbeiten – herauskommt bestenfalls Mittelmaß. Ein guter Stürmer wird nicht in der Abwehr trainieren – erfolgreiche Menschen wissen, dass sich so kein Spiel gewinnen ließe. Der Stürmer trainiert stattdessen den Angriff, um ein Spitzenstürmer zu werden. Erfolgreiche Menschen machen ihre Stärken stärker und nutzen ihre Zeit, um durch ihre Stärken ihre Ziele zu erreichen.

Selbstvertrauen strahlen Sie dann aus, wenn Sie wissen, warum gerade Sie diese Prüfung heute gewinnen sollten. Erfolgreiche Reiter kennen Ihre Stärken.
Wenn nun in einer Prüfung etwas Unerwartetes geschieht oder beim Ausreiten, wenn sich z.B. ein Traktor nähert, Ihr Selbstvertrauen erschüttert wird und sich Angst breit macht, dann erinnern Sie sich an die Liste Ihrer Stärken und machen Sie sich Ihre Stärken bewusst.

Im nächsten Schritt geht es darum, die persönliche Stärkenhierarchie zu erstellen:
Markieren Sie im obigen Textfeld maximal sechs Stärken, die Sie spontan für Ihre herausragendsten halten.
Bringen Sie diese Stärken in die für Sie richtige Reihenfolge.
Im nächsten Schritt wird der Grad der aktuellen Verwirklichung bestimmt.

Stärkenverwirklichung

Inwieweit kommen Ihre Stärken in Ihrem Training/ auf dem Turnier zum Tragen?

Stärke	Wie viel %?
Selbstbewusstsein	
Mut	
Geduld	
Durchsetzungskraft	
Erfahrung	
Gelassenheit	

Der Grad der Verwirklichung der Stärken hilft bei der Entwicklung der zukünftigen Strategien, hierzu werden folgende Fragen beantwortet:
a) Bei hoher Bewertung:
»Was genau hat bewirkt, dass so und so viel Prozent Ihrer Stärke verwirklicht wurde?«
b) Bei niedriger Bewertung:
»Was wäre für Sie ein Wert auf der Skala, über den Sie sagen: »Der ist in Ordnung so!«
»Was genau müsste geschehen, damit Sie diesen Wert erreichen?«
(vgl. Amler/Bernatzky/Knörzer 2006, Integratives Mentaltraining im Sport, Meyer & Meyer Verlag, S. 34)

Die Stärkenanalyse dient:

- Zur Selbsteinschätzung des Reiters.
- Sie kann der Einschätzung des Reiters durch den Reitlehrer dienen. Durch den Vergleich ergeben sich interessante Ansatzpunkte der

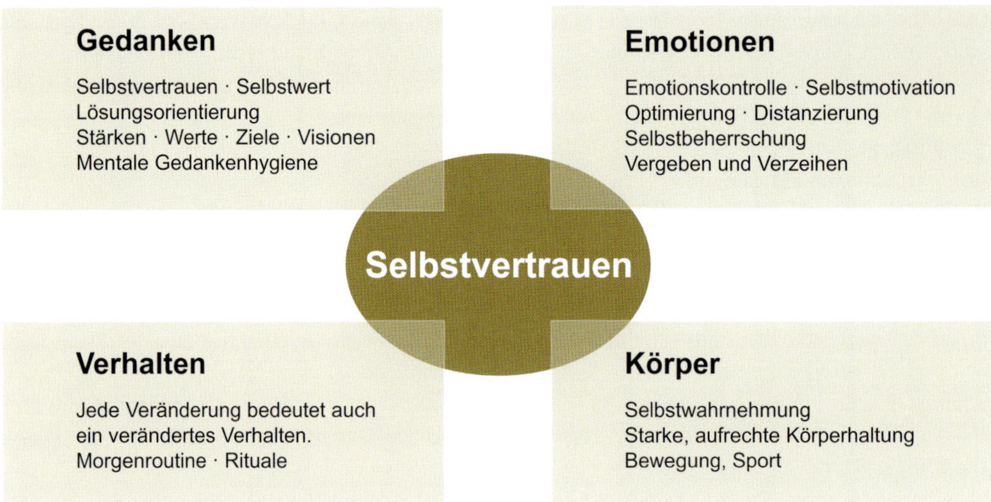

Erarbeiten Sie Strategien für den Umgang mit Ihren Gedanken und Emotionen und auf der Verhaltens- und Körperebene.

Selbsteinschätzung des Reiters mit der Fremdeinschätzung durch den Reitlehrer.

- Stärkung des Selbstvertrauens
- Je besser Sie Ihre Stärken einschätzen können, je genauer Sie wissen, was Sie sich zumuten können und was Sie tun müssen, um Wissens- und Erfahrungslücken zu schließen, umso besser werden Sie im Reitsport zurechtkommen.
- Bildung eines tiefen Vertrauens in die eigenen Fähigkeiten

Auf der Grundlage der Stärkenanalyse werden Strategien erarbeitet, bewusst Kontakt zu den persönlichen Stärken zu finden, um sie noch weiterzuentwickeln.

Persönliche Bilder zum Selbstvertrauen

Finden Sie spontan eigene Bilder und Assoziationen von Selbstvertrauen, indem Sie den Namen eines Tieres, Objektes oder Gegenstandes, z.B. Bullterrier, Berg, Eiche, Carl Lewis, Tiger, Husky, druchdringender Blick, grinsendes Gesicht, … aufschreiben. Sie müssen sich niemandem gegenüber rechtfertigen, wieso Sie gewählt haben, was Sie gewählt haben. Dann wählen Sie das beste Bild aus und beschreiben es genauer. Welche Qualitäten, Eigenschaften und Stärken hat er/sie oder es, welche für Sie Selbstvertrauen ausdrücken?

Emotionale Bindung an Ziele

Mentaltechniken, die eine emotionale Bindung an Ziele herstellen, sind Musik, Motto und Vorbild.

»Musikalische Hausapotheke« – Musik als Motivator

Vor viertausend Jahren schon haben die Ärzte der Hindu eine sanfte und beruhigende Musik spielen lassen, während sie operierten; und als sie feststellten, dass dies die Patienten entspannte und die Genesung beschleunigte, erklang sie auch in den Krankensälen.

Erst in den vergangenen Jahrzehnten haben wir die heilende Macht der Musik wiederentdeckt. Isaac Sclare, Schottland, setzte vor dreißig Jahren zur Heilung psychisch gestörter Patienten weiche und friedvolle Klangfolgen ein, ein italienischer Arzt hat erst kürzlich die Bedeutung verschiedener Musikformen bei der Behandlung emotionaler und mentaler Probleme aufgezeigt, und die Ärzte Borzecki und Zakrzewski der Medizinischen Akademie in Warschau haben klinisch nachgewiesen, dass Musik Schmerzen lindern und beheben kann.

- Musik hat einen großen Einfluss auf unsere Stimmung, das wissen Werbepsychologen genauso wie Filmproduzenten.
- Durch Musik fühlt sich der Reiter wohler, und seine positivere Stimmung führt zu einer Steigerung der Leistung. Denn wissenschaftliche Untersuchungen belegen: Musik, richtig eingesetzt, kann Stimmungen enorm beeinflussen. Herzfrequenz, Atmung und Muskelanspannung verändern sich, ohne dass wir es wirklich bewusst steuern könnten.

Wer kennt es nicht: Am Strand, in dem kleinen schattigen Café und mit der passenden Musik im Hintergrund entsteht das echte »Urlaubsfeeling«. Dieses Konzept setze ich auch im Sport um. Durch dem Reiter bekannte Melodien wird ein »Feeling« mit positiven Emotionen geschaffen und die Minuten bzw. Stunden des – bisher unbewussten – Zuhörens werden zum bewussten »Erlebnis«.

- Musik wirkt entspannend und beruhigend.
- Musik muntert auf, wenn Sie betrübt sind.
- Musik besänftigt, wenn Sie sich verängstigt oder erregt fühlen.
- Musik hilft, Verzweiflungen und Depressionen zu überwinden.
- Man muss sich dieser Musiktherapie nicht einmal mit Bewusstsein zuwenden. Der pulsierende Rhythmus eines Musikstücks dringt schon zum Mutterleib durch und wird vom Embryo wahrgenommen.
- Durch Musik werden Areale u. a. für die Konzentration und Aufmerksamkeit im Gehirn angeregt und aktiviert. Durch Musik ist eine objektive Veränderung im Gehirn sichtbar.

»Musik beim Sport verringert signifikant das körperliche Belastungsempfinden«, sagt der Sportwissenschaftler Professor Alexander Ferrauti von der Ruhr-Universität Bochum. Dass Musik in den Ohren die Leistung nach oben schraubt, haben auch viele Spitzensportler erkannt. Nicht selten dröhnen zur Vorbereitung und Konzentration auf einem Turnier die Lieblingssongs aus den Kopfhörern. »Musik hat eine ablenkende Funktion und hilft dem Sportler bei der Entspannung oder Mobilisation für einen Wettkampf«, so der Sportpsychologe Dr. Ulrich Kuhl vom Olympiastützpunkt Rhein-Ruhr. Doch ein Geheimrezept, welcher Rapper aufputscht oder welche Soulstimme beruhigt, gebe es nicht. Musik ist ganz individuell – der eine empfindet bestimmte Songs als anregend, den anderen regen die gleichen Songs nur auf. »Durch Musik denkt man gar nicht so viel an die schweren Beine (Anmerkung: beim Marathon), die man vielleicht hat«, so Dr. Kuhl. Eine Anekdote vom Boston Marathon dazu: Seit die Veranstalter unweit der kritischen Stelle um Kilometer 30 ein paar Sambagruppen spielen lassen, hat sich die Anzahl der Laufabbrecher deutlich reduziert.

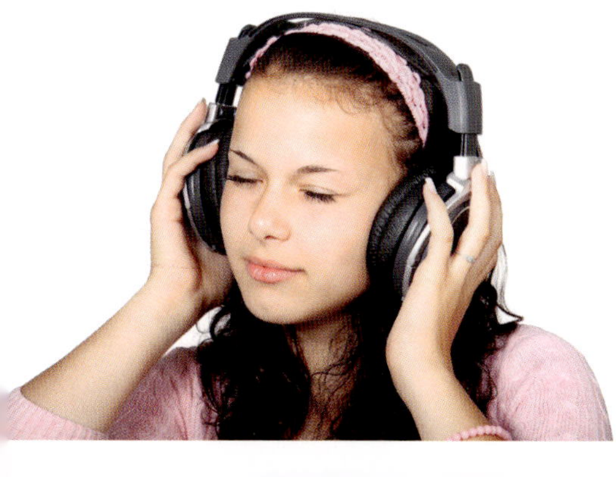

Die Atmung wird, so die Studie, weiter, tiefer und gleichmäßiger, und die arbeitende Muskulatur bekommt wesentlich mehr Sauerstoff – der Trainingseffekt wird also optimiert.

Das Schönste ist jedoch, dass sich die »gefühlte« Trainingszeit, insbesondere bei Freizeitsportlern, deutlich verkürzt.

Fertigen Sie sich eine spezielle Motivations-CD für sich an. Hören Sie sich dann die Musik Ihrer Stimmungslage gemäß an und beobachten sehr genau, was mit Ihrem Körper passiert. Atmen Sie ganz tief ein und wieder aus, so dass jede Faser Ihres Körpers die Musik aufnehmen kann.

1. Sind Sie sehr gestresst, toben Sie sich mit den stressabbauenden Rhythmen aus.
2. Schenken Sie sich dann die Zeit der leiseren Rhythmen. Achten Sie besonders darauf, dass die von Ihnen gewählte Musik in der Lage ist, in jede Faser Ihres Körpers unendliche Ruhe und Gelassenheit einströmen zu lassen.

Sobald Sie die Musik gefunden haben, die Ihnen tiefe Ruhe schenkt, versinken Sie mehrmals in diese Symphonien u.a. der Konzentration. Widmen Sie sich dann aus dieser Ruhe heraus Ihrer wesentlichen Aufgabe, die vollbracht werden muss, z.B. dem Training.

Beispiele für klassische Musik:
»Ein schöner Tag«/Schiller Hard Rock, alte Balladen, stille Gitarrenklänge, lauter Jazz, Kammermusik, Oper, eigens aufgenommene Relaxing music; Mystera, Carmina Burana, Vangelis, R. Strauß, »Mensch« von Herbert Groenemeyer: »Momentan ist richtig, momentan ist gut, es ist Sonnenzeit, unbeschwert und frei. Und der Mensch heißt Mensch, ... weil er schwärmt und glaubt, sich anlehnt und vertraut«, Mike Oldfields »To be free« lässt Sie vielleicht körperlich die Freiheit spüren, sich ganz und gar auf die Konzentration einzulassen.

Beispiele für stark motivierende Musik:
Whitney Houston: One Moment in Time / Frank Sinatra: My Way / Louis Armstrong: Wonderful World / Queen: Breakthrough / Gloria Gaynor: I am what I am / Prodigy: Firestarter / The Eye of the Tiger / »Diwigu tu« / Thomas Otten ...

Beispiele für pushende Musik zu maximaler Anstrengung (z.B. beim begleitenden Konditionstraining): Durchhaltewille, Aggressivität oder höchster Krafteinsatz werden mit schneller, aggressiver, lauter Musik begünstigt.
Pointer Sisters: Jump / Nirvana: Smells like teen spirit / Prodigy: Firestarter / Limp Bizkit: Rollin / Techno ...

Einsatz von Musik auf dem Turnier:
Viele Reiter hören sich in den Pausen zwischen Prüfungen oder unmittelbar vor dem Turnier ihre Lieblingslieder an. Das kann eine effektive Strategie sein, um sich in eine optimale Wettkampfstimmung zu bringen. Doch diese Strategie muss erst geübt werden, bevor sie wirkt. Hören Sie immer die gleiche CD! Es braucht Zeit, bis man herausgefunden hat, welche Lieder am besten geeignet sind.

Nachdem Sie maximal fünf passende Lieder nach Ihren eigenen Vorlieben herausgesucht haben (die Musik muss Ihnen gefallen und nur Ihnen), überspielen Sie die Lieder auf Ihren MP3-Player oder Sie brennen sie sich auf Ihre Motivations-CD, Länge ca. 18 Minuten. Brennen Sie sich darüber hinaus eine ca. dreiminütige Shortversion, auf der auch all Ihre Musikstücke, nur kürzer und in Auszügen, sind. Diese wenden Sie an

- für das Turnier,
- zum Puschen,
- zum Lockern.

Zu der von Ihnen ausgewählten Musik können auf der CD folgende Aspekte mit aufgenommen werden.

- Ihre Affirmationen (Selbstgespräche)
- Ihre positiven Eigenschaften, Potenziale, Talente und Stärken
- Ihre positiven Assoziationen/Wörter/Bilder zu den Anfangsbuchstaben Ihres Namens
- Texte/Formeln in Richtung Autosuggestion, Selbsthypnose, Erfolgsprogrammierung, Turniervorbereitung

Die Worte/Sätze werden von Ihnen selbst oder einer von Ihnen ausgewählten Person gesprochen.

Hören Sie diese »Sammlung« 2–3 mal die Woche an. Jedes Mal, wenn Sie ein wenig die Lust am regelmäßigen Training verlieren, hören Sie sich Ihr(e) Motivationslied(er) an. Musik ist eine Art Medizin: Sie nehmen sie bei Bedarf.

Das Hören der Musik mit Kopfhörern ermöglicht es Ihnen, sich leichter in der Musik zu »verlieren«. Damit die Musik wirkt, müssen Sie eine Verbindung zwischen dem Lied und dem »hinterlegten« Gefühl herstellen. Fühlen Sie sich richtig in diese motivierende Musik hinein, verstärken Sie in der Anfangszeit dieses Gefühl, hoch motiviert zu sein, das Sie beim Anhören Ihrer Musikstücke empfinden, noch durch eine entsprechend deutliche Körpersprache. Ihr Gesicht strahlt vor Freude – und jeder, der Sie sieht, merkt sofort: »Ja, da ist jemand total motiviert, seine beste Leistung zu erbringen und zu reiten.« Nach einer gewissen Zeit kommt dann dieses hinterlegte Gefühl von alleine – zu dem Zeitpunkt beginnt die Strategie so richtig zu wirken.

Arbeit mit Vorbildern – Modelling

Was kann ich von Vorbildern lernen?

Das Lernen am Modell ist eine der erfolgreichsten Lernmethoden, die es gibt. Im NLP sprechen wir vom Modelling. Modelling ist eine NLP-Urdisziplin. Modelling heißt, dass Spitzenleistungen von hervorragenden Könnern beobachtet und in kleine Brocken (Chunks) zerlegt werden, um sie schließlich auf eine Art und Weise zu beschreiben, die es Ihnen ermöglicht, sie nachzumachen.

Man kann – nach Dilts – sagen:
»NLP ist der Prozess, mit dessen Hilfe die relevanten Verhaltensbestandteile jener kommunikativ besonders außergewöhnlich begabten Menschen entdeckt und zu einem Arbeitsmodell organisiert wurden.
.... NLP hat Techniken und Unterscheidungskriterien entwickelt, mit denen Muster verbalen und nonverbalen Verhaltens identifiziert und beschrieben werden.
.... Das Ziel des NLP-Modelling-Prozesses ist nicht, dass die eine richtige oder wahre Beschreibung des Denkprozesses einer bestimmten Person herauskommt, sondern vielmehr, eine instrumentelle Landkarte anzufertigen, die uns erlaubt, die modellierten Strategien auf irgendeine nützliche Art und Weise anzuwenden.«

Das Spektrum des Modellierens reicht vom unbewussten und informellen Modellieren (das wir ständig mit anderen machen) bis hin zu anspruchsvollen, komplexen Modellierungs-Strategien von Höchstleistungen in verschiedenen Bereichen. Modellieren ist ein natürlicher Prozess. Kinder modellieren intuitiv ihre Eltern und andere Personen und lernen so auf unbewusste Weise komplexe Verhaltensweisen, Einstellungen und Sichtweisen.

Die am häufigsten im NLP angewandten Methoden sind:
1. das Erinnern und nochmalige Erleben einer spezifischen Erfahrung oder
2. das Durchführen einer Aufgabe, die eine spezielle Fähigkeit, Strategie, Ressource oder einen Problemzustand voraussetzt oder auslöst.

Suchen Sie sich ein Vorbild – tot oder lebendig, ein Idol, das all die gewünschten Eigenschaften – Strategien, Ressourcen, Techniken und spezielle Fähigkeiten – besitzt, die Sie selbst gerne hätten; oder jemanden, den Sie wegen der Art und Weise, wie er sein Leben gelebt hat, bewundern. Welchem Vorbild möchten Sie nacheifern? Die Betonung liegt dabei auf Bildern, d. h. es ist egal, ob Ihr Idol eine Person, ein Tier, ein Gegenstand, eine Situation oder eine Comicfigur ist.

Beispiele: Erfolgreiche Spieler oder andere Sportler, Stars, die nicht aus dem Sport kommen, der Mönch (als jemand, der sein Leben einer Sache widmet und dabei bewusst auf vieles verzichtet), der Löwe (als Herrscher im Tierreich, ohne natürliche Konkurrenz), eine Situation, die Sie als besonders motivierend in Erinnerung haben, Delphine, Tai-Chi-Lehrer (Ruhe und Konzentration, genaue und flüssige Bewegungen, Harmonie mit uns selbst und mit unserer Umwelt), usw. Wenn es in Ihrem eigenen Stall keine geeigneten Reiter gibt, die Ihnen als Modell/Vorbild dienen können, fragen Sie in Nachbarställen, ob Sie jemanden, dessen Reitweise Ihnen gefällt, während des Trainings auf Video aufzeichnen dürfen.

Schreiben Sie auf, wen oder was Sie sich zum Vorbild nehmen. Schreiben Sie die Begründung dazu. Nehmen Sie sich Zeit für diese Übung, und erledigen Sie sie mit viel Sorgfalt.

Die eigenen Möglichkeiten entfalten

In den meisten Fällen können Sie von der Prämisse ausgehen: »Was der/die kann, das kann ich auch. Ich muss es nur üben.« Selbst wenn Ihr Vorbild sich in wichtigen Punkten von Ihnen unterscheidet, gibt es die Möglichkeit, sich von dieser Person eine Scheibe abzuschneiden: die Art sich zu bewegen, einen bestimmten Blick, eine Geste. Wir scheuen oft davor zurück, uns Dinge von Menschen abzugucken, die völlig verschieden von uns wirken. Wenn Sie jedoch Ihr Verhaltensrepertoire erweitern wollen, sollten Sie gerade von Menschen lernen, die Ihnen auf den ersten Blick völlig fremd erscheinen.

Fragen Sie sich:
- Was kann ich von ihm/ihr lernen?
- Was tut er/sie, das mich, wenn ich es täte, ebenso erfolgreich machen würde?
- Wie hat er/sie es dorthin geschafft?

Sich ein Vorbild zu suchen und sich dann dementsprechend zu verhalten, ist ein sehr mächtiges Instrument zur Verhaltensänderung, weil es sich auf das Selbstbild auswirkt. Die Art, wie wir uns sehen, beeinflusst unser Verhalten. Wenn wir uns also als Profi sehen, wird unser Verhalten wie von selbst professioneller denn je werden.

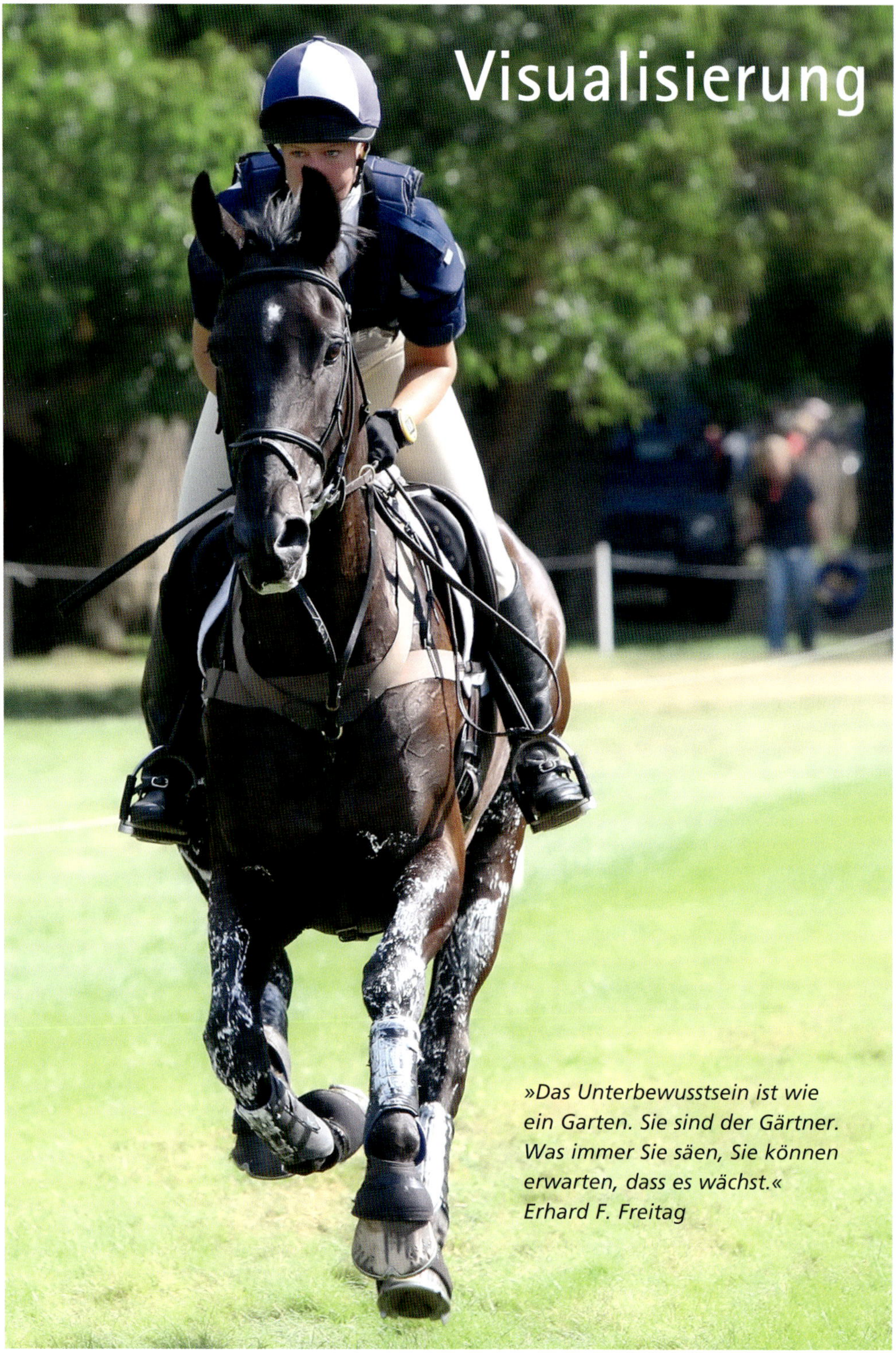

Visualisierung

»Das Unterbewusstsein ist wie ein Garten. Sie sind der Gärtner. Was immer Sie säen, Sie können erwarten, dass es wächst.«
Erhard F. Freitag

Visualisierung

Die Visualisierung ist seit langem eine wichtige Technik in der Sportpsychologie. Athleten, die an Sportarten wie Bobfahren, Golf, Skifahren, Fußball oder Boxen teilnehmen, visualisieren, um ihren Geist und Körper auf Höchstleistungen zu programmieren. Die Visualisierung kann auch dabei helfen, Ruhe und Konzentration zu erreichen, in die ›Zone‹ zu kommen und mit Stress und Leistungsangst umzugehen.

Ob wir uns dessen bewusst sind oder nicht, die meisten von uns nutzen die Vorstellungskraft. Wer hat nicht schon einmal davon geträumt, eine wichtige Fähigkeit in einer kritischen Situation perfekt auszuführen? Beim Visualisieren stellen wir uns Ergebnisse oder Ereignisse vor unserem geistigen Auge vor, um unsere eigenen Erfahrungen wiederzugeben oder zu erschaffen oder um andere zu imitieren.

Visualisierung ist eine Möglichkeit, Ihre Trainingszeiten mit dem Pferd zu erhöhen, ohne dass Sie Ihren Schreibtisch, Ihr Zuhause oder die Schule verlassen müssen. Die Wissenschaft zeigt, dass man durch Visualisierung neuronale Pfade im Gehirn schaffen kann, und je stärker der neuronale Pfad ist, desto gewohnheitsmäßiger wird die Aufgabe (Neuroplastizität). Wenn man visualisiert, lassen sich körperliche Aufgaben leichter erlernen und verbessern. In diesem Kapitel gebe ich Ihnen einige Tipps an die Hand, wie Sie durch Visualisierung Ihre Reitfähigkeiten mental und körperlich verbessern können.

Was bedeutet Visualisierung?

Imagination, Visualisierung und mentales Training sind Begriffe, die sich auf das Sehen mit dem geistigen Auge beziehen, d. h. auf die Fähigkeit, ein kontrolliertes geistiges Bild zu erzeugen, das zur Verbesserung der Leistung manipuliert werden kann.

Der Sportpsychologe Jim Loehr sagt: »Visualisieren ist nichts anderes als das systematische Trainieren, starke, positive geistige Bilder in sich hervorzurufen und zu verstärken. (…) Visualisieren ist der Vorgang, im Geiste Bilder zu erzeugen. (…) Es ist ganz einfach die Anwendung der Phantasie, der Vorstellungskraft, man sieht mit dem geistigen Auge. Es ist die Re-Kreation, die Wiedererschaffung eines vergangenen Erlebnisses durch geistige Vorstellungsbilder.« (Loehr, 1991, S. 109–110).
Visualisieren ist …

- das ›Vergegenwärtigen oder Vorstellen geistiger Bilder‹ (vgl. Peter Terry, 1990, S. 53), Kopfkino, bildhaftes Vorstellen,
- Denken in Bildern anstatt in Worten, also das Vorstellen in Bildern eines Bewegungs-, Handlungsablaufs oder eines Ziels. Es ist ein selbst geschaffenes gedankliches Vorstellungsbild.
- das ›Programmieren‹ von positiven Vorstellungsbildern
- die Anwendung der Vorstellungskraft – Sie ›sehen mit dem inneren Auge‹
- die geistige Rekonstruktion einer Erfahrung durch imaginäre Vorstellungsbilder. Es bedeutet, dass wir auch die Gefühle, Sinneswahrnehmungen und Emotionen wieder wecken, welche diese Bilder begleiten.
- die Wiederholung einer physischen Leistung, Lektion, Kombination oder Bewegung im Kopfkino
- Was wir vor unserem geistigen Auge sehen, verleiht all unseren Zielen, Hoffnungen und Träumen Glaubwürdigkeit.
- Die Bilder werden zur sich selbst verwirklichenden Prophezeiung.
- Die Bilder werden Teil der mentalen Software.
- Die Bilder bewegen sich vom Kopf in den Körper, sodass Sie tatsächlich besser sitzen und effektivere Hilfen geben.

Die meisten Topathleten und Leistungssportler vieler Disziplinen in aller Welt trainieren das Visualisieren regelmäßig und wissen sehr wohl um den Wert, der sich in ihrer Leistung niederschlägt. Was sie gelernt haben, können auch Sie lernen:
Die Kunst des Visualisierens ist eine der wirksamsten mentalen Trainingsstrategien, die aktiven Sportlern zur Verfügung steht.

Wer trotz aller Beweise, die die Hirnforschung für die Macht der inneren Bilder liefert, immer noch skeptisch ist, dem schlägt Luise Reddemann einen einfachen Test vor:
Denken Sie an etwas Unerfreuliches, und nehmen Sie wahr, wie sich das auf Ihren Körper auswirkt. Wie atmen Sie? Wie ist der Puls? Wie ist der Muskeltonus? Denken Sie jetzt an etwas Schönes. Wie fühlt sich Ihr Körper nun an? Das Ergebnis ist bei allen Menschen gleich. Bei den unangenehmen Bildern wird die Atmung flach, der Puls geht schneller, die Muskeln verkrampfen sich. Das angenehme Bild verlangsamt den Atem, die Muskeln lockern sich, der Puls kommt zur Ruhe.
Müssen wir uns immer nur etwas Schönes vorstellen und schon geht es uns gut? »Natürlich nicht«, antwortet Luise Reddemann. »Aber wenn ich mir immer nur Unerfreuliches vorstelle, muss ich mich nicht wundern, wenn ich mich schlecht fühle.« Wer ohnehin belastet ist, findet oft keinen Ausstieg mehr aus dem Sorgenkarussell, hat nur noch belastende Bilder im Kopf und stellt sich vor, was noch alles schief gehen könnte. »Deshalb mache ich Menschen Mut, sich auch mit dem Heilsamen zu beschäftigen. Und dabei helfen gute innere Bilder sehr.«

Wenn wir das erste Mal auf ungewöhnliche, herausfordernde Situationen stoßen – das erste Turnier, die perfekte Übung – Abrollen der Dressurprüfung Lektion für Lektion in perfektem Stil vor dem geistigen Auge –, die ersten Olympischen Spiele – können wir uns mit Visualisierungen hervorragend darauf vorbereiten. Ich ermutige Sie, auf der Internetseite des Reitturniers zu surfen, auf dem sie demnächst starten wollten, und so viele technische und visuelle Informationen wie möglich zu sammeln. Mit dieser Hilfe können alle möglichen Details von der Größe des Turnierplatzes, über die Anordnung der Tribünen bis hin zum Abreiteplatz mit dem Bereich für die Trainer in die Visualisierung einfließen. Sie sind vertraut damit, wie es auf dem Turnierplatz aussieht, wenn Sie selbst dort reiten und von Zuschauern und Kameraleuten umringt sind. Visualisierungen bringen Farbe ins Spiel bei der mentalen Vorbereitung von Sportlern und Trainern. Ihre Bilder (im Geiste) sind Vorschauen auf Attraktionen.

Unsere (bewussten und unbewussten) Vorstellungen haben erhebliche Konsequenzen auf unser Verhalten, unser Selbstvertrauen, unsere Gefühle und unsere gesamte Körperchemie. Vorstellungen können stärker sein als »tatsächliche« Erlebnisse.

Der Philosoph Epitet vor 2000 Jahren: »Es sind weniger die Ereignisse, die den Menschen beunruhigen, als vielmehr die Vorstellungen, die er sich von diesen Ereignissen macht.«
Gedanken, Bilder und Vorstellungen über unsere Fähigkeiten und Talente bestimmen unser Leben.

Anwendungsmöglichkeiten für die Visualisierung

- Verbesserung Ihrer Reiterei. Sie haben z.B. Mängel im Bewegungsablauf. Diese Fehler treten immer mal wieder auf, vor allem dann, wenn Sie unter Druck geraten.
- Sie Ihren Zielen schneller näher zu bringen, Definition von Zielen
- Fassen von Mut
- Steigerung von Selbstvertrauen
- Heranwagen an Schwieriges
- Motivation
- Erlernen von neuen Lektionen und Fertigkeiten
  1. Beobachtung einer zu erlernenden Lektion, Wiederholung der Bewegungen in Gedanken im Zeitlupentempo
  2. Einprägung von wichtigen Details einer Lektion

  Je mehr langatmige Erklärungen durch Bilder ersetzt werden beim Lernen, umso einfacher und effektiver werden Lektionen beherrscht und umso schneller geht der Lernprozess voran. Ganz gleich, ob Sie in der Position des Reitlehrers oder des Reiters sind – die Kunst des Visualisierens spielt eine große Rolle dabei, Lektionen zu verstehen. Wenn Sie den Kern einer Lektion in einem einfachen Bild einfangen können, so fällt das Üben viel leichter.
- Korrektur bzw. Optimierung von Bewegungen und Lektionen, die nicht so recht gelingen wollen.
- Abbau von Ängsten
- Entspannung

- Veränderung von Verhalten
- besserer Sitz, effektive Hilfengebung
- Entwicklung taktischer Kenntnisse
- Vorbereitung auf eine Turnierprüfung
- Teil des Rituals in der Nacht vor dem Vielseitigkeitsturnier
- nach dem Abgehen eines gleich zu reitenden Springparcours
- Betrachtung eines erfolgreichen Ritts in Ihren jeweiligen Herausforderungen
- Sie sehen sich in Turnier-/Dressurprüfungen unter schwierigen Bedingungen wie zum Beispiel großen Zuschauermengen, nicht optimalen Bodenverhältnissen und alles andere als positiv gestimmte Richter Erfolge erzielen.
- Das Bild einer Glaskugel zum Schutz vor allen störenden Einflüssen: »Nur ich und mein Pferd unter der Glaskugel!«
- Das Visualisieren von Bildern, um Freude und Spaß am Reiten zurückzugewinnen: »Ich tanze jetzt mit meinem Pferd auf dem Parkett – welch eine Freude!«
- Die Erinnerung an glückliche Kindheitsfotos vom Reiten und die starke Vergegenwärtigung dieser Situationen.

Das Bild, das Sie entwickeln, benötigt so viele Detailinformationen wie möglich darüber,

- wo Sie reiten,
- welches wohl die potenziellen Herausforderungen sind,
- wie Sie ihnen begegnen werden,
- wie die Situation aus der Reiter- und der Zuschauerperspektive aussehen mag.

Fallbeispiele

Beispiel 1: Sie reiten aus und eine Straße hinunter. Sie sehen, dass die Nachbarin den Müll (aus Jane Savoie. 2006. S. 84) vors Haus an die Straße gestellt hat, und denken sich: »Hoffentlich dreht er nicht ab in die entgegen gesetzte Richtung, wenn er diese Müllsäcke sieht.« Während Sie dies denken, stellen Sie sich lebhaft vor, wie Ihr Pferd genau das tut. Ehe sie sich versehen, hat Ihr Pferd abgedreht und strebt in die entgegengesetzte Richtung, und es versteht überhaupt nicht, warum sie sich deshalb aufregen. Schließlich haben Sie ihm übermittelt, dass es abdrehen und weglaufen sollte. Wenn Sie möchten, dass Ihr Pferd sich nicht aufregt, müssen Sie ihm ein klares Bild davon übermitteln, wie es genau dies tut.

Beispiel 2: Verbessern Sie Ihr Schenkelweichen. Zoomen Sie im Kopf die Hinterbeine Ihres Pferdes heran, die sich deutlich kreuzen. Visualisieren Sie, wie Ihr Pferd hoch im Karpal- und im Sprunggelenk die Beine kreuzt. Halten Sie dieses Bild fest, wäh-

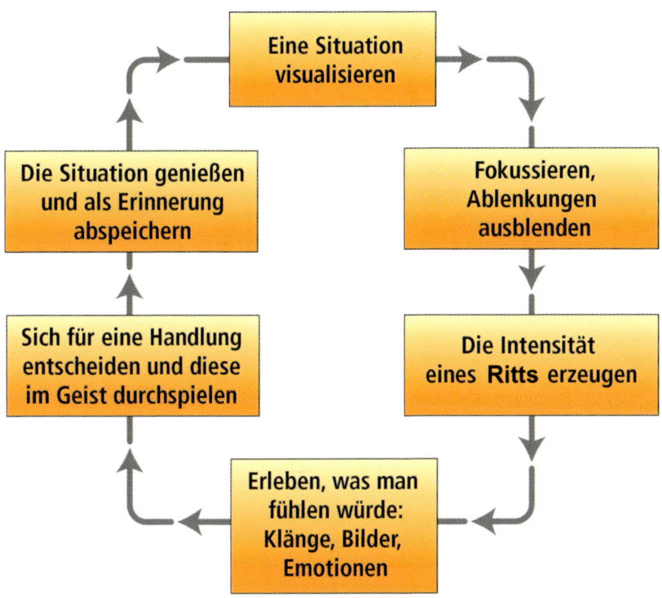

Der Prozess der Visualisierung (vgl. Bill Beswick (2011) Mental gewinnen. Erfolgsfaktoren im Fußball. S.98)

rend Sie Schenkelweichen reiten, sodass nicht nur Ihre Muskeln auf dieses Bild reagieren, sondern auch das Pferd ein klares Bild davon hat, was Sie von ihm verlangen.

Jane Savoie und der in der Piaffe etwas schwache »Zapatero« – Arbeit an der Piaffe (aus Jane Savoie. 2006. S. 84): Die Pferdebeine sollen sich diagonal energisch auf und ab bewegen. Jane Savoie konzentrierte sich auf eine ganz korrekte Piaffe und hatte im Kopf ein klares Bild davon, wie Zapateros Hinterbeine nebeneinander auf der Stelle traten. Wanderte ihr Geist ab, tanzte er auf dem Seil. Sobald sie Ihre Aufmerksamkeit wieder auf seine Hinterbeine richtete, nahm er sie wieder auseinander und beugte sie aktiv. Während der ganzen Lektion hatte sie ihre Hilfen nie verändert. Das Einzige, was sich veränderte, war das Bild in ihrem Kopf.

Andrew Matthew schreibt in seinem Buch »Being Happy«: »Eine Verbesserung erreicht man am schnellsten, wenn man regelmäßige körperliche mit regelmäßigen geistigen Übungen verbindet. Neuere wissenschaftliche Erkenntnisse beweisen, dass Sie, wenn Sie sich vorstellen, eine Aufgabe zu erfüllen, Ihr mentales Programm ebenso verändern, als wenn Sie die Aufgabe wirklich erledigen. In Ihren Gehirnzellen finden elektro-chemische Veränderungen statt, die für ein neues Verhalten sorgen. Diese Muster in unseren Gehirnzellen wünschen wir uns so perfekt wie möglich, und der einzige Ort, wo wir zu perfekten Handlungen fähig sind, ist unsere Vorstellung.«

Wissenschaftliche Studien haben gezeigt, dass die elektrischen Signale zwischen Muskeln und Neuronen dieselben sind, wie wenn die Leistung tatsächlich physisch ausgeführt wird, wenn Menschen, die in der Vorstellungskraft geübt sind, eine Leistung mental proben. So kann das mentale Training durch Wiederholungen das Muskelgedächtnis genauso aufbauen wie das körperliche Üben.

Ein höchst scharfsichtiger Mann namens Dr. Maxwell Maltz machte die folgende aufschlussreiche Beobachtung: Ihr Gehirn und Ihr Unterbewusstsein – das letztendlich Ihre Handlungen bestimmt – sind unfähig, zwischen dem zu unterscheiden, was wirklich und echt geschehen ist und existiert, und dem, was Sie sich intensiv vorgestellt/eingebildet bzw. in Ihrer Vorstellung geübt (visualisiert) haben. Wenn Sie sich etwas genau vorstellen, ja wirklich »sehen« können, dann ist es, als wäre es bereits geschehen. Wenn Sie ein klares und lebhaftes Bild davon haben, wie Sie im morgigen Turnier gut reiten, wenn Sie sich selbst sehen, wie Sie ruhig, gelassen und entspannt bleiben, wie Sie Ihr Temperament unter Kontrolle haben usw., und zwar in dem Sinne, wie Sie die Information in Ihr Zentralnervensystem einprogrammiert haben, ist es für Ihr Gehirn bereits

Vermeiden Sie:

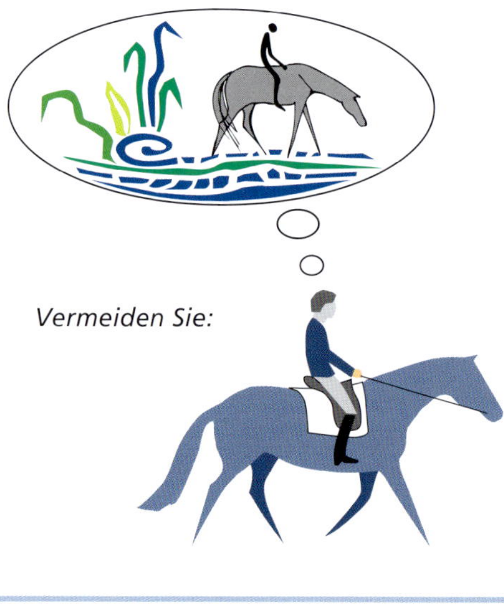

Stellen Sie sich und Ihr Pferd vor, wie Sie gut reiten – und Ihr Pferd wird dieser Vorstellung entsprechen.

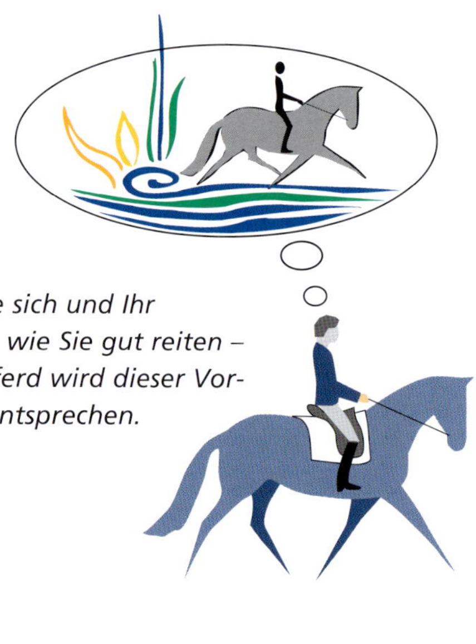

geschehen. Denken ebnet also den Weg, es auch zu tun!

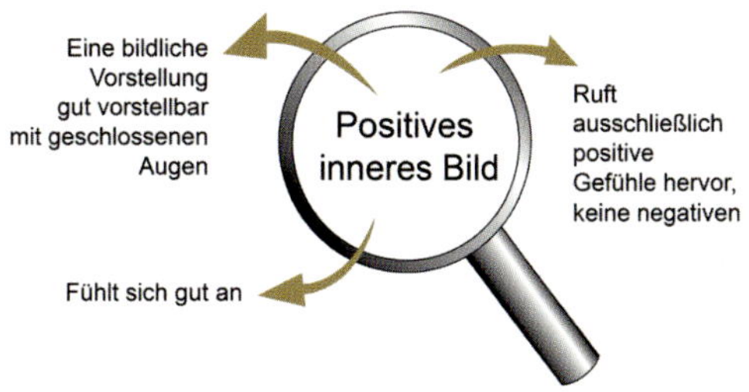

Schlüssel für wirksame Imagination

Erstens sollten die Bilder positiv sein. Stellen Sie sich immer vor, wie Sie korrekt reiten. Stellen Sie sich nicht mental auf das Schlimmste ein. Das bereitet Sie auf nichts vor, außer das Schlimmste zu schaffen. Reiten Sie stattdessen Ihr Pferd und erleben Sie die Dinge, die täglich passieren. So können Sie sich auf einen Spuk oder einen Ausbruch vorbereiten.

Wenn Sie mit Hilfe von Bildern reiterliche Probleme beheben wollen, sollten Sie nach einer Wiederholung der schlechten Leistung / Ritt immer ein Bild von sich selbst sehen, wie Sie Fehler überwinden und die Lektionen korrekt ausführen. Bilder bauen das Muskelgedächtnis auf; positive Bilder verstärken die Erinnerung an die korrekte Ausführung.
Die Vorstellung sollte so viele Sinne wie möglich einbeziehen: visuell (sehen), auditiv (Geräusche), olfaktorisch (Gerüche), gustatorisch (Geschmack), taktil (Berührung), kinästhetisch (das Gefühl des Körpers).

Die Bewertung der Qualität Ihrer Bilder ermöglicht es Ihnen, Ihre Fortschritte bei der Entwicklung Ihrer Fähigkeiten zu verfolgen, und weist Sie auf Aspekte Ihrer Bilder hin, die möglicherweise mehr Aufmerksamkeit erfordern. Notieren Sie, welcher Teil Ihrer Visualisierung besonders gut funktioniert oder woran Sie zukünftig arbeiten müssen.

Bewerten Sie nach Ihrer Visualisierung die Qualität Ihrer inneren Bilder anhand der folgenden Skala.
3 - Ich konnte das Bild kontrollieren; dieser Sinn war sehr realistisch, stark und klar
2 - Ich hatte etwas Kontrolle über das Bild; dieses Gefühl war mäßig stark und klar
1 - Ich hatte wenig Kontrolle über das Bild; dieses Gefühl war nicht stark oder klar
0 - Dieser Sinn war nicht vorhanden; ich war nicht in der Lage, diesen Sinn in meinem Bild hervorzurufen.

Lassen Sie Gefühle in Ihre Bilder einfließen: sanft, kraftvoll, fließend, verbunden ... was immer Sie suchen. Ein großer Fehler ist es, nur ein visuelles Bild zu haben. Sie wollen in Ihrem Bild ›baden‹, es fühlen und so präsent sein, wie Sie es wären, wenn Sie es tatsächlich tun würden.

Und da wir Menschen glücklicherweise alle verschieden »ticken« – setzen wir auch unsere sinnesorganischen Fähigkeiten verschieden ein.
Während es dem einen sehr leicht fällt, Bilder mit seiner Vorstellungskraft herbeizuzaubern, kann ein anderer sich besser am Geruch oder Geschmack orientieren.

Tipp

Beginnen Sie mit einfachen, statischen, also nicht bewegten, Bildern und versuchen Sie sich erst später an komplexen Szenen.

Beziehen Sie beim Visualisieren alle Sinne mit ein.

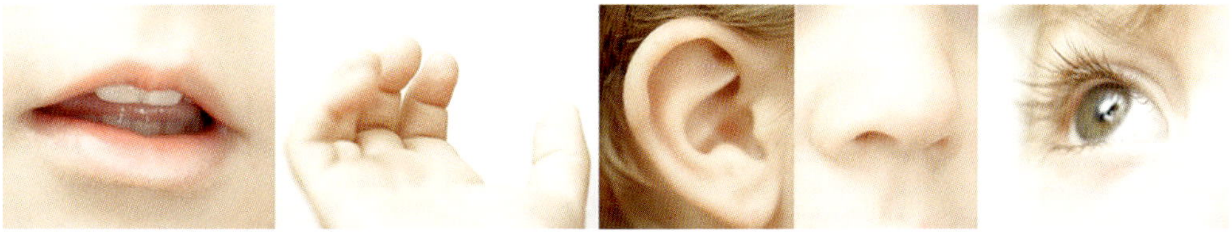

Beißen in eine Zitrone
Schließen Sie die Augen und versuchen Sie, eine leuchtend gelbe Zitrone zu sehen. Halten Sie die Zitrone in Ihrer Hand. Fühlen Sie die Beschaffenheit der Zitronenschale. Riechen Sie den sauren Zitronengeruch. Drehen Sie die Zitrone in Ihrer Hand um und stellen Sie fest, dass aus der ganzen Zitrone ein Stück Zitrone herausgeschnitten wurde. Stellen Sie sich vor, wie Sie das Zitronenstück in der Hand halten und es zum Mund führen. Riechen Sie an dem frischen Zitronensaft. Nehmen Sie einen Bissen von der Zitronenspalte. Spüren Sie, wie sich Ihre Lippen zusammenziehen und Ihnen das Wasser im Mund zusammenläuft, wenn Sie den starken, sauren Zitronengeschmack schmecken. Öffnen Sie nun langsam die Augen, ruhen Sie sich einen Moment lang aus und bewerten Sie dann Ihre Visualisierung mit Hilfe der Bildbewertungsskala.

Nach der Visualisierung bewerten Sie die Qualität Ihrer Bilder anhand der folgenden Skala.
3 - Ich konnte das Bild kontrollieren; dieses Gefühl war sehr realistisch, stark und klar
2 - Ich hatte etwas Kontrolle über das Bild; dieses Gefühl war mäßig stark und klar
1 - Ich hatte wenig Kontrolle über das Bild; dieses Gefühl war nicht stark oder klar
0 - Dieser Sinn war nicht vorhanden; ich war nicht in der Lage, diesen Sinn in meinem Bild hervorzurufen.

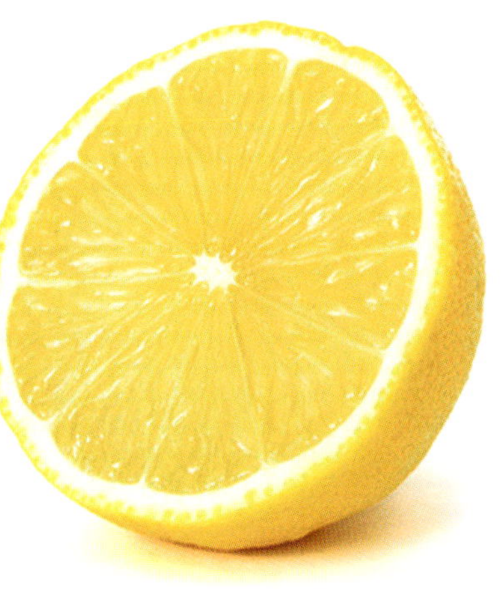

Welche Erkenntnis haben Sie gewonnen?
Wenn Sie sich obiges Szenario bildhaft ausgemalt haben, dann haben Sie vermutlich zwei Dinge festgestellt:
1. Ihr Mund hat vermehrt Speichel produziert und
2. Sie haben Ihr Gesicht verzogen.

Dieses kleine Experiment zeigt zweierlei:
1. Ihre Gedanken und Phantasien sind Kräfte, die Ihren Körper veranlassen, zu reagieren. Ihr Körper und Ihre Gesichtsmuskulatur haben so reagiert, als hätten Sie tatsächlich in die Zitrone gebissen. Sie haben sich so gefühlt, als hätten Sie das getan, was Sie sich in Wahrheit nur eingebildet haben.

2. Sie können ferner sehen, dass Ihr Gehirn nicht unterscheiden kann, ob Sie tatsächlich etwas erleben oder ob Sie sich nur einbilden, etwas zu erleben. Obwohl Sie selbst ganz genau wissen, dass Sie sich das Ganze nur eingebildet haben. Für Ihr Gehirn war die Einbildung Realität. Daran können Sie erkennen: Unser Gehirn ist ein guter und zuverlässiger Diener, aber ein schlechter Herr.

Merke
Ihr Gehirn verrichtet stumpfsinnig seine Arbeit wie ein Computer. Es kümmert sich nicht darum, ob etwas Realität oder Einbildung ist. Es verarbeitet jede Information so, als wäre sie real. In der Computersprache sagt man: garbage in, garbage out – was so viel heißt wie: wenn Sie Müll eingeben, kann nichts Sinnvolles dabei herauskommen.

Welche Bedeutung hat diese Erkenntnis für Ihren Alltag?
Achten Sie auf Ihre Gedanken und Vorstellungen. Da Ihr Gehirn sich nicht darum kümmert, ob etwas Realität oder Einbildung ist, müssen Sie diese Aufgabe übernehmen. Sie müssen überprüfen, ob Ihre Gedanken und Vorstellungen der Realität entsprechen. Sie fühlen, was Sie denken und sich einbilden.

Wenn Sie mit Ihrer Vorstellungskraft ein wenig herumexperimentieren, gelingt es Ihnen bald, schnell und unkompliziert bekannte, aber auch unbekannte Bilder vor Ihrem geistigen Auge entstehen zu lassen.

Mentales Training oder geistiges Proben werden gern im gleichen Atemzug mit dem Visualisieren genannt.

Voraussetzungen für das Visualisieren

Die wichtigsten Voraussetzungen für Visualisierung sind die folgenden (Loehr 1988, 111):

1. Jeder unterscheidet sich in seiner Fähigkeit des Visualisierens. Einige können sich ein sehr klares Bild in all seinen Einzelheiten machen. Andere können nur sehr wenig »sehen« und erleben.
2. Die Fähigkeit zu visualisieren ist eine erlernte Fertigkeit. Je mehr Sie sie trainieren, umso besser werden Sie darin.
3. Das Visualisieren ist eine der wirkungsvollsten Techniken, die man anwenden kann, um Selbstkontrolle, Selbstvertrauen und mentale Stärke im Sport zu erlernen.
4. Die Kunst des Visualisierens verkörpert hinsichtlich des Leistungsvermögens das Bindeglied zwischen dem Geist und dem Körper. Diese Technik ist die wirkungsvollste Form der Kommunikation zwischen geistigen Vorstellungen und körperlicher Leistung.

Unter welchen Bedingungen haben Ihre Visualisierungen die stärkste Wirkung?

- Wenn Sie sich an einem bequemen und ruhigen (Lieblings-)Ort, z. B. den gemütlichen Lieblingssessel, befinden, frei von jeglicher Ablenkung.
- Wenn Sie Gefühle, Gedanken und Wünsche oder Sehnsüchte beiseite legen können, die keinen Bezug zu dem geistigen Vorstellungsbild haben.
- Am besten schließen Sie die Augen, wenn Sie visualisieren, also üben Sie das nicht beim Autofahren! Aber Sie können dies überall dort tun, wo Sie in der Lage sind, innezuhalten, zu atmen und zu visualisieren. Atmen Sie fünf Mal tief ein und verbinden Sie sich visuell mit dem Bild in Ihrem Kopf. Spüren Sie das Bild so gut wie möglich.
- Üben Sie ohne Druck! Sollten Sie anfangs Schwierigkeiten habe, Bilder »zu sehen«, machen Sie sich keine weiteren Gedanken. Viele Menschen »fühlen«, »spüren« oder »denken« ihre Bilder. Mit der Zeit fällt es Ihnen immer leichte, innere Bilder zu sehen.
- Visualisieren Sie in so vielen Einzelheiten und Details wie möglich.

Das Wichtigste bei der Visualisierung ist üben, üben, üben. Es gibt keine magische Pille, um besser zu werden. Sie müssen die Arbeit machen. Das Tolle an der Visualisierung ist, dass sie täglich nicht viel Zeit in Anspruch nimmt, aber man muss sie als Programm durchführen, um wirklich effektiv zu sein. Wenn Sie ein paar innere Bilder erstellen und diese mindestens einen Monat üben, werden Sie über das Ergebnis erstaunt sein.

Fallbeispiel:
Verbesserung der Trabverstärkung

Fangen Sie mit Ihrem Pferd an. Die Stute hat ein Stockmaß von 1,65 m, ist ein Schimmel und hat eine Blesse. Sie ist an allen vier Beinen weiß gefesselt und trägt an allen vier Beinen grüne Bandagen.
Was haben Sie an? Sie tragen Ihre blauen Reithosen, schwarze Stiefel mit einem Reißverschluss hinten, einen weiß-roten Pullover, blaue Reithandschuhe aus Leder und Ihre schwarze Reitkappe.
Was für ein Tag ist es? Es ist ein grauer Spätherbsttag. Es hat ca. neun Grad. Es ist feucht, aber es gibt keine Insekten mehr.
Wo befinden Sie sich? Auf dem 20 x 60 m Sandplatz. Sie sehen den Mähnenkamm des Pferdes vor sich. Die Ohren spielen aufmerksam vor und zurück.
Sie fühlen, wie breit der Rumpf Ihres Pferdes unter Ihnen ist, und den beständigen, aber elastischen Kontakt durch die Zügel zum Pferdemaul.
Sie riechen das Fliegenspray, den Geruch der Sattelseife an Ihrem Sattel, die blühenden Blumen, den Misthaufen ...
Sie schmecken das Salz Ihres Schweißes, der über Ihr Gesicht läuft.
Sie hören einen Traktor und den Zweitakt der Hufschläge.
Sie veranlassen Ihr Pferd nach einer oder mehreren Paraden durch die bestimmte, gleichzeitige und gleichmäßige Einwirkung von Gewicht und beiden Schenkeln zu einem größeren Raumgriff. Ihre Hand gibt so viel nach, wie es die Dehnung des Halses zur Rahmenerweiterung erfordert. Sie werden im

Körper größer, lassen Ihren Schwerpunkt sinken. Ihr Körper ist frei und ausbalanciert. Sie reiten im Mitteltrab durch die ganze Bahn. Die Verbindung zum Pferdemaul und die korrekte Selbsthaltung Ihres Pferdes bleiben erhalten. Die Energie zur Verlängerung der Tritte kommt aus der Hinterhand. Sie »sehen«, wie Ihr Pferd im Rahmen länger wird und kraftvoll zulegt. Sie können auch das Bild von einer Dampflokomotive einsetzen, um die nötige Energie aufzubauen. Sie sehen, wie sich die Hinterbeine des Pferdes beugen und strecken.
Vor der nächsten Ecke führen Sie das Tempo mit halben Paraden zurück. Sie treiben Ihr Pferd vermehrt. Die Hinterhand Ihres Pferdes tritt unter.
Dieses Bild wiederholen Sie immer und immer wieder.

- Regelmäßige Wiederholung der Übung oder Aufschreiben der Einzelheiten ist wichtig.
- Ausgangspunkt jeder erfolgreichen Visualisierung ist ein entspannter Zustand (Ihres Gemüts und Ihrer Sinne). In diesem Zustand der Ruhe und Gelassenheit verschwinden alle äußeren Reize, Ihre Motorik kommt zur Ruhe und störende Gedanken werden ausgeschaltet. Sie sind vollständig frei für Ihre inneren Bilder.
- Beziehen Sie Gefühle mit in die vorgestellte Situation ein. Wie fühlt sich Ihr Bild an? Emotionen spielen eine Schlüsselrolle beim Speichern und Abrufen von Erinnerungen. Jede Erinnerung wiederum aktiviert automatisch die daran gekoppelten Emotionen.

Aus Jane Savoie 2006, Seite 143:
Wie können Sie Ihrem Bild von der Trabverstärkung Emotion hinzufügen?
Spüren Sie ein Gefühl der Harmonie, des Einsseins miteinander. Sie und das Pferd sind so aufeinander eingestimmt, dass der Körper Ihres Pferdes Ihr Körper ist. Jeder ist so sehr Teil des Anderen, dass es schwer zu sagen ist, wo Sie enden und das Pferd beginnt.

Vielleicht haben Sie »Kontrollprobleme« und der Gedanke an eine enorme Trabverstärkung macht Ihnen eher Angst. In diesem Fall sind die Emotionen, auf die es ankommt, Kühnheit, Erregung und ein Gefühl der Freiheit. Traben Sie selbstvergessen durch die Diagonale. Vielleicht sind Sie gerührt vor Stolz.
Versuchen Sie nun Folgendes: Erinnern Sie sich an Ihren besten Ritt und spielen Sie ihn in Ihrem Kopf ab. War es leicht oder schwer, sich daran zu erinnern? Wenn es schwer war, bedeutet das einfach, dass Ihre Visualisierungsfähigkeiten geschärft werden müssen (mit anderen Worten: geübt werden müssen). Haben Sie das Bild so gesehen, als ob Sie auf dem Pferd sitzen und reiten würden, und haben Sie Ihre Hände oder den Kopf des Pferdes gesehen? Oder haben Sie sich selbst so gesehen, als ob Sie von der Seitenlinie aus zuschauen, sich selbst beobachten, wie es jemand anderes tun würde? Beide Perspektiven sind wirksam.

Die »subjektive Visualisierung«

Es gibt zwei höchst unterschiedliche Zugänge zum Visualisieren, und beide rufen sehr unterschiedliche Ergebnisse hervor. Wir nehmen bei der verbundenen Visualisierung unser Reiten aus der Perspektive der eigenen Augen bzw. aus unserer persönlichen Sicht, bzw. mit allen Sinnen, wahr (Hörst 2003, 36). Sie werden in Ihrer Vorstellung der Darsteller, der aktive Teilnehmer; dies wird auch mit »subjektiver Visualisierung« bezeichnet. Hierbei führen Sie die Bewegungen körperlich in Ihrer Vorstellung aus und »fühlen« geistig/emotional das Resultat. Der visualisierte »Film« sollte so viele Wahrnehmungen und Empfindungen wie möglich enthalten. Bei der subjektiven Visualisierung sind die Muskeln in genau der gleichen Folge aktiviert, wie dies bei einer tatsächlichen physischen Ausführung geschehen würde. Dies ist eine ausgezeichnete Methode, physische Fertigkeiten einzustudieren bzw. einen möglichst detaillierten, mentalen Film eines zukünftigen Erfolgserlebnisses zu konstruieren. Es sollten aus der verbundenen Perspektive ausschließlich positive zukünftige Leistungen mit dem Pferd visualisiert werden. Für die Visualisierung unerwünschter Ergebnisse sollte unbedingt in die gelöste Perspektive gewechselt werden (Hörst 2003, 37).

Die »objektive Visualisierung«

Bei der gelösten Visualisierung betrachten wir unser Reiten aus einer Zuschauerperspektive bzw. von außen auf die eigene Person (TV-Perspektive: Wir betrachten uns im Fernseher). Die Visua-

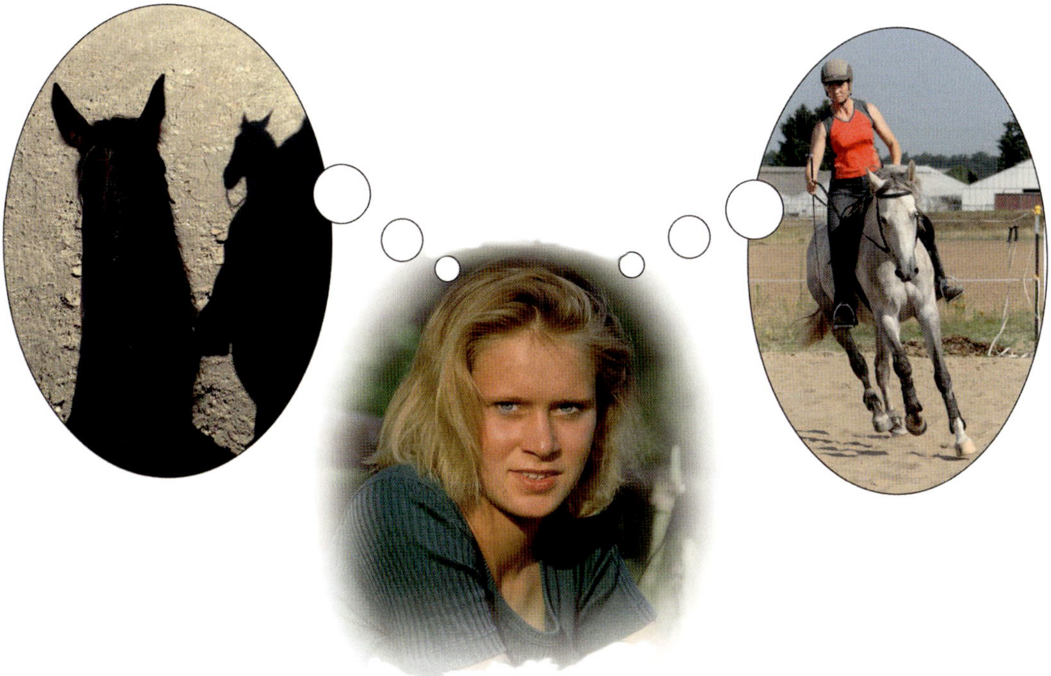

lisierungsmethode verlangt, dass Sie zum »Beobachter« werden. Mit dieser Methode, auch »objektive Visualisierung« genannt, sehen Sie sich von außen – als betrachteten Sie einen Film von sich selbst: sehen sich selbst auf einem Podium stehen oder diejenigen Reitleistungen bewältigen, die Sie als das Ziel Ihrer Träume bezeichnen würden. Nehmen Sie Ihr großes Ziel ins Visier samt den Gedanken und Gefühlen, die damit einhergehen. Es ist wichtig, gedanklich immer wieder einmal zum Endziel zu wandern – zu Ihrer eigenen, persönlichen Goldmedaille. Vorstellungen, mit denen wir aus der Sicht von außen auf die eigenen Leistungen blicken, können als Gedächtnisstütze dienen, wohin wir uns reiterlich entwickeln wollen und warum das tägliche Training so entscheidend ist. Es lohnt sich, sich in schwierigen Augenblicken an hohe Ziele zu erinnern.

Die Selbstbetrachtung von außen kann Ihr Selbstvertrauen stärken, bevor Sie Herausforderungen angehen, über die Sie sich Sorgen machen.
Diese Perspektive eignet sich am besten, um in der Vergangenheit liegende, negative Reiterlebnisse z.B. schlechte Leistungen, zu verarbeiten. Dabei geht es darum, aus einer nüchternen Zuschauerperspektive möglichst viele Informationen zu sammeln, die geeignet sind, unsere zukünftige Leistung zu verbessern. Anschließend sollte die verbundene Visualisierung angewendet werden, um die Korrekturen in zukünftige Erfolgserlebnisse zu programmieren (Hörst 2003, 36). Wir betrachten unser Reiten und achten darauf, was sich beim nächsten Reiten verbessern oder verfeinern lässt. Anschließend wechseln wir in die verbundene Perspektive, die Ich-Perspektive, und erschaffen uns einen mentalen Film einer perfekten Lektion/Übung.

Stellen Sie sich in allen wichtigen Aspekten vor, wie es sich anfühlt, ruhig und hochkonzentriert eine Lektion zu reiten. Dabei geht es darum, sich die Lektion/Übung in allen Details positiv und perfekt auszumalen.

Die Selbstbetrachtung von außen bzw. von einem distanzierten Standpunkt aus kann auch sehr förderlich sein, wenn es um die Motivation geht.

Visualisierungsstrategien

(Loehr 1988, 112–113)

1. Trainieren Sie das Visualisieren und das Sich-Vorstellen mit allen Ihren Sinnen.
Versuchen Sie, durch Übung Ihre Fähigkeit zu entwickeln und zu schärfen, klare geistige Bilder von Menschen, (Reit-)Plätzen und Sportereignissen zu erzeugen. Je mehr Sie üben, umso besser werden Sie.

2. Je klarer und detaillierter Ihre geistigen Vorstellungsbilder, desto bedeutender ist die Auswirkung des Visualisierens.

3. Benutzen Sie Fotos, Spiegel, Filme oder Videowiederholungen, um die Exaktheit des geistigen Bildes zu verstärken und zu verbessern – des Bildes, das Sie von sich während einer sportlichen Leistung haben.

4. Wiederholen Sie im Geiste schwierige Lektionen und Kombinationen – Aktionen, die Ihnen Schwierigkeiten bereitet haben. Wird das praktische Training durch eine Fertigkeit aus dem mentalen Training begleitet, dann ist es einem Training, das allein physisch durchgeführt wird, weit überlegen. Das geistige Training kann dazu beitragen, dass Sie Ihre körperlichen Fertigkeiten besser erlernen und beherrschen.

5. Üben Sie, während aller nur möglichen Geschehnisse Ihrer reitsportlichen Auseinandersetzung positive geistige Bilder zu erzeugen und diese zu verstärken. Arbeiten Sie daran, die Misserfolgsbilder auszuschließen, und ersetzen Sie sie durch Erfolgsbilder.

6. Wiederholen Sie im Geiste nützliche mentale und gefühlsmäßige Reaktionen auf schwierige Situationen, die während einer turniermäßigen Begegnung auftauchen können. Anstatt entmutigt, zornig oder ängstlich zu werden, sehen Sie sich vielmehr, wie Sie selbstsicher, gelassen und positiv bleiben.

7. Arbeiten Sie täglich intensiv daran, Ihre negativen und selbst zerstörerischen Selbstbilder zu ändern und umzuformen in positive und konstruktive Bilder.

8. Erstellen Sie ein regelmäßiges Visualisierungs-Trainingsprogramm. Um wirklich gute Ergebnisse zu erhalten, sollte die Kunst des Visualisierens geübt werden, wenn Sie sehr entspannt und ruhig sind. Viele kurze Sitzungen (von etwa 5-minütiger Dauer) sind bedeutend besser als eine oder zwei lange Sitzungen.

Das Visualisieren hat nichts mit Zauberei zu tun und erspart auch nicht das intensive physische Training. Es gibt keinen Ersatz für körperliches Training, aber damit gewinnt man den Kampf nur halb. Die andere Hälfte wird durch das Denken in positiven Bildern gewonnen!

Vorstellungskraft verbessern

Das NLP arbeitet in einem großen Maße mit Methoden, für die Sie in der Lage sein müssen, im Geiste innere Bilder, Töne oder Empfindungen zu erleben und wiederzuerleben. Ihre geistige Vorstellungskraft umfasst alle Ihre fünf Sinne. Hier biete ich Ihnen einige Übungen, mit denen Sie diese Fähigkeit trainieren können.
Für die folgende Übung ist es hilfreich, wenn Sie sie zuerst ganz durchlesen, sich einprägen und dann mit geschlossenen Augen durchführen. Es macht aber auch nichts, wenn Sie zwischendurch wieder auf die Anleitung schauen.

Übung: Verbessern Sie Ihr visuelles Vorstellungsvermögen

Das bildhafte Denken ist nicht nur für verschiedene NLP-Übungen sehr nützlich, es steigert auch Ihr Denkvermögen und Ihre Kreativität.

Hier eine Übung für das bildhafte Vorstellungsvermögen:

1. Schließen Sie die Augen und stellen Sie sich einen Apfel vor. Wenn Sie keinen Apfel mögen, können Sie auch eine Banane nehmen.

2. Beantworten Sie im Geist für sich die folgenden Fragen:
- Wie sieht der Apfel genau aus?
- Wie ist seine Farbe?
- Wie groß ist der Apfel?
- Wie weit ist der Apfel entfernt?

- Sehen Sie den Apfel wie ein Standbild oder bewegt er sich in Ihrer Vorstellung?
- Sehen Sie ein gemaltes Bild oder eher einen fotorealistischen Apfel?
- Sehen Sie den Apfel 2-dimensional oder in 3-D?

3. Fangen Sie nun an, die Eigenschaften Ihres Bildes langsam zu verändern.
- Lassen Sie den Apfel vor Ihrer Vorstellung größer werden, bis er so groß ist, wie Sie selbst. Stellen Sie sich einen gigantischen Apfel vor. Wie viele Apfelkuchen könnten Sie mit diesem Apfel wohl backen?
- Lassen Sie den Apfel als Nächstes wieder kleiner werden, bis er so groß ist, dass er in einen Fingerhut passt. Lässt sich so auch leichter transportieren, nicht?
- Schieben Sie den Apfel in Ihrem Geist so weit weg, bis Sie ihn nur noch erahnen können und
- Holen Sie ihn danach wieder so nahe heran, bis er direkt vor Ihrer Nasenspitze ist.
- Lassen Sie den Apfel als Nächstes um seine eigene Achse rotieren, zuerst ganz langsam, dann schneller und zuletzt so schnell, dass Sie ihn nur noch verschwommen wahrnehmen können.

Es gibt noch viele, weitere Möglichkeiten, den Apfel in Ihrer Vorstellung zu verändern. Experimentieren Sie einfach ein bisschen herum.

Übung: Verbessern Sie Ihr akustisches Vorstellungsvermögen
Genauso, wie Sie in Ihrem Kopf innere Bilder erschaffen können, können Sie sich Töne und Geräusche im Kopf vorstellen und gezielt verändern.

1. Schließen Sie die Augen und stellen Sie sich das Geräusch einer kleinen Glocke vor.

2. Beantworten Sie dazu im Geist die folgenden Fragen:
- Wie laut ist der Ton?
- Wie klingt der Ton der Glocke? Ist es hoch, tief, klar oder dumpf?
- Wie lange klingt die Glocke?
- Vibriert der Ton?
- Von wo kommt der Ton? Von links, rechts, vorne, hinten oder von überall?
- Wie weit ist das Geräusch von Ihnen entfernt?

3. Fangen Sie nun an, die Eigenschaften des Tons langsam zu verändern.
- Lassen Sie den Ton lauter und wieder leiser werden.
- Verändern Sie die Dauer des Tons von ganz kurz bis ganz lang.
- Verändern Sie die Richtung, aus der der Ton kommt. Lassen Sie ihn erst von vorne, dann von hinten und dann aus allen möglichen Richtungen kommen.

Experimentieren Sie einfach ein bisschen mit dem Ton in Ihrer Vorstellung herum. Wie wäre es mit einem Echoeffekt? Seien Sie kreativ.

Übung: Lernen Sie Ihre Gefühle kennen
Auch Gefühle können wir uns in unsere Erinnerung rufen. Sie können so z.B. Ihre Körperfunktionen beeinflussen. Wenn Sie sich lang genug vorstellen, Ihr linker Arm ist schwer und warm, dann wird Ihr Arm sich früher oder später schwer und warm anfühlen, weil er durch Ihre Vorstellungen besser durchblutet wird.

1. Schließen Sie die Augen, und stellen Sie sich vor, wie Sie barfuß über einen lang gezogenen Sandstrand gehen. Der Sand ist ganz fein und weich. Vielleicht kriecht er zwischen Ihre Zehen. Die Wellen kommen rhythmisch an den Strand und umspülen Ihre Füße. Wie fühlt sich das an?

2. Beantworten Sie dazu im Geist z.B. die folgenden Fragen:
- Was genau spüren Sie an Ihren Füßen?
- Welche Temperatur hat der Sand?
- Welche Qualität hat das Gefühl – ist es angenehm oder eher unangenehm?
- Welche Temperatur hat das Wasser?
- Wie fühlt es sich an, wenn das Wasser Ihre Füße erreicht?

Auch hier haben Sie wieder die Möglichkeit, diese Übung zu erweitern und zu variieren.

Übung: Kombinieren der inneren Erlebnisse
Am eindrucksvollsten ist es, wenn wir die drei Sinneskanäle: Sehen, Hören und Fühlen verbinden. Schließen Sie die Augen und stellen Sie sich vor, sie stehen auf einer Anhöhe. Es ist Mittag und die

Sonne scheint warm auf Sie herab. Sie sehen sich langsam um und blicken auf eine hügelige, grüne Landschaft. Sie stehen barfuß inmitten einer grünen Wiese. Ihr Blick schweift über Bäume und Felder. Um Sie herum hören Sie das Summen der Bienen, das Zwitschern der Vögel und das Plätschern eines Baches. Sie können spüren, wie der Wind sanft über Ihr Gesicht streicht. Über Ihnen bewegen sich die Wolken langsam aber stetig nach Norden. Sie gehen einige Schritte weiter und gelangen an den Bach, den Sie vorher gehört haben. Sie beugen sich hinunter und tauchen Ihre Hände in das kühle, fließende Wasser. Trinken Sie doch einen Schluck!

Weitere Übungen

Die Übungen lassen sich je nach Zielperson und Zielgruppe variieren.

1. Bevor Sie beginnen, setzen Sie sich bequem hin und entspannen sich, indem Sie Ihre Augen schließen, langsam und tief atmen und die Anspannung aus Ihren Muskeln entweichen lassen, während Sie ausatmen. Tun Sie dies für ein paar Minuten, bis Sie sich wirklich entspannt fühlen. Nun stellen Sie sich eine Reihe von Dingen vor, die Sie hören, sehen, schmecken, riechen und fühlen. Nehmen Sie sich Zeit, jedes Bild zu erkunden, und erfreuen Sie sich der Erfahrung.
2. Konzentrieren Sie sich auf Ihre Atmung und versuchen Sie nur »mit dem Bauch« zu atmen. Während Sie ruhig atmen, verliert Ihr Körper jegliche Anspannung. Sie werden immer ruhiger.
3. Konzentrieren Sie sich jetzt auf Ihr Gehirn und stellen Sie sich vor, dass es eine schöne, glatte Wasserrutschbahn ist, auf der Sie entlangrutschen ... rauf und runter, alle Windungen Ihres Gehirns entlang.
4. Lassen Sie dieses Bild jetzt los. Halten Sie die Augen geschlossen, und schauen Sie in die linke Seite des Gehirns. Auf der linken Seite erfahren Sie die Farbe BLAU.
5. Lassen Sie dieses Bild los und schauen Sie in die rechte Seite Ihres Gehirns. Auf der rechten Seite Ihres Gehirns erfahren Sie die Farbe ORANGE.
6. Lassen Sie dieses Bild jetzt los. Auf der linken Seite erfahren Sie ROT ... auf der rechten Seite GRÜN.
7. Lassen Sie all diese Farben jetzt los, achten Sie auf Ihre Atmung, und stellen Sie sich nacheinander Folgendes vor:
Ein Sonnenuntergang am Meer ...; weiße Wolken jagen über den Himmel ...; das Gesicht eines Freundes oder einer Freundin ...; ein Gebäude, das Ihnen gefällt ...; eine Rose, die sich öffnet ... .
8. Jetzt stellen Sie sich vor:
Regen auf dem Blechdach ...; das Läuten von Kirchenglocken in der Ferne ...; das Gejohle der Menge im Fußballstadion nach einem Tor ...; Wind in den Bäumen ...; eine Lieblingsmelodie ...; die Stimme eines Ihnen unsympathischen Menschen ...; das Knirschen, wenn Sie in einen frischen Apfel beißen ...; das Klirren eines springenden Glases ...; das Plumpsen eines Steines, der in den Teich fällt ...
9. Jetzt stellen Sie sich vor:
Die Sonne auf dem Rücken ...; ein heißes Bad oder eine heiße Dusche ...; ein kaltes Bad oder eine kalte Dusche ...; das Barfußlaufen auf einer Rasenfläche ...; ein fester Händedruck ...; das Festziehen der Schnürsenkel Ihrer Sportschuhe, erst an dem einen, dann an dem anderen Fuß ...; die unebene Schale einer Orange; den Filz eines neuen Tennisballs; die Kühle von frischem Schnee; die schlüpfrige Glätte einer Seife.
10. Jetzt stellen Sie sich vor:
Den Geruch von brennenden Blättern ...; den Geruch eines Umkleideraumes in einer Reitanlage ...; den Geruch von frisch gebratenem Speck ...; den Geruch eines neuen Kleidungsstückes ...; das Aroma von frisch gemahlenem Kaffee; den Duft des Lieblingsparfums oder Lieblingsrasierwassers; den schweren Geruch von Chlor, wenn Sie ein geschlossenes Schwimmbad betreten; den Geruch von frisch gemähtem Gras an einem heißen Sommertag.
11. Jetzt stellen Sie sich vor:
Den Geschmack von knusprigem, heißem Zwiebelkuchen ...; den Geschmack von frischem Obst ...; den salzigen Geschmack von Schweiß ...; den Geschmack eines kühlen Getränks nach körperlicher Anstrengung; die Süße von Honig; den bitteren Geschmack von dunkler Schokolade; die Säure einer Zitrone; den Geschmack von Salz auf Ihrer Zungenspitze.
12. Jetzt stellen Sie sich vor:
Einen majestätischen, schneebedeckten Berggipfel;

alle Regenbogenfarben, eine Farbe nach der anderen: Rot, Orange, Gelb, Grün, Blau, Indigo, Violett; Ihre bevorzugte Karussellfahrt auf dem Jahrmarkt; sich selbst bei einem Sit-up.

13. Lassen Sie all diese Bilder und Eindrücke jetzt los und konzentrieren Sie sich auf Ihre Atmung.

Fragen zu den Sinnesvorstellungen:
Welche der Sinnesvorstellungen sind Ihnen am leichtesten gefallen, welche am schwersten? Welche Sinne sind für Sie primär wichtig, welche nur in zweiter Linie?
Können Sie Bewegungen in Ihren Vorstellungsbildern erkennen? Sehen Sie in Farbe?
Machen Sie sich kurze Notizen von Ihren Antworten auf diese Fragen und schreiben Sie auch alles auf, was Sie sonst noch bezüglich Ihrer geistigen Vorstellung als wichtig erachten. Dies sind nützliche Informationen für künftige Übungen dieser Art.
Stellen Sie sich vor, Sie sind in einer Situation, in der Sie sehr aktiv sind, während des Trainings oder auch im Turnier. Welche Faktoren sind für Sie bei der Wahrnehmung dieser Situation wichtig?

(Quellen: Maureen Murdock: Nun trägt mich meine Wolke ... S.43
John Syer/ Christopher Conolly: Psychotraining für Sportler, S.72
Peter Terry: Mental zum Sieg, S.57)

Schauen wir uns eine mögliche weitere Vorgehensweise an, um effektiv mit mentaler Visualisierung zu arbeiten.

Der imaginäre Reitraum

Inwieweit beeinflussen mich andere? Und wie gehe ich damit um?
Oder wer steht in meinem Geiste an der Bande? Ist das in meinem Geiste von mir oder habe ich es von jemand Anderem, dem Reitlehrer, einer Freundin, Zuschauer, Stallkollegen und/oder anderem Reiter gehört?
Manchmal ist es so, dass wir etwas nicht konzentriert machen, da unsere Wahrnehmung und unsere Sinne von dem, was wir tun, abgelenkt sind. Z.B. wenn wir immer wieder vor unserem inneren Auge einen mit Angst besetzten Film ablaufen lassen, unser Körper »Stress« signalisiert oder wir gar unsere ganze Aufmerksamkeit auf den Reitlehrer, Zuschauer, Stallkollegen und andere Reiter in der Halle richten. Die vertrauensvolle Zusammenarbeit mit unserem Pferd ist dann nicht mehr oder nur noch eingeschränkt möglich. Daher müssen wir eine Trennung hinkriegen und Botschaften von der Bande oder woher auch immer kommend in der Form: »Das ist Deins und nicht meins« zurückgeben.
Diese Beeinflussung zwischen einem Reiter und Menschen an der Bande vergleiche mit einer Schnur.

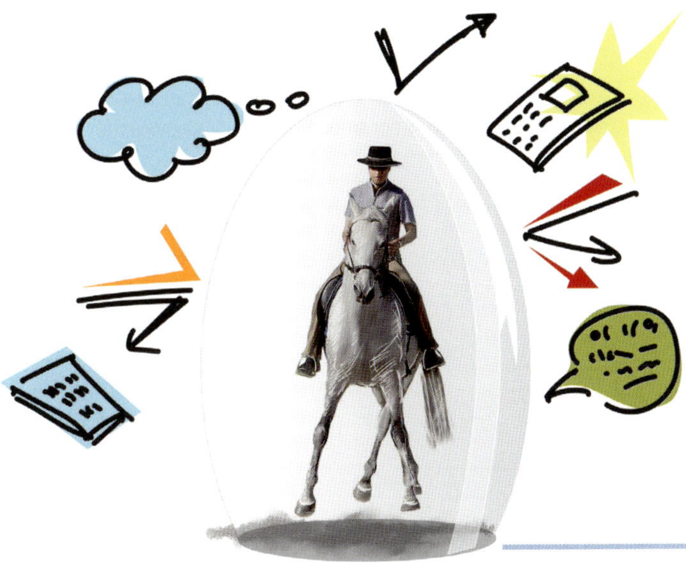

Schalten Sie beim Reiten alle Störfaktoren aus.

Beim Modellieren einiger Reiter habe ich herausgefunden, dass diese Reiter/Innen, wenn sie mit ihrem Pferd arbeiten, einen Art imaginären Reitraum um sich herum kreieren, in den keinerlei Ablenkung einfließen kann.
Dieser imaginäre Reitraum kann, ähnlich einer Blase z.B. aus Plexiglas oder Glocke, Reiter und Pferd vollständig abschirmen und als Abgrenzung dienen. Das ermöglicht ein konzentriertes und ungestörtes Arbeiten mit dem Pferd.
In entsprechenden Situationen kann dieser imaginäre Reitraum mental modifiziert werden, um ein bestimmtes gewünschtes Ergebnis zu erreichen – je nachdem, was der Reiter für sich in dem Moment benötigt:

- mit Energie und Schwung aufladen
- Ruhe und Sicherheit herstellen

Übung: Der Reitraum
Machen Sie sich die Wirkung Ihrer Intimsphäre bewusst, und erleben Sie die Wirkung zusammen mit einem anderen Menschen aus der Gruppe, der Lust hat, dies mit Ihnen auszuprobieren. Ihr Übungspartner stellt sich in großer Entfernung von Ihnen entfernt auf und nähert sich Ihnen langsam und aufmerksam. Wann spüren Sie Ihren Partner und was spüren Sie? Wann spürt er Sie? Wann erreicht er eine Grenze, an der Sie ihn lieber anhalten lassen würden? Oder bleibt er vielleicht stehen, obwohl Sie ihn gerne näher hätten? Versuchen Sie ohne Worte Ihrem Partner klar zu machen, wann er stehen bleiben soll. Experimentieren Sie mit dieser Übung, in dem Sie die Augen schließen, und sich Ihr Übungspartner von hinten annähert oder von der Seite. Kurzer Austausch mit Ihrem Partner.

1. Gehen Sie in einen Entspannungszustand.
»Jetzt, da Sie hier sitzen und meine Stimme hören, während Sie den Boden unter Ihren Füßen spüren und bestimmte Erwartungen an das, was jetzt kommen mag, haben – oder sich vielleicht eher überraschen lassen möchten, können Sie sich bequem zurechtrücken, das Schreibzeug weglegen und einfach nur zuhören. Während Sie die Veränderungen im Raum wahrnehmen, fragen Sie sich vielleicht, woran Sie merken werden, wie Ihnen diese Anleitung ein Geschenk und Unterstützung sein kann und wird – ob Sie es zuerst daran merken werden, dass Sie die Stimme wie ein angenehmes Hintergrundgeräusch hören, oder eher an Ihrem veränderten Körperempfinden – und wie Sie gerade die Spannung in Ihren Schultern spüren und sich noch bequemer hinsetzen können. Es ist nicht notwendig, dass Sie die Augen schließen, während Sie meinen Worten lauschen ... aber viele genießen es mehr, wenn sie mit geschlossenen Augen hören, was es hier zu hören gibt ... und gespannt darauf sein, welches »Mehr« an Möglichkeiten auf Sie wartet. Da Sie das alles wissen, können Sie sich erlauben, die Augen zu schließen in dem angenehmen Wissen, dass Sie nichts tun müssen, sondern sich einfach auf diese Erfahrung einlassen dürfen – in dem Wissen, dass diese Erfahrung Sie trägt – wie ein Pferderücken ... und dass der überwiegende Teil Ihrer Lebensfunktionen wie der Herzschlag, die Darmperestaltik, Erinnern und Vergessen, Lernen und Nichtlernen, Ihre Körpertemperatur, die Sie ständig wahrnehmen .. und auch nicht wahrnehmen ... völlig automatisch von Ihrem Unbewussten gesteuert wird. Sogar wenn Sie sitzen oder gehen, denken Sie nicht bewusst darüber nach – Sie tun es einfach ... völlig automatisch.

Und es könnte sein, dass ich an der ein oder anderen Stelle eine etwas längere Pause mache, so dass Sie die Möglichkeit haben, über das nachzudenken, was gerade passiert oder dem Prozess, der gerade in Ihnen abläuft, die Zeit und den Raum zu geben, sich ganz zu entfalten.
Sie sitzen hier und spüren vielleicht das Polster des Stuhls unter sich. Sie wissen, dass der Stuhl Sie trägt. Das erinnert Sie irgendwie an dieses Gefühl des Getragenwerdens, während Sie den Sattel unter sich spüren.
Während Sie nun den Klang meiner Stimme hören, nehmen Sie möglicherweise wahr, wie sich Ihr Atemrhythmus schon verändert und Sie deshalb noch mehr loslassen können. Vielleicht können Sie auch jetzt schon feststellen, wie sich ein Gefühl von Behaglichkeit in Ihnen ausbreitet ... Sie durchströmt ... so, wie das Gefühl sein kann, während Sie sich tragen lassen – und das Getragenwerden so angenehm ist – Sie und das Pferd – ein harmonisches Miteinander spüren ...

2. Visualisieren Sie einen für sich sicheren und schönen Reitraum. Machen Sie sich ein inneres Bild z.B. eines unsichtbaren, dichten Schutzmantels, -anzugs, einer Blase, Hülle, Zwiebel oder Glocke um sich und Ihr Pferd.
Wenn der Raum eine Farbe hätte, welche Farbe wäre das?
Und wenn zur Farbe ein Licht passen würde, welches Licht passt dann dazu?
Und wenn zu der Farbe und dem Licht ein Klang passen würde, wie klingt dann der Raum?
Wenn zu der Farbe, dem Licht und dem Klang ein Geruch passen würde, welcher Geruch passt dazu – und welcher Geschmack?
Und wenn Sie sich die Farbe, das Licht, den Klang, den Geruch und Geschmack noch einmal ganz intensiv vergegenwärtigen, dann erleben Sie auch ganz intensiv das Gefühl, das dazu gehört.
Ist dieses Gefühl im ganzen Körper gleichmäßig zu spüren? Oder gibt es einen Bereich, wo es besonders intensiv ist? Wenn ja, berühren Sie diesen Bereich, und verankern Sie es auf diese Art und Weise. Lassen Sie Ihren Körper und Raum ganz erfüllen und umhüllen von dem eben Erlebten.

3. Achten Sie darauf, dass dieser Raum vollständig geschlossen ist und Sie und Ihr Pferd optimal einhüllt. Dieser Raum muss nicht am Boden aufhören.

4. Füllen Sie diesen Reitraum mit der Atmosphäre, die für Sie genau das symbolisiert, was Ihr Pferd und Sie brauchen, um zusammen erfolgreich, erfahrbar, konzentriert und effektiv, zu arbeiten.

5. Gestalten Sie die Atmosphäre in Ihrem Reitraum so, dass nur die Informationen und Gefühle von außen, z.B. vom Reitlehrer, Stallkollegen, Freund, einem anderem Reiter bei Ihnen ankommen, die Sie an sich herankommen lassen wollen und die alles fernhält, was draußen bleiben soll.

6. Erlebnissonden setzen
Sie dürfen Fehler machen – Fehler sind immer ein Feedback. Es ist völlig in Ordnung, eigene Meinungen und Gefühle zu haben und diese auch zu äußern. Lassen Sie sich Zeit, Sie haben alle Zeit der Welt! Sie können loslassen. Locker geht es besser.

7. Nehmen Sie in Gedanken Ihren »Schutzmantel«, Ihre große Blase oder Glocke voll und ganz wahr, und hören Sie die Stimmen von außen, spüren Sie Gefühle und Informationen, die von außen auf Sie einwirken. Spüren Sie nach, was sich verändert hat!?

8. Reiten Sie so im Kopf.

9. Future pace – gehen Sie in eine zukünftige Situation z.B. in der Reithalle mit Leuten an der Bande – eingehüllt in diesen Schutzmantel/Schutzschild, Glocke, Blase – und erleben Sie diese Situation.

Nun machen Sie sich die Bedeutung des imaginären Raums bewusst. Erleben Sie seine Wirkung zusammen erneut mit Ihrem Übungspartner. Ihr Übungspartner stellt sich in großer Entfernung von Ihnen auf und nähert sich Ihnen langsam und aufmerksam. Wann spüren Sie Ihren Partner? Was spüren Sie? Was hat sich verändert zu vorher?

Experimentieren Sie mit dieser Übung, in dem Sie die Augen schließen, Ihren »Reitraum« visualisieren und sich Ihr Übungspartner erneut von hinten oder von der Seite annähert. Reflektieren Sie auch hier: Was hat sich verändert?

Zusammenfassung

- Setzen Sie Visualisierung sowohl für Ihre reiterlichen Fähigkeiten als auch für Ihre Einstellung ein.
- Denken Sie sich die mentalen Bilder als Vorschau auf kommende Attraktionen.
- Praktizieren Sie im Geiste perfekte Übung. Zehn Minuten, in denen Sie »perfekte« Lektionen oder Fähigkeiten visualisieren, sind mehr wert als dreißig Minuten im Sattel, in denen Sie wertlose, weil schlecht ausgeführte Lektionen wiederholen.
- Am schnellsten verbessern Sie sich, wenn Sie regelmäßige körperliche Praxis mit regelmäßiger geistiger Praxis kombinieren.
- Lassen Sie sich selbst Zeit für Veränderungen.

Turniere und reiterlicher Erfolg

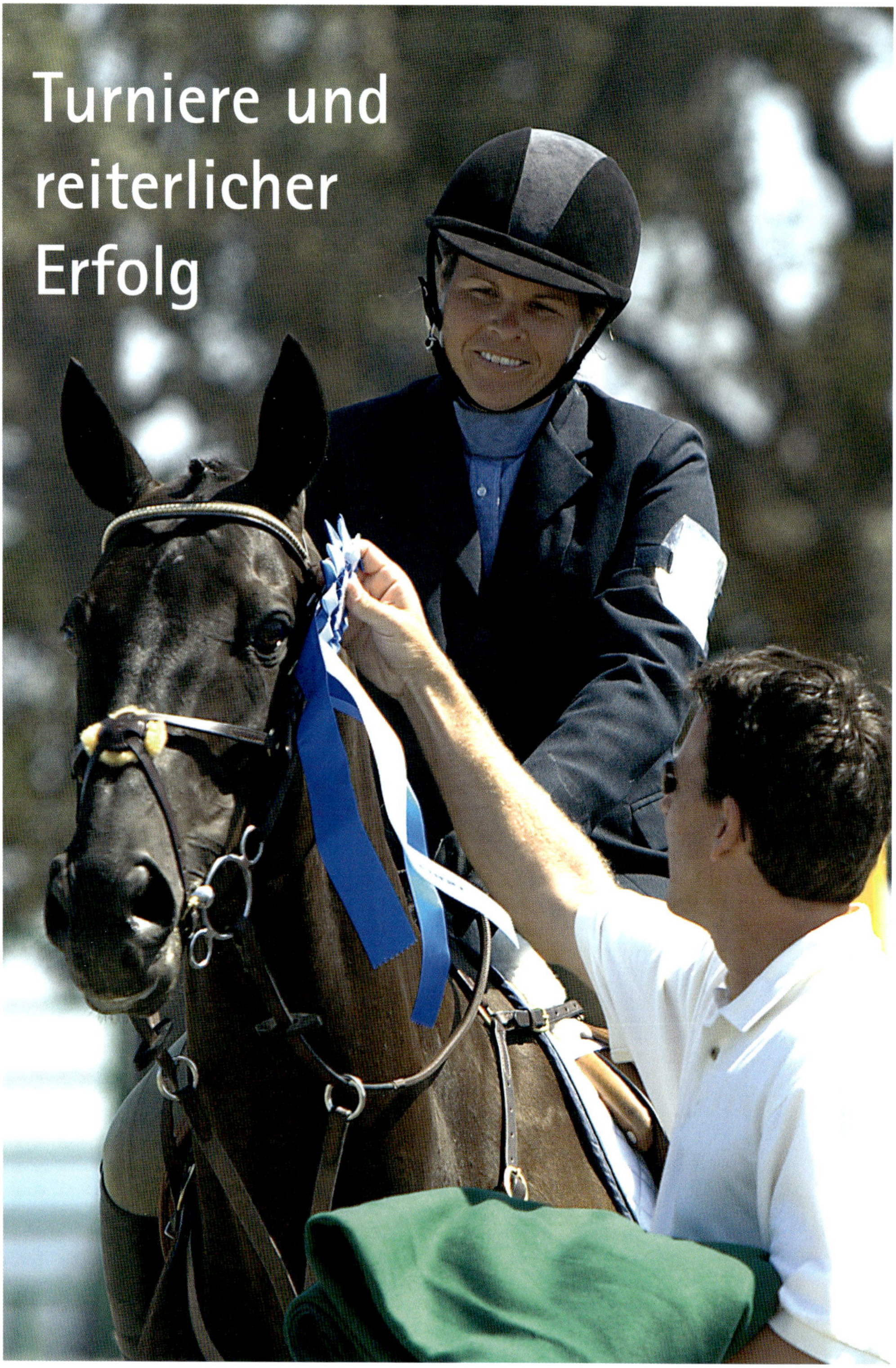

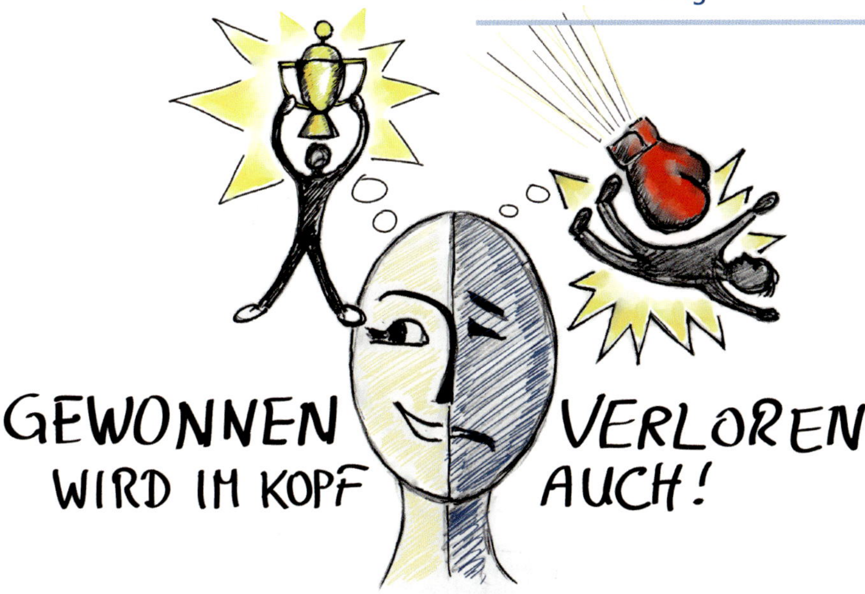

Turniere und reiterlicher Erfolg

Das Turnier ist das entscheidende Bewährungsfeld des Reiters. Um ein Turnier erfolgreich zu bestreiten, um am »Tag X« auf den Punkt genau topfit zu sein, müssen neben den reitsportlichen Voraussetzungen auch die mentalen und psychologischen Anforderungen erfüllt sein. Gerade im Profisport mit großer Leistungsdichte entscheidet die mentale Stärke wesentlich mit über die Platzierung.
Leistungsanalysen in Deutschland belegen: Nur etwa 35 % der Sportler erreichen ihre Bestleistungen an den geplanten Höhepunkten. Nur wenige Sportler sind fähig, die körperlichen Leistungsreserven unter psychisch belastenden Turnierbedingungen wirksam freizusetzen.

Zur Erinnerung: Mentale Stärke heißt auch, sich ungeachtet der Turnierbedingungen (Wetter, Reitanlage, Abreiteplatz, Größe des Starterfeldes, etc.) an seiner oberen Leistungsgrenze zu bewegen! Und es ist eben eine Sache, im gewohnten Umfeld beim Training im Heimatstall gut zu reiten, und es ist eine ganz andere Herausforderung, auf Turnieren oder Messen zu zeigen, was wir gelernt haben. Jeder Reiter kann dem Leistungsdruck und der mentalen Leistungsherausforderung eines Turniers standhalten, sofern er den Willen mitbringt, dies zu tun. Seien Sie sich dessen bewusst. Lernen Sie daher, wie Sie das selbst managen können.

Besonderheit am Turnier:

- Die gerittene Prüfung ist nicht wiederholbar
- Zeitbegrenzung

Konsequenzen daraus: zusätzlicher psychischer Druck, dem man aber mit mentalen Techniken entgegenwirken kann.

Dieses Kapitel ist vorwiegend für den ambitionierten Turnierreiter und Ausbilder/Trainer dieser Reiter geschrieben. Sollten Sie als Freizeitreiter einmal an einer Schnitzeljagd, einer Reitjagd, einer Weihnachtsquadrille, einem Tages- oder Wanderritt, einem Horse-Ball-Wettbewerb, an Reiterspielen etc. teilnehmen wollen, dann ist dieses Kapitel natürlich auch für Sie von Interesse. Leistungsvorbereitung ist schließlich in jeder Situation von Vorteil, wenn Menschen sich auf neue Herausforderungen einlassen.

Der physische und psychische Zustand

Physischer Zustand (Körperliche Verfassung)
Der Zustand der körperlichen Verfassung des Sportlers (trainiert, wenig trainiert, körperlich krank, erschöpft, etc.)

Psychischer Zustand (mentale Verfassung)
Der Zustand der mentalen Verfassung des Sportlers (Siegermentalität, Versagensangst, Leistungsdruck, etc.)

Diese zwei Faktoren ergeben das Gesamtleistungsvermögen.
Die in diesem Buch aufgezählten psychischen Anforderungen stellen nicht den kompletten Bereich des mentalen Trainings dar. Dies ist im Rahmen eines Buches nicht möglich. Dieses Buch zeigt die wesentlichen Anforderungen auf.
Hierbei möchte ich noch einmal darauf hinweisen, dass auch mentale Techniken nicht »von heute auf morgen« gelernt werden können und sofort ihre Wirkung entfalten. Das Üben von mentalen Fertigkeiten muss genau wie das Techniktraining langfristig erfolgen und ständiger Bestandteil des Trainings sein. Und: Natürlich bewirkt Mentaltraining keine Wunder und kann Defizite des physischen Trainings, des Pferdes und der körperlichen Eignung beider nicht ausgleichen.

Zusammenhänge

Die psychische Verfassung und die physische Leistung stehen in einem engen Zusammenhang.

Gerade im Leistungssport wirken gleichzeitig mehrere starke psychische Einflüsse auf den Reiter ein:
Äußere Einflüsse:
Wetter, Temperatur, Platzverhältnisse (Abreiteplatz, Springplatz, Dressurviereck, Geländestrecke), Kleidung, Nahrung, Trinken vor und während des Turniers, ...
Innere Einflüsse:
Versagensängste, Selbstzweifel, Erfolgsangst, Erinnerung an eine Niederlage, Ängste, Leistungsdruck, Probleme mit Partner oder Partnerin, ...

Was brauchen ich also, um auf einem Turnier Erfolg zu haben?
- Konzentrationsvermögen
- Motivation
- Gelassenheit, Ruhe
- Selbstvertrauen, Selbstkompetenzübertragung
- Positives Denken
- Angespannte Entspannung oder entspannte Anspannung, ›Zone‹ bzw. Flow-Zustand

Reiten Sie im Training gelegentlich mit Ihrer Turnierkleidung, bis Sie sich in dieser wohl fühlen.

Ziele des Mentaltrainings

(konkret auf den Besuch von Turnieren bezogen)
- Vermittlung mentaler Techniken, die einen optimalen Vorstartzustand (optimaler emotionaler Erregungszustand, Konzentration auf die Prüfung, kämpferisch-optimistische Leistungserwartung, emotionale Stabilität, Erleben von Sicherheit, Selbstsicherheit und Erhabenheit) fördern.
- Vermittlung von Selbstmotivierungstechniken und Maßnahmen zur Erlernung und Festigung von leistungsfördernden Einstellungen (zur eigenen Person, zum Pferd, zu den Zuschauern, zu den Turnierbedingungen, etc.).
- Realistische Zielsetzungen! (Ergebnis-, Prozessziele)
- Mentale Vorbereitung einer bevorstehenden Prüfung z.B. Prüfungssimulation.
- Vorstellen von Übungen zur Verbesserung der Bewegungssteuerung (Festigung der Bewegungsvorstellung, Ausprägen des Bewegungsgefühls, Vertiefung der genauen Bewegungswahrnehmung).
- Vermittlung und Stärkung der Fähigkeit zum Selbstmanagement vor und während der Turniere. Effektives Selbstmanagement, wenn man unter Druck steht, ist eine erworbene Fähigkeit.
- Übung und Verfeinerung von Strategien.

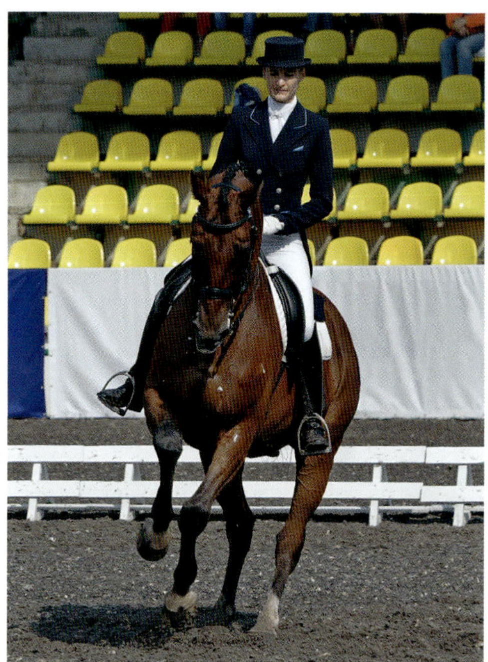

- Entwicklung der Fähigkeiten Vertrauen und Loslassen: Vertrauen ins eigene Pferd, in den Trainer, in sich selbst; Vertrauen in die Zeit und Energie, die der Turnierreiter in die Vorbereitung gesteckt hat; Zweifel über Bord werfen.
- Erlernen von Entspannungstechniken (z.B. Progressive Muskelentspannung, Autogenes Training), um in eine gute psychische Ausgangssituation zu kommen. Solche Übungen sollten auch im normalen Trainings- oder Tagesablauf gemacht werden.
- Erarbeitung möglicher Lösungen für eventuell auftretende Probleme. (Beispiele: Zeitverzögerungen, Sie bekommen Hunger, Steigbügel reißt, Diskussionen, Einschlafschwierigkeiten am Abend vor dem Turnier – damit verbundene Müdigkeit am nächsten Tag, Unaufmerksamkeit und Beeinträchtigung der Konzentration).

Im Voraus: Nervenstärke entwickeln Sie mit dem Durchspielen von möglichen Störungen und dem Finden von adäquaten Lösungsstrategien.
Notieren Sie Ihre Probleme in einer Prüfung bzw. auf dem Turnier sowie Lösungsstrategien und -möglichkeiten.

Beispiel:
Lösungsmöglichkeiten für Einschlafschwierigkeiten bzw. Anregungen für eine ruhige Nacht:

- Frische Luft und Ruhe im Schlafzimmer sowie vollkommene Dunkelheit.
- Schlaf- und Nerven-Tee.
- Volle Mahlzeiten kurz vor dem Schlafengehen sollten ebenso vermieden werden wie üppige Mahlzeiten und schwer verdauliches Essen während des Tages, da sie zu Einschlafschwierigkeiten führen können. Dagegen kann eine leichte Mahlzeit vor dem Schlafengehen den Schlaf durchaus fördern. Trinkmilch und alle Milchprodukte enthalten die schlaffördernde Substanz Tryptophan und eignen sich somit bestens als kleine »Nachtmahlzeit«.
- Kräuter.
- Baldrian als pflanzliches Präparat. Dazu etwas heiße Milch mit Honig zur Förderung der Entspannung.

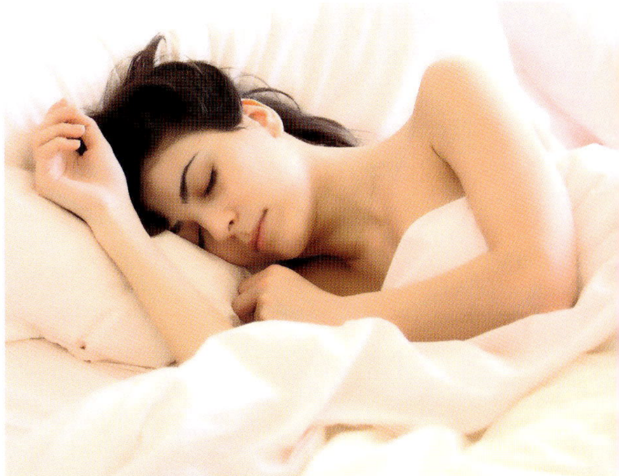

- Akzeptanz der Tatsache, dass er/sie so gut wie möglich vorbereitet ist.
- Entspannungs-CD.
- Entspannungsübungen, Meditation mit sanfter Instrumentalmusik, Biofeedback und Hypnose.
- Langsam einatmen und bis drei zählen, kurze Pause, langsam ausatmen und bis fünf zählen. Dabei Vorstellung entwickeln, dass mit jedem Ausatmen mehr und mehr Spannung vom Körper abfällt und Sie immer tiefer in die wohltuende Entspannung sinken.
- Ein paar Mal von mir probiert und für sehr gut befunden: Abends spät, kurz vor dem Schlafengehen, ein schönes Nachtläufchen machen. Das muss dann aber sehr aerob sein ... also wirklich ganz gemütlich. Langsam losjoggen, einen wirklich langsamen Lauf ohne Leistungsdruck machen. Nach Cooldown, Duschen und ein paar Buchzeilen klappten meine Augen zu und ich schlief in dieser Nacht den Schlaf der Gerechten.
- Gesunden Schlaf und angenehme Träume wird der finden, der es schafft, seine Sorgen und Probleme vor der Schlafzimmertür zu lassen.
- Rauchen Sie nicht vor dem Schlafengehen oder während der Nacht.
- Als letztes Mittel: Akzeptieren Sie, dass Sie nicht schlafen können – und entspannen Sie sich trotzdem.

Für Sportler werden Schlafzeiten von etwa 7–9 Stunden empfohlen, wobei jeder für sich selbst herausfinden muss, wie viel Schlaf er benötigt. Wer etwa 20 Minuten nach dem Zubettgehen einschläft und morgens bereits vor dem Klingeln des Weckers aufwacht, kann sich sicher sein, dass er genug geschlafen hat.

Vorbereitung außerhalb der Turniersaison

- Festlegen von Zielen und Einsatz für diese
- Ausrüstungspflege, Kaufen und Reparatur der Ausrüstung für das Pferd
- Pflege und Bewegung der Pferde
- Kaufen neuer Turnierkleidung und Reparatur
- Wartung von Pferdeanhänger und Zugfahrzeug
- Anschaffung eines Kalenders mit Ganzjahresübersicht und Eintragen der Turniertermine, persönlicher Termine, Termine für private Angelegenheiten, persönliche Gesundheitsangelegenheiten z.B. Zahnarzttermine, geplanter OP-Termin, ärztliche Untersuchungen
- Gesundheit des Pferdes – ärztliche Untersuchungen, Impfungen, Wurmkuren
- Planung der reiterlichen Weiterentwicklung (wann wird was geübt, wann werden neue Lektionen hinzugefügt, usw.)
- Ernährungsangelegenheiten für Reiter und Pferd während und außerhalb der Turniersaison
- Verlängerung der Mitgliedschaft im Reitverein

Einige Tage vor dem Turnier:

Schreiben Sie auf, was genau Sie erreichen wollen und wie Sie dies erreichen möchten.

»Gewinnen« ist als Ziel zu schwammig. Formulieren Sie stattdessen ein Ergebnisziel wie »Ich stehe bei dieser Meisterschaft auf dem Treppchen« oder »Ich bin bei dieser Meisterschaft im ersten Drittel«. Oder Sie formulieren ein technisches Ziel oder ein Prozessziel, das darauf beruht, worin Sie sich verbessern wollen und auf einem Vergleich mit sich selbst über die Zeit beruht. Konzentrieren Sie sich ganz auf erreichbare Ziele.

Profi-Tipp: Man sollte nie zu einem Wettkampf gehen, ohne ein oder mehrere technische Ziele oder Prozessziele zu haben (ich schrieb bereits darüber).

Tipp für Trainer: Machen Sie Ihren Schülern keine Vorgaben, sondern schlagen Sie ihnen Ziele vor. Sie werden selbst entscheiden, welches Ziel für sie am besten geeignet ist, und sich somit stärker an der Erreichung dieses Ziels beteiligen!

Mentale Wettkampfvorbereitung

Jedes Turnier bringt Besonderheiten, spezielle Anforderungen und Belastungen physischer sowie psychischer Natur mit sich.

Je näher der Wettkampf rückt, umso wichtiger werden die Prinzipien einer erfolgreichen mentalen Wettkampfvorbereitung.

Eine systematische mentale Vorbereitung auf einen wichtigen Wettkampf umfasst:

- Psychische Besonderheiten des Turniers
- Optimaler Vorstartzustand
- Positives denken und handeln
- Selbstvertrauen und Selbstkompetenzüberzeugung
- Aufgabenbezogenes Konzentrationsniveau
- Emotionale Stabilität, Kontrolle der Gefühle (z. B. Angstbewältigung)
- Entspannungsübungen durchführen
- Weg in Ihre Flow-›Zone‹
- Leistungsfördernde Einstellungen, Growth Mindset
- Sich an seine Erfolgsgalerie erinnern
- Schnelle Anpassung an die Wettkampfbedingungen
- Festigung der Bewegungsvorstellung

Der Turnierkreislauf nach B. und R. Schinke (19

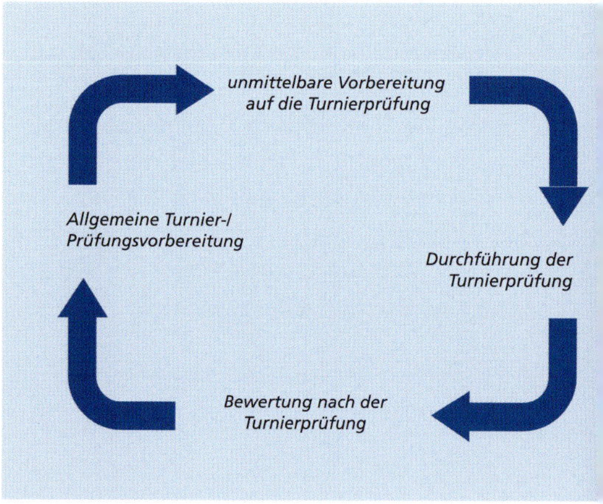

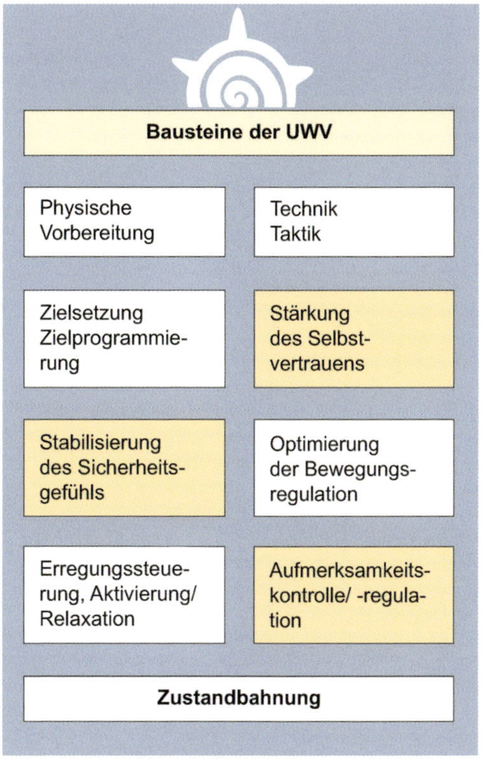

- Jegliches Negative meiden oder ignorieren, zum Beispiel Pessimisten und Jammerer

Kontrollieren Sie Ihren körperlichen und mentalen Stress

Unter Stress versteht man ganz allgemein alle Belastungen oder Anforderungen, die bei Menschen zu einer Stressreaktion führen können. Unter körperlichem Stress versteht man alle körperlichen

Stresskurve

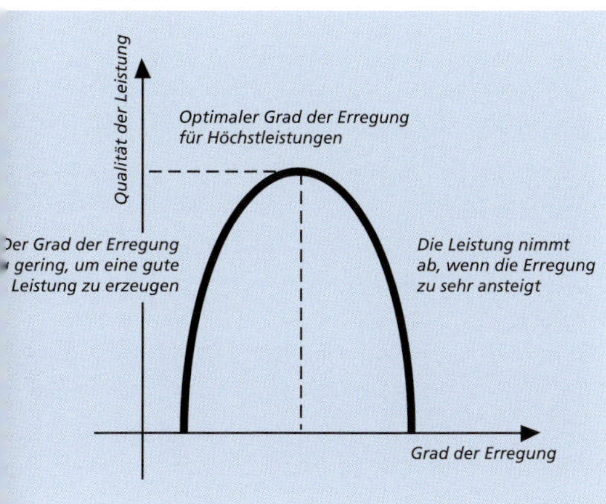

Reaktionen, die wir haben, wenn wir uns in einer bedrohlichen Situation befinden. Diese Reaktionen können trainiert, ausgerichtet und gelenkt werden! Unterschiedliche Symptome von Stress: Sie sind angespannt. Sie werden aggressiv – dem Pferd gegenüber. Die Herzfrequenz erhöht sich. Gefühl der Übelkeit, Bedürfnis, auf die Toilette zu gehen. Runder Rücken. Verlust der Spannkraft. Festhalten am Zügel. Verlust des Gefühls für die Gangarten des Pferdes. Vergessen zu atmen. … Den Überblick verlieren und die Anweisungen des Trainers nicht mehr hören.

Lösungen: Entspannungstechniken anwenden! Meditation, Entspannungsmusik, tiefe Bauchatmung, Ruhebildvisualisierung, Thymusdrüse klopfen, Stirn Hinterkopf Halten, Herzkohärenz, ... Eine gute Lösung, um mit Stress umzugehen, ist die Visualisierung! Siehe S. 110 ff.

Visualisierungsübung: Das Ruhebild

Jeder Sportler, der mentales Training praktiziert, hat meist ein Ruhebild, mit dem er sich blitzschnell in hektischen Situationen auf ein niedrigeres Erregungsniveau ›herunterholen‹ kann. Der ehemalige Bobpilot Karl Angerer hat sich im Wettkampf Bilder aus der Natur vor sein geistiges Auge geholt, um Ruhe zu finden. Jeder Mensch hat in seiner Erinnerung reale Bilder, die ihn besonders entspannt haben, z.B. Bilder aus der Natur. Diese Orte werden immer wieder geistig aufgesucht.

Beispiele von Ruhebildern:

- ein besonders schöner Blick aufs Meer oder auf eine blühende Wiese
- auf der Terrasse in einem Liegestuhl sitzen, auf das Meer, einen Garten oder eine Berglandschaft blicken
- an einem warmen Sommertag am warmen Sandstrand liegen, den Sonnenuntergang beobachten und dem Rauschen der Wellen und Schreien der Möwen lauschen; das Salz auf der Haut schmecken
- ein gemütlicher Winterabend zu Hause am knisternden Kaminfeuer, mit einem heißen Getränk und einem guten Buch
- in einer Hängematte.

Beziehen Sie möglichst viele Sinnesorgane mit ein. Wichtig dabei sind die emotionale Erinnerung und die kinästhetische Empfindung. Versuche dabei

- Farben zu sehen,
- Geräusche (Knistern des Feuers im Kamin, Vogelgezwitscher, Meerrauschen) zu hören,
- Gerüche (nasses Gras, Holz) wahrzunehmen,
- zu fühlen (den Sand, die Baumrinde, den Felsen).

Sie können bei jeder Wahrnehmung von Stress und Zweifeln das Ruhebild ›einschalten‹.

In der Praxis schaut das wie folgt aus:
Sie merken, dass Sie zu zweifeln beginnen. Sie rufen Ihr Ruhebild ab, indem Sie tief durchatmen, Ihr Code-, Schlüsselwort (z.B. PAUSE), das die Situation betreffend bezeichnet, sagen und sich mental an Ihren Ort der Ruhe und Geborgenheit versetzen. Sie entfernen sich bewusst aus dem Hier und Jetzt und ›beamen‹ sich sozusagen an einen Ort der Ruhe und somit in ein Gefühl der Ruhe und Entspannung.

Wettkampffähigkeit in der Turnierprüfung

Jetzt müssen Sie mentale und emotionale Stärke beweisen. Was hilft dabei?

- Den unerschütterlichen Glauben an sich bewahren
- Siegerhaltung zeigen
- Sich auf das konzentrieren, das man kontrollieren kann
- Präsent sein
- Disziplin aufbringen
- Wut und Fehler im Griff haben
- Negative Ereignisse aus der Vergangenheit vergessen
- Mut aufbringen, manchmal auf Risiko reiten
- Reiten der Turnierprüfung genießen

Der Glaube an sich selbst und sein Pferd ist eine wichtige Grundlage für den Erfolg. Wenn wir Vertrauen in uns selbst haben und an unsere Fähigkeiten glauben, unsere Ziele zu erreichen, haben wir mehr Motivation, Ausdauer und Mut, unsere Ziele zu verfolgen.

An sich selbst zu glauben bedeutet, an seine Fähigkeiten, seine Weisheit und seinen Selbstwert zu glauben. Diese Art von Selbstvertrauen kann unser inneres Potenzial anregen, uns mutiger machen, uns Herausforderungen zu stellen, Schwierigkeiten in der Turnierprüfung zu überwinden und uns auf den Weg zum Erfolg zu machen.

Wenn wir an uns glauben, sind wir entschlossener, unsere Ziele zu verfolgen und härter zu arbeiten. Wir stellen uns aktiv den Herausforderungen, lassen uns nicht von den Selbstzweifeln oder der Kritik anderer erschüttern und glauben fest an unsere eigenen Fähigkeiten und Werte.

Emotionale Vorbereitung

Emotionale Vorbereitung bedeutet: wahrnehmen, in welcher Stimmung man sich befindet, welche grundsätzlichen psychischen Bedürfnisse man hat, diese akzeptieren und Rücksicht auf sie nehmen. Erkennen, wie man sich in die richtige Stimmung für eine Turnierprüfung bringt und sich entsprechend handeln und sich verhalten.
Um zu Beginn der Turnierprüfung optimal vorbereitet sein zu können, muss der Reiter wissen, wann er mit dem Aufwärmen und der mentalen Vorbereitung beginnen muss.
Dabei helfen Rituale und Routinen.

Der innere Dialog ist entscheidend für den Erfolg!

Der innere Dialog ist das, was wir zu uns selbst sagen. Ohne die Kontrolle des ›Inneren Dialogs‹ sind keine guten Leistungen möglich. Mit Wut, Frust, Ärger, Versagensangst, Problemen oder Resignation – verbalisiert im ›Inneren Dialog‹ – sind noch auf keinem Gebiet Höchstleistungen erzielt worden. Insofern liegt genau hier der Schlüssel zum mentalen Erfolg! Mit anderen Worten: Erst die Kontrolle des ›Inneren Dialogs‹ bringt Sie auf die Straße zu Ihrem Idealen Leistungszustand (Flow).
Vor einer Turnierprüfung kocht das Gehirn eines Reiters hoch. Die spontanen Gedanken neigen dazu, aufgrund von negativem Prüfungsstress in Richtung (Versagens-)Angst zu gehen. Das ist ein Grund, warum Reiter sich mental auf eine Prüfung vorbereiten sollten.

Wenn man sich dieses Phänomens bewusst ist, kann man seine Gedanken trainieren und sie positiver gestalten, so dass sie eine Energiequelle darstellen. Das ist positiver Stress – ein bisschen Lampenfieber ist gut!
Dieses Problem kann gelöst werden, indem Sie Ihre negativen Gedanken analysieren und sie durch positive, unterstützende Gedanken ersetzen.

Meditatives Zählen

Oft fange ich vor einem Auftritt an zu zählen. Zum Beispiel immer wieder von 20 bis 1 rückwärts. Das ist eine Art Meditation und hilft mir den Fokus zu halten. Mein innerer Dialog ist dann in einer Endlosschlaufe und lenkt mich ab.

Routine, Rituale und gute Gewohnheiten einführen

Die Rituale und Gewohnheiten, die wir vor, während und nach einer Turnierprüfung haben, sind sehr wichtig für eine gute Leistung.

Rituale sind eine ganz wichtige psychische Komponente, um innere Stabilität während eines Turniers zu behalten. Und doch wird das Thema in der Praxis immer noch stiefmütterlich behandelt.
Eine Routine kann verschiedene Rituale beinhalten. »Ich fange jedes Match mit einem neuen, original verpackten Hemd an und trage immer dasselbe Amulett um den Hals, das ich als Glücksbringer bekommen habe.« (Nicolas Kiefer)

»Die Psycho-Logik der Routine beruht darauf, dass sich Anforderungen deshalb schnell, sicher, leicht, wirksam und situationsgerecht bewältigen lassen, weil bewusstes Bewerten weitgehend entfällt und man auf lange eingeübte Programme zweckmäßiger Handlungsmuster zugreifen kann.« (EBERSPÄCHER 2004, S. 11).

Tiger Woods, einer der erfolgreichsten Golfspieler der Sportgeschichte, trägt in einer Finalrunde eines Golfturniers traditionell die Farbe Rot.

Ein Ritual ist eine nach festen Regeln ablaufende Handlung mit Symbolgehalt.

Es gibt stärkende Routinen und schwächende Routinen. Schwächende Routinen sind oft zufällig und stellen eine Art Aberglauben dar. Stärkende Routinen sind zuverlässig und haben einen logischen Grund für ihre Existenz. Die Einführung dieser stärkenden Routinen ist eine gute Möglichkeit, Ihre mentale Vorbereitung zu verbessern.

Hier sind ein paar Beispiele für positive Routinen:

- Ein Aufwärmprotokoll für jedes Pferd erstellen und sich daran halten.
- Eine Checkliste der Dinge, die Sie zu einem Turnier mitbringen müssen (siehe S. 134): Ich vergesse nie mehr meine weiße Reithose im Waschkeller!
- Den Parcours visualisieren (siehe S.110 ff), bevor man ihn in der Realität reitet: kein Hindernis mehr oder gar die Ziellinie vergessen!
- Tipp: Beim Aufwärmen für ein Springen suche ich nach positiven Empfindungen und mache nicht zu viele Sprünge: Das ist nicht der richtige Ort, um einem Pferd das Springen beizubringen!

Tipp für Trainer: Jedem Reiter seine eigene Routine! Helfen Sie Ihren Reitschülern, effiziente und beruhigende Routinen zu finden, drängen Sie ihnen nicht Ihre auf!

Checkliste zur Vorbereitung

Hand aufs Herz: Die Nerven liegen blank. Haben Sie dann schon Teile Ihrer Ausrüstung vergessen oder falsche Sachen eingepackt? Mir für meinen Teil ist dies schon passiert.

Konsequenzen daraus: Der betroffene Reiter gerät in Panik und muss danach erst wieder seine Selbstbeherrschung finden. Und einen anderen hoffentlich großzügigen Mitstreiter oder Teamkameraden bitten, ihm Ausrüstung zu leihen (die zudem auch noch ungewohnt ist). Wenn er Pech hat, schwächt dieses Versehen oder Vergesslichkeiten auch noch sein Image, was wiederum zu vermindertem Selbstvertrauen und weniger Überzeugung führt – eine nicht gerade günstige Ausgangsposition kurz vor einer Prüfung.
Daher rate ich Ihnen zu einer Check- oder Packliste, damit der Turniertag nicht im Chaos endet. Diese

spätestens am Abend vorher prüfen! Ansonsten ist diese Checkliste auch für Urlaubsreisen sehr dienlich ...
Schreiben Sie alles auf, was erledigt werden muss und legen Sie zwei Spalten zum Ankreuzen an:
1. Spalte: Will ich erledigen,
2. Spalte: Habe ich erledigt.

Nachfolgend ein Beispiel für eine Checkliste:

Ausrüstung fürs Pferd
Sattel, Sattelgurt, Trense/Kandare,
Hilfszügel wie Martingal oder Ausbinder,
saubere (weiße) Satteldecke, Schabracke,
zweite Satteldecke, Halfter, Strick,
Transportgamaschen oder Ähnliches,
Bandagen oder Gamaschen fürs Abreiten
Abschwitzdecke, Fliegendecke,
Decke für den Transport,
Longe, Stollen, Stollenschlüssel,
Putzzeug, Fliegenschutz, -spray & Co.
Kopfnummern, Equidenpass
Reinigungszeug, Sattelseife, ...
Gerte, Sporen

Turnierkleidung
Turnierreithosen,Überziehhose, damit die Turnierreithose auch sauber bleibt, Jeans, kurz/lang,
Turniersakko, Frack,
passende Schuhe und geputzte Reitstiefel,
Stiefelanzieher, -auszieher,
Reitkappe oder Zylinder, Turnierhandschuhe

Sonstige Kleidung
T-Shirts, Regenkleidung
Wäsche, Schlafanzug, Badezeug, Unterwäsche,

Kosmetikartikel, Brillen
Sonnencreme, Sonnenbrille
Kulturbeutel, Handtücher, Shampoo, Seife
Tempos, kleines Make-Up-Set für Reiterinnen

Essen für Mensch & Pferd
Getränke, Müsli- und Energieriegel
für zwischendurch,
Reiseproviant, Kaffee, Tee, Getränke, Wasser
Futter, Leckerli, Apfel,
Heunetz, Wasser- und Futtereimer

Papiere, Finanzen, Medikamente
Medikamente, Verbandskasten, Reiseapotheke,
Personalausweis/Reisepass,
Visum bei Reisen in entsprechende Länder,
Führerschein/Intern. Führerschein,
Reise-Unfallversicherung,
Reisegepäckversicherung bei Flugreisen,
Fahrkarten/Flug-Tickets,
Versichertenkarte, Auslandskrankenschein,
Impfpass fürs Pferd,
Eurocard, Bargeld in Landeswährung,
Umrechnungstabelle,

Auto und Technikcheck
Ersatzschlüssel, Hängerschlüssel,
Kfz-Schein, Papiere für Hänger,
Straßenkarte (trotz Navigationsgerät),
Wegbeschreibung zum Turnier, Zeiteinteilung
Verbandskasten, Reservekanister,
Abschleppseil, Reserverad prüfen,
Inspektion – Öl, Kühlerflüssigkeit,
Gültige ASU und TÜV,
Funktionstüchtige Bremslichter, Blinker,
und Rückfahrleuchten, Luftdruck überprüfen
Ist der Hänger in Ordnung?
Das Durchchecken ist ein absolutes Muss!

Haus und Wohnung
Gas- und Wasserhahn abdrehen,
Licht und elektrische Geräte abschalten,
Fenster/Türen abschließen
Rundfunk, Fernseh- und Computeranschlüsse
herausziehen, Wertsachen in Tresor legen

Sonstiges
Telefonnummer des Tierarztes,
Videokamera, Schlafsack, Wecker
Zeiteinteilung, Aufgabenheft, LPO
Handy und Ladegerät, Taschenlampe
Adapter für Steckdosen, Radio/Wecker, Walkman,
Musik, Näh-, Flickzeug,
Falls Ihr Pferd nicht gerne auf dem Hänger steht, sollten Sie Weidezaunband, Weidezaungerät und Kunststoffweidepfähle mitnehmen, um einen kleinen Paddock am Hänger abzuzäunen.

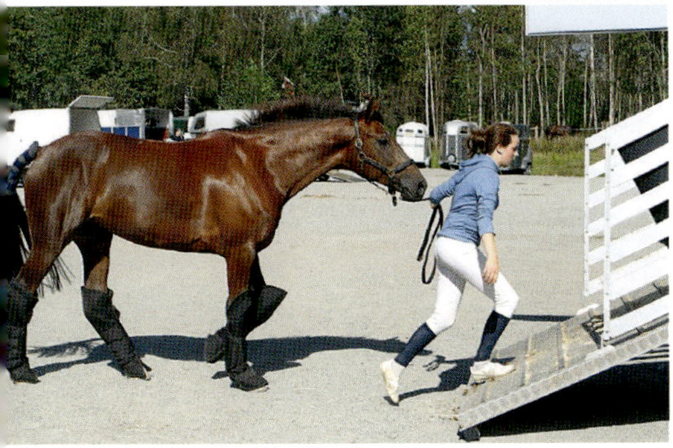

Trainieren Sie das Verladen.

Diese Checkliste ist für jeden Turnierteilnehmer wichtig. Am besten bringen Sie eine Kopie davon an der Innenseite des Kofferraums in Ihrem Fahrzeug oder im Sattelschrank an.
Beim Packen haken Sie jeden Gegenstand ab, wenn er verstaut ist. So haben Sie ein paar Sorgen weniger als andere Reiter, wenn sie zum Turnierplatz reisen. Ich halte das im Übrigen auch für die Vorbereitung meiner Seminare an einem anderen Ort so oder bei der Vorbereitung von Segeltörns. So muss ich mich nicht während der ganzen Fahrt fragen, was ich wohl vergessen habe.

Turnierprogramme

Es gibt verschiedene Bestandteile eines Turnierprogramms, die beachtet werden müssen. Jeder davon trägt zu guten Turnierergebnissen bei. Daher entwickeln Sie formalisierte Turnierpläne für z.B. folgende Punkte:

- allgemeine Vorbereitung der Fertigkeiten/Lektionen im Vorfeld eines Turniers
- Ein Tag vor dem Turnier

Entspannendes Reiten. Ausrüstung reinigen. Alles Wichtige einpacken. Nicht darüber nachdenken, wie es sein könnte nach dem Training, sondern die Dinge machen, die man sonst zur Entspannung auch macht oder gewohnte Dinge z.B. (entspannende) Musik hören, Körperpflege (für Körpergefühl), eine lange Dusche oder Bad nehmen, etwas Zeit mit lieben Bekannten/Freunden verbringen, Entspannungsübungen machen, Lieblingsgericht essen, Essen mit Familienmitgliedern oder guten Freunden (Ermutigung und Unterstützung), ins Restaurant gehen, selber kochen, Buch lesen, Fernsehen oder Kino, Video von einem Turnier anschauen, mit Kindern oder Frau beschäftigen oder gemütlichen Spaziergang machen (kein Konditionstraining). Essen und Trinken wie sonst, jedoch ohne übermäßigen Alkohol. Kein Essen, welches starke Blähungen erzeugt und schwer verdaulich ist. Entwicklung einer positiven Einstellung.

- Schlafen

Tagesablauf ein Tag vor dem Turnier, genau wie normaler Tagesablauf an den jeweiligen Tagen (ohne Turnier). Mentale Vorbereitung auf die bevorstehende Prüfung z.B. Entspannungsübung, z.B. das Hören sanfter Musik in einem abgedunkelten Raum, Atemübung, progressive Muskelentspannung, Meditation, Visualisierung der Geländestrecke/der Dressurprüfung, Visualisierung und sich Erinnern der bisher besten Prüfung (positive Einstellung), klare Gedanken und geistige und körperliche Entspannung. Schlafen gehen wie sonst. Genügend Schlaf.

- Aufwachen und lächeln – »Heute ist es wieder soweit.«
- Gemütliches, gesundes, kräftigendes, leicht verdauliches Frühstück wie z.B. Müsli, Toast mit Honig, Kaffee (Auf gute Ernährung achten!) – »Ich fühle mich prima.«
- Rasieren, Duschen
- Anziehen, u.a. Straßenschuhe, keine Reitstiefel.
- Verlassen des Hauses mit Ziel Heimatstall, ein letzter Blick in den Spiegel. – »Ich weiß, was ich kann.«
- Einpacken der Ausrüstung, Ausrüstungscheck
- Abfahrt. Fahren Sie rechtzeitig los, damit Sie sich vor Ort in aller Ruhe umsehen können.
- Ruhiges, gelassenes, beherrschtes und geduldiges Verladen der Pferde
- Fahrt/Reise zum Turnier mit Spaß, Musik und der richtigen Einstellung; genießen Sie auch die Gesellschaft Ihrer Begleiter; lesen Sie Zeitung; ...
- Was ist für die Vorbereitung auf die direkt bevorstehende Prüfung hilfreich? Schreiben Sie eine Liste mit diesen Aktivitäten und sagen Sie Ihren Begleitern/Helfern im Auto oder noch im Heimatstall, dass diese Dinge für Sie wichtig sind. Auch das Helferteam (Trainer, Familie, Freunde, Pferdepfleger, etc.) nehmen an der Vorgehensweise auf dem Turnier teil. Aufgabenverteilung.

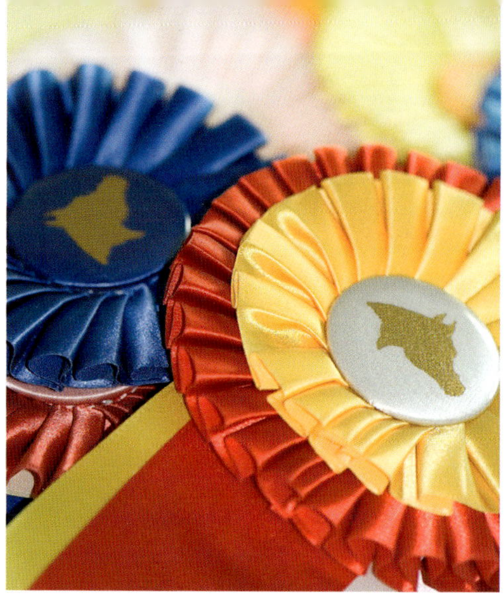

Bei einer optimalen Vorbereitung rückt der Turniersieg in greifbare Nähe.

- Ankunft auf dem Turnierplatz – »Ich freue mich auf meine Starts.«
- Freundliche Begrüßung und Plaudern mit anderen Reitern, Richtern, Freunden, Bekannten, Offiziellen und Turnierkameraden.
- Gewöhnung an das Turniergelände, Erkunden des Turniergeländes (bei größeren Turnieren mindestens eine halbe Stunde dafür einplanen) – Wo gibt es Wasser? Wo Tierarzt und Hufschmied? Wo hängen die Ergebnislisten? Wo sind die sanitären Anlagen? Wie gelangen wir zum Abreite- und Spring-/Dressurplatz? Wie zur Geländestrecke? Größe und Bodenbeschaffenheit des Abreite- und Turnierplatzes prüfen. Wo sitzen die Richter und Zuschauer? Wie lange brauche ich vom Pferdeanhänger zum Abreiteplatz? Wie lange brauche ich vom Abreiteplatz zum Dressurplatz?
Konzentrieren Sie sich vor dem Start z.B. am Hänger oder im Auto auf die Aufgabe.
- Vorbereiten der eigenen Turnierstrategie z.B. wann, wo der Begleiter das nächste Pferd hinführen soll, wo er/sie abreiten wird.
- Einstimmen auf die Prüfung evtl. im Auto bzw. am Hänger oder sonst an einem ruhigen Ort. Eigene Mitte finden. Geist ruhig, aber klar und voll konzentriert (meditativer Zustand). Musik kann Ihnen nach Bedarf evtl. dabei helfen, Sie in gute Stimmung zu versetzen und negativ aufkommende Gedanken ganz loszulassen. Mentale Übungen, Vorstellungsübungen an einem ruhigen Ort: Durchlaufen Sie mental vollständig und genau die bevorstehende Prüfung (einschließlich der Wetterverhältnisse, Umgebung, Gelände- und Bodenbeschaffenheit, etc.), nehmen Sie dabei die passende Körperhaltung ein. Entspannung und Selbstbestätigung. Erinnern Sie sich an Ihre gemachten Fortschritte. Mentales Vergegenwärtigen von erfolgreichen Lektionen aus zurückliegenden Turnieren oder Trainingsstunden. Zur Verbesserung der Konzentration können Sie sich auch mit einer bestimmten Literatur oder sich mit einem Talisman beschäftigen. Bei Jugendlichen und Kindern sind bevorzugte Glücksbringer insbesondere bei Mädchen Stofftiere, die für Sie etwas Vertrautes darstellen.
- Ausladen, Meldestelle
- Sorgfältiges und ruhiges Putzen, Satteln in Ruhe und früh genug – es kann sich in der Startfolge einiges ändern – eventuell auf die Toilette gehen und Umziehen bzw. Anziehen der frisch gewaschenen bzw. gereinigten Turnierkleidung und der blank geputzten Reitstiefel (ein gut vorbereitetes und ästhetisch angenehmes Bild von einem schönen, glänzenden Pferd und Reiter); Abwischen des Lederzeugs nach dem Satteln.
- Abreiten für die Prüfung mit Methode und einem Abreite-Ritual, Arbeitsstrategie und System, Spaß und Vertrauen, Lachen, Erhöhung der Konzentration, u.a. auf das Gefühl beim Reiten, Wahrnehmung der anderen Reiter und Pferde. Konzentration auf sich, die Lektionen, Ihr Pferd und gegebenenfalls den Trainer. Das Abreiten ist die letzte Möglichkeit, sich mental auf die bevorstehende Prüfung einzustellen. Beginn im Schritt; dem Pferd prüfungsrelevante Dinge und die Umgebung zeigen; Einbau der erforderlichen Lektionen oder von ein paar aufwärmenden Sprüngen in die Abreitephase; Beibehalten einer ruhigen, sicheren und positiven Perspektive und eines Gefühls von Sicherheit; Visualisierung des Parcours/der Dressuraufgabe (fühlen Sie dabei Ihren Körper). Positive Selbstgespräche. Holen Sie nochmals Ihre eigenen Stärken ins Bewusstsein. Falls widrige Umstände zu erwarten sind, stellen Sie sich darauf ein und wandeln Sie dies gedanklich ins Positive um (alle Reiter haben dieselben Verhältnisse, wenn Sie gut damit

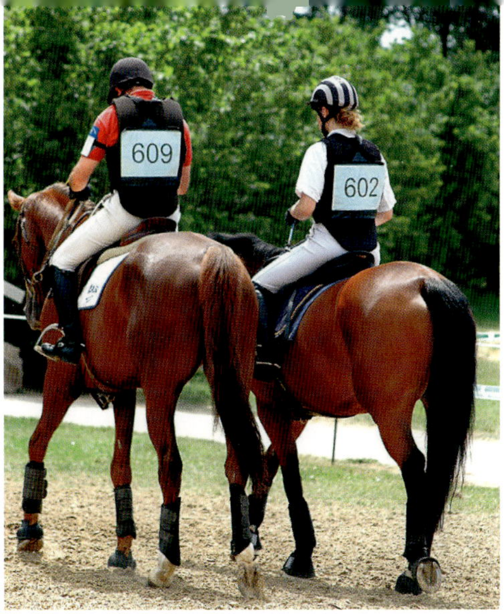

Auf dem Turnier kann es sich auszahlen, wenn Sie im Training hin und wieder in unruhiger Atmosphäre reiten.

umgehen können, haben Sie aber einen Vorteil). Innerliche und äußerliche Entschlossenheit demonstrieren. Entschlossene Körperhaltung einnehmen – Körpersprache: »Ich bin heute top in Form.« Konzentrierter Blick.

Die beste Möglichkeit zur Herstellung von mentaler Stärke haben Sie unmittelbar vor der Prüfung und zwar während des Abreitens.

Der Trainer sollte eine vorher abgesprochene feste Aufgabe haben. Die meisten Reiter wollen eine aktive Unterstützung durch ihren Trainer, andere möchten, dass der Trainer nur einschreitet, wenn es notwendig ist. Es sollten möglichst wenig technische Anweisungen gegeben werden.

Übung

Notieren Sie sich eine Abreitetechnik fürs Turnier, die für Sie und Ihr Pferd stimmig ist. Bestimmen Sie dadurch die grundsätzliche Reihenfolge und wie viel Zeit Sie dafür einplanen:

- Schrittarbeit
- Trabarbeit
- Galopparbeit
- Lektionen, Übergänge, einfache Hindernisse
- Schwierige Lektionen oder Hindernisse
- Letzte unterstützende, positive, ruhige und förderliche Hinweise (ohne Negationen) vom Trainer

- Prüfung kommt näher
  Besinnen Sie sich auf Ihre Stärken.
- Vor dem Start sollte Ihr Helfer die Gamaschen bzw. Bandagen abmachen, wenn es sich um eine Dressurprüfung handelt. Ein letzter Outfit-Check bei Ihnen und Ihrem Pferd.
- Entschlossen einreiten in die Prüfung voller Selbstvertrauen und Überzeugung, was immer auch passiert
- Reiten der Prüfung: fließender Ablauf
- Leichtes Mittagessen, reich an Kohlehydraten
- Beendigung des Turniers, direkt nach dem Turnier z.B. Essen und Feiern mit Freunden (Entspannung, Abreagieren und Herunterfahren der Gefühle)

All dies sind wichtige Teile Ihres Erfolgs! Denn ohne Pläne für das systematische Vorgehen am Turnier ist die Vorbereitung auf ein Turnier nicht komplett. Verwenden Sie in Ihrer Vorbereitung auch Zeit darauf und denken Sie sich Ihre optimalen Pläne aus. Ich kenne nur wenige Reiter, die wirklich eine Struktur mit vollständigen Listen für jeden einzelnen Punkt entwickelt haben. Der Ablaufplan sollte

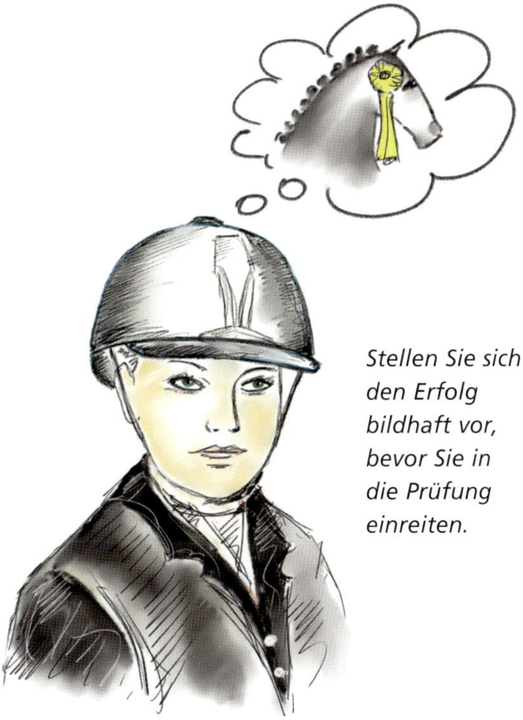

Stellen Sie sich den Erfolg bildhaft vor, bevor Sie in die Prüfung einreiten.

genügend flexibel sein, da Turniere selten wirklich präzise nach dem Ihnen zugeschickten Zeitplan verlaufen. Flexibilität bedeutet aber auch, notfalls eine Methode für das Chaos bereitzuhalten. Beseitigen so viele Unwägbarkeiten wie möglich im Vorfeld.

Prüfungssimulationen als weitere Vorbereitungsmethoden
(nach Beverley und Robert Schinke 1999, S. 90–92)
»Simulationen (Probeprüfungen) sind Trockenübungen, bei denen Turnierbedingungen nachgestellt werden können. Bei der Entwicklung dieser Simulationen sollten, unabhängig von der Disziplin, folgende Richtlinien beachtet werden:

1. Der Reiter muss die Grundsätze der benötigten reiterlichen Fertigkeiten/Lektionen verstehen und die Fähigkeit entwickeln, sie auszuführen.
2. Die erforderlichen Lektionen sollten erst einzeln geübt werden.
3. Beherrscht der Reiter die einzelnen Lektionen, sollten zwei oder drei Lektionen miteinander kombiniert und geübt werden.
4. Die vollständige Prüfung sollte in geeigneter Trainingsumgebung simuliert werden.
5. Als Nächstes sollten einige Ablenkungen und Schwierigkeiten integriert werden, wie schwierige Bodenverhältnisse, schlechtes Wetter und Lärm.
6. Dann sollten mehrere dieser Faktoren gleichzeitig in die Übung eingebaut werden.
7. Die Simulation sollte, falls die Möglichkeit besteht, auf einem ungewohnten Platz durchgeführt werden.

Es folgen Simulationstechniken für Dressur, Springen und Vielseitigkeit. Jede bezieht sich auf die oben beschriebenen Punkte.

Dressursimulation

Ich empfehle das folgende methodische Vorgehen. Zuerst sollte sich der Reiter die Aufgabe durchlesen und sich mit den Lektionen und ihrer Reihenfolge vertraut machen. Als Nächstes soll eine maßstabsgerechte Skizze des Dressurvierecks erstellt werden, in das jede Bewegung so präzise wie möglich eingetragen wird. Jede Markierung soll der Reihe nach markiert werden: z. B. Schrittphasen mit Punkten,

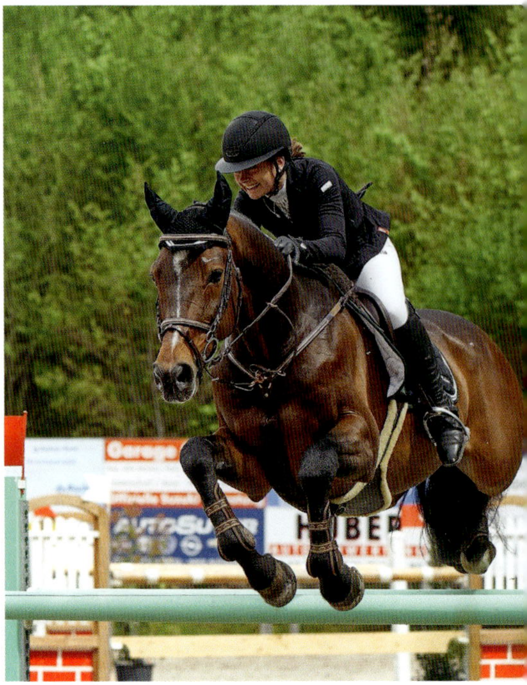

Trabphasen mit gestrichelter und Galopphasen mit durchgezogener Linie.
Sobald der Reiter sich die Schwierigkeiten der Dressurprüfung eingeprägt hat, ist es Zeit für die körperliche Vorbereitung, indem er einzelne Teile der Prüfung reitet. Hat das gut funktioniert, verbindet er diese Teile zu einzelnen Bewegungsabläufen und dann zu Segmenten aus vier oder fünf Bewegungsabläufen. Je nach Schwierigkeitsgrad kann eine Prüfung in drei bis sechs Segmente aufgeteilt werden. Jedes einzelne Segment übt und verbessert der Reiter dann, bis er mit dem Ergebnis zufrieden ist. Als Nächstes übt er größere Abschnitte der Dressurprüfung, indem er die Segmente miteinander verbindet, bis er schließlich in der Lage ist, eine komplette, fehlerfreie Prüfung zu absolvieren. In der Woche vor dem Turnier sollte der Reiter alle Simulationen, beginnend mit dem Abreiten, in Turnierkleidung mit eingeflochtenem Pferd reiten. Dadurch soll er sich an die Turnierkleidung und die Abreitetechnik gewöhnen. Reiter, die in höheren Klassen starten, sollten auch Richterattrappen in Erwägung ziehen, die sie bei H, C und M oder bei B und E aufstellen. Auch laute Zuschauer oder Zuschauer mit

Schirmen und Hunden können eingebaut werden, um Methoden entwickeln zu können, mit diesen Ablenkungen/äußeren Störungen umzugehen.

Simulation einer Springprüfung

Als Erstes springt der Reiter einen kleinen Steilsprung und dann einen Oxer in der Mitte des Abreiteplatzes. Hat er die einzelnen Hindernisse (von erforderlicher Höhe und Breite) problemlos gesprungen, übt er zwei und drei Hindernissen hintereinander, zuerst mit geraden Wegen und normalen Distanzen, dann mit Wendungen und schwierigeren Abmessungen. Hat er sich daran gewöhnt, erhöht er die Anzahl der Hindernisse bis zu einem kompletten Parcours mit zwölf bis fünfzehn Hindernissen. Sobald er den ganzen Parcours zufrieden stellend gesprungen ist, sollte er die Länge des ganzen Parcours abmessen oder abschätzen und ihn dann noch mal in dem für die nächste Springprüfung vorgesehenen Tempo reiten. Handelt es sich bei der Prüfung um ein Zeitspringen, sollte er auch den Absprung aus der Wendung heraus üben. In der Woche vor dem Turnier sollte der Reiter die ganze Situation mit Start-Ziel-Linie, Zeitnehmer und mit jeder möglichen Form der Ablenkung, die eventuell auf ihn und sein Pferd zukommen, üben.

Nutzen Sie die Zeit auf dem Abreiteplatz, um sich und Ihr Pferd bestmöglich auf die folgende Prüfung vorzubereiten.

Simulation einer Geländeprüfung

Die Geländesimulation müsste, im Gegensatz zu der Simulation einer Dressur- oder Springprüfung, mit der Arbeit an der erforderlichen Geschwindigkeit beginnen. Der Reiter beginnt mit der Simulation, indem er über ein ausgedehntes Feld oder über eine Bahn mit passendem Untergrund galoppiert. Dabei erhöht, verlangsamt oder verändert er das Tempo so, wie es für eine Geländeprüfung erfoderlich ist. Er soll in der richtigen Haltung und mit gleicher Steigbügellänge wie in der Geländeprüfung reiten.
Ist er mit der Galopparbeit zufrieden, reitet er einzelne, einfache Hindernisse an. Als Nächstes übt er, drei bis fünf Hindernisse in Folge zu springen. An dieser Stelle ist es sehr wichtig, dass er mit seiner Leistung zufrieden ist. Als Nächstes übt er zehn bis fünfzehn Hindernissen hintereinander weg. Obwohl eine Geländeprüfung länger ist, ist die Intensität der vorgeschlagenen Übung ausreichend. Wichtig ist hierbei, dass die Hindernisse den gleichen Schwierigkeitsgrad und die gleichen Ausmaße wie die auf dem nächsten Turnier haben. Als Letztes sollte er Dinge wie das Überprüfen der Ausrüstung, den Start, Zeitnahme und schlechtes Wetter in die Simulation einbeziehen. (Und er muss bedenken, dass er als Vielseitigkeitsreiter alle drei Disziplinen simulieren sollte.)

Übung

Planen Sie nun eine Simulationsstrategie, die für Sie, Ihr Pferd und Ihre Disziplin geeignet ist. Dokumentieren Sie bei der Ausarbeitung der Details Ihre Fortschritte anhand folgender Kriterien.

1. Haben Sie sich die Schwierigkeiten jeder Dressurlektion eingeprägt oder nur die generelle Linienführung, Übergänge und Tempi?
2. Beginnen Sie während der körperlichen Vorbereitung mit einzelnen Lektionen bzw. Hindernissen, bevor Sie zu umfangreicheren Folgen übergehen? Überlegen Sie sich Veränderungen, durch die Sie sich auf Ihre nächste Simulation besser vorbereiten können.

Nutzen Sie die Zeit auf dem Abreiteplatz, um sich und Ihr Pferd bestmöglich auf die Prüfung vorzubereiten.

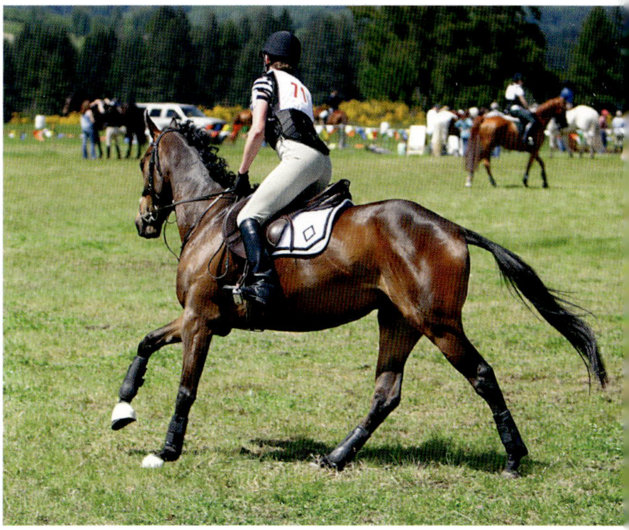

3. Welche Ablenkungen und erhöhten Schwierigkeitsgrade möchten Sie in Ihre nächste Simulation mit einbeziehen? Erstellen Sie eine Liste.
4. Gibt es nach Abschluss Ihrer Prüfungssimulation irgendwelche Störfaktoren, die Sie beim nächsten Mal einbeziehen oder ausschließen möchten?

Turnier

Reitsportliche Leistungsvergleiche stellen sehr unterschiedliche Anforderungen an Reiterinnen und Reiter: Turniere können von sehr kurzer Dauer sein, sie können sich aber auch über mehrere Tage erstrecken (beispielsweise eine Europameisterschaft). Einzelne Reiterinnen und Reiter werden koordinativ gefordert, andere fühlen sich emotional belastet, bei anderen gerät das Selbstvertrauen ins Wanken. Immer wieder entstehen kritische oder unerwartete Situationen, die gemeistert werden müssen. Zum Bewältigen dieser Anforderungen werden sehr unterschiedliche Techniken und Formate angewendet. Die mentalen Trainingsformen richten sich nach den individuellen Ansprüchen der Reiterinnen und Reiter, aber auch nach den Besonderheiten der jeweiligen Disziplin im Reitsport.
All das Wissen, das Sie sich bisher aus diesem Buch angeeignet und hoffentlich umgesetzt haben, soll Sie unterstützen, um nun auf dem Turnier erfolgreich sein zu können.

Nutzen Sie Pausen auf dem Turnier immer wieder zum Entspannen, zum Hören Ihrer Lieblingsmusik; lachen Sie viel (bewirkt sofortige Entspannung), ordnen Sie Ihre Gedanken und Gefühle, tanken Sie neue Energie.

Positive Selbstgespräche. Wasser trinken und evtl. etwas essen. Sich erst vor dem nächsten Ritt wieder neu konzentrieren.

Reaktionen nach einer Prüfung

Nach einer guten Prüfung: innerliches Eigenlob, positive Emotion für weiteren Ritt ankern.
Nach einer Prüfung mit einem negativen Resultat: mit Bewegung alles Negative abschütteln, den idealen Ritt visualisieren und das Gefühl, ausgelöst durch die Visualisierung, spüren.

Wenn es sehr gut läuft: Never change a winning game!

Nachbereitung eines Turniers und Auswertung erbrachter Leistungen

Reiter und Trainer müssen Turnierritte, Siege wie Niederlagen, evaluieren und zum Lernen nutzen – ohne dem Selbstvertrauen und dem Selbstwert des Reiters zu schaden.

Phase der unmittelbaren Turniernachbearbeitung: Positive Erfahrungen aus dem Turnier mental speichern. Wichtig dabei ist, dass das Gefühl von gelungenen Lektionen verbal reproduziert werden kann. (Gefühle verarbeiten, seelisches Gleichgewicht wieder finden). Jeder Reiter muss selbst erkennen, was ihm dabei hilft (Gespräch, Kneipe, Ruhe, Ausgleichssport, ...)

Denken Sie nach jedem Wettkampf über Ihre Leistung nach.
Ein Turnier bietet eine einzigartige Lernerfahrung, die ein Training nicht bieten kann. Die Reiter bereiten sich viele Stunden auf ein Reitturnier vor und sollten jedes Turnier als Lernmöglichkeit nutzen.

Die Reflexion und systematische Turnier-Auswertung der Erfahrungen und Handlungen auf einem Turnier sind für den effektiven Lernprozess, das optimistische Herangehen an die Arbeit, konstante Fortschritte und die Weiterentwicklung von Reitern

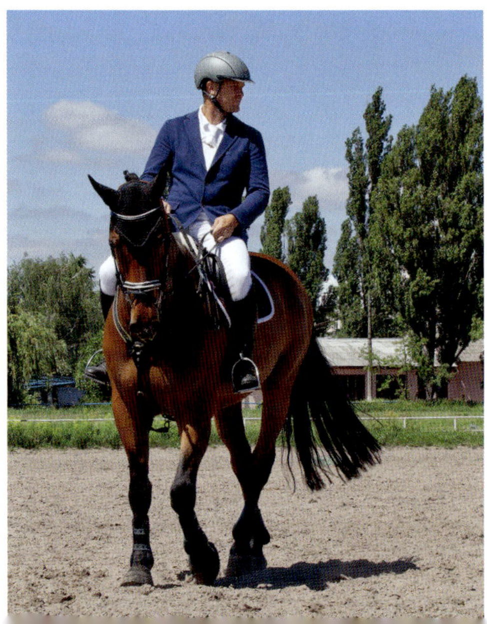

Damit aufhören	Weniger davon	Auf jeden Fall beibehalten
START Damit anfangen	Mehr davon	Wem ich danken möchte

Arbeitsblatt für die Reflexion eines Turniers.

unabdingbare Voraussetzung. Grundlage für selbstständiges Urteilsvermögen und verantwortungsbewusstes Handeln ist das Bewusstsein, was durch eine begleitende Reflexion und Auswertung erreicht werden kann.

Auswertungen nach einem Turnier sind daher ein lohnender und notwendiger Schritt, der jede Vorbereitung und jeden Auftritt erst vervollständigt. Werten Sie aus, was funktioniert hat und wo es zusätzliche Verfeinerungen braucht. So bekommen Ihr Trainer und Sie zusätzliches Wissen und zusätzliche Werkzeuge, die Sie in zukünftige Vorbereitungen und Trainingsstunden integrieren können.

Diese Analyse soll erst dann gemacht werden, wenn Emotionen abgeflaut sind und Sie dann alles etwas objektiver beurteilen können.

Machen Sie (evtl. mit einem Trainer oder einem Mental Coach) genaue und detaillierte, subjektive Aufzeichnungen und Bewertungen mittels eines Leistungstagebuchs in einem Ordner oder Notizbuch unter Beachtung mentaler, körperlicher und emotionaler Aspekte z.B.

- Welche Stärken und Talente haben mir geholfen?
- Erfolgreiche Methoden und Formate?
- Hat die Fitness gereicht?
- War ich best möglich vorbereitet? Hatte ich genug Zeit?
- Wie war morgens bzw. beim Abreiten meine Stimmung?
- Wie konzentriert war ich auf einer Skala von 0–10 (0 = gar nicht konzentriert, 10 = voll konzentriert)?
- Wie motiviert war ich?
- Pünktliche Ankunft auf dem Turnierplatz?
- Habe ich genug getrunken? War ich nach dem Essen müde?
- Wie habe ich mich entspannt?
- Wer hat mir geholfen? Wie?
- Wie fühle ich mich nach dem Turnier?
- Habe ich in der Nacht vor dem Turnier genug geschlafen?
- Habe ich mich zwischen den Prüfungen zurückgezogen und für Momente der Ruhe und Erholung gesorgt? Oder habe ich mich von anderen ablenken lassen?
- Wertnoten, Fehlerpunkte, Prüfungsergebnisse
- Habe ich meine persönlichen Ziele erreicht?
- Welche Hindernisse und Blockaden standen mir im Weg? Stand ich meiner eigenen Leistung im Weg?
- Welche Fortschritte habe ich gemacht? Was habe ich gelernt?
- Sollte ich meine Routinen vor und nach dem Spiel ändern?
- Welche negativen Gedanken sind aufgetaucht (Sorgen, Ängste) und wie konnte ich damit umgehen?

- Konnte ich mit meinen Gedanken in der Gegenwart bleiben?
- Wie konnte ich mit meinen Erwartungen, mit Druck umgehen?
- Was kann ich noch verbessern? Wo ist Optimierungspotential? (z.B. Konzentration, Geduld, Gelassenheit usw.)
- Was hat mir besonders Spaß gemacht? Was ist mir besonders gut gelungen?
- Bei welchen Lektionen/Sprüngen habe ich mich gut/schlecht gefühlt?
- Wie ist mein persönlicher Aktionsplan, um mich auf das nächste Turnier vorzubereiten? Was sollte verbessert werden?

Die Antworten auf diese Fragen werden Ihnen wertvolle Informationen für Ihr Training liefern, damit Sie Ihre Leistung beim nächsten Turnier verbessern können.

Vorbereitung und Nachbereitung für Trainer

Auch der Trainer muss sich auf seine Rolle vorbereiten und nach einem Turniertag sein seelisches Gleichgewicht wieder finden können.

- Vorbereitung der/des Reiter/s überwachen
- schriftliche Aufzeichnungen machen
- emotionaler und mentaler Rückblick sollte stattfinden, nachdem der einzelne Gelegenheit hatte, seine persönlichen Reaktionen zu verarbeiten
- Enttäuschung, Unzufriedenheit sollte frei geäußert werden

Frage:
Welches Ziel hatten wir uns gesetzt?
Inwieweit haben wir es erreicht?

Umgang mit Niederlagen

Übernehmen Sie die Kontrolle

Es gibt ein japanisches Sprichwort, das besagt: »Sieben Mal fallen, achtmal aufstehen.« So schwer es auch sein kann, sich zu sammeln, wenn man das Gefühl hat, versagt zu haben, ist es wichtig, sich daran zu erinnern, dass man durch seine Misserfolge nicht definiert wird. Diese sieben Male, in denen Sie hingefallen sind, sind nicht das, was Ihre Persönlichkeit und Sie als Reiter ausmacht – es ist die Tatsache, dass Sie wieder aufgestanden sind, die Sie zu dem macht, der Sie sind.

Seien Sie dankbar

Es kann wirklich schwierig sein, sich daran zu erinnern, wie gut man es wirklich hat. Wenn Sie dies lesen, haben Sie wahrscheinlich Zugang zu Ressourcen und Tools, die ein Großteil der Welt nicht hat. Das bedeutet nicht, dass Ihre Niederlage bedeutungslos ist, sondern nur, dass Sie bereits viel haben, wofür Sie dankbar sein können. Versuchen Sie, das große Ganze Ihrer (Reiter) Welt zu betrachten und nicht nur das Scheitern, auf das Sie sich (jetzt) konzentrieren.

Die Kraft des Jetzt

Lesen Sie dieses Buch von Ekhart Tolle: *Jetzt! Die Kraft der Gegenwart: Ein Leitfaden zum spirituellen Erwachen, J. Kamphausen Verlag, 2012.* Er lehrt, dass man sich schrecklich fühlt, weil man die Vergangenheit bereut oder sich vor der Zukunft fürchtet. Wenn Sie sich auf das konzentrieren, was Sie gerade tun, sind diese Dinge unmöglich. Bleiben Sie im Hier und Jetzt.

Drehen Sie Ihre Ansicht um

Albert Einstein sagte: »Jeder ist ein Genie. Aber wenn man einen Fisch nach seiner Fähigkeit beurteilt, auf einen Baum zu klettern, wird er sein ganzes Leben lang glauben, dass er dumm ist.« Vielleicht sind Sie an etwas gescheitert, weil Sie ein Fisch sind, der versucht, auf einen Baum zu klettern. Vielleicht haben Sie für einen größeren Zweck versagt, oder vielleicht zeigt Ihnen dieser Fehler, wo Sie sich ändern müssen und verbessern dürfen.

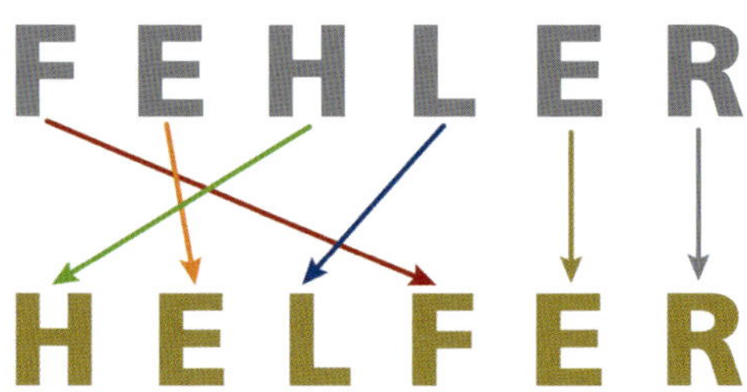

Was du tun kannst, wenn du einen Fehler gemacht hast

Sei ehrlich zu dir selbst und anderen.

Atme tief in den Bauch. Und probiere es noch einmal.

Erkenne, dass du einen Schritt näher dran bist, es richtig zu machen.

Überlege dir neue Wege, um es beim nächsten Mal besser zu machen.

Perspektivenwechsel

Fehler als Orientierungshilfe

Vergib dir selbst.

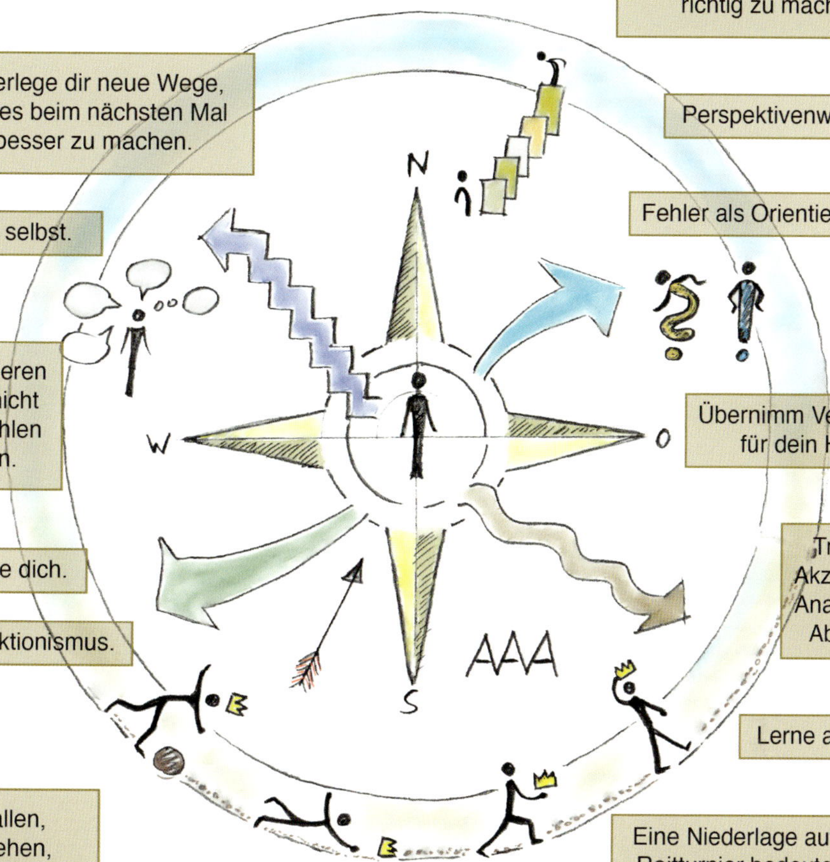

prich mit anderen darüber, um nicht n Schamgefühlen zu versinken.

Übernimm Verantwortung für dein Handeln.

Entschuldige dich.

Triple A:
Akzeptieren
Analysieren
Abhaken

rmeide Perfektionismus.

Lerne aus Fehlern.

Hinfallen, aufstehen, Krone richten, weitergehen.

Eine Niederlage auf einem Reitturnier bedeutet keine Niederlage als Mensch.

Nur, weil Du eine Prüfung versemmelt hast, bist du kein Versager!

Leiste Wiedergutmachung, wenn du jemanden verletzt hast.

Überlege dir, wie du in Zukunft besser mit dem Fehler umgehen bzw. ihn vermeiden kannst.

Erinnere dich daran, dass du ein Mensch bist. Niemand ist perfekt, jeder macht Fehler. Fehler sind menschlich.

Akzeptieren Sie es

Manchmal scheitert man, manchmal bekommt man nicht, was man will, manchmal ist nicht alles auf Rosen gebettet – stimmt das? Sobald Sie akzeptieren, dass Sie die Höhen nicht ohne die Tiefen haben können, erkennen Sie, dass ›auch das vorübergehen wird‹. Wenn mir schlimme Dinge passieren, mag ich es, eine Weile ›meine Wunden zu lecken‹ und dann, wie der brillante Fußballer Harry Kane, ›gehe ich wieder‹. Tun Sie das auch.

Zusammenfassung Turnier

- Das Turnier ist nicht die richtige Zeit für Fragen oder Zweifel. »Was ist, wenn ...«
- Fragen oder Gedanken wie »sollte/sollte nicht« sind in Bezug zur maximalen Leistungsfähigkeit kontraproduktiv.
- Sogar wenig mentale Vorbereitung ist besser als keine!
- Und denken Sie daran:
  Emotionen lassen sich steuern!
- Konzentrieren Sie sich auf die Gegenwart. Was können Sie heute/jetzt tun, damit Sie gut reiten können?
- Nutzen Sie die Entspannungsatmung, um körperlich entspannt zu bleiben.
- Verwenden Sie eine positive Visualisierung, um alle Blockaden zu überwinden, die Sie befürchten.
- Führen Sie positive Selbstgespräche, wenn Sie mit sich selbst sprechen oder über jeden Aspekt der Prüfung nachdenken.
- Genießen Sie es, hier zu sein!

Patentrezepte zur optimalen Turniervorbereitung gibt es nicht. Der Erfolg der verschiedenen Maßnahmen ist bloß ein Mosaikstein zur Erlangung der optimalen körperlichen Leistungsfähigkeit.

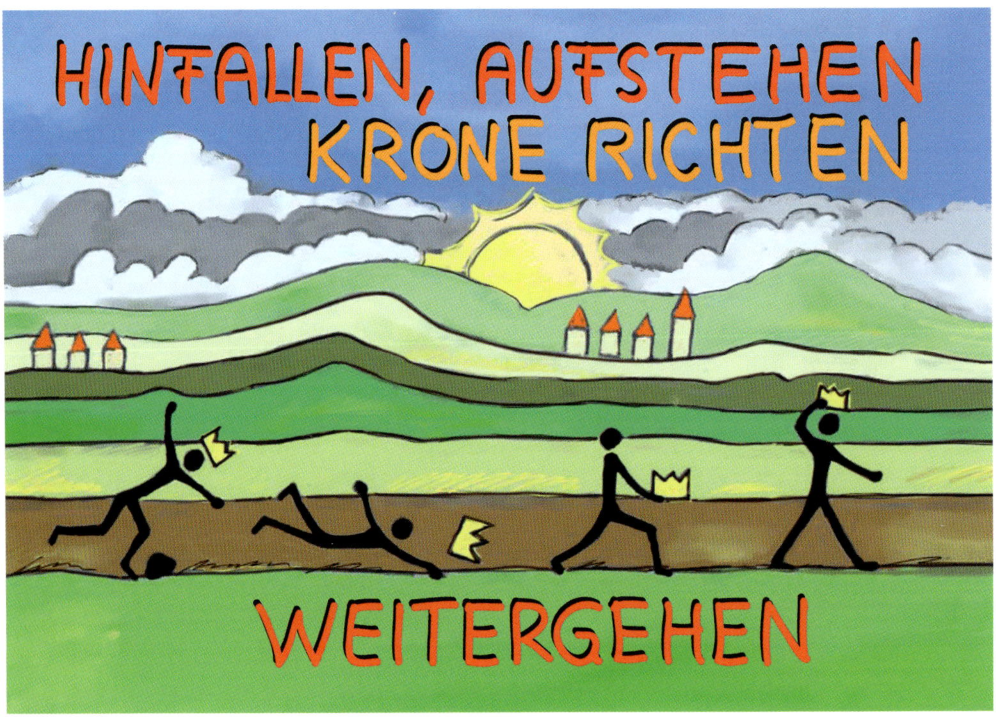

Flow

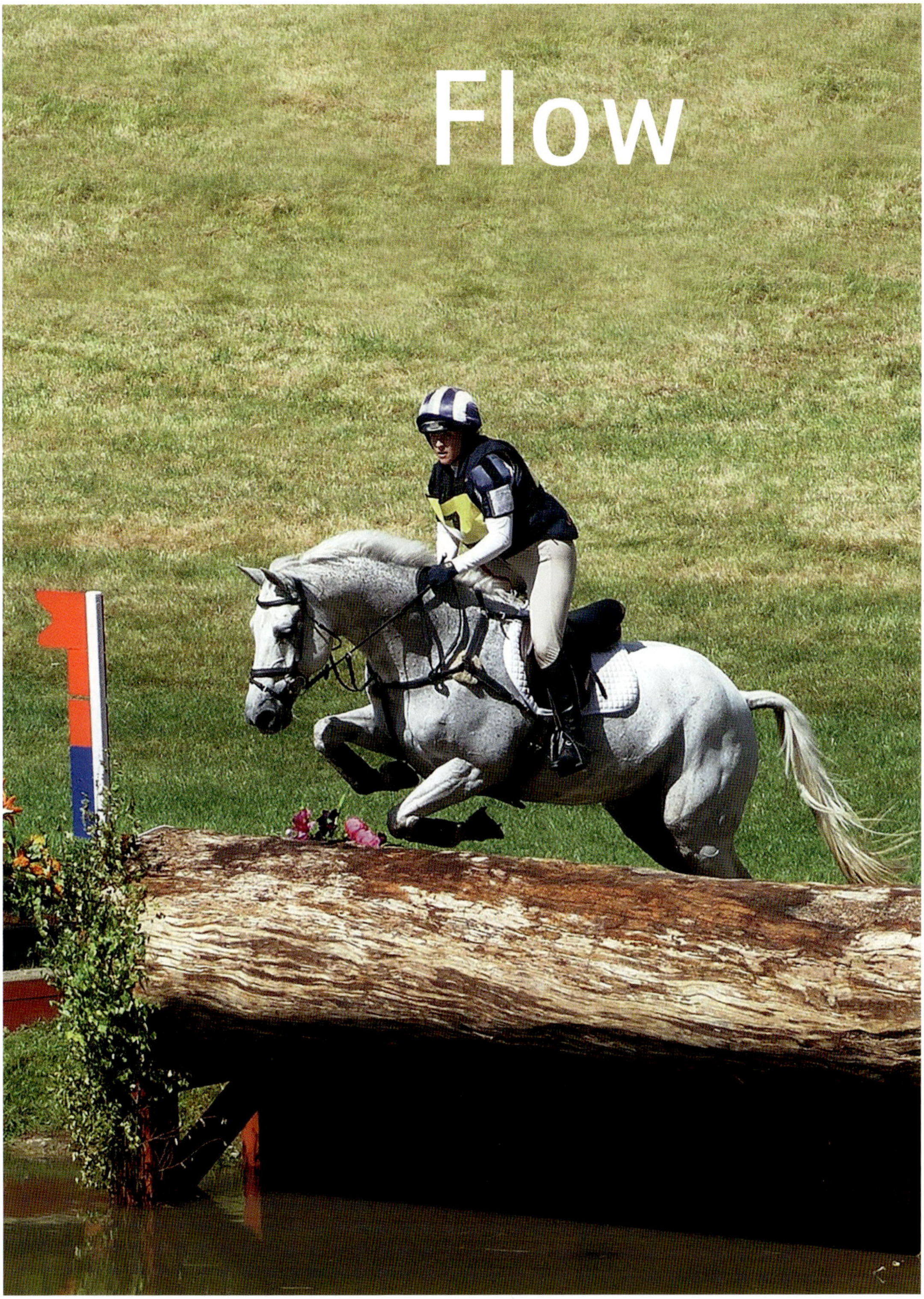

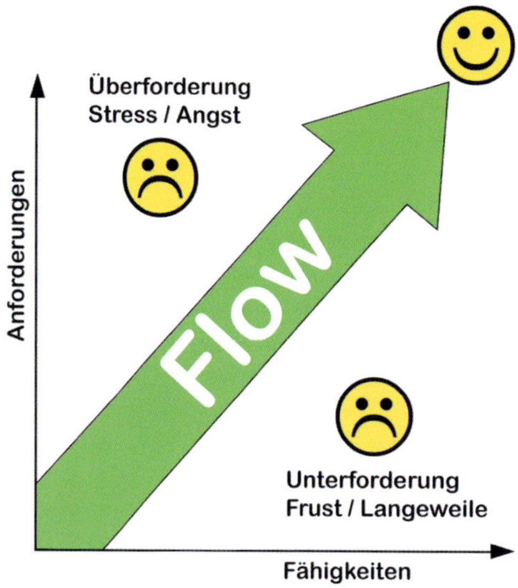

Flow

Wann haben Sie Ihr bestes Turnier gezeigt? Wann haben Sie zum letzten Mal alles um sich herum vergessen? Lief alles wie von selbst?

»Alles schien zur rechten Zeit zusammen zu kommen«, »Ich hatte mich aufgelöst und etwas anders übernahm die Kontrolle«, »Ich spielte einfach aus dem Bauch heraus«, lauten die Beschreibungen im Buch von GALLWAY (2003, S. 226).
Mihaly Csikszentmihalyi (sprich ›Tschick Sent Mihaji‹) entwickelte das Konzept von Flow Mitte der 70er Jahre und leistet mit weiteren Untersuchungen auf diesem Gebiet Pionierarbeit. Csikszentmihalyi und Jackson (2000, S. 13) schreiben in ›Flow im Sport‹: »Flow [ist] ein Bewusstseinszustand, in dem man völlig in dem aufgeht, was man gerade tut, ohne irgendwelche anderen Gedanken oder Emotionen zu haben.«

In der Sportpsychologie wird der Begriff ›Flow‹ verwendet, um ein Gefühl des totalen Eintauchens in eine Aktivität zu beschreiben, bei dem alles richtig läuft und die Zeit verschwindet. Das ist ein tolles Gefühl und einer der Hauptgründe, warum ich geritten bin. Der Flow ist allerdings nicht garantiert, und es gibt viele Dinge, die einem in die Quere kommen können.

Voll und ganz vertieft sein, tief aus dem Tun selbst heraus motiviert sein und ›Aufgehen‹ in einer Tätigkeit lässt sich besonders gut bei fasziniert spielenden Kindern beobachten, die alles um sich herum vergessen, die Welt um sich kaum noch wahrnehmen und sich nur noch auf ihr Spiel konzentrieren. Kinder haben Spaß an ihrem Spiel und leben im Hier und Jetzt.

Für den Zustand von Flow bei Sportlern gibt es nach Csikszentmihalyi und Jackson (2000, S. 7) viele Bezeichnungen – ›optimale Erfahrung, wie in Trance spielen, sich high fühlen und völlig konzentriert sein‹.

Weitere Assoziationen für den Zustand des Flow: alles im Griff haben, nichts kann dich aufhalten, nichts kann schief gehen, ich existiere nur noch für das eine, ich habe keine Angst, spüre keine Schmerzen, Schwebezustand, in Spitzenform, wie ferngesteuert, unschlagbar, stark. Diese Gefühle, die sich dabei einstellen können, gehören zu den intensivsten im Leben.

Anforderung und Können im Gleichgewicht

»Eine wichtige Voraussetzung für das Zustandekommen einer Flow-Erfahrung ist, dass die Anforderungen und Fähigkeiten im Gleichgewicht sind. Wenn eine Aufgabe zu schwierig wird, besteht andauernd die Gefahr von Fehlern.« Bei Überforderung beschäftigt man sich dann gedanklich mit einem möglichen Misserfolg, und damit entsteht Angst vor Versagen oder Ärger, aber kein Flow. Im umgekehrten Fall, also bei einer Unterforderung durch eine zu leichte Aufgabe, »hat es sich ebenfalls schnell ausgeflowt. Interesse und Konzentration lassen nach, und es entsteht Langeweile.« (Wirth, 2005, S. 1)

Das bedeutet: Flow entsteht, wenn Anforderung und die eigenen Fähigkeiten hoch und im Gleichgewicht sind; Unter- bzw. Überforderung erzeugen dagegen Langeweile bzw. Angst. Wenn Fähigkeiten und Anforderungen gering sind, kommt es zu keiner besonderen Erfahrung oder Emotion.

Die 8 Merkmale des Flow

Merkmale für Flow sind Konzentration, Selbstvergessenheit, Gefühl von Können, Fokussierte Aufmerksamkeit, Abgeschirmt-Sein von Ablenkungen, völliges Aufgehen in einer Tätigkeit, Versunkensein, Abwesenheit von Selbstreflexion, von Selbst-Bewusstheit; wie in Zeitlupe.

Csikszentmihalyi beschreibt acht Merkmale des Flow:

- Vollständige Konzentration auf die Aufgabe
- Klarheit der Zielvorstellungen und der Belohnung im Kopf und unmittelbare Rückmeldung
- Vergessen der Zeit
- Die Erfahrung ist intrinsisch lohnend
- Anstrengungslosigkeit und Leichtigkeit
- Es besteht ein Gleichgewicht zwischen Anforderung und Können
- Handlungen und Bewusstsein verschmelzen, das selbstbewusste Grübeln geht verloren
- Das Gefühl der Kontrolle über die Aufgabe

Wie schafft man es also, eine dieser Ritte zu haben, bei denen alles einfach funktioniert und man sich am Ende total beschwingt fühlt? Hier sind meine Tipps für das Reiten mit Flow.

- Gute Vorbereitung
- Glaube an den Erfolg, an die Möglichkeiten glauben
- Lernen Sie Ihre Ängste z.B. vor Versagen zu bewältigen.
- Sich an ein vergangenes Flow-Erlebnis erinnern und dann so tun, als ob man jetzt bereits im Flow wäre.
- Wandeln Sie Stress und ein Problem in eine Herausforderung um.
- Konzentrieren Sie sich auf Ihre Stärken, entwickeln Sie Selbstvertrauen.
- Steuern Sie Ihren Körper. Entspannen Sie sich und achten Sie auf die Lockerheit Ihrer Bewegungen. Eine Optimierung des physiologischen Erregungsniveaus beeinflusst die Konzentration und umgekehrt.

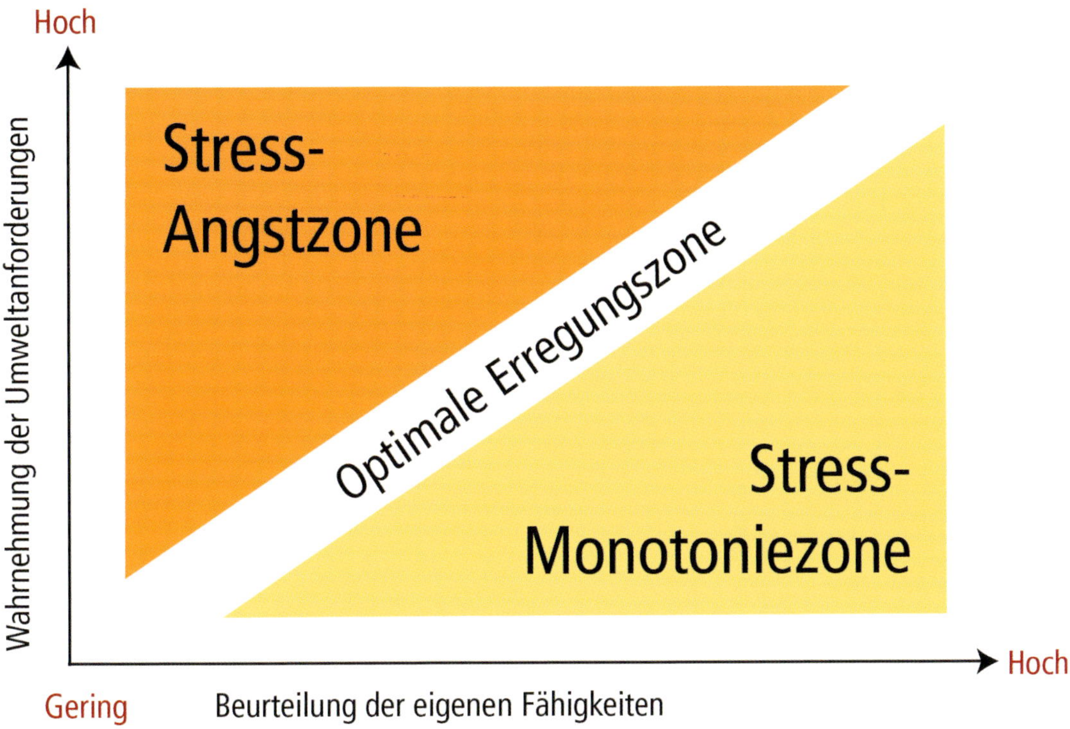

- Visualisierung vor Ausführung einer Bewegung, nicht während der Bewegung. Versetzen Sie sich innerlich in Zustände des Glücks, indem Sie sich erfolgreiche/glückliche Momente wieder in Erinnerung rufen. Stellen Sie sich zum Beispiel vor, wie Sie damals das perfekte Turnier geritten sind.
- Klar definierte und eindeutige Zielsetzung
- Feedback, Tipps und klare eindeutige Rückmeldungen aus Ihrem Umfeld und vom Trainer. Durch Feedback erhalten Sie Informationen über Ihre Leistung und haben dadurch die Möglichkeit, Ihre Ziele weiterzuverfolgen. Feedback, so Csikszentmihalyi und Jackson (2000, S. 30), ist von entscheidender Bedeutung für Ihre Leistung.
- Konzentration auf die bevorstehende, gegenwärtige Aufgabe
  Wenden Sie sich ganz dem zu, was Sie gerade tun. Verbannen Sie unwichtige Gedanken aus Ihrem Bewusstsein. Lernen Sie verlorene Konzentration zurückzugewinnen. »Es ist«, Csikszentmihalyi und Jackson. (2000, S. 118), »als würde man auf den richtigen Kanal zurückschalten, sobald sich ablenkende Gedanken einstellen. Dabei besteht der erste Schritt darin, sich bewusst zu werden, dass die Konzentration nachlässt.«
- Kontrolle
  Csikszentmihalyi und Jackson (2000, S. 34) dazu: »Sie vertrauen auf Ihre Fertigkeiten und Sie wissen, die Aufgabe ist lösbar. Diese Überzeugung verleiht ein Gefühl von Macht, Selbstvertrauen und Gelassenheit.«
- Positives Denken
- Flow-Musik
- Sorgen Sie für ein motivierendes Umfeld, das Sie fördert.
- Stellen Sie realistische Erwartungen an Ihre Leistung.
- Keine Unterbrechungen durch innere Störungen z.B. Beschäftigung mit einer Enttäuschung, einer Sorge oder der großen Liebe.
- Entwickeln Sie Spaß und Freude, lachen Sie viel, auch über sich selbst, haben Sie Freude an Ihrer Leistung und der Leistung Anderer – Erfolge der Anderen, hinter denen ja auch viel Training und Arbeit steckt, fair anerkennen und mitfeiern.

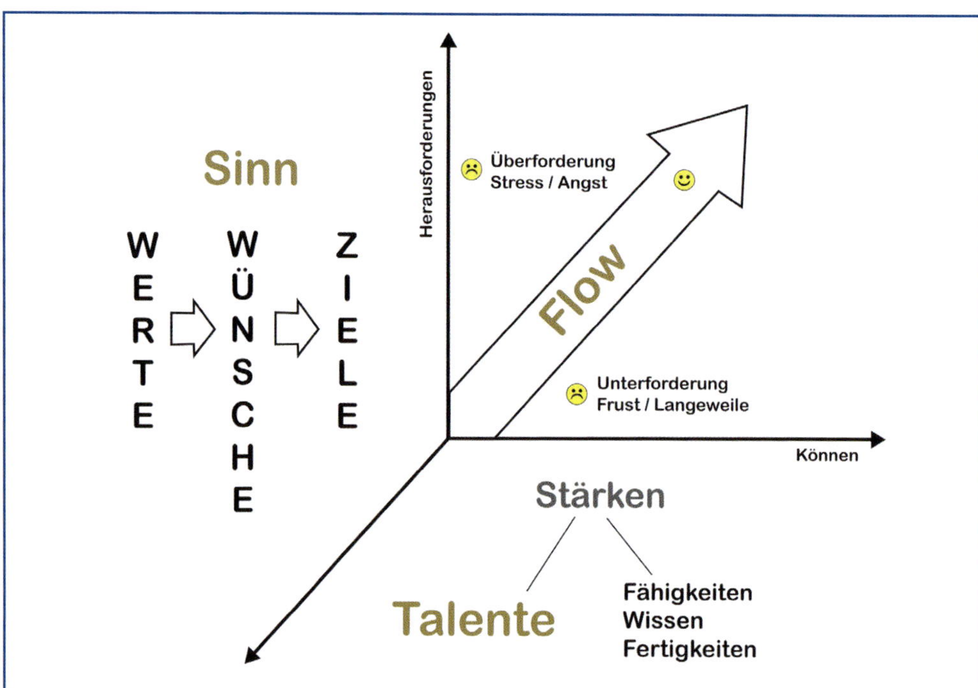

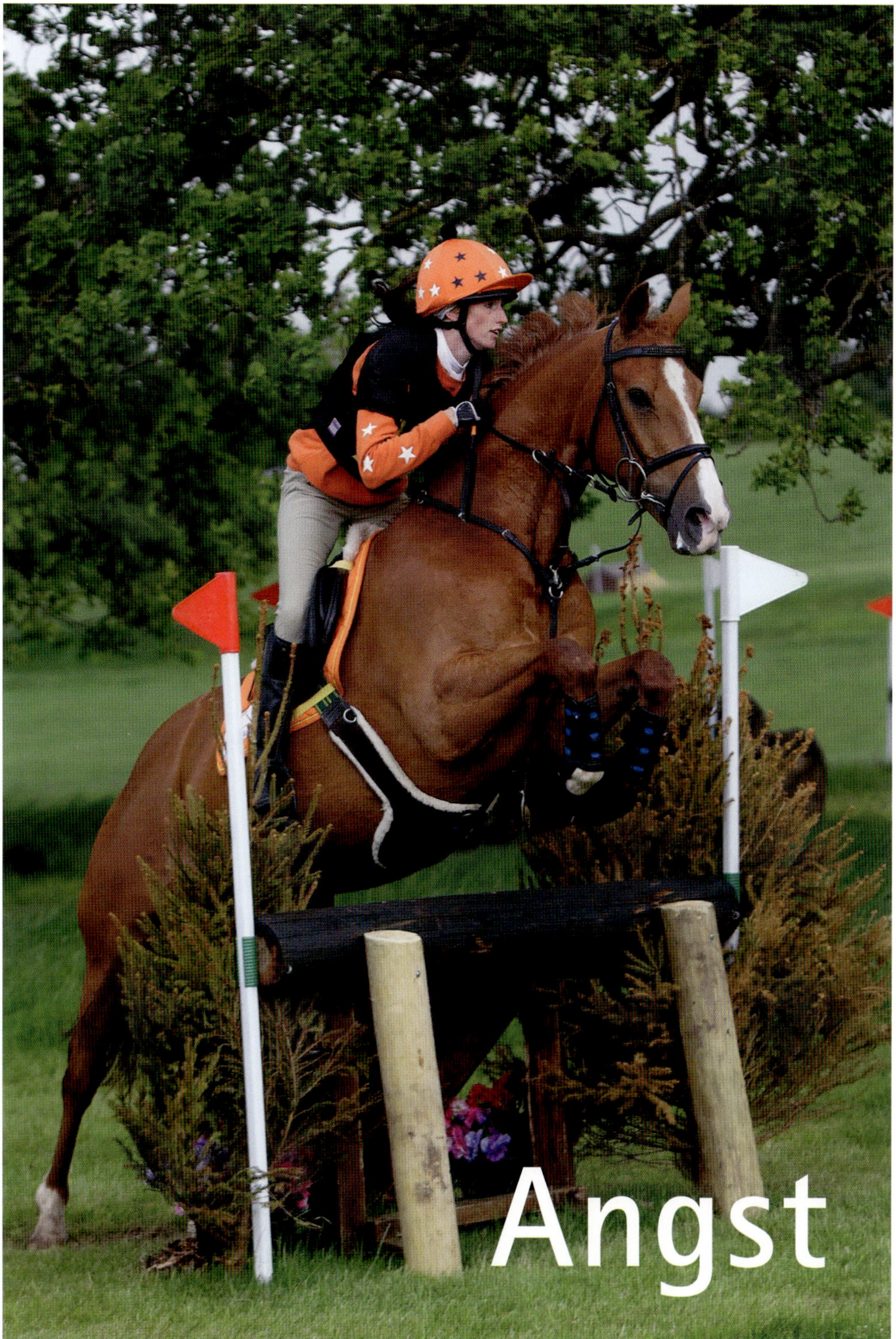

Angst

Was ist unter Angst zu verstehen? Was wissen wir darüber?

Furcht, Schock, Ängstlichkeit, Angst

In den Wissenschaften existiert bis heute keine exakte, allgemein anerkannte und unumstrittene Definition für Angst. Angst ist so unterschiedlich wie das Individuum, der Mensch, der Reiter, die Reiterin selbst.

Was ist die Definition von Angst?

Angst wird als ein »komplexer emotionaler Zustand« beschrieben.

Angst kommt von Enge, eng (lat. ›angus‹). Wer Angst hat, macht sich eng. Die Atmung stockt, der Brustkorb zieht sich zusammen.

Angst äußert sich körperlich unter anderem durch Pulsbeschleunigung, Erweiterung der Pupillen und Händeringen; psychisch wirkt sie als Gefühl des Entsetzens und der Ausweglosigkeit. Angst ist aber nicht nur eine lähmende, sondern auch eine mobilisierende Emotion. (Quelle: planetwissen)

Furcht

Furcht ist eine Bezeichnung für unangenehme Emotionen auf eine konkrete, klar begrenzte und lokalisierte Gefahr oder Bedrohung. Eine plötzlich einsetzende Furcht wird auch als Schrecken bezeichnet – man »fürchtet sich« anhaltend, »erschrickt« aber jäh. Furcht ist eine Reaktion auf ein bestimmtes Objekt, eine Person, einen Reiz oder eine konkrete Situation (z.B. wildes Tier, Gewitter, daherbrausendes Auto, ...). Der Betroffene bleibt handlungsfähig. Er kann Entscheidungen treffen und Maßnahmen ergreifen. Furcht ist leistungssteigernd und positiv, hat eine Schutzfunktion und ist daher nützlich. Die Furcht ist lebensnotwendig, da sie dazu motiviert, Abwehrmaßnahmen zu ergreifen, um die Gefahr abzuwenden (z. B. erhöhte Wachsamkeit, Flucht oder Gegenangriff).

Schock

Schock bezeichnet eine akute Minderversorgung lebenswichtiger Körpergewebe mit Sauerstoff und basiert auf einem Missverhältnis zwischen dem Sauerstoffangebot durch das Herz-Kreislauf-System auf der einen und dem Sauerstoffbedarf der einzelnen Gewebeteile auf der anderen Seite. Schock bedeutet Stress. Durch Schock sterben die meisten Unfallopfer. Schock ist ein Anpassungsversagen; die allgemeine Abwehrkraft des Körpers ist zusammengebrochen.

Kennzeichen für einen Schock: kalter Schweiß auf der Stirn, kalte Hände und Füße, blasse, bleiche oder bläuliche Hautfarbe (Zyanose), Bewusstseinsstörungen (Umfeld nicht mehr wahrnehmbar bis hin zur Bewusstlosigkeit, Teilnahmslosigkeit, Unruhe, Verwirrtheit, schneller – zugleich schwacher (kaum tastbarer Puls (Tachykardie), stark abgefallener Blutdruck, Benommenheit.

Ängstlichkeit

Diese wird als Persönlichkeitseigenschaft/-merkmal des Menschen betrachtet. Es bezeichnet die Neigung, vergleichsweise oft, leicht und intensiv in Angstzustände zu geraten. Die Wurzeln können in einer restriktiven Sozialisation liegen (z.B. harte Strafen, negative Bewertungen der kindlichen Leistungen, inkonsequenter Erziehungsstil und häufige Stimmungsschwankungen der Eltern).

Angst

Pferde und Menschen haben Angst. Das ist völlig normal, natürlich, ungefährlich und manchmal überlebenswichtig. Angst ist diffus und ein ungerichteter Gefühlszustand. Angst ist allumfassend und grenzenlos im wahrsten Sinne des Wortes. Angst ist negativ und manchmal äußerst hinderlich. Angst schaltet des Öfteren das logische Denken aus. Sie hindert den Betroffenen an jeglicher Handlung. Angst ist lähmend und führt zu Handlungs- und Entscheidungsunfähigkeit. Nichts geht mehr. Angst macht unbeweglich, starr und krumm. Und eine »Starre« auf dem sich bewegenden Pferderücken kann dazu führen, dass Sie das Gleichgewicht verlieren, also instabil werden.

Angst verführt das Pferd zu unkontrollierbaren (Flucht-)Reaktionen, die wiederum seinen Reiter in Panik versetzen können.

Angst ist auch Interpretationssache. Von manchen hochgeputscht und von anderen verdrängt. Sobald der Mensch in irgendeiner Weise in Gefahr schwebt, senden Zwischen- und Kleinhirn Alarmsignale aus, die den Menschen davor bewahren sollen. Insofern haben wir Menschen als Beute- und Flucht-Tiere ähnliche Angst-Impulse angelegt, wie Pferde. Bei Gefahr: Angst oder Flucht. Ein Mensch, der keine Angst empfindet, würde sich in ständiger Lebensgefahr befinden. Völlige Abwesenheit von Angst ist oft ein Hinweis auf psychische Störungen.

Unterschiede zwischen Angst und Furcht

Furcht

- konkrete Gefahr …
- zeitlich begrenzt …
- umschriebene Anspannung …
- identifizierbarer Stimulus …
- ausgelöst durch Gefahrensignal …
- geht zurück, wenn Bedrohung nicht mehr vorliegt
- Abklingen deutlich bestimmbar …
- umschriebener Gefahrenbereich …
- Gefahr unmittelbar bevorstehend …
- Alarmreaktion empfinden …
- eher rational …
- Handlungsfähigkeit …

Angst

- Quelle der Bedrohung ist unbestimmt …
- anhaltend …
- alles durchdringende Unruhe …
- kann ohne Objekt auftreten …
- schleichender Beginn, schleichendes Abklingen …
- bleibt (persistierend) …
- ohne klare Grenzen …
- Gefahr selten unmittelbar bevorstehend …
- erhöhte Reaktionsbereitschaft empfinden …
- eher irrational …
- Handlungsunfähigkeit …

Ich muss jedoch hinzufügen, dass die Grenzen nicht immer so klar und eindeutig gezogen werden können. Angst folgt häufig auf Furcht. Laut Rachmann (2000) kann es ebenso durch das Erleben von Angst zur Entstehung von Furcht kommen – Furcht, dass die Angst zurückkommt.

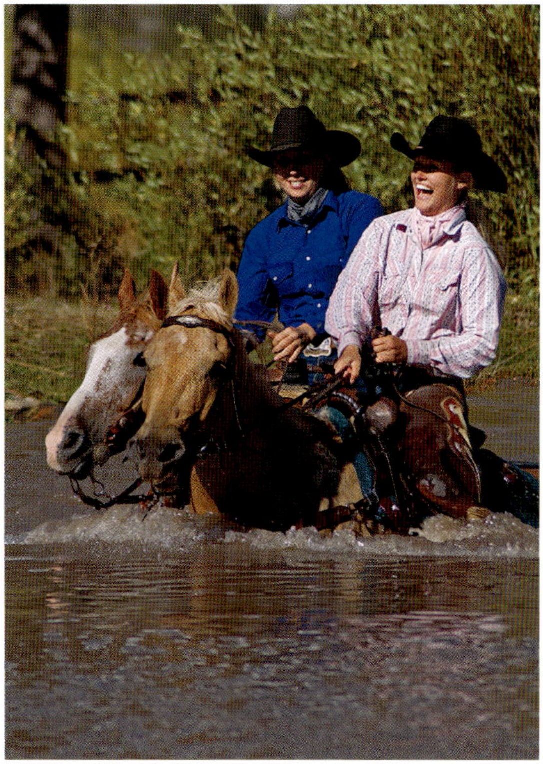

Rachmann stellt zwei grundlegende Merkmale von Furcht und Angst fest, die allgemein anerkannt sind: den Erregungsanstieg und die negative Qualität der Emotion.

Angst verkleidet als:

- Besorgnis z.B. »… habe ich Bedenken, dass ich weniger gut abschneide, als ich eigentlich könnte«
- Unruhe
- Unsicherheit
- Scheu
- Obsession
- Zweifel
- weiche Knie vor der Springstunde
- Skepsis
- Konzentrationsstörungen z.B. »… bin ich anfällig für Ablenkungen aus dem Publikum«

Für den Sportler ist Angst der Feind Nummer eins. Wenn ein Turnierteilnehmer im entscheidenden Mo-

ment blockiert oder einen unerklärbaren Schnitzer begeht, so ist Angst sehr häufig der Kern der Ursache.
Leider nehmen viel zu viele Reiter Angst als einen unumgänglichen Teil der gesamten sportlichen Erfahrung hin. Wie reagieren Sie, wenn Sie im Begriff sind, zu gewinnen, es aber zulassen, dass Angst Ihnen den Sieg entreißt und der Konkurrenz auf einem Silbertablett serviert? Zucken Sie lediglich mit Ihren Schultern und hoffen, dass es nicht wieder passiert, oder entschließen Sie sich, etwas dagegen zu tun? Vielleicht gibt es ja schließlich doch eine Lösung.

Angst kann als eine erweiterte Stressreaktion verstanden werden – zum Stressreiz kommt die Vorstellung, dass die bedrohliche Situation nicht bewältigt werden kann.
Angst-Reaktionen werden nicht vom Großhirn gesteuert (das Großhirn ist für unser rationales Denken verantwortlich), sondern von entwicklungsgeschichtlich viel älteren Hirnregionen, die ohne das Großhirn zu fragen, den Körper aktivieren: Kampf- oder Fluchtreaktion! Angst entsteht in einem Teil des Hirnlappens: Mandelkern, auch Amygdala genannt, mandelförmige Zentren im Zwischenhirn, die für Angst, Wut und Ärger, Alarm und Krawall, Stress und Ekel zuständig sind. Der Mandelkern kümmert sich um Fressfeinde und wird nicht über den Verstand, sondern somatisch gesteuert. Er verändert die Wahrnehmung.

Angst ist eine Reflexion der Ungewissheit. Angst ist unangenehm, jagt einem die Gänsehaut über den Rücken, vermittelt Unwohlsein. Es ist eine emotionale Reaktion, gekennzeichnet durch Empfindungen wie Unruhe und Anspannung, die im Reitsport u.a. durch Zweifel herbeigeführt werden:

- Selbstzweifel, der Glaube an sich selbst ist erschüttert.
- Zweifel bezüglich des Ausgangs.
- Zweifel bezüglich der Sicherheit oder darüber, was andere denken mögen.

Unglückseligerweise birgt das menschliche Gehirn mehr Dämonen in sich, als ein Film von Steven Spielberg.

Wir verbringen viel Zeit unseres Lebens damit, Situationen »abzuwägen«, indem wir die Anforderungen einer an uns gestellten Aufgabe mit dem vergleichen, wovon wir glauben, dass wir es zu tun imstande sind.

Das Ungleichgewicht in unserer Wahrnehmung von Dingen, die Interpretation des Betroffenen, ist die fundamentale Ursache für Angst. Wenn zum Beispiel ein Springreiter sich vor dem Start einen schwierigen Parcours anschaut, dann vergleicht er die Anforderungen des vor ihm liegenden Parcours mit jenem Parcours, von dem er glaubt, ihm gewachsen zu sein. Ist ein Springreiter davon überzeugt, dass sich die Schwierigkeit des Parcours innerhalb seiner Fähigkeiten bewegt, wird er keine Angst empfinden. Hegt er andererseits jedoch irgendwelche Zweifel, dann erscheint der Parcours bzw. einzelne Sprünge als eine Bedrohung. Die Folge ist Angst.
Die Tatsache, dass Angst von der sinnlichen Wahrnehmung des Einzelnen abhängt, macht sie zu einem sehr persönlichen und nicht voraussagbaren Problem.

Angst stellt sich ein, wenn:

- entweder die Anforderungen/Ansprüche einer Aufgabe überschätzt werden
- oder der Glaube an die eigene Fähigkeit unterschätzt wird

Angst ist

- eine normale und sinnvolle Reaktion auf Druck und Stress bzw. Überforderungssituationen
- Wer Angst hat, geht weniger Risiko ein. Und in diesem Sinn dient die Angst zur Erhaltung der Spezies, der Art. Insofern ist sie als überaus positiv zu betrachten.
- Angst ist eine ganz wichtige Signalfunktion, die uns auf ein Problem oder eine ungelöste Situation aufmerksam machen soll.

Die Angst hält uns davon ab:

- uns in Situationen zu begeben, die eine Bedrohung für unser Wohlbefinden bedeuten
- uns in Situationen zu begeben, die wir nicht bewältigen können.

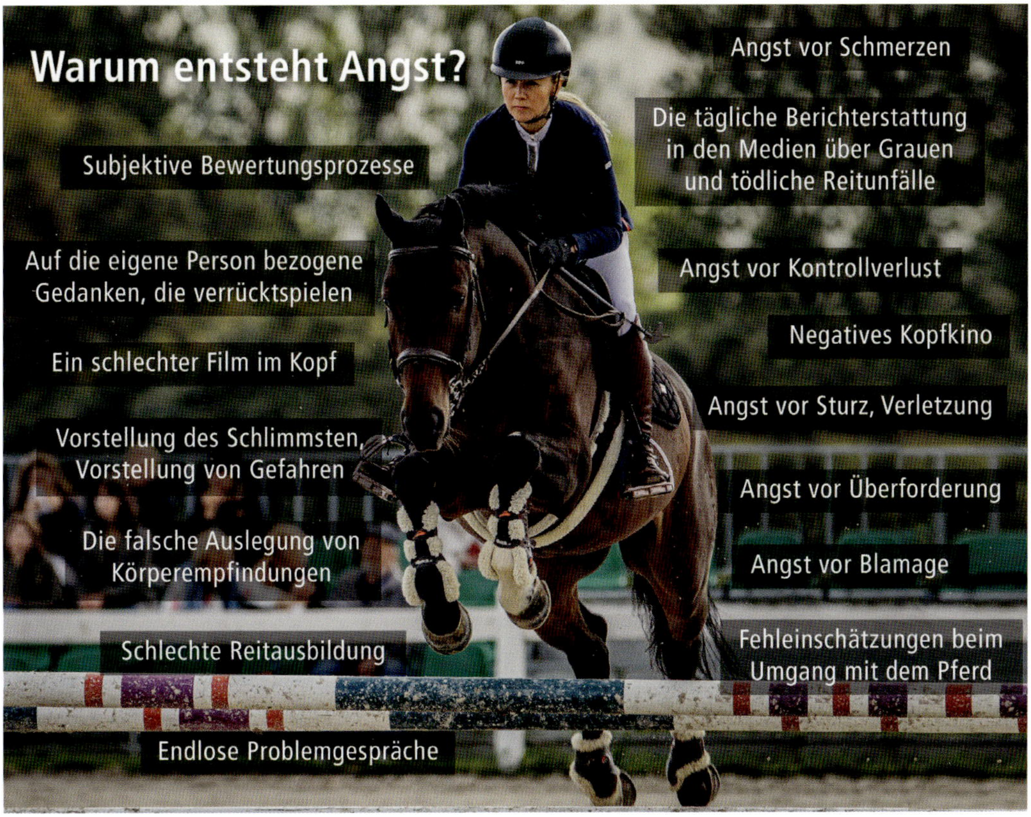

- In solchen Situationen stellt die Angstreaktion die nötige Energie bereit und erhöht die Aufmerksamkeit und Reaktionsbereitschaft, um die Situation doch noch bewältigen oder vor ihr flüchten zu können.

Angst hängt unter anderem ab von:
Erfahrungen, Veranlagung, sozialem Umfeld, Persönlichkeit, schwerwiegenden Ereignissen, körperlichen Ursachen, psychischen Faktoren, der frühen Kindheit und eingenommenen Substanzen.

Positive Konsequenzen der Angst

- Erhöhung der Aufmerksamkeit
- Bereitstellung der nötigen Energie und Ausdauer.
- Erhöhung der Reaktionsbereitschaft: Wir springen vor einem heranrasenden Auto weg ... Wir springen nicht in die Tiefe ...
- Die Angst warnt uns.
- Die Angst lässt uns Gefahren rascher und besser erkennen.
- Angst macht uns vorsichtiger.
- Angst lässt uns überlegter handeln.

Negative Konsequenzen der Angst

- Angst überträgt sich auf das Pferd.
- Der Glaube an sich selbst nimmt ab.
- Die wahrgenommenen Anforderungen einer Aufgabe wachsen, die Aufgabe scheint zunehmend anspruchsvoller.
- Ziele scheinen zu schrumpfen.
- Angst führt zu Vermeidungsverhalten (defensiv statt offensiv, reagieren statt agieren) bis hin zur Verweigerung der Ausführung z.B. des Sprungs.
- Ereignisse scheinen sich zu überschlagen.
- Angst führt zu aufgabenirrelevantem Denken und beeinträchtigt die Informationsaufnahme.

- Angst beeinträchtigt die Konsolidierung des Gedächtnisinhalts, so dass neu Gelerntes schneller vergessen wird.
- Angst führt zu Wahrnehmungsverzerrungen.
- Rationales Denken ist unmöglich.
  Der Instinkt neigt dazu, zu übernehmen.
- Die Auswirkungen auf die Leistung, insbesondere dort, wo die Kontrolle der Feinkoordination und ein klarer Kopf wichtig sind, erweisen sich häufig als verheerend.
- Pferd und Reiter können kein Vertrauen zueinander entwickeln und werden immer verkrampft auf den nächsten Angstauslöser warten.
- Vor allem verhindert Angst die Losgelassenheit und innere Ruhe von Pferd und Reiter. Fehlende Losgelassenheit macht wiederum die im Verlauf der Ausbildung angestrebte Minimierung der Hilfen unmöglich.
- ›Warten‹ auf den nächsten Seitensprung des Pferdes.
- Erhöhung des Muskeltonus (= verspannter Sitz des Reiters), angespannte und verkrampfte Muskeln, hochgezogene Schultern und Absätze, klemmende Knie; unsicherer Reiter
- Der Reiter »signalisiert« seinem Pferd »Gefahr«.
- Pferd fühlt sich schutzlos und allein gelassen und sucht vielleicht sein Heil in der Flucht.

Angst kann hinderlich sein

Probleme entstehen, wenn die Angst ein zu hohes Ausmaß annimmt, das den Lebensfreiraum prinzipiell sowie den Handlungsspielraum in Sport oder Beruf einschränkt. Dann nämlich, wenn Angst empfunden wird, obwohl objektiv keine bedrohliche Situation vorliegt.

Übermäßige Angst verringert zum Beispiel die Leistungsfähigkeit in Prüfungs- oder Wettkampfsituationen, da ein wesentlicher Teil der geistigen Kapazität auf die Sorge um die zu erbringende Leistung verwendet wird.

Lebenshemmende Angst verhindert Wachstum.

Angst führt zu Handlungsunfähigkeit.

Die Angst steht oft zu der eigentlichen Situation in keinem Verhältnis mehr.

Angst ist dann pathologisch, wenn eine deutliche Diskrepanz zwischen Angstobjekt und dem Grad der Angstreaktion besteht. Neurotische Ängste sind meist an erkennbare äußere Anlässe gebundene starke Angstreaktionen, treten aber auch scheinbar grundlos auf (z.B. nächtliche Angstattacken in Zusammenhang mit Atemstörungen, Weinen, Schreien, Schwitzen, ...).

Typischerweise lassen sich Angstsymptome nicht nur auf der Wahrnehmungsebene des Gefühls ›ANGST‹ beschreiben, sondern haben verschiedene Bestandteile.

Angst wirkt langfristig immer leistungsmindernd!

Was Angst im Körper auslöst

Körperliche Reaktionen und Beschwerden:

- ungerichteter Schwindel
- Benommenheit
- trockener Mund, verkrampfte Mimik
- Gummi in den Knien,
- leeres Gefühl im Kopf
- Schweißausbrüche, übermäßiges Schwitzen, Schweißabsonderungen (kalter Schweiß)
- Kribbeln, Zittern der Hände und Stimme, allgemeine Zittrigkeit
- Verspannungen, Verkrampfung
- Engegefühl im Hals oder Brustbereich, Brustschmerzen
- beschleunigte Herztätigkeit, Herzklopfen
- beschleunigtes Atmen
- flaues Gefühl im Bauch, Magenbeschwerden, Brechreiz
- gestörte Bewegungsabläufe
- Adrenalin-Ausschüttung
- starrer Blick, Pupillenerweiterung
- Schmetterlinge im Bauch
- allgemeine motorische Unruhe
- Harndrang
- blasse und bleiche Haut
- schnelles Sprechtempo, häufige Versprecher

Reaktionen auf motorischer Ebene:

- Kreativität in der Bewegung nimmt ab, Rückzug auf ein einziges Bewegungsmuster.
- Verlust der Flexibilität
- schwerfällige oder überhastete Bewegungen,

Koordinationsstörungen
- erhöhte Ablenkbarkeit
- Blockierung des Denkens, Wahrnehmungsverzerrungen
- plötzliche Unvertrautheit mit dem Pferd
- Letztlich begibt man sich auf die »Flucht«.
- Der Reiter macht sich in dieser Situation klein, ist unsicher, unkoordiniert und nicht geschmeidig – in Wort und Tat.

Emotionale Angst
(ich fühle mich mutterseelenallein)
- Emotionales Merkmal ist die als unangenehm erlebte Erregung, die sich in physiologischen Veränderungen manifestiert und mit Verhaltensänderungen einhergehen kann.
- Starke unangenehme Emotionen

»Verbal-kognitive Angst« (»hoffentlich komme ich gesund von der Geländestrecke zurück«)

Wir sind keine Gefangenen unseres Schicksals, wir sind Gefangene unserer ängstlichen Gedanken und unserer Angst.

- sich Sorgen machen
- subjektive Bewertungsprozesse
- auf die eigene Person bezogene Gedanken, die verrückt spielen
- ein schlechter Film im Kopf
- Vorstellung des Schlimmsten, Vorstellung von Gefahren
- die falsche Auslegung von Körperempfindungen
- endlose Problemgespräche
- die tägliche Berichterstattung in den Medien über Grauen und tödliche Reitunfälle

Hinderliche Einstellungen
- Ich bin ein Versager.
- Das schaffe ich nie.
- Gegen meine Angst kann ich nichts tun.

Diese Abbildung veranschaulicht den Teufelskreis von körperlichen Symptomen, die wahrgenommen und negativ bewertet werden. Die Angst wird größer und es kommt entsprechend zu einer stärkeren physiologischen Veränderung.

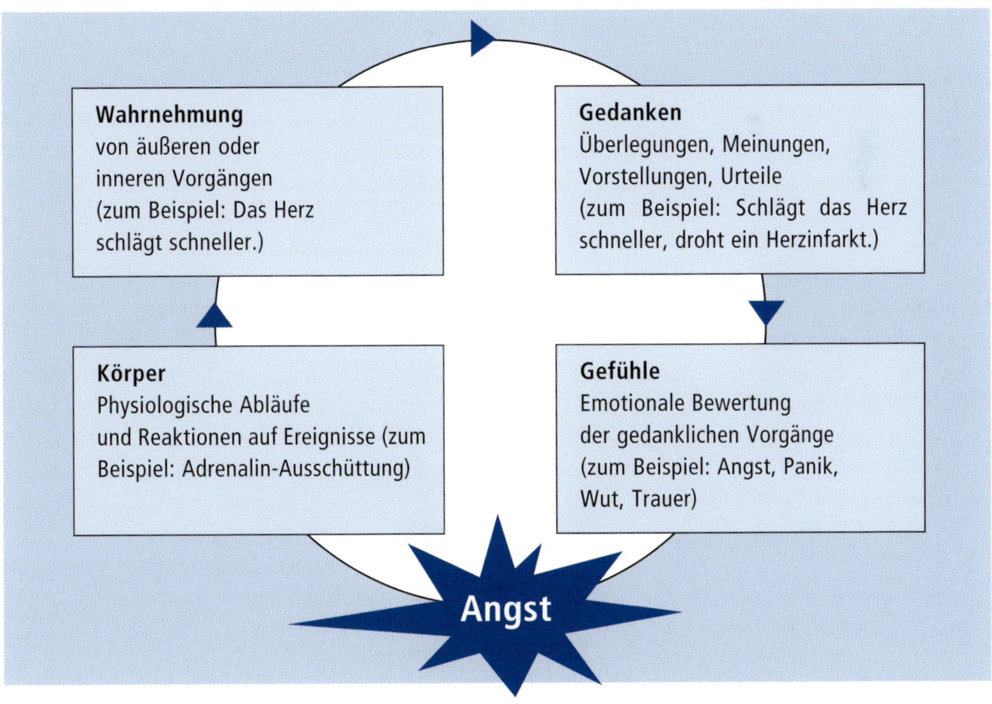

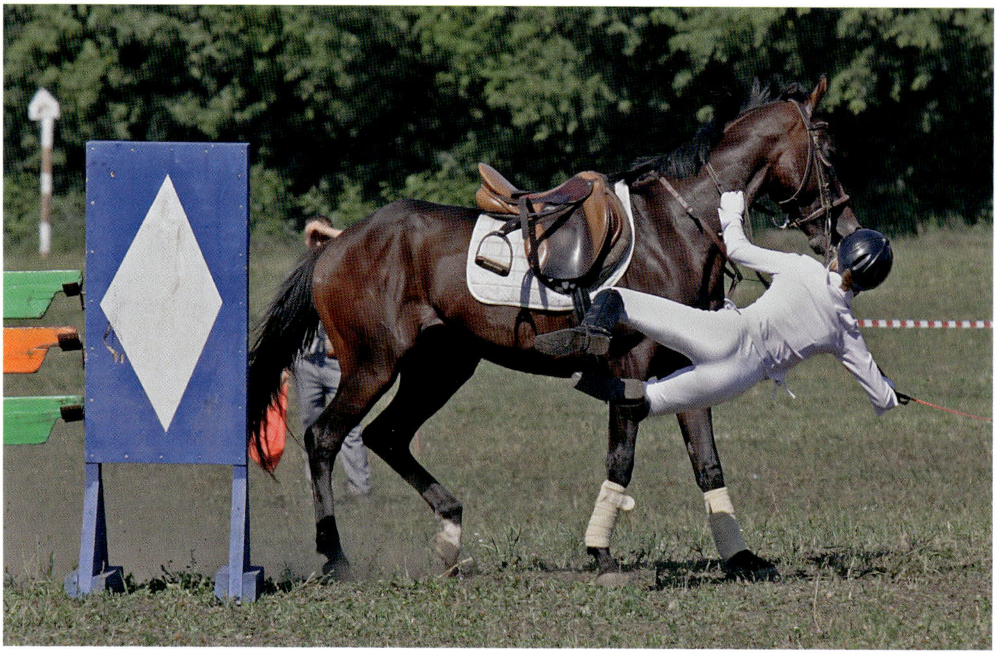

Angst vor Stürzen und Unfällen hindert manchen Reiter dran, seine reiterlichen Ziele und Wünsche zu verwirklichen.

Unterstützende Einstellungen

- Ich liebe, glaube, vertraue, bin dankbar und mutig.
- Ich habe bisher manche Dinge nicht optimal gemacht.
- Alles ist vergänglich – also sollte ich, solange es da ist, das Beste daraus machen und es genießen.

Typische Angstsituationen

- »Also eigentlich reite ich ja Dressur, aber ab und zu bekomm ich doch mal Lust, einen kleinen Parcours zu springen. Die Sprünge dürfen aber nicht höher als einen Meter sein ... Ich bin nämlich ein Angsthase, sobald es höher wird! Am Allerschlimmsten ist es für mich, Oxer anzureiten! Da bekomme ich Angst. Weiß einfach nicht warum! Jedes Mal, wenn ich Angst vor einem Sprung bekomme, merkt das mein Pferd und haut die Bremse rein und somit bekomme ich noch mehr Angst ... also ein Teufelskreis ...«
- Wenn Jugendliche vom Pony aufs Großpferd umsteigen, werden sie oft unsicher. Kinder im Ponyalter sind generell unbeschwert und gehen unbefangen auf Neues zu. In der Pubertät mit 14, 15, 16 oder 17 Jahren, beginnen die jungen Menschen über Konsequenzen ihres Handelns und Tuns nachzudenken. Das kann das Selbstbewusstsein erschüttern. Das Selbstvertrauen ist zu dem Zeitpunkt ohnehin niedrig, wenn das Pony aus dem eingespielten Team weg ist.
- Eine versierte Reiterin wird Mutter und hat plötzlich beim Reiten Angst oder ein mulmiges Gefühl, was vorher nie der Fall war. Hier ist der Mutterinstinkt so stark, dass er die Mutter schützt, damit sie auch weiterhin für das Kind da sein kann. Zudem kommt der gesellschaftliche Druck, weil manche sagen: »Du hast doch jetzt ein Kind.« Das hemmt zusätzlich.
- »Sobald ich aber wenige hundert Meter vom Stall weg bin, steigt bei mir das Adrenalin und ich bin nicht mehr entspannt. Hab meinen jetzigen »kleinen Braunen« erst seit wenigen Wochen – und

	Training	Turnier
Datum		
Dauer, Uhrzeit von bis		
Welche Situationen verursachen Angst?		
Intensität 1–10 (1 schwach – 10 heftig)		
Wie macht sich Ihre Angst bemerkbar?		
Welche körperlichen Symptome treten auf?		
Wie verhalten Sie sich, wenn Sie Angst verspüren?		
Was folgt?		
Wenn Sie Angst verspüren, dann denken Sie ...		
(Negative Gedanken wortwörtlich beschreiben)		

der hat leider den Ruf, draußen auch mal Unfug zu machen!
Bei mir kommt die Angst nicht von einem Unfall oder schlimmen Erlebnis, sondern vom »Denken«. Ich habe mit dreizehn zu reiten angefangen und dann ca. vier Jahre lang geritten. Ich habe dann mit Angst aufgehört. Der Trainer hat uns auch immer darauf hingewiesen, was alles passieren kann. Ich habe mit Anfang dreißig wieder angefangen, jetzt bin ich 42 Jahre alt. Als Erwachsener fehlt die jugendliche Unbekümmertheit. Wer sich nicht vorstellen kann, dass 600 kg unkontrolliertes Lebendgewicht kritisch sein können, hat keine Fantasie. Außerdem bin ich viel zu selten ins Gelände und immer nur im Unterricht geritten, oder es war mein Kind dabei oder ... «

- Pippa Funell, internationale Vielseitigkeitsreiterin, soll anfangs solche Angst gehabt haben, dass sie vor der Geländestrecke oft über der Toilette hing oder nicht mehr klar denken konnte und sich dann verritten hat. Pippa Funell hat die Situation mit einer Mentaltrainerin hinbekommen und siegte 2003 bei den schwersten Vielseitigkeitsturnieren der Welt: Badminton, Burghley und Kentucky.
- »Jede freie Minute habe ich zu Beginn bei meinem Pferd verbracht«, erinnert sich Manuela. Nichts fand die 31-jährige schöner. Doch irgendwann schlug der Freizeitspaß in Stress und Magenschmerzen um. »Wenn ich mit meinem Pferd an einer Weide vorbeireiten wollte, auf der andere Pferde herumtobten, hatte ich plötzlich einen Wildfang unter mir, der mit mir machte, was er wollte«, beschreibt die Reiterin Szenen ihrer Vergangenheit. Situationen wie diese und die damit verbundenen ängstlichen Gefühle nahmen zu. Die fröhlichen Tage im Reitstall wurden kürzer und die enttäuschten Abende auf der Couch länger. »Es wurde so schlimm, dass ich nervös und unsicher wurde, wenn mein Pferd Big Mouse nur kurz mit den Ohren zuckte«, erinnert sich die Reiterin. Erst traute sich Manuela nicht mehr alleine ins Gelände und bald nicht mehr auf den Reitplatz. Die Stute Big Mouse übernahm die Führung. Über den Verkauf des Pferdes wurde nachgedacht.

Nun machen Sie eine Bestandsaufnahme Ihres IST-Zustandes, ein Protokoll Ihrer Angst.
Wie sieht Ihr persönlicher Teufelskreis der Angst aus? Erstellen Sie eine Grafik nach dem Muster auf Seite 155.

Wahrnehmung
Ihre persönliche Wahrnehmung der Angst
Gedanken
Ihre persönlichen Angstgedanken
und Befürchtungen
Gefühle
Ihre persönlichen emotionalen Bewertungen
der Gedanken
Angst
Ihr Verhalten bei Angst

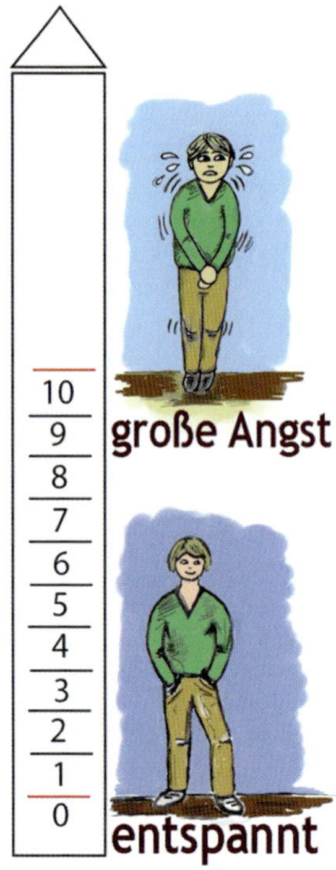

Körper
Physiologische Abläufe und Reaktionen auf Ereignisse, z.B. Adrenalin-Ausschüttung (nach Ines von Witzleben, Aljosha A. Schwarz 2004)

Angst beschreiben

Beschreiben Sie Ihre Angst mit Hilfe der auf Seite 157 abgebildeten Tabelle.
Mit dieser Beobachtung können Sie genauer festhalten, bei welchen Gelegenheiten und unter welchen Umständen die Angst auftaucht. Damit sehen Sie die Zusammenhänge besser.

Fluchtmotivation (weg von ...)

Sie richten sich am Standpunkt, am Ist-Zustand aus (hier möchte ich weg, »Weg von«) und nicht am Ziel (Komfortzone)!

Vorteile:
- viele Wege und Möglichkeiten

Nachteile:
- Wenn Sie nur von der Angst weg wollen, wird gerade das die Angst aufrechterhalten. Es ist wie mit der Aussage: »Denken Sie drei Minuten lang nicht an einen rosa Elefanten.«
- Ich weiß, wovor ich weglaufe, aber nicht wohin!

Zielmotivation (hin zu ...)

Hier haben Sie eine klare Ausrichtung am Ziel; das Ziel steht im Mittelpunkt und nicht die Angst!

Vorteile:
- alle Kräfte sind konzentriert
- je näher das Ziel, umso höher die Motivation

Nachteile:
- großes Loch nach der Zielerreichung
- verbissene Zielverfolgung, ohne nach links und rechts zu schauen.

Angst bewältigen – im Sattel und im Alltag

Alle Menschen, alle Reiter, auch die erfahrensten Reiter, haben gelegentlich Angst. Immer wieder höre ich, wie viele Leute die größten Anstrengungen unternehmen, um in ihrer Komfortzone zu bleiben, um den Symptomen von Angst zu entgehen.
Ist der Zweibeiner nicht Herr der Lage, entscheidet das Pferd meist über den nächsten Schritt. Das ist für den Reiter weder sicher, noch spaßig. Addieren sich die schlechten Erfahrungen, kann aus dem Hobby schnell Frust und Angst werden. Ich gebe Ihnen im Folgenden Tipps, wie Sie wieder Mut fassen und entspannen können. Dank des mentalen Trainings können Sie lernen, besser mit Angst umzugehen.
Ängste haben ihr eigenes Gedächtnis. Dieses lässt sich nur selten durch kluge Worte löschen. Neue emotionale Erfahrungen, die eine »Neuverdrahtung« der Gehirnzellen bewirken, sind dann nötig, um Vertrauen und Mut des Reiters langsam wieder aufzubauen. Ist man sich bewusst, dass die eigenen Reit- und Umgangsprobleme mit dem Pferd durch Furcht entstanden sind, dann ist das der erste Weg zur Besserung. Nur wer von seinen Ängsten weiß, kann sie beseitigen: durch regelmäßige Konfrontation mit der Angst und durch kompetente Hilfe.

Folgendes Beispiel zeigt, wie irrational viele Ängste sind: Das Flugzeug ist eines der sichersten Transportmittel überhaupt. Doch obwohl die Wahrscheinlichkeit, im Straßenverkehr zu sterben, sehr viel höher ist, setzt sich manch einer täglich ins Auto, jedoch aus Angst nie in ein Flugzeug.

Wie Sie die Angst besiegen

Bei der Angstbewältigung kann ganz allgemein zwischen personen- und umweltorientierten Bewältigungsstrategien unterschieden werden: **Umweltorientiert auf Angst reagieren** heißt, eine angstinduzierende Situation durch Änderung der äußeren Bedingung zu bewältigen (Ausrüstung).

Personenorientiert vorzugehen heißt, dass nicht die äußeren Bedingungen verändert werden, sondern der Reiter selbst aktiv sein inneres Erleben beeinflusst und damit seine Angst reduziert. Der Reiter kann belastende und angstbesetzte Situationen am besten bewältigen, wenn es ihm gelingt, auf unterschiedlichen Ebenen (physiologisch oder psychisch) seine Angst zu bewältigen. Sie sollten sich im Rahmen der Angstkontrolle die Fähigkeit aneignen, angstinduzierende Symptome möglichst frühzeitig zu erkennen und diesen aktiv gegenzusteuern.

Angst hat Vor- und Nachteile

Beispiele: Vorteile der Befreiung aus der Angst

- Ich werde mit meinen Problemen, meinem Reiterleben und Alltag wieder allein fertig.
- Ich kann mich wieder frei bewegen.
- Es geht mir mental gut, ich blicke mit Freude und Spaß in die Zukunft.
- Meine Lebensqualität verbessert sich, ich kann wieder z.B. ausreiten, Spaß am Reiten haben.
- Meine Partnerschaft ist entlastet.
- Ich kann mich wieder aufs Reiten konzentrieren, bekomme dadurch Anerkennung und Bestätigung.
- Ich habe keinen Grund mehr, unangenehmen Situationen aus dem Weg zu gehen.

Beispiele: Nachteile der Befreiung aus der Angst

- Ich muss Zeit dafür aufwenden, die Angst zu überwinden.
- Ich erhalte nicht mehr so viel Zuwendung und Unterstützung, wenn ich nicht leide.
- Man erwartet mehr von mir.
- Ich muss mir neue, sinnvolle Ziele in meinem Leben suchen.
- Ich muss meine Probleme allein lösen und kann mich nicht mehr hinter meiner Angst verstecken.
- Ich bin öfter allein.

(vgl. Ines von Witzleben, Aljoscha A. Schwarz 2004. Endlich frei von Angst. S. 50)

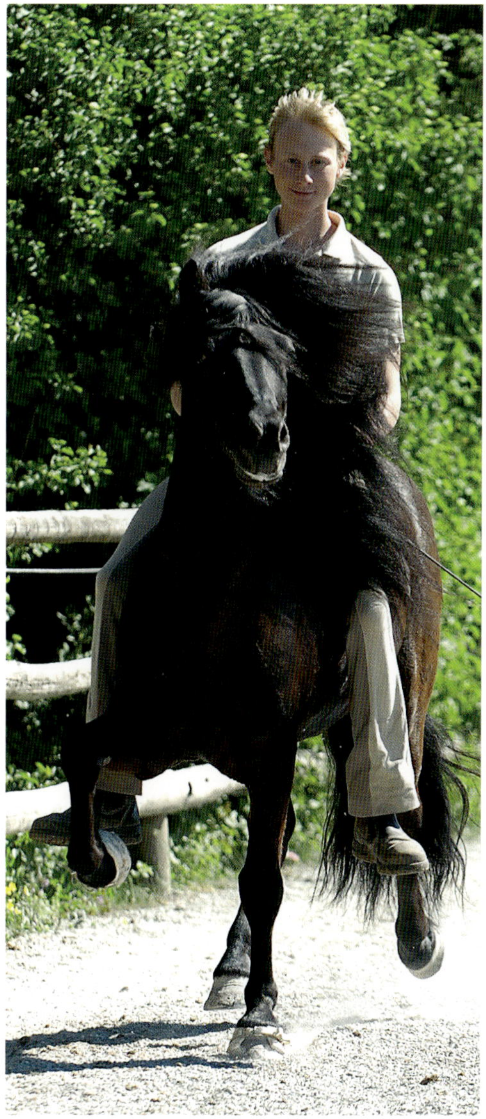

Das macht Spaß! Reiten ohne Sattel erfordert reiterliches Geschick und fördert das Vertrauen in sich und das Pferd.

Ängste, die wir haben

Ängste des Menschen

- Angst vor Gleichgewichtsverlust/ vor dem Runterfallen
- Angst vor Kontrollverlust
- Angst vor dem Durchgehen des Pferdes
- Angst vor dem Ausreiten, Angst im Gelände
- Angst vor dem Springen
- Angst vor sozialer Isolation und vor Verlust sozialer Anerkennung
- Angst vor einem Sturz und Fallen z.B. im Gelände, mit/ohne Pferd
- Angst davor, dass sich das Pferd erschreckt
- Angst davor, dass das Pferd stolpert
- Angst vor dem Versagen
- Angst vor einer möglichen Blamage Angst vor peinlichen Situationen
- Angst vor Prüfungen (Bimmeln der Glocke zum Wettkampf)
- Angst beim Überreiten einer Autobahn
- Angst vor auffliegenden Vögeln
- Angst vor dem Galoppieren
- Angst vor Lästereien von Zuschauern,
- Angst vor negativer sozialer Bewertung
- Angst, dass sich das Pferd verletzt
- Angst davor, Fehler zu machen, die dem Pferd gesundheitliche Schäden zufügen könnten
- Angst vor Misserfolg und auch vor Erfolg
- Angst, Entscheidungen zu treffen
- Angst vor Schmerzen
- Angst vor körperlichen Verletzungen (Bewegungsunfähigkeit) und den Folgen
- Angst vor dem Tod
- Angst um Selbstständigkeit und Freiheit
- Selbstwertängste
- Angst vor Veränderung
- Angst vor dem Unbekannten
- Angst, das alte Ich zu verlieren
- Angst vor ungewohnten, neuartigen Bewegungserlebnissen
- Angst vor Hilflosigkeit

Ängste des Pferdes

- Angst vor dem »Gefressen-Werden«, also vor dem Tod
- Angst vor Bewegungs- d.h. Fluchtunfähigkeit und damit auch vor Gleichgewichtsverlust
- Angst vor unübersichtlichem Gelände und engen Räumen
- Angst vor sozialer Isolation

Im Folgenden will ich einige der häufigen und relevanten Ängste herausgreifen. Notieren Sie jeweils Ihre eigenen Ängste zu den beschriebenen Punkten auf einem Blatt Papier.

Angst vor Versagen

Ausgelacht werden; etwas falsch machen, nicht wissen, wie es geht; einen Fehler begehen; unfähig sein.

Erfolgserwartungen

Der Druck, der auf den Reitern liegt, ist wahrscheinlich am größten, wenn sie eine Favoritenstellung einnehmen.

In solchen Situationen geschieht es leicht, dass:
- ein Reiter, die vor ihm liegende Aufgabe aufbauscht.
- der Reiter die Aufgabe innerlich vergrößert sieht.

Wann immer Sie unter dem Druck stehen, gewinnen zu müssen, bedeutet dies eine latente Bedrohung Ihrer Selbstachtung. Den Reitern ist nur zu bewusst, dass viele Menschen in ihre Vorbereitung Zeit, Mühen und Geld investiert haben. So überkommt sie das Gefühl, dass ihr Sieg die einzige Möglichkeit ist, diese Dankesschuld an Trainer, die Familie und eventuell auch an Sponsoren zurückzuzahlen. Folglich treten manche Reiter ein Turnier mit einer großen Last selbst zugefügten Drucks an, einfach, weil sie sich völlig unrealistische Ziele gesetzt haben.

Wenn Sie all diese Faktoren zusammennehmen, so werden Sie erkennen, dass es im Reitsport eine ganze Reihe von Momenten der Angst gibt. Für viele Sportler stellt sich Angst als der innere Feind dar – ein Gegner, der jegliche Leistung zunichtemacht. Und dennoch ist es so, dass im Reitsport ein gewisses Maß an Stress vorhanden sein sollte. Sport wäre kein Sport, gäbe es die Herausforderung nicht. Etwas Druck muss sein, doch die Schlüsselfrage lautet: »Wie viel?«

Auch zu viel Erfolg kann Angst verursachen – Angst davor, vom Erfolg überrannt zu werden; Freunde zu verlieren, weil man erfolgreich ist; überall bekannt zu sein; die Privatsphäre zu verlieren; von den Pferden »aufgefressen« werden; zu viel Verantwortung zu haben.

Angst vor körperlichen Verletzungen

Für viele Reitern stellt die Eventualität, sich zu verletzen, eine echte Quelle der Angst dar. Beim Versuch, unsere persönlichen Grenzen zu verschieben, kann die Angst vor Schmerzen und Unannehmlichkeiten zu einer entscheidenden Schwäche werden. Um uns leistungsmäßig weiterzuentwickeln, müssen wir unsere »Komfortzone« regelmäßig verlassen. Das Eintreten in die »unbehagliche Zone« setzt uns adaptivem Stress aus, welcher eine Leistungssteigerung bewirkt. Unsere Schmerzgrenze verschiebt sich zusammen mit unserer Leistungsgrenze. Allerdings ist dabei Augenmaß gefragt. Verletzungen sagen uns, dass wir uns zu weit in die unbehagliche Zone vorgewagt haben.

Angst vor seelischen Verletzungen

Sie werden mich nicht mögen; ich werde abgelehnt werden; ich werde ausgeschlossen sein; ich werde angefeindet; ich könnte damit nicht fertig werden; ich könnte zum Narren gemacht werden; mein Partner wird mich verlassen.

Die Angst vor dem Unbekannten

Ich weiß nicht, was geschehen wird; ich weiß nicht, was ich zu erwarten habe; ich werde nicht dazu fähig sein, das Geschehene zu verkraften; ich werde nicht wissen, was ich dann tun soll.

Die Bedeutung des sportlichen Ereignisses

Je bedeutender der Wettkampf, desto größer der Stress, und umso wahrscheinlicher ist es auch, dass der Reiter von Ängsten geplagt wird.
Untersuchungen haben gezeigt, dass in nationalen Meisterschaften nicht weniger als 67 % der Wettkämpfer ihre Erfahrung mit Angstsymptomen machen; bei Finalprüfungen bei olympischen Spielen kann der Prozentsatz auf nahezu 100 ansteigen. Doch denken Sie daran, dass »bedeutend« und »wichtig« relative Begriffe sind, die in erster Linie davon abhängen, wie der Einzelne die Situation sieht. So kann beispielsweise selbst ein erfahrener Profi von Nervosität befallen werden vor einem Comeback, das im Anschluss an eine Verletzungspause stattfindet. In den Augen des betreffenden Reiters können die Zweifel darüber, ob er die alten Fertigkeiten noch beherrscht oder ob die Verletzung gänzlich ausgeheilt ist, dem Ereignis eine größere Bedeutung beimessen als einem Finale.

Zuschauer

Die Anwesenheit einer bestimmten Person kann den Reiter stark beeinflussen: entweder positiv, weil sich die Motivation durch diese Person erhöht oder negativ, weil die Anwesenheit dieser Person ihn nervös macht.

Wie überwindet man Ängste?

Die eigene Angst verstehen und damit umgehen

Angst ist ein unangenehmes Gefühl. Deshalb versuchen viele Menschen, ihre Angst zu verdrängen oder zu überwinden. Wie bei allen anderen Gefühlen ist dies jedoch nicht zielführend. Weitaus sinnvoller ist es, seine Angst verstehen zu lernen, sich mit ihr anzufreunden.

Ein wichtiger erster Schritt um die Angst überwinden zu können, ist es, sie anzunehmen. Dabei geht es darum, diese Gefühle zuzulassen und für den Moment zu akzeptieren. Die eigene Angst ist kein gefährlicher Gegner, der bekämpft werden muss. Sie ist ein Teil von uns und deshalb auch durch uns kontrollierbar. Der Gedanke, der Angst nicht hilflos ausgeliefert zu sein, erleichtert den Umgang mit ihr und stärkt das Selbstvertrauen. (Quelle: Hello Better)

Dieser Prozess, die eigene Angst anzunehmen, ist nicht von heute auf morgen abgeschlossen. Die Bewältigung von Ängsten benötigt Zeit. Fortschritte sind gerade am Anfang oft kleiner als erhofft, was sehr frustrierend sein kann. Selbstvorwürfe sind jedoch kontraproduktiv.
Haben wir schließlich unsere Angst akzeptiert, fällt es leichter, sie nicht mehr nach außen hin zu ver-

Wie wir Emotionen verarbeiten können

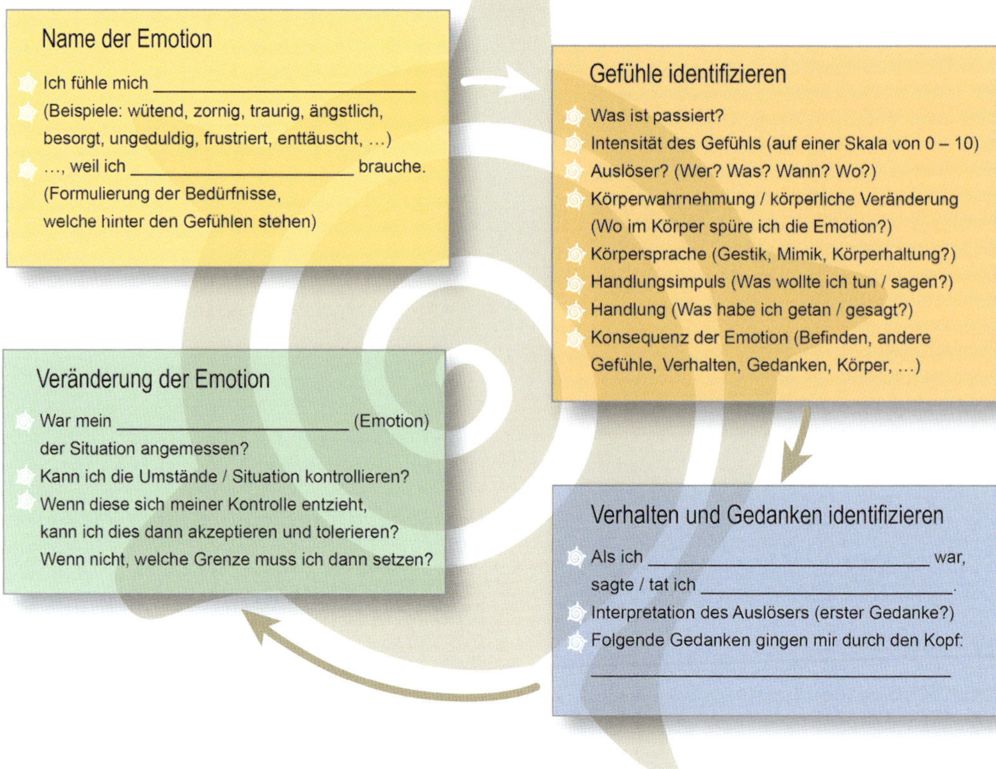

bergen. Sie werden merken: Wenn Sie gegenüber anderen offen über Ihre Ängste sprechen, werden Sie meist auf Verständnis stoßen.

Innere Kommunikation

Der kleine Freund – Persönlichkeitsmerkmale untersuchen

Die bewusste Auseinandersetzung mit einem bisher unbewussten Teil der eigenen Persönlichkeit ist oftmals ein lösender Schritt für Ihre Ängste. Folgende Übung hilft, bestimmte Persönlichkeitsmerkmale zu ergründen und auch zu bewältigen.

1. Wie verhalten Sie sich, wenn ein Persönlichkeitsanteil (hier: die Angst) »aktiv« ist? Was ist für seine Verhaltensweise typisch? Woran erkennen Sie, dass dieser Persönlichkeitsanteil gerade in Aktion ist? Ist es eine bestimmte Körperempfindung oder ein inneres Bild? Etwas, das Sie im Inneren hören?

2. Haben Sie das Gefühl, dass dieser Teil sich innerhalb Ihres Körpers befindet, oder ist er außerhalb? Wenn er außerhalb Ihres Körpers ist, wo genau draußen befindet er sich im Moment? Wenn er in Ihrem Körper ist, wo genau befindet er sich? Lassen Sie ihn jetzt aus Ihrem Körper »hinausgehen«. Nehmen Sie nun diesen Persönlichkeitsanteil (hier: die Angst) außerhalb Ihres Körpers und damit außerhalb von sich selbst wahr.

3. Stellen Sie sich nun vor, dieser Teil setzt sich zu Ihnen. Wie ein guter Freund, mit dem man über das spricht, was einen bewegt. Nehmen Sie sich ein wenig Zeit und betrachten Sie ihn. Wie sieht er aus? Ähnlich wie Sie? Oder sieht er einer anderen Person ähnlich? Welches Alter hat er? Ist er jünger oder vielleicht sogar älter?

4. Spüren Sie die Gegenwart ganz stark. Was geschieht in Ihnen, wenn Sie ihn so deutlich wahrnehmen? Welche Gefühle stellen sich ein? Sind Sie wütend oder böse, weil er Ihnen das Leben so

schwer macht? Oder spüren Sie Mitgefühl? Vielleicht sogar Verbundenheit?
5. Nehmen Sie nun wahr, wie es für diesen Teil ist, wenn er so viel Aufmerksamkeit von Ihnen bekommt. Wie reagiert er darauf? Freut er sich darüber? Oder ist er beleidigt und wendet sich ab? Bricht er weinend zusammen?
6. Fragen Sie den Teil nun, was er mit diesem Verhalten für Sie zu tun versuchte (er wollte etwas Gutes/Positives für Sie erreichen! Er wusste sich bisher nur nicht besser zu helfen – seien Sie gnädig zu sich selbst). Was ist seine positive Absicht, die hinter seinem Verhalten steht? Gibt es etwas, das er versuchte, Ihnen mitzuteilen? Hat er eine wichtige Botschaft für Sie? Oder ist sein Verhalten ein Ausdruck von Überforderung? Gibt es eine andere Absicht, die er mit seinem Verhalten verfolgte?

Bilderarbeit – Kraftbilder malen

Geben Sie Ihrer Angst ein Bild.

Malen Sie ein Bild, das Ihre Gefühle und Ihre Gedanken vor und nach einer Angstsituation und kurz vor bzw. in einer entsprechenden Angstsituation beschreibt. So setzen Sie sich intensiv mit ihren Gefühlen und Gedanken auseinander. Betrachten Sie das Bild gemeinsam mit anderen bzw. Ihrem Mental Coach genauer und sprechen Sie über das Bild.
Wenn Sie von Ihrer Angst ein Bild zeichnen sollten, wie würde dieses Bild aussehen?
Wie groß wäre es? Welche Farbe hätte es? Welche Form hätte es? Wäre es ein abstraktes Bild? Bitte malen Sie ein Bild von Ihrer Angst in den dafür vorgesehenen Rahmen.

Leitfragen zur Interpretation des Bildes:
Bitte beschreiben Sie Ihr Bild doch einmal kurz. Was sehen Sie?
Was ist Ihnen beim Zeichnen durch den Kopf gegangen? Was fiel Ihnen leicht, was eher schwer? Warum?
Wer kommt im Bild vor? Warum?
Erleben Sie Dritte z.B. den Reitlehrer, Partner oder sonstige Begleiter eher als eine Belastung oder eher als eine Stütze? Warum ist das so?
Stellen Sie sich vor, Sie fühlen sich vor solch einer Situation gut. Wie sähe die Welt dann um Sie herum aus? Wie sähe Ihr Gefühl aus?
Haben Sie eine Idee, was Sie tun können, damit das in Zukunft so ist?

Dann machen Sie aus Ihrem Angstbild ein Kraftbild. Schreiben Sie Ihre Antworten auf – ohne wissenschaftlichen Anspruch. Ohne die Bilder bis zum Exzess interpretieren zu wollen. Es ist ein Reflektieren über das, was Sie sehen und was Sie hören. Vielleicht können Sie so sehen und fühlen, was Ihr Problem war, was zu den vielen immer gleichen Fehlern führte, was zur Angst führte. Nach dem Bilder malen und Reflektieren sind Sie im wahrsten Sinne des Wortes im Bilde. Vertrauen Sie das Ergebnis Ihrem »Tagebuch« an.
Ziel: Finden von Lösungen

Was sagt Ihnen Ihre Angst?

Schreiben Sie nieder, was Ihre Angst alles zu Ihnen sagt. Dies ist von besonderer Bedeutung, und zwar deshalb, weil Ihre Angst Sie oft davon abhält, zu tun, was Sie wirklich möchten. Wenn Sie erst einmal wissen, wie Ihre Angst zu Ihnen spricht, so können Sie lernen, sich zu wehren. Ihre Angst sagt vielleicht: »Du wirst es bereuen.« »Tu das nicht!« »Du kannst es nicht!« »Das wird sicherlich schief gehen!«

»Meine Angst sagt«: Bitte notieren Sie sich, was die Angst zu Ihnen sagt.

Wie schmeckt Ihre Angst?

Versuchen Sie, es wirklich zu beschreiben. Sagen Sie nicht einfach »schlecht«, sondern bemühen Sie sich um präzisere Angaben. Zum Beispiel: »Meine Angst schmeckt so scharf wie der Wind, der an einem eiskalten Wintermorgen in Grönland bei minus dreißig Grad in mein Gesicht peitscht.«

»Meine Angst schmeckt wie«: Bitte notieren Sie sich, wie Ihre Angst schmeckt.

Wie riecht Ihre Angst?

Bitte beschreiben Sie Ihre Angst wieder so präzise wie nur möglich. Zum Beispiel: »Meine Angst riecht gefährlich und giftig wie der beißende Rauch eines

Feuers, der noch in den Vorhängen haftet, wenn das Feuer schon längst gelöscht ist.«
»Meine Angst riecht wie«: Bitte notieren Sie sich, wie die Angst riecht.

Wenn Sie sich mit Fragen wie diesen beschäftigen, könnten Sie zu der Einsicht gelangen, dass Ihre Angst gar nicht so schrecklich ist, wie sie auf den ersten Blick ausgesehen haben mag: Entpuppt sich Ihre Angst andererseits wirklich als Monster, so können Sie jetzt, wo Sie mit diesem Monster Bekanntschaft gemacht haben, effektiver mit ihm umgehen. Das Unbekannte jagt uns stets mehr Angst ein als das Bekannte. Sie müssen mit Ihrer Angst daher nur nähere Bekanntschaft machen.

Auf Ängste richtig reagieren

Wie reagieren Sie normalerweise auf Ihre Ängste? Versuchen Sie, Ihre Ängste zu verdrängen? Zu überwinden? Zu verleugnen? Wegzuschieben? Zuzugeben? Sich damit anzufreunden? Sie zu erforschen? Sie zu ignorieren? Darüber zu sprechen? Konkrete Schritte zu setzen? Bitte nehmen Sie sich eine Minute Zeit, und halte Sie drei Situationen Ihres Reiterlebens fest, in denen Sie Angst hatten. Beschreiben Sie dann, wie Sie mit der jeweiligen Angst fertig wurden.
Von diesen drei Situationen ausgehend lässt sich erkennen, dass ich auf Angst meist folgendermaßen reagiere: Bitte notieren.
Denken Sie immer daran, warum Sie reiten (Sinn). »Ich liebe das Reiten, weil ich Pferde liebe und ich liebe es, im Stall zu sein.« Schreiben Sie die Gründe, warum Sie reiten, auf und behalten Sie diese im Kopf – immer!

Einfache Atemtechniken zum Abbau von Angst

Physiologische Grundlagen der Atmung

Die wichtigste Aufgabe der Atmung ist die ausreichende Versorgung der Zellen mit frischem Sauerstoff und die Ausscheidung von Kohlendioxid. Sauerstoffmangel kann Müdigkeit, Kopfschmerzen, Energielosigkeit und Unkonzentriertheit zur Folge haben. Wir verkrampfen. Atmung ist ein wichtiges

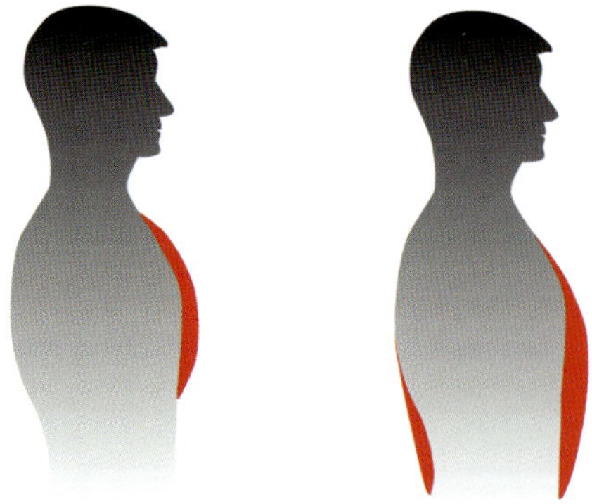

Brustatmung Bauchatmung

Steuerelement für Erregungszustände und kann Handlungen positiv unterstützen.

Achten Sie genau auf Ihre Atmung und darauf, dass Sie nicht, wenn Sie Angst haben, die Schultern hochziehen, die Luft anhalten und flach und in der Brust atmen. Sie atmen so schneller, die Symptome können sich verstärken, die Herzfrequenz steigt und der Teufelskreis beginnt. Nutzen Sie stattdessen tiefe Bauchatmung.

Atemübung: Suchen Sie sich einen ruhigen Platz aus, stellen Sie sich hin oder setzen Sie sich aufrecht mit geradem Rücken hin oder legen sich auf den Rücken, die Beine ausgestreckt, etwa hüftgelenksbreit, die Füße locker nach außen fallen lassen, die Arme liegen neben dem Rumpf, mit den Handflächen nach oben. Dann schließen Sie die Augen und beginnen ruhig durch die Nase statt über den Mund einzuatmen (3 sec.). Durch den Mund ausatmen. Beim Einatmen liegt die Zunge hinter den oberen Schneidezähnen. Beim Ausatmen Zunge wieder fallen lassen. Richten Sie Ihre Aufmerksamkeit nur auf Ihren Atem.

Beginnen Sie nun damit, das Ausatmen zu verlängern, ohne sich dabei unter Druck zu setzen. Verlängern Sie die Ausatmung mit jedem Atemzug ein Stück mehr, bis Ihre Ausatmung ungefähr doppelt so lange ist, wie Ihre Einatmung. Dabei stellen Sie sich vor, dass Sie beim Ausatmen alles Belastende, Negative ausatmen und loslassen. Das wiederholen Sie mindestens fünfmal. Und fühlen Sie, wie Sie sich beim Ausatmen mehr und mehr entspannen.
Im Liegen können Sie sich ein Buch auf den Bauch legen. Das Buch muss sich beim Einatmen heben,

weil sich Ihr Bauch ausdehnt. Wenn Sie durch den Mund ausatmen, geht Ihr Bauch in den natürlichen Zustand zurück, und das Buch sinkt wieder herab.

Weiterer Vorteil: Sie atmen **im Hier und Jetzt**. Wenn Sie Ihre Atmung beobachten, werden negative Gedanken ausgeblendet. Und es ist unmöglich, gleichzeitig aufgeregt zu sein und dennoch ruhig und gleichmäßig zu atmen.

Nasenatmung: Lassen Sie die Atemluft über das rechte Nasenloch hinein- und über das linke Nasenloch wieder hinausströmen. Dann wieder zum linken ein und zum rechten aus. Verschließen Sie dabei mit Daumen bzw. Mittelfinger einer Hand abwechselnd rechtes bzw. linkes Nasenloch. Legen Sie den Zeigefinger beweglich auf die Nasenwurzel zwischen den Augenbrauen. Beobachten Sie dabei, wie die Luft durch die Nasenkanäle fließt.

Ich habe ein paar wirklich einfache, unkomplizierte Techniken rund um die Atmung, die Ihnen helfen werden, sich etwas entspannter und etwas weniger ängstlich und nervös zu fühlen.

- Lautes Singen: Singen bewirkt mehrere Dinge. Es bringt Sie zum Atmen, denn Sie können nicht singen, wenn Sie den Atem anhalten. Und Sie lenken sich selbst ab, indem Sie sich auf etwas anderes, nämlich das Singen, konzentrieren.

- Summen Sie etwa fünf Minuten lang; das lockert das Zwerchfell.

- Stellen Sie sich hin, bleiben Sie im Becken locker und wippen Sie auf den Zehenspitzen. Versuchen Sie nicht verkrampft, die richtige Atmung zu finden, denn diese wird sich durch die Bewegung ganz von alleine einstellen.

- Atmen Sie im Takt mit dem Schritt Ihres Pferdes
Die letzte Übung, mit der Sie Ihre Angst beim Reiten abbauen können, besteht darin, im Takt der Gangart des Pferdes zu atmen. So können Sie im Schritt einen Schritt lang einatmen und beim nächsten Schritt ausatmen. Im Trab atmen Sie vielleicht drei Schritte lang ein und drei Schritte lang aus. Im Galopp atmen Sie vielleicht zwei Galoppsprünge lang ein und zwei Galoppsprünge lang aus. Es wird sehr interessant sein, wenn Sie diese Übung ausprobieren, um zu sehen, wie sie sich auf die Gangart Ihres Pferdes auswirkt.

- Zählen des Atems: Die Übung besteht darin, fünf oder sechs Mal einzuatmen. Halten Sie den Atem an und atmen Sie aus, indem Sie bis 8-9 zählen. Dann atmen Sie wieder ein und zählen langsam mit jedem Teil des Atems weiter. Ich möchte, dass Sie sich wirklich darauf konzentrieren, Ihre Atmung zu verlangsamen, den Atem wirklich wahrzunehmen und durch die Nase ein- und durch den Mund auszuatmen. Machen Sie dies mindestens zehn Mal.

Die 5-4-3-2-1-Übung

Die Übung besteht aus den folgenden Schritten:

- 1.Wenn möglich, kann man sich zunächst in eine entspannte Körperhaltung begeben, um den Effekt zu verstärken. Es ist jedoch nicht zwingend notwendig.
- 2. Im zweiten Schritt zählen Sie fünf Dinge auf, die Sie gerade sehen. Wenn es die Situation erlaubt, zählen Sie laut auf, andernfalls in Gedanken. Sind Sie z.B. im Stall, zählen Sie auf: »Ich sehe einen Putzkasten, mein Pferd, meinen Hund, das Stroh auf

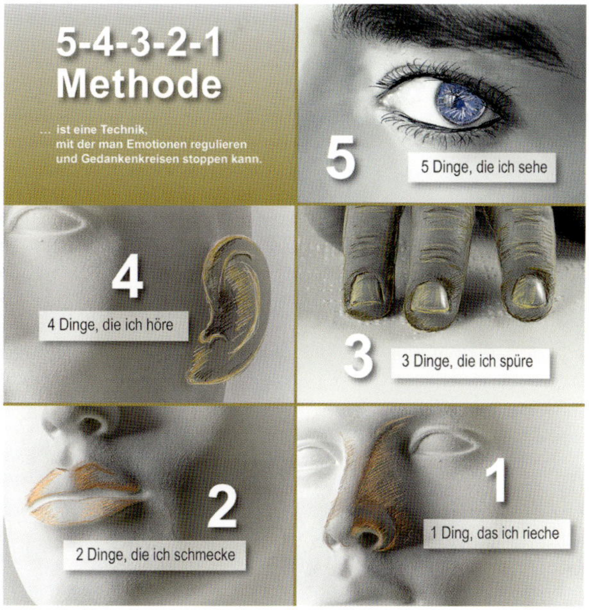

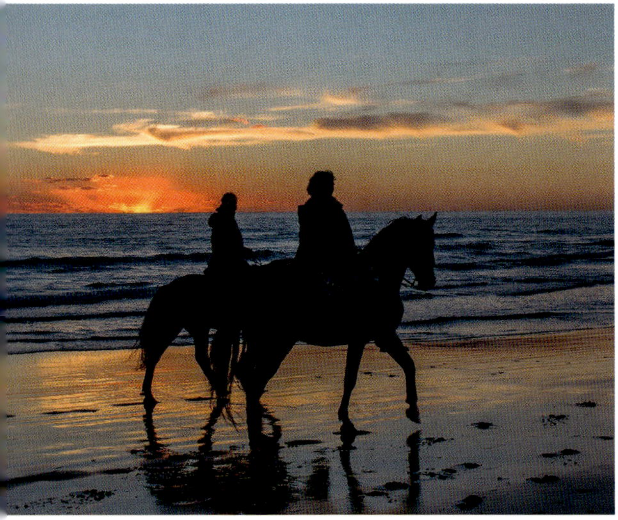

der Stallgasse und Pferdeköpfe, die auf die Stallgasse rausschauen.«

- 3. Haben Sie fünf Dinge aufgezählt, die Sie sehen können, lenken Sie Ihre ganze Aufmerksamkeit auf vier Töne/Geräusche. Bleiben wir im Stall: »Ich höre einen bellenden Hund, ich höre eine klappende Tür, ich höre Lachen auf der Stallgasse und ich höre das Klingeln eines Handys.«
- 4. Haben Sie vier Dinge aufgezählt, die Sie hören können, lenken Sie Ihre Aufmerksamkeit auf das, was Sie spüren können: »Ich spüre meine Zehen in meinen Schuhen, ich spüre meine Hose auf der Haut, ich spüre meine Uhr am Arm.«
- 5. Haben Sie drei Dinge aufgezählt, die Sie spüren können, lenken Sie Ihre Aufmerksamkeit auf das, was Sie riechen und schmecken können.

Stress-/Angst-Rahmen-Technik

Halten Sie Ihren Kopf oder lassen Sie jemand anders leicht und sanft Ihre Stirn (Stirn und Hinterkopf) halten. Atmen Sie entspannt. Wenn Sie mögen, schließen Sie Ihre Augen. Schauen Sie sich im Geiste die Situation, die Ihnen Angst macht bildhaft an – vielleicht auf einer Leinwand. Machen Sie um dieses Standbild oder Foto einen Rahmen drum herum. Woraus ist dieser Rahmen gemacht? Welche Farbe hat der Rahmen? Ist er schlicht oder verziert? Glänzt der Rahmen? Aus welchem Material besteht der Rahmen? Ist er eckig oder rund? Fällt Ihnen noch etwas auf?

Gibt es einen anderen Rahmen, der besser zum Bild/Foto passen würde? Wählen Sie den schönsten Rahmen, den Sie sich vorstellen können, aus!

Wenn es einen anderen Rahmen gibt: Was wäre, wenn sich die Form des Rahmens ändert? Muss er größer, kleiner, breiter, schmäler, schwerer sein? Verändern Sie die Farbe des Rahmens! Verändern Sie die Verzierungen! Lassen Sie den Rahmen nüchterner oder phantasievoller aussehen! Kann irgendjemand anderer den Rahmen verändern? Könnte jemand anderer einen Rahmen machen, der Ihnen genauso gut gefällt? Gibt es noch mehr Details am Rahmen, die Ihnen wichtig sind?

Tief ein- und ausatmen. Öffnen Sie Ihre Augen und nehmen Ihre Hände wieder herunter.

Hat sich das Bild/Gefühl verändert? Wie? Ist das in Ordnung?

Weitere Strategien gegen Angst

Immer dann, wenn erste Angstsymptome auftreten, können Sie folgende Strategien anwenden:

- Die Angst schwindet, wenn ich weiß, was ich in der angstbesetzten Situation zur Lösung meines Problems TUN kann. »Handeln statt hadern« ist das, was hilft. Voraussetzung für die Handlungsfähigkeit ist die genaue Analyse der Angstsituation/en.

Mind Map – Eine Landkarte der Angst

Um ein Mind Map zu erstellen, brauchen Sie:

- ein großes Blatt Papier
- bunte Stifte
- mindestens eine halbe Stunde Zeit

Sie beginnen mit dem Wort »Angst«. Schreiben Sie es in die Mitte des Blattes. Dann schreiben Sie, was immer Sie mit der Angst verbinden.

Zeichnen Sie zunächst vom zentralen Begriff »Angst« aus die »Hauptzweige«. An jedem Ast steht immer nur ein Begriff. Von den Hauptzweigen gehen nun weitere Zweige aus. Diese Nebenzweige führen zu den Dingen, die mit den Bedeutungen der Hauptzweige zusammenhängen. Auch die Nebenzweige können sich verzweigen. Es können sich Verzweigungen von ganz verschiedenen Ästen treffen. Bringen Sie alles in Ihr Mind Map ein, was Ihnen einfällt.

Gestalten Sie alles möglichst farbig, so dass Sie Zusammenhänge auf den ersten Blick erkennen. Zeichnen Sie bestimmte Dinge, die mit Ihrer Angst verbunden sind, wenn Sie möchten.

- **Über Angst sprechen**, Angst zum Thema machen. Gespräche helfen erfahrungsgemäß nach schweren Unfällen. »So kann der Betroffene reflektieren und dann kleine Schritte erarbeiten, wie er sich an eine vergleichbare Situation herantraut.«

- Gleichgewichtssitz

Der ausbalancierte Sitz ermöglicht Ihnen, das Gleichgewicht des Pferdes nicht zu stören und Ihr eigenes zu erlangen und zu erhalten.

- Positive Zielsetzung und Maßnahmenplan (siehe Kapitel Ziele Seite 74 ff)

Nach einem Sturz oder Durchgehen sind das Setzen von Trainings- und Etappenzielen und ein Aktionsplan immer ein Muss, um Schritte in die richtige Richtung zu machen. Jeder Schritt in die richtige Richtung sollte gefeiert werden. Egal, ob Sie sich von einer Verletzung oder einem Sturz erholen, ohne Ziele werden Sie Ausreden finden, um nicht wieder in den Sattel steigen zu müssen.

- **Angst und Selbstvertrauen verhalten sich umgekehrt proportional:** Je mehr Selbstvertrauen, desto weniger Angst. Dies wächst mit dem Alter, wenn es viele positive Erfahrungen gibt. Je älter ein erfolgreicher Sportler ist, umso selbstbewusster wird er sein,« sagt Inga Wolframm.

Meditation im Lotus- oder Schneidersitz.

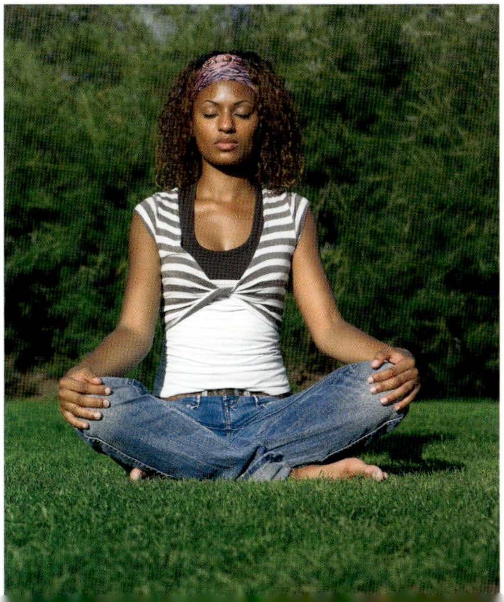

- **Verzicht auf innere Horrorfilme**

Wenn er in Ihnen abläuft, können Sie den Film in sich verändern, indem Sie ihn rückwärts, langsamer laufen lassen und die Farben verändern ...

- **Hypnotherapie**

Je nach Situation kann eine Hypnotherapie Besserung bringen. Beispielsweise auch in der Kombination mit der Vermittlung von Techniken zur Selbsthypnose. Mit Hypnose werden latente, verborgene Fähigkeiten des Unbewussten aktiviert und Interventionen gefördert. Hypnose ist hier förderliches Mittel zum Zweck, da eine noch so angenehme Trance kaum langfristige Veränderungen bewirken würde. Durch Hypnotherapie in Kombination mit individuell auszuwählenden Elementen (z.B. Energetische Psychologie) können fühlbare Verbesserungen erzielt werden.

- **Sich auf etwas ganz anderes konzentrieren**

Die Aufmerksamkeitsrichtung so verändern, dass die angstauslösenden Bedingungen nicht mehr so beachtet werden: z.B. rückwärts von 100 bis null zählen, tief und gleichmäßig atmen, ein auswendig gelerntes Gedicht aufsagen, noch besser sich an Situationen im Leben erinnern, in denen Sie sich gelassen und sicher gefühlt haben oder sich auf den linken Zehen konzentrieren ...

- **Autogenes Training gegen Angst:** Beim Autogenen Training wird der Entspannungszustand auf mentaler Ebene hervorgerufen.

- **Meditation:** Meditation ist eine Praxis, die darauf abzielt, den Geist zu trainieren und letztlich ein höheres Maß an Ruhe, Konzentration und Bewusstheit zu erreichen. Formal bedeutet Meditation im Allgemeinen, still zu sitzen oder zu gehen und den Geist auf den Atem oder auf einen bestimmten Gedanken oder eine Visualisierung zu konzentrieren.

- **Professionelles Sport Mental Coaching in Anspruch nehmen**

Suchen Sie sich einen guten Coach, Therapeuten,

Mentaltrainer, wenn Sie Ängste in Ihrem Leben näher beleuchten und überwinden möchten. Nur in einem geschützten Rahmen ist es leichter, Ängste zuzulassen, sie in Ruhe anzuschauen, sie als solche zu akzeptieren und zu lernen, mit ihnenn umzugehen.

- gemeinsame Erarbeitung einer ausführlichen (groben und feinen) Problemanalyse
- Suchen von Handlungsmöglichkeiten
- zeitnahe Umsetzung der Maßnahmen

Angst, sich lächerlich zu machen

Schlechte Leistungen kommen vor. Diese Tatsache gilt es zu akzeptieren. Versuchen Sie nicht, sie um jeden Preis zu vermeiden. Es gibt deswegen keinen Grund, sich selber schlecht zu machen oder sich von anderen schlecht machen zu lassen. Versuchen Sie, Gründe für schlechte Leistungen herauszufinden, und begraben Sie die Erinnerungen an diese anschließend. Nehmen Sie die geistige Haltung an, dass es kein Versagen gibt, sondern nur Resultate, die Ihnen Hinweise geben, wie Sie sich genau verbessern können.

Anwendung einer Notfall-Strategie

Immer, wenn Sie aus dem Gleichgewicht geraten sind oder kommen, z.B. als Trainer, Vortragender, Reiter, Reitanfänger ... oder bei Auftreten von unerwartet kritischen Situationen:

1. Inne-/Anhalten: Machen Sie für ein paar Sekunden »nichts«, um sich innerlich Flexibilität und Freiraum zu schaffen.
2. Bewusste tiefe Bauchatmung.
3. Bewegen Sie Ihren Körper in minimalen leichten Bewegungen.
4. Hier und Jetzt: Konzentration auf das, was in diesem Augenblick zählt ... und dabei voll da sein!
Bei unscharfem und/oder vernebeltem Sein laufen alte Situationen/Filme ab. Daher schauen Sie sich um (Außenorientierung, Aufmerksamkeit auf die Außenwelt)! Was riechen, hören, sehen Sie? Ihre Körperempfindungen brauchen Sie nicht zu beobachten – die melden sich von selbst.
5. Was ist jetzt sinnvoll?

»Was wäre wenn?«

In meiner täglichen Arbeit mit Sportlern sehe ich die Hauptursache für Angst in der Projektion dessen, was nach Meinung des Sportlers in der Zukunft passieren könnte – wir nennen das ›was wäre wenn‹. Die Tendenz besteht darin, zu projizieren, dass etwas Negatives passieren könnte, und das kann im Moment Angst auslösen.

Ein Beispiel:
Sie nehmen an einer Prüfung teil, kommen auf dem Turnierplatz an, alle schauen zu, und die Stimme in Ihrem Inneren beginnt, sich zu fragen:
»Was ist, wenn ich vor allen dumm dastehe?«
»Was, wenn ich meinen Trainer und meine Familie enttäusche?«
»Was, wenn mein Pferd aus dem Viereck springt?«

Das erzeugt Versagensangst, und je nach Intensität der Angst kann es ablenken oder überwältigen.
Denken Sie daran, dass diese Dinge, auch wenn Sie sich vorstellen, dass sie eintreten könnten, fast nie eintreten – erinnern Sie sich selbst immer wieder daran.

Was ist der Unterschied zwischen verbessern und beweisen?

Kennen Sie den Unterschied zwischen beweisen und verbessern? Das Ziel beim Reiten sollte immer sein, alle Ihre Talente und Fähigkeiten zu verbessern (technisch, körperlich, taktisch, mental, emotional). Wenn es unser Ziel ist, uns vor anderen zu ›beweisen‹, schleicht sich manchmal Angst ein – die Angst vor den ›Was-wäre-wenn‹-Szenarien und dem Versuch, die Erwartungen anderer an Sie zu erfüllen. Schleifen und Siege sind großartig, aber sie kommen nur, wenn man die richtigen Dinge tut: Spaß haben und versuchen, jeden Tag ein klein bisschen besser zu werden.

Überwinden Sie die Angst vor dem Reiten, indem Sie sich fragen: »Ist es wirklich wahr?«
Wenn Ihre Gedanken keine Fakten sind und nicht auf der Wahrheit beruhen, lautet die Antwort NEIN, sie sind falsch.

Das bedeutet, dass Verallgemeinerungen wie»Mein Pferd springt ständig weg« oder »Ich werde nie ein guter Reiter sein« falsch sind. Das ist auch als

›Schwarz-Weiß-Denken‹ bekannt. Achten Sie auf Wörter wie immer, ständig, nie, alle usw.

Vorhersagen darüber, was in der Zukunft passieren wird (selbst in 5 Minuten) oder was andere Leute denken, sind ebenfalls falsch. (Das nennt man ›Zukunftsdenken‹, und es findet nur in Ihrer Vorstellung statt.)

Sie wissen wirklich nicht, was in der Zukunft passieren wird oder was andere Menschen denken.

Die Kraft der positiven Selbstgespräche (Affirmationen)

Lernen Sie, mit der wichtigsten Stimme in Ihrem Leben umzugehen – mit Ihrer eigenen! Manchmal ist unsere eigene Stimme nicht hilfreich und sagt uns Dinge, die wir eigentlich nicht hören wollen, und macht aus einer Bedrohung etwas Größeres als es ist.
Zur Veränderung Ihrer Software setzen Sie unterstützende Selbstgespräche (Affirmationen) ein. Finden Sie Worte oder kurze Sätze, die Sie bestärken bzw. unterstützen, die ihre eigenen Fähigkeiten und Ihre Zuversicht betonen. Es ist wichtig, dass Sie eine freundliche, unterstützende Stimme, die Sie auch benutzen würden, wenn Ihr bester Freund Probleme hätte, entwickeln.

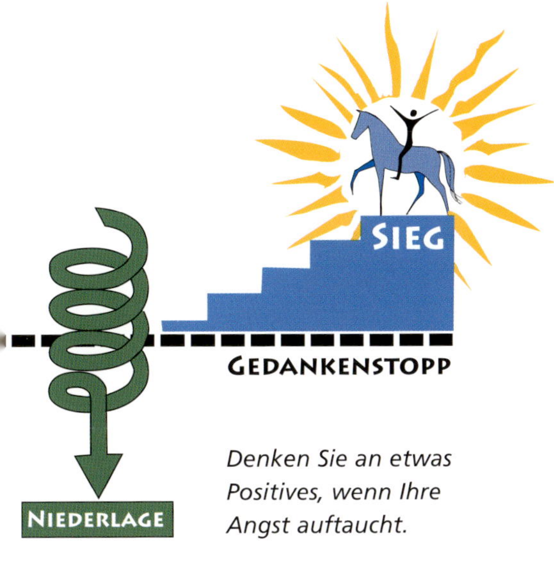

Denken Sie an etwas Positives, wenn Ihre Angst auftaucht.

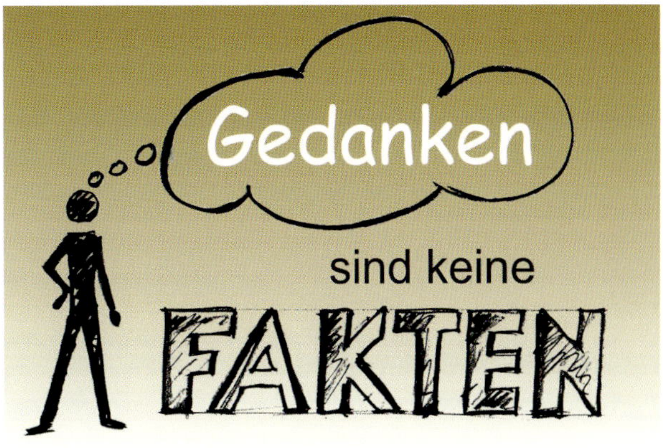

Ein paar Sätze wären zum Beispiel ...

- »Ich kann es kaum erwarten, das zu zeigen, was wir im Unterricht geübt haben.«
- »Alle aus dem Stall stehen hinter mir. Ich werde sie mit einem tollen Ritt überraschen.«
- »Ich kann nur mein Bestes geben – perfekt zu sein, gibt es nicht.«
- »Ich liebe, glaube, vertraue, bin dankbar und mutig.«

Gedankenstopp

Die Technik des Gedankenstopps dient dazu, aufkommende negative, unerwünschte, immer wiederkehrende, grüblerische, einschränkende Gedanken zu stoppen.

Gedankenstopp setzt die Wahrnehmung und Selbstbeobachtung der negativen und einschränkenden Gedanken, das Erkennen der negativen Gedankenspirale voraus. Sobald negatives Denken und eine selbsterfüllende Prophezeiung aufkommt, holen Sie das Stoppschild oder ein ähnliches Symbol aus Ihrer Hosentasche, schauen es an und sagen »**STOPP**« (leise, wenn möglich laut). Sie können auch mehrmals hintereinander sagen: »STOPP! STOPP! STOPP! STOPP!« Oder Sie stellen sich das Stoppschild vor dem inneren Auge vor. Sie können zusätzlich mit einer Hand auf Ihren Oberschenkel klopfen. Was besser zu Ihnen passt. Atmen Sie dabei ruhig ein und aus. Wenn es Sie unterstützt, können Sie sich beim Ein- und Ausatmen vorstellen, wie sich dieser Gedanke in Luft auflöst.

Nach dem STOPP-Signal richten Sie Ihren Blick wieder auf die Lektion bzw. konzentrieren sich auf das Reiten. Dies unterstützen Sie mit einem positiv formulierten und unterstützenden Gedanken, z.B. Erinnerung an etwas Angenehmes – muss nichts mit Reitsport zu tun haben –, oder alternativen Verhaltensprogrammen, damit Sie nicht wieder in das alte belastende Muster verfallen!
Lassen Sie dieses Stopp-Verfahren zur Gewohnheit werden. Das dauert erfahrungsgemäß etwas. Setzen Sie Affirmationen und den Gedankenstopp in angstfreien Situationen ein, damit Sie diese dann auch an Tagen mit Angst wirkungsvoll einsetzen können.

Stoppschilder

Verwenden Sie ein Stoppschild, wie sie auch die deutschen Equipenmitglieder im Concours Complet während der WM 2006 in Aachen immer dann einsetzten, wenn Sie schlechte Gedanken hatten oder nervös wurden. Ex-Europameisterin Bettina Hoy: »Ich habe das Schild praktisch immer bei mir«, und ihr Teamkollege Hinrich Romeike: »Diese Schilder hätten wir schon früher nötig gehabt.«

Handlungsalternativen entwickeln

Beispiel: Angst beim Ausritt im Sattel und vor Autos, wenn die Straße stark und schnell befahren ist.
Lösung: Absteigen und Führen (Das Führen des Pferdes nicht als Scheitern oder Versagen ansehen!)

Konzentration auf das, was Sie sich wünschen

Da Sie sich nur jeweils auf eine Sache konzentrieren können, denken Sie lieber an das, was Sie sich wünschen, als an das, was Sie nicht wollen. Statt ständig zu wiederholen: »Nicht buckeln!«; »Nicht scheuen!«, konzentrieren Sie sich lieber auf etwas, was Sie stattdessen wollen. Denken Sie daran, dass es im Kopf kein Bild für »nicht« gibt.
Stellen Sie sich vor, Ihr Pferd ist beständig an den Hilfen, und sagen Sie immer wieder »rund«. Spüren Sie die elastische Verbindung zum Pferdemaul und sagen Sie: »Weich und rittig, weich und rittig.« Damit sind Ihre Gedanken voll von dem, was Sie wollen, statt von dem, was Sie nicht wollen.

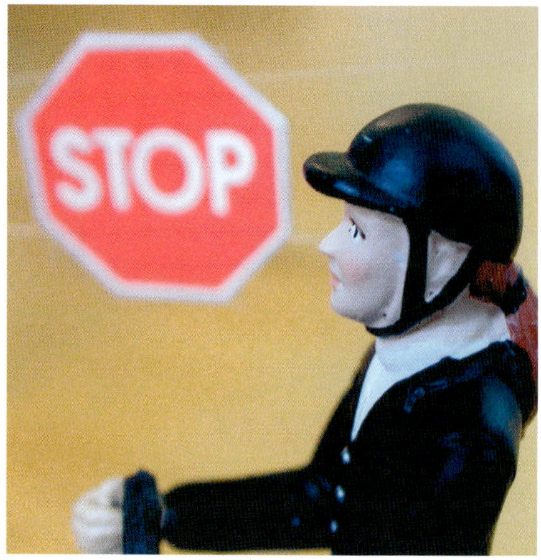

Gedankenstopp-Technik.

Die Gedanken neu ordnen

Alles beginnt mit einem Gedanken. Wenn Sie die Angst immer wieder nähren oder den Sturz in Ihrem Kopf wiederholen, werden Sie nicht in der Lage sein, voranzukommen. Wir Menschen neigen dazu, die eine Sache, die schief gelaufen ist, hervorzuheben und alles zu vergessen, was wir richtig oder erfolgreich gemacht haben.
Wenn Sie lernen, negative oder schädliche Gedanken durch positive und hilfreiche Gedanken zu ersetzen, nennt man das Reframing.

A-B-E-R

Sehen Sie sich an, wie Sie auf Angst reagieren. Womit beginnt Ihre Angstreaktion (**A**usgangssituation)? Wie beurteilen Sie die Ausgangsituation (**B**ewertung)? Schreiben Sie alle Gedanken nieder, die Ihnen zu einer Situation einfallen. Hier verstecken sich viele Glaubenssätze und Meinungen, die eine Bewertung beeinflussen.
Welche Gefühle (und Körperreaktionen) haben Sie dabei (**E**motion)? Wie fühlen Sie sich in dieser Situation? Wie verhalten Sie sich (**R**eaktion)? Wie handeln Sie? Was haben Sie getan? Wie sind Sie mit der Situation umgegangen? Hat Ihnen etwas die Situation erleichtert? Was gewinnen Sie oder verlieren Sie dadurch? Vielleicht können Sie sehen, dass

Ihre Angst nicht nur ein Gefühl ist, sondern auch aus Gedanken und Verhaltensweisen besteht.

Übung
Überlegen Sie sich mehrere Situationen aus Ihrem Reiterleben: schwierige, angstbesetzte ebenso wie neutrale und angenehme, positive. Dann bringen Sie die Situation in das Raster Ausgangssituation – Bewertung – Emotion/Gefühle – Reaktion/Verhalten. Danach erfinden Sie für jede Situation auch noch zwei andere mögliche Bewertungen.

Ein ANGSTTAGEBUCH oder »Gedankentagebuch« führen

Notieren Sie sich, wann und in welcher Situation die Angst auftaucht, ohne vorher lange darüber nachzudenken. Versuchen Sie, detailliert aufzulisten, welche körperlichen Symptome auftraten und welche Gedanken und Gefühle Sie dabei hatten. Schreiben Sie auch auf, ob Sie wenig geschlafen haben, am Abend vorher Streit mit Ihrem Partner hatten etc. und wie Sie das Ausmaß der Angst selbst einschätzen. Mit der Zeit werden Sie der Antwort darauf, was die Ursachen und Auslöser Ihrer Angst sind, immer näher kommen. Hören Sie mit den Notizen erst auf, wenn Ihnen absolut nichts mehr einfällt. Es dürfen auch Wiederholungen und Ähnlichkeiten dabei sein.

Nehmen Sie Ihr Angsttagebuch mehrere Tage überallhin mit und schreiben alle Gedanken hinein, die Ihnen, wenn Sie Angst haben, durch den Kopf gehen. Welche Sätze, Satzteile oder Ausrufe sagen Sie zu sich selbst? Zum Beispiel: »Ich hab´s ja geahnt« und Ähnliches. Zeichnen Sie Ihre inneren Dialoge auf. Nehmen Sie sich nach einigen Tagen Zeit und suchen Sie die Sätze heraus, die Sie besonders mit Ihren Ängsten verbinden.

Sie haben jetzt eine Liste von Glaubenssätzen und immer wiederkehrenden, automatischen Gedanken in Angst-Situationen. Jetzt gehen Sie daran, diese mit dem A-B-E-R-Reaktionsmuster zu verändern (siehe Beispiel unten und nächste Seite).
Mit welcher der beiden Denkweisen werden Sie die Turnierprüfung wohl eher schaffen?
Machen Sie für jede angstbesetzte Situation ein alternatives positives Gedankenkonzept und entwickeln Sie ein neues Verhalten. Vermeiden Sie

A-B-E-R-Reaktionsmuster

A	B	E	R
Ausgangssituation	**Bewertung**	**Emotion, Gefühle**	**Reaktion**
Morgen reite ich eine für mich wichtige Turnierprüfung!	»Ich werde versagen!«	**Angst**	Flucht (»Ich fahre nicht hin«, »Ich bin krank.«)
	»Das kann ich nicht.«	**Angst**	Erstarren (»Ich gebe auf.«)
	»Ich weiß nicht, was ich tun soll.«	**Angst** (Verwirrung)	Täuschung (»Ist mir egal.«)
	»Jemand greift mich an.«	**Wut** (Angst!)	Kampf (»Ich zeige es denen.«)
	»Das ist nicht weiter schlimm.«	**Gelassenheit**	Entspanntes Handeln (»Ich trainiere jetzt so gut es geht, dann schaffe ich es vielleicht – sonst eben nächstes Mal.«)
	»Ich kann mich beweisen!«	**Freude**	Positiv motiviertes Handeln (»Ich habe Spaß.«)

	bisherige Bewertung	neue positive Bewertung
Situation	**Prüfungsvorbereitung**	
Automatischer Gedanke/ rationaler Gedanke	»Das schaffe ich nie.«	große Herausforderung
Bewertung	besonders schwierig, geht über meine Möglichkeiten, ich bin zu schwach/schlecht dazu	Schwierig, aber – bei guter Vorbereitung – nicht unmöglich, Chance nutzen
Gefühle Reaktionen	minderwertig, unfähig, hoffnungslos, dumm	aktiviert, vielleicht etwas unsicher, positiv zuversichtlich
Konsequenz	jede Anstrengung wird mühsam, dadurch schlecht vorbereitet, bei der Turnierprüfung extrem nervös und blockiert	positives, aktives Verhalten in der Strukturierung von Ablauf und Hilfe, gut vorbereitet zur Turnierprüfung, zuversichtlich

dabei alle Wörter wie nicht, kein, ..., aber, versuchen, man, auch alle Generalisierungen wie immer, nie, dauernd, etc. in den neuen Formulierungen.
Bevor Sie den nächsten Schritt machen, entspannen Sie sich (mit Hilfe einer Entspannungstechnik), atmen Sie ruhig und tief und lassen los.

Betrachten Sie Ihr neues Verhalten aus der Meta-Ebene. Verändern Sie, wie bei früheren Übungen, gegebenenfalls Feinheiten wie Farben, Geräusche, Stimmen, Gerüche in die Richtung, dass die Situation möglichst ruhig, gelassen und entspannt wird.
Wenn Sie die Situation angenehm und ruhig wahrnehmen, gehen Sie gedanklich in die Situation hinein und erleben Ihr neues Verhalten, Ihre neuen Gedanken und die Reaktionen Ihrer Umgebung. Justieren Sie auch hier gegebenenfalls die Feinheiten nach, bis Sie ruhig, entspannt und gelassen agieren.
Sie haben Ihren »Sicherheitsanker« (siehe Seite 175) als Unterstützung. Wenn Sie unruhig werden, benutzen Sie Ihren Anker.
Wiederholen Sie die Übung. Gute Übungszeiten sind die Zeit vor dem Aufstehen, alle Pausen und Wartezeiten während des Tages und die Zeit vor dem Schlafengehen.

Gegenspieler der Angst sind Spaß und Freude

Umbewertung

Wer sich freut und etwas gern macht, kann sich kaum gleichzeitig fürchten. Situationen umbewerten: Situation nicht als beängstigend einstufen, sondern als positive Herausforderung. Das ist deshalb wichtig, weil selbst in entspannten Situationen immer wieder beängstigende Gedanken auftreten können. Wenn in diesem Fall aber eine gedankliche Umbewertung der Aufgabe stattgefunden hat, führt die Angst nicht mehr in einen negativen Grübelkreislauf.
Unter **Umbewertung** versteht man, eine Situation von einem neuen Standpunkt aus zu betrachten: zum Beispiel, einer Handlung ganz bewusst das Schöne, das Attraktive, das Reizvolle abzugewinnen; die Herausforderung bei einem Wettkampf zu sehen, für den man sich so lange vorbereitet hat. Die Situation des Wettbewerbs ist als Erfüllung des Trainings, quasi als Zuckerl der Vorbereitungen zu bewerten.

Verhandlung mit der Angst

Vielleicht liegt es Ihnen persönlich mehr, im Selbstgespräch mit Ihrer Angst zu verhandeln. Sie könnten beispielsweise sagen: »Lass' mich einfach ein paar Augenblicke in Ruhe, damit ich diesen Dreijährigen abreiten (dieses Hindernis springen, um diese Tonnen sprinten, diese Aufgabe reiten oder mit dieser Kuh arbeiten) kann. Dann befasse ich mich wieder mit Dir.« Verhandeln Sie mit Ihren Ängsten, indem Sie sich ein Zeitlimit setzen. Innerhalb dieser Zeit können Sie sich Sorgen machen, bis Sie schwarz werden. Jammern Sie über Ihre Ängste, so viel das Herz begehrt. Und wenn die Zeit um ist, schieben Sie Ihre Sorgen beiseite. Wenn Sie zu irgendeinem anderen Zeitpunkt am Tag wieder anfangen, sich Sorgen zu machen, sagen Sie Ihrer Angst einfach, sie müsse leider warten bis zur festgesetzten »Kummerzeit« am nächsten Tag, bevor Sie sich wieder mit ihr befassen könnten.

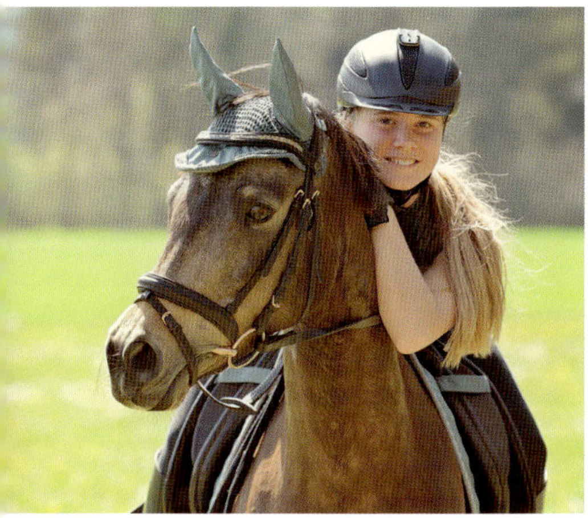

Positive Selbsthaltung – Ich bin o.k.

Gute Vorbereitung

Mit guter Vorbereitung erscheint die Prüfung/das Turnier nicht mehr bedrohlich und ist durchaus meisterbar – hierdurch wird Sicherheit gewonnen und Sie können selbstbewusst in die Prüfung gehen

Übertriebene Erwartungen abbauen

Emotionale Distanz

Der Angst einen Namen geben

Stärken stärken

Viele Menschen, die unter Angst leiden, haben zugleich Probleme mit Ihrem Selbstvertrauen und Selbstwert.
Daher: Finden Sie Ihre Stärken (s. S. 102/103), listen Sie diese auf und machen Sie sich diese bewusst.

Verbringen Sie Zeit mit Ihrem Pferd am Boden

Stärken Sie Ihr Selbstvertrauen im Umgang mit Ihrem Pferd, indem Sie Zeit mit ihm auf dem Boden verbringen. Trainieren Sie Ihr Pferd an der Hand oder an der Longe.
Wenn Sie wissen, dass Ihr Pferd in der Lage ist, sich ruhig zu verhalten, wenn es am Boden trainiert wird, werden Sie sich sicherer fühlen, wenn es an der Zeit ist, sich wieder in den Sattel zu schwingen.

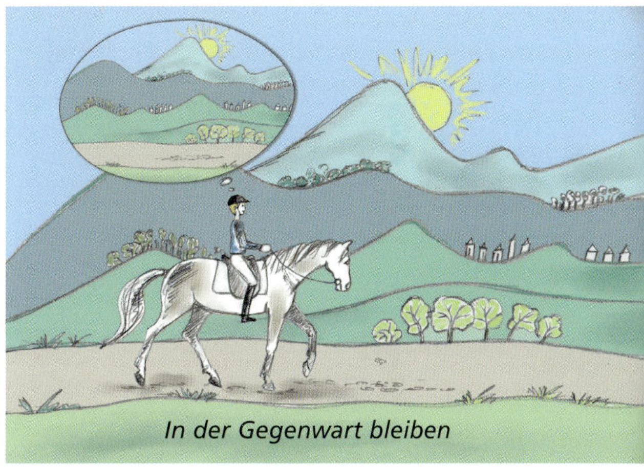

In der Gegenwart bleiben

In der Gegenwart bleiben

Konzentrieren Sie sich auf die Gegenwart, auf Ihr Tun an diesem Tag. Das Einzige, was wir wirklich beeinflussen können, ist unsere Gegenwart. Sie bleiben besser in der Balance, wenn Sie sich darauf konzentrieren statt sich vor Dingen zu fürchten, die nur bedingt in Ihrem Einflussbereich liegen.

Mit einer guten Körperhaltung gegen die Angst

Zusammenhang zwischen Haltung und Gefühl: Jemand, der aufrecht sitzt, ist weniger ängstlich als jemand, der zusammengesunken auf dem Pferd sitzt. Das verdeutlicht die folgende Übung: Bitte setzen Sie sich hin und lassen Sie den Kopf hängen. In dieser Haltung sagen Sie voller Inbrunst: »Heute ist der glücklichste Tag meines Lebens!« Der Effekt: Die meisten lachen, weil ihre Einstellung und Körperhaltung nicht zusammenpassen. Genauso schwer ist es, stolz und aufrecht auf einem Pferd zu sitzen und zu sagen »Ich habe eine riesen Angst«. Dieses Experiment zeigt dem ängstlichen Reiter, wie stark Körperhaltung und Gefühl zusammenhängen.

Daher ist eine aufrechte Körperhaltung sehr wichtig. Der Rücken sollte möglichst gerade sein, die Schultern leicht nach hinten genommen, Brust raus. Ein positiver ›Neben‹effekt: Eine aufrechte Körperhaltung ist deutlich gesünder. Nackenschmerzen, Rückenschmerzen oder Hüftproblemen kann so effektiv vorgebeugt werden. Sie werden es sich selbst danken!

Täuschen Sie es vor, bis Sie es schaffen

Das Sprichwort ›fake it till you make it‹ ist eine sehr reale und wissenschaftlich belegte Strategie. Ihre Körperhaltung und Ihr Gesichtsausdruck spiegeln nicht nur wider, wie Sie sich fühlen, sondern können Ihre Gefühle tatsächlich verändern. Wenn Sie mit einem breiten Lächeln und mit einer selbstsicheren Körperhaltung im Sattel sitzen/gehen/stehen, werden Ihre Gefühle positiv beeinflusst.

Naturheilmittel

Wenn diese Übungen nicht genügen, um der Angst zu entkommen, kann man unterstützend pflanzliche Heilmittel einnehmen, die angstlösend wirken. Dazu zählen Melisse und Baldrian, aber auch Hopfen, Kavawurzel und Johanniskraut.

Stabiles inneres Gleichgewicht

Ausreichend Bewegung an der frischen Luft und bei Sonnenschein hilft bei der Erlangung und Stabilisierung des inneren Gleichgewichts: Sie werden innere Spannungen los, bekommen den Kopf frei, verbessern Ihre Stimmung und steigern Ihr Selbstwertgefühl.

Bedeutung schrumpfen lassen

(Wenn Sie Angst vor der Reaktion eines Menschen haben)

1. Denken Sie an eine Person, in deren Gegenwart Sie sich bisher ängstlich, unsicher, gehemmt, nervös fühlten. Wo und wie sehen Sie das Bild der Person vor Ihrem geistigen Auge? Ist es weiter entfernt oder eher vor Ihrer Nase? Hat die Person in Ihrer Vorstellung die reale Größe oder wirkt sie größer? Sehen Sie geradeaus, eher nach unten oder eher nach oben, wenn Sie die Person anschauen? Ist das Bild der Person eher links oder mehr rechts? Ist das Bild farbig oder schwarzweiß? Welches Gefühl entsteht in Ihnen, wenn Sie an diese Person denken? Wo in Ihrem Körper spüren Sie dieses Gefühl am stärksten?

2. Stellen Sie sich nun einen kleinen Schwarzweißfernseher vor. Stellen Sie ihn in einigen Metern Entfernung links von sich auf den Boden.

3. Sehen Sie sich nun das Bild dieser Person in dem kleinen Schwarzweißfernseher an. Was ändert sich in Ihrem Empfinden, wenn Sie diese Person als kleines schwarzweißes Bild, links unten auf dem Boden haben? (In der Regel verringert sich das Unbehagen deutlich.)

4. Lassen Sie jetzt mit geschlossenen Augen das Bild der Person wieder in der urspünglichen Weise vor Ihrem Auge entstehen (z.B. im oberen Bereich des Sehfeldes, größer als real). Lasssen Sie das Bild der Person dann wieder schrumpfen. Sehen Sie es sich erneut in dem kleinen Schwarzweißfernseher an, der noch immer links unten, einige Meter von Ihnen entfernt steht. Öffnen Sie die Augen. Schauen Sie sich dann einige Minuten konzentriert im Raum um.

5. Wiederholen Sie dieses Zoomen und Schrumpfen. Das trainiert das Gehirn und Sie können diesem Menschen zukünftig wieder mit der ganzen Kraft Ihrer Fähigkeiten gegenübertreten.

6. Stellen Sie sich nun vor, Sie würden auf diese Person treffen. Wie erleben Sie die Person jetzt?

Entspannungsreisen auf dem Pferderücken zur Bekämpfung der Angst

Ich setze auch Körperreisen an der Hand oder an der Longe ein, um bei ängstlichen Reitern Vertrauen zu schaffen.

Wie muss man sich eine solche Entspannungs- oder Körperreise vorstellen? Ein Reiter wird geführt. Der

Führende spricht zum Beispiel über die Farben des Regenbogens, oder wie der Reiter durch den Regenbogen reitet und die Farben einatmet.

»Sicherheitsanker«

Ein Sicherheitsanker dient zur Vorbereitung und ist darüber hinaus in vielen Situationen hilfreich.
Ich kann jedem empfehlen, sich einen Anker zu setzen. Auch hier spricht die Gewöhnung: Es braucht Zeit, bis es klappt.

Stellen Sie sich eine Situation vor, auf die Sie stolz sind, weil Sie diese gut gemeistert haben. Oder Sie überlegen sich, welche Ressource (Mut, Sicherheit, Vertrauen, Leichtigkeit, Humor, Kreativität, Selbstsicherheit, Glück) Sie in zukünftigen Situationen gebrauchen können. Dann suchen Sie sich eine Situation, wo Sie diese Ressource intensiv gefühlt und erlebt haben. Erleben Sie/erinnern Sie sich an diese Situation im Geist mehrmals möglichst plastisch mit allen Details wie Farben, Tönen, Geräuschen, Stimmen, Gerüchen und Gefühlen. Was sehen und hören Sie? Wie ist Ihr Gefühl in dieser Situation? Spüren Sie alle Sinne in dieser angenehmen Situation. Wenn Sie sicher sind, sie wirklich mit allen Sinnen zu spüren und intensiv zu fühlen, drücken Sie mit der Hand auf eine für Sie gut und unauffällig erreichbare Stelle Ihres Körpers (z.B. die Berührung Ihres kleinen linken Fingers) bzw. ankern die Situation mit einer Bewegung (z.B. eine Drehung mit der rechten Hand). Wiederholen Sie dies.
Denken Sie nun an eine Situation, in der Sie sehr ruhig und ausgeglichen waren, und verfahren Sie damit, wie oben beschrieben.

Als Nächstes denken Sie an eine Situation, in der Sie sehr viel Vertrauen in sich und/oder in andere Personen hatten und machen dasselbe wie vorhin. Drücken Sie immer genau die gleiche Stelle bzw. machen Sie immer die gleiche Bewegung!
Als vierte Situation stellen Sie sich eine Szene vor, die von Fröhlichkeit und Ausgelassenheit geprägt ist. Und wieder die gleiche Vorgangsweise.
(Sie können natürlich noch mehr positive Situationen nehmen, aber diese dürften für den Anfang reichen.)

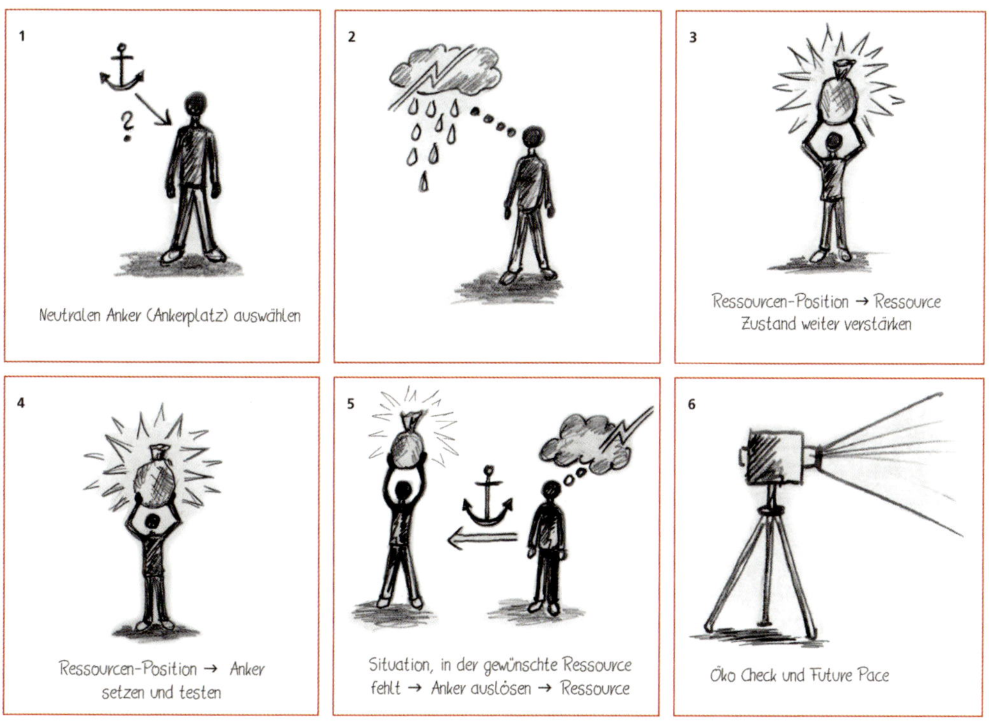

Separator (Unterbrecher) und Test

Drücken Sie jetzt auf »Ihre« Stelle bzw. berühren Sie jetzt »Ihre« Stelle. Sie sollten ein leichtes, angenehmes Gefühl bekommen bzw. den emotionalen Zustand, den Sie haben möchten, spüren.

Eine gelegentliche Auffrischung in der beschriebenen Weise verstärkt die Wirkung.

Positive Absicht der Angst

Im NLP gibt es die Annahme, dass wir aus vielen Teilpersönlichkeiten bestehen, die unter derselben Haut miteinander leben. Jeder Teil versucht, sein eigenes Ziel zu erreichen. Je mehr diese Teile miteinander verbunden werden können und in Harmonie zusammenarbeiten, umso glücklicher wird der Mensch sein. Oft gibt es aber Konflikte zwischen den Teilen, obwohl jeder Teil eine positive Absicht hat: Es müssen Kompromisse ausgehandelt werden.

Bei der Arbeit mit Teilen wird die positive Absicht des Teils, der die unerwünschte Verhaltensweise/Reaktion/Emotion hervorbringt, herausgefunden und gewürdigt, so dass eine Aussöhnung mit dem Verhalten (und dem Teil, der dieses Verhalten auslöst) möglich wird. Danach werden neue Möglichkeiten zur verhaltensgemäßen Verwirklichung dieser positiven Absicht gefunden.

Welche positive Absicht hat die Angst? Horchen Sie in sich hinein. Kennen Sie die positive Absicht Ihrer inneren Persönlichkeitsteile, die an der Angst beteiligt sind? Fragen Sie Ihre inneren Persönlichkeitsteile:

Die Wissenschaft zeigt, dass Dankbarkeit Ihr tägliches Leben verbessert

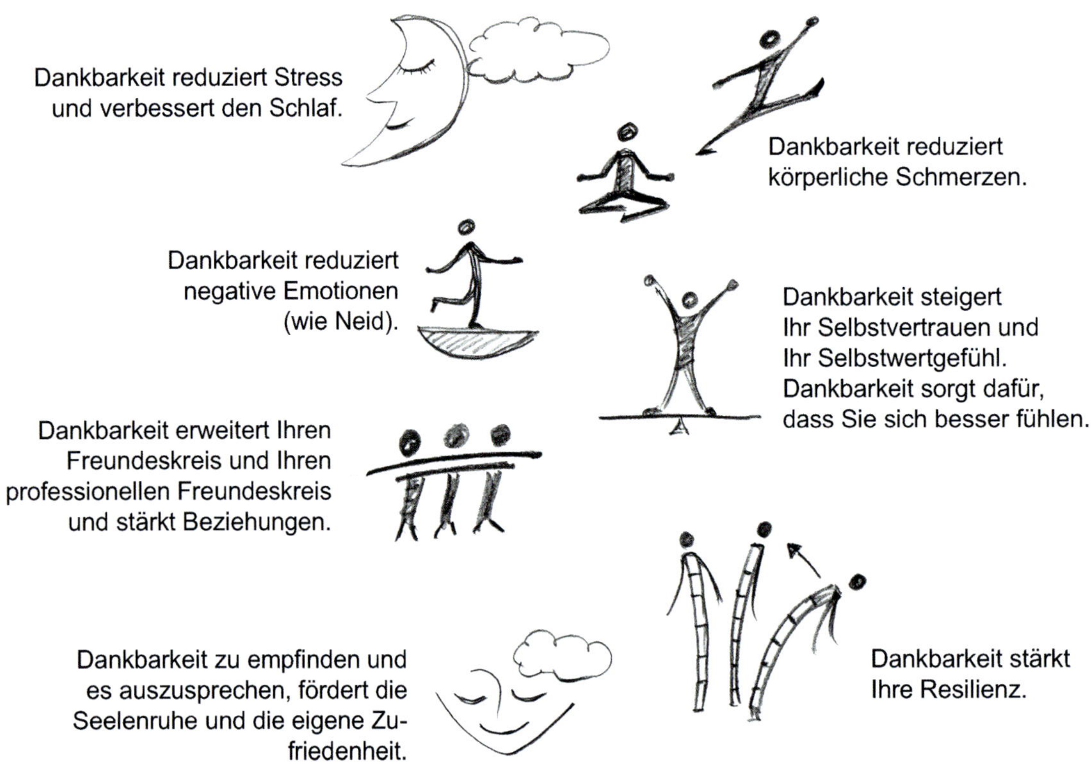

1. Welche positive Absicht haben Sie?
2. Kennen Sie die anderen Teile?
3. Kennen Sie die positive Absicht der anderen Persönlichkeitsteile?

Dann folgt ein Dialog zwischen Ihren Persönlichkeitsteilen.

Wunderfrage

Nehmen wir mal an, heute Nacht geschähe ein Wunder und wenn Sie morgen früh aufwachen, ist die Angst verschwunden.

Aber da Sie nachts geschlafen und geträumt haben, merken Sie erst morgen früh, dass das Wunder geschehen und die Angst verschwunden ist. Woran merken Sie als erstes, dass das Wunder geschehen ist? Was tun Sie als erstes? Woran würden (Ihr/e Partner/in, Kind, Freund/in, Nachbar/in, Kollegen, Pferd, Haustier, ...) merken, dass die Angst weg ist?

Beantworten Sie sich selbst diese Fragen. Versuchen Sie wirklich ein Gefühl dafür zu bekommen, wie es sich anfühlt, wenn die Angst verschwunden ist und wie Ihr Umfeld und Ihr Pferd auf Sie reagiert. Malen Sie es sich in den schönsten Farben aus, woran Sie merken, dass dieses Wunder geschehen ist?

Dankbarkeit

Denken Sie daran, dass das Gefühl der Dankbarkeit für die Möglichkeit, zu reiten und das zu tun, was Sie lieben, Sie mit positiver Energie füllen und die Gefühle der Angst dämpfen kann.

Die Angst in kleinen Schritten (baby steps) überwinden

Sie haben einen Plan, wie Sie das Problem lösen können, das Ihre Angst verursacht hat. Setzen Sie ihn jetzt in die Tat um. Gehen Sie in kleinen Schritten vor, damit Sie nicht überfordert werden.
Wenn Sie einen zu großen Sprung machen oder zu früh zu viel tun, kann Sie das zurückwerfen.
Nehmen Sie sich stattdessen Zeit und gehen Sie es langsam an.
Sie werden Ihr Vertrauen in das Reiten aufbauen, indem Sie positive Erfahrungen machen, egal wie klein der Schritt ist, den Sie machen.

Die energetische Psychologie

Die Ursache jeder Angst, jedes Stresses und jedes negativen Gefühls ist eine Störung im menschlichen Energiesystem.
Grundlage der energetischen Psychologie ist die Traditionelle Chinesische Medizin, die besagt, dass jedes Lebewesen eine bestimmte Lebensenergie hat, die in bestimmten Bahnen, den so genannten Meridianen, fließt. Solange dieser Fluss im Gleichgewicht ist, ist das Lebewesen an Körper und Seele gesund. Besteht eine Störung im Energiesystem, zeigt sich dies in Form von Symptomen.

Die energetische Psychologie beschäftigt sich mit der Auswirkung des menschlichen Energiesystems auf Psyche und Verhalten. Wenn eine Störung in unserem Energiesystem besteht, zeigt sich das auf der psychischen Ebene in Form von Stress und Anspannung, mit Ängsten und selbstsabotierendem Verhalten.
Mit Hilfe der Kinesiologie, genauer über den Muskeltest, ist es möglich, eine Auskunft über den energetischen Zustand des Körpers zu erhalten. Ziel ist es, das Energieungleichgewicht zu beheben und so zu ermöglichen, dass die Symptome sich auflösen. Auf diese Weise können Angst und Stress reduziert werden. Das geschieht mit Hilfe der Klopfakupressur, bei der ausgewählte Meridianpunkte geklopft werden und mit Hilfe der Kinesiologie, die vielfältige Methoden und Übungen bereithält, um Stress abzulösen und zu balancieren.
Wir alle kennen es, dass es Phasen in unserem Leben gibt, in denen bestimmte Probleme unser Leben bestimmen.
Ein Kernsatz dieser Psychologieform ist folgender:
Wenn unsere Lebensenergie, unser Qi, ungehindert fließen kann, unsere Meridiane ausgeglichen und im Gleichgewicht sind, dann sind wir an Körper und Psyche gesund.

EFT – Emotional Freedom Techniques

Mit EFT (Technik der Emotionalen Freiheit) lässt sich Angst sehr gut bearbeiten. Dadurch, dass die körperlichen Symptome, die durch die Angst erzeugt werden, sehr schnell nachlassen, ist der Erfolg von EFT direkt spür- und messbar. In wenigen Sitzungen können Sie hier enorme Fortschritte erzielen.

Sie können sich wieder mehr Freude in Ihrem (reiterlichen) Leben einräumen, am Horizont ist wieder Licht zu sehen. Sie können wieder hörbar auf- und durchatmen.

Probieren Sie es aus!

Bearbeiten Sie nach dem Grundrezept Ihr spezielles Angst-Thema. Vieles werden Sie damit lösen können und sich leichter fühlen.

Das EFT-Grundrezept

Wichtig: Bevor Sie mit dem EFT-Selbstcoaching beginnen, fragen Sie sich erst einmal, ob es für Sie wirklich okay ist, dieses Problem/Thema jetzt zu bearbeiten. Vielleicht ist die Zeit noch nicht reif dafür oder es ist wichtiger, zuvor noch ein anderes Thema in Angriff zu nehmen.

Nehmen Sie sich einige Minuten Zeit und formulieren und notiern Sie eine Aussage, die das gewählte Thema/Ihr Problem in einem Satz beschreibt. Verfassen Sie den Satz in der Gegenwartsform. Der Satz sollte das reale Gefühl enthalten. Verwenden Sie die Worte, die Sie normalerweise gebrauchen.

Bewerten Sie die Intensität des Problems

- Stufen Sie die Intensität Ihres Problems/Ihrer Emotion ein: Verwenden Sie dazu die folgende Skala: 0 = keine Belastung, 10 = maximale Belastung. Die ermittelte Zahl nennt man den (subjektiven) Belastungswert (SUD).
- Schätzen Sie bei Ereignissen aus der Vergangenheit die momentane Belastung ein.
- Die Intensität Ihres Problems wird zwischen den Klopfrunden immer wieder eingestuft, wodurch das Resultat Ihres Selbstcoachings messbar wird.

Die Einstimmung (The Setup)

Die Einstimmung funktioniert wie folgt:

- Sie massieren den heilenden Punkt (Seite 187–190) während Sie gleichzeitig folgenden Satz sprechen: »Auch, wenn ich ... <Aussage über Ihr Problem>, liebe und akzeptiere ich mich so, wie ich bin«.
- Der Effekt wird verstärkt, indem Sie den Satz (»Ich liebe ... wie ich bin«) laut und mit Gefühl für sich aussprechen. (Manchmal ist es sogar notwendig, den Einstimmungssatz heraus zu schreien.)

Mögliche Variationen:

Auch, wenn ich ... akzeptiere ich mich voll und ganz.

Auch, wenn ich nicht weiß, was die tiefste Ursache für meine Angst ist, liebe und akzeptiere ich mich zutiefst und vollständig so, wie ich bin.

Auch, wenn ich Angst vor der tiefsten Ursache meiner Angst habe, liebe und akzeptiere ich mich zutiefst und vollständig so, wie ich bin.

Ich bin vollkommen in Ordnung, auch wenn ...

Tief in meinem Herzen liebe ich mich, obwohl ...

Auch wenn ..., mag ich mich trotzdem.

Die Einstimmung: Wunder (heilender) Punkt

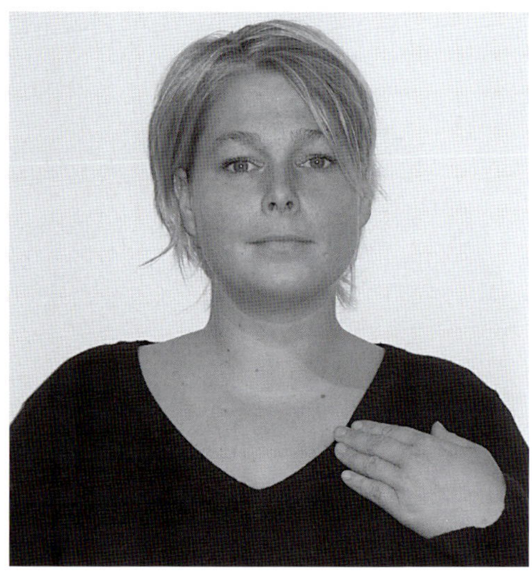

Die Sequenz und die Erinnerungsworte

- Nach Durchführung der Einstimmung werden alle dreizehn Punkte der EFT-Klopfsequenz geklopft.
- Gleichzeitig sprechen Sie eine Kurzform Ihres Einstimmungssatzes aus, die so genannten Erinnerungsworte.

Beispiel: Einstimmung: »Auch, wenn ich schreckliche Angst vor ... habe, liebe und akzeptiere ich mich so, wie ich bin.«

Erinnerungsworte:
»diese schreckliche Angst vor ...«.

- Die Erinnerungsworte werden an jedem Punkt einmal gesagt. Grund: bewusste Konzentration auf Ihr Problem /Thema.
- Die Punkte werden an beiden Seiten oder nur an einer Seite und Hand geklopft.
- Halten Sie sich am besten an die vorgegebene Reihenfolge.
- Klopfen Sie jeden Punkt mit zwei oder mehr Fingerspitzen etwa sieben- bis zehnmal im Rhythmus von circa drei »Schlägen« pro Sekunde.

1 AB = Augenbrauenpunkt
(Blasenmeridian Bl 2):
Neben der Nasenwurzel, am Anfang der Augenbraue bzw. am Übergang der Augenbraue und Nasenbein

2 SA = Seitlich des Auges (GB 1)
Dieser Punkt liegt neben der Nasenwurzel, am Anfang der Augenbraue bzw. am Übergang von Augenbraue und Nasenbein (auf Höhe der Pupille). Da, wo unsere Lachfältchen sind.

3 JB = Jochbein (Ma 1)
Dieser Punkt befindet sich in der Mitte unterhalb des Auges am knöchernen Rand der Augenhöhle, bei gerade ausgerichtetem Blick.

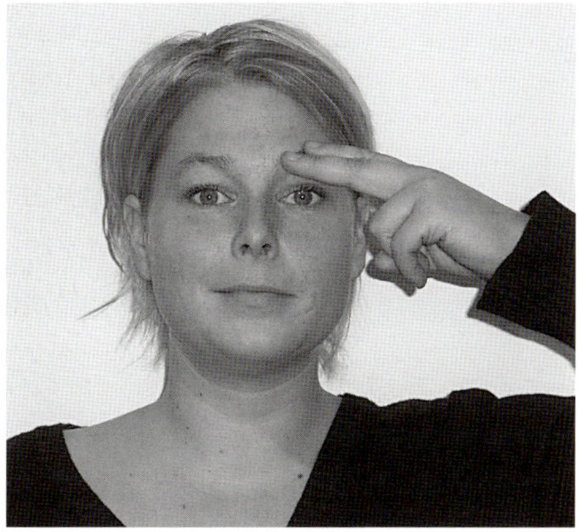

1 AB = Augenbrauenpunkt

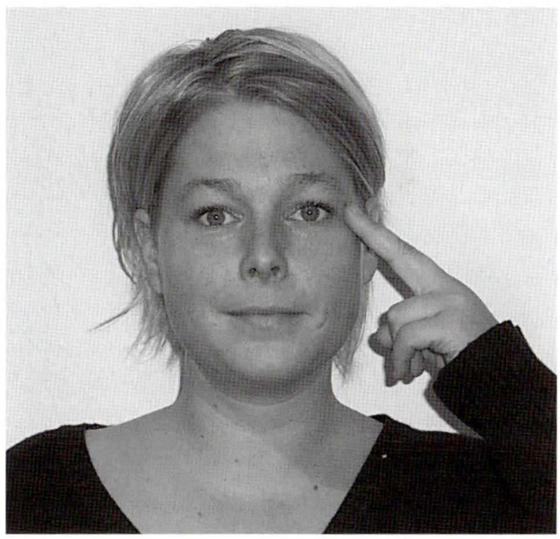

2 SA = seitlich des Auges

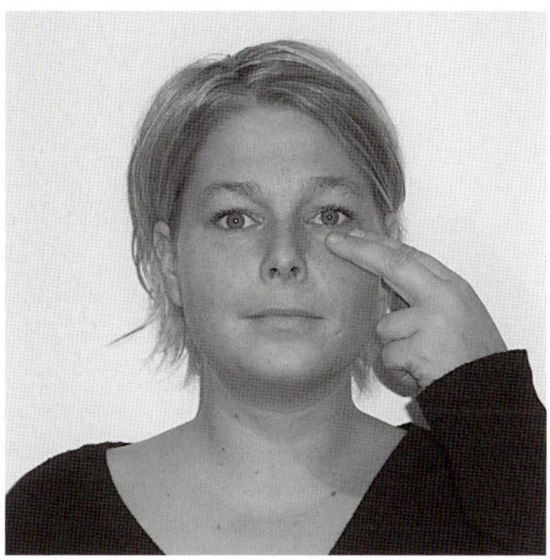

3 JB = Jochbein

4 UN = Unter der Nase (GG 26)
Dieser Punkt befindet sich unterhalb der Nase, zwischen Nase und Oberlippe.

5 UL = Unter der Unterlippe (ZG 24)
Dieser Punkt liegt in der Grube unter der Unterlippe zwischen Kinn und Unterlippe.

6 SB = Schlüsselbein (Ni 27)
Dieser Punkt befindet sich in der weichen Mulde in dem Winkel zwischen Schlüsselbein, 1. Rippe und Brustbein.

7 UA = Unter dem Arm (Milz Pankreas MP 21)
Dieser Punkt liegt seitlich an der Körperseite am Brustkorb auf der Höhe der Brustwarze, ca. vier Finger breit (ca. 10 cm) unterhalb der Achselhöhle.

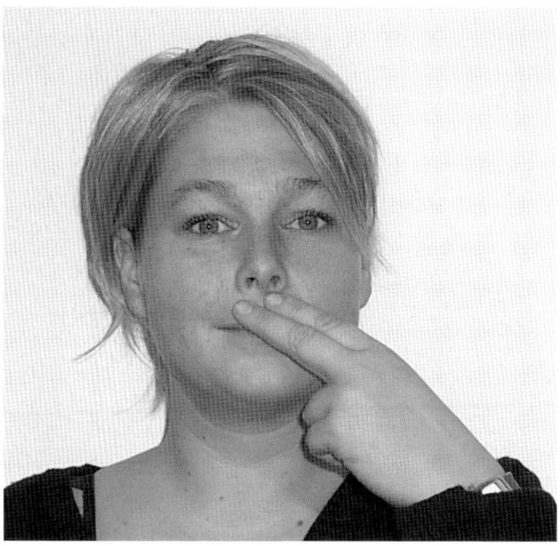

4 UN = Unter der Nase

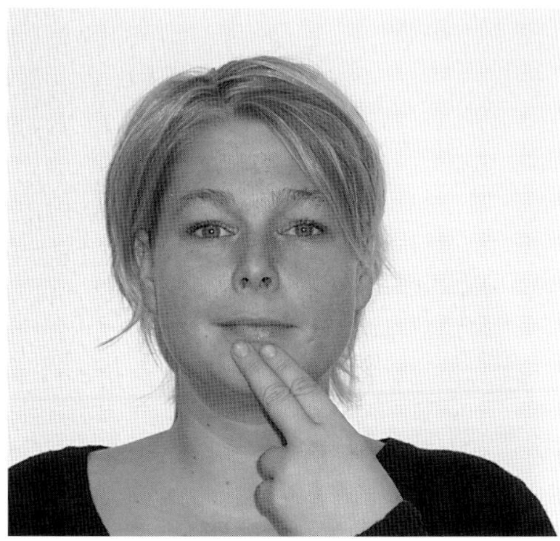

5 UL = Unter der Unterlippe

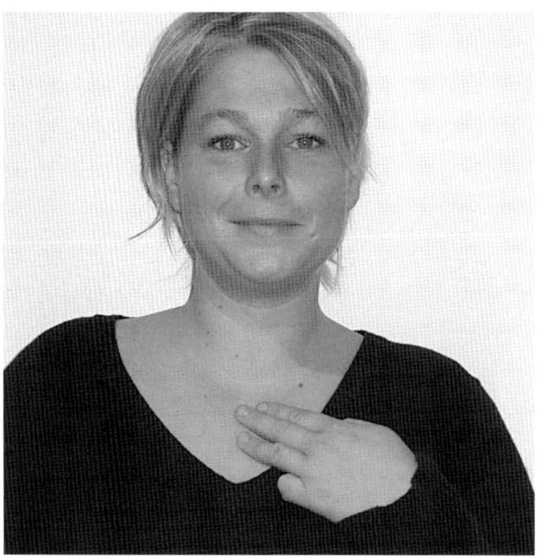

6 SB = Schlüsselbein

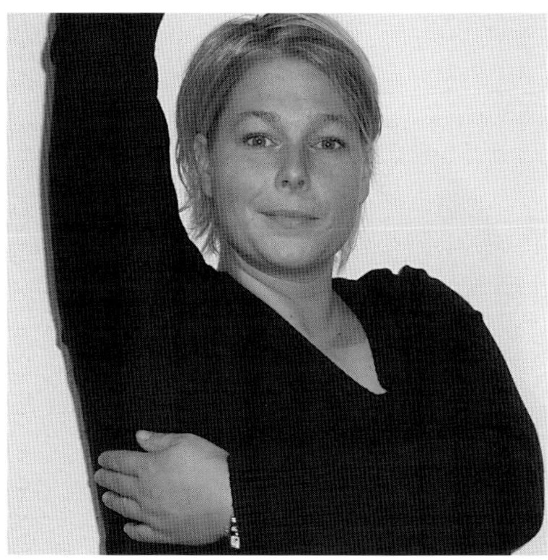

7 UA = Unter dem Arm

8 DP = Daumenpunkt (Lu 11)
Dieser Punkt liegt an der Außenseite des Daumens, auf dem Nagelfalz.

9 ZF = Zeigefingerpunkt (Di 1)
Dieser Punkt liegt an der Seite des Zeigefingers, die dem Daumen zugewandt ist, auf dem Nagelfalz.

10 MF = Mittelfingerpunkt (Kreislauf Sexus KS 9)
Dieser Punkt liegt an der Seite des Mittelfingers, die dem Daumen zugewandt ist, auf dem Nagelfalz.

11 KF = Kleinfingerpunkt (Herz He 9)
Dieser Punkt liegt an der Innenseite des kleinen Fingers, auf dem Nagelfalz.

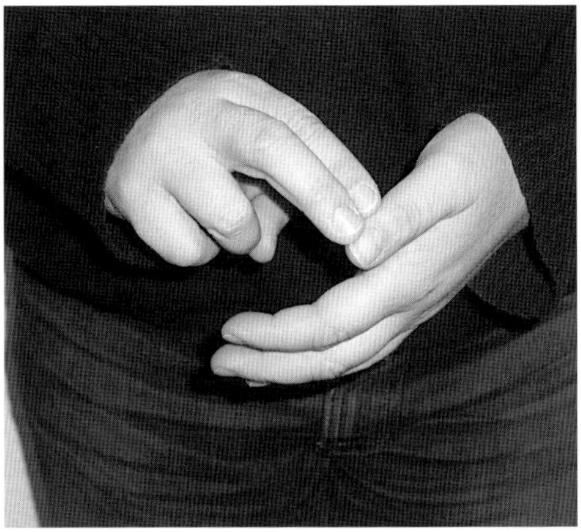

8 DP = Daumenpunkt

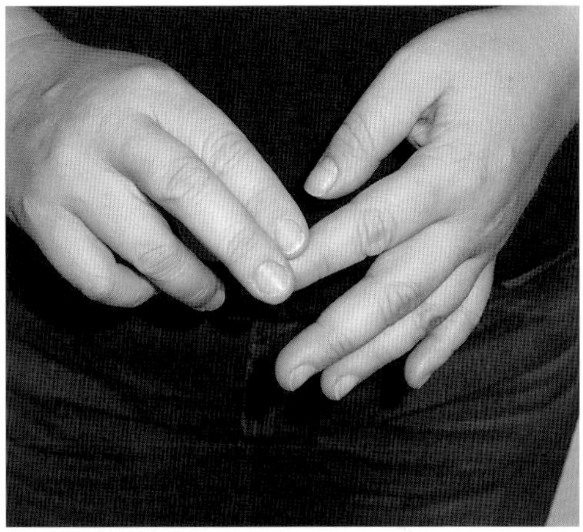

9 ZF = Zeigefingerpunkt

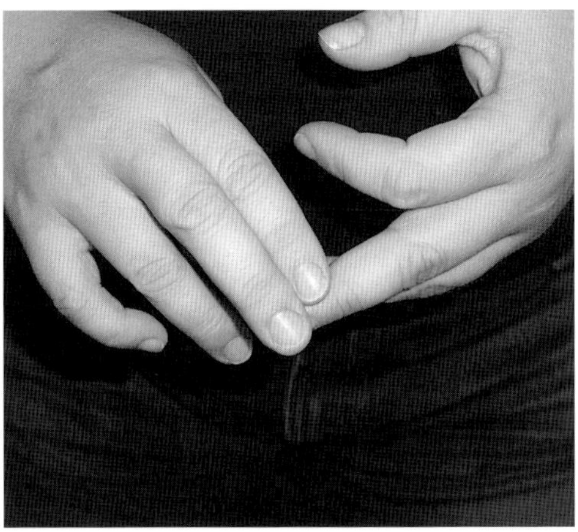

10 MF = Mittelfingerpunkt

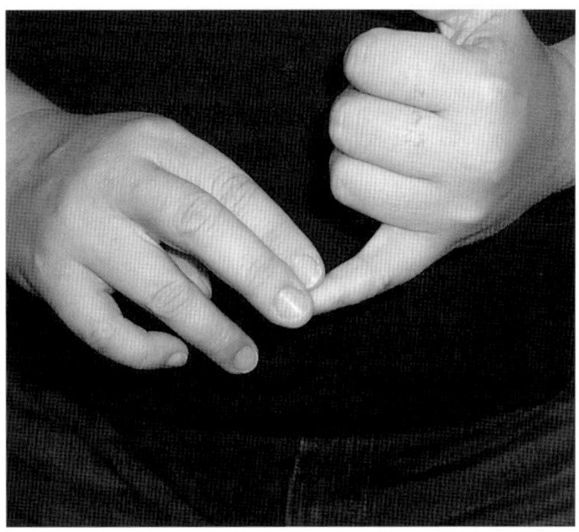

11 ZF = Kleinfingerpunkt

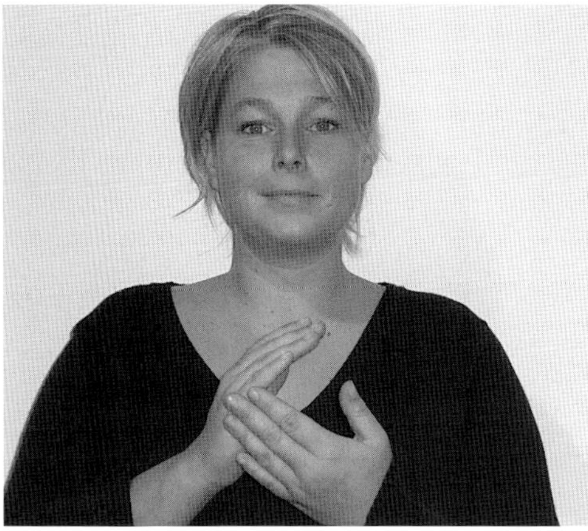

12 HK = Handkantenpunkt

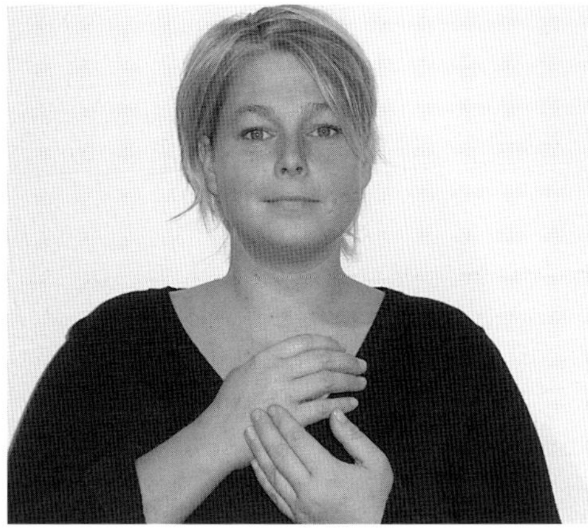

SP Serienpunkt oder Gamutpunkt GP

12 HK = Handkantenpunkt (Dünndarm Dü 3)
Dieser Punkt liegt an der Außenseite der Hand, an der Basis des kleinen Fingers. Wenn man eine Faust macht, liegt der Punkt am äußeren Ende der unteren Beugefalte.

13 Oberster Punkt des Mittelscheitels (Ordnender Punkt)

14 befindet sich 2,5 cm unterhalb der Brustwarze, auf Höhe der Brustfalte, zwischen 6. und 7. Rippe (BH-Rand).

Heilender Punkt HP: Auf dem obersten Drittel des Brustkorbs, etwa dort, wo man einen Orden anstecken würde.

Serienpunkt (SP, oder Gamutpunkt GP, 3 E 3) auf dem Handrücken, in der Rinne zwischen kleinem Finger und Knöchel des Ringfingers.

Die nächsten Runden
Zwischen den Klopfrunden kontrollieren Sie regelmäßig die Belastungswerte Ihres Problems. Wenn es sich weniger intensiv anfühlt und der Wert gesunken ist, ändern Sie Ihren Einstimmungssatz und die Erinnerungsworte ab.

Neue Einstimmung: »Auch wenn ich immer noch etwas / ein wenig / ein bisschen / einen Rest ... <Aussage über Ihr Problem> habe, liebe und akzeptiere ich mich so, wie ich bin.«
Neue Erinnerungsworte: »dieser Rest von <Aussage über Ihr Problem>«

Wenn die Belastung auf Ihrer Bewertungsskala auf 1 bis 2 gesunken ist, ändern Sie die Erinnerungsworte noch mal ab: »dieser letzte Rest von <Aussage über Ihr Problem>«

Hören Sie erst mit dem Klopfen auf, wenn Ihr Belastungswert/Intensität bei null liegt. Es ist nicht wichtig, wie schnell, sondern dass Sie »auf 0« kommen; dann ist die Chance für eine dauerhafte Lösung des Problems am größten.
Versuchen Sie, das Problem – auf welche Art und Weise auch immer – wieder zu aktivieren.

Für die Bearbeitung der Kernthemen ist manchmal Hilfe von außen nötig, weil der eigene »blinde Fleck« einem die Sicht auf die zugrunde liegenden Auslöser und Antreiber verstellt.
Oft erlebe ich es, dass Coachees/Reiter so in ihren Mustern feststecken, dass sie Angst davor haben, ihre Angst wirklich loszulassen. Sie haben sich in

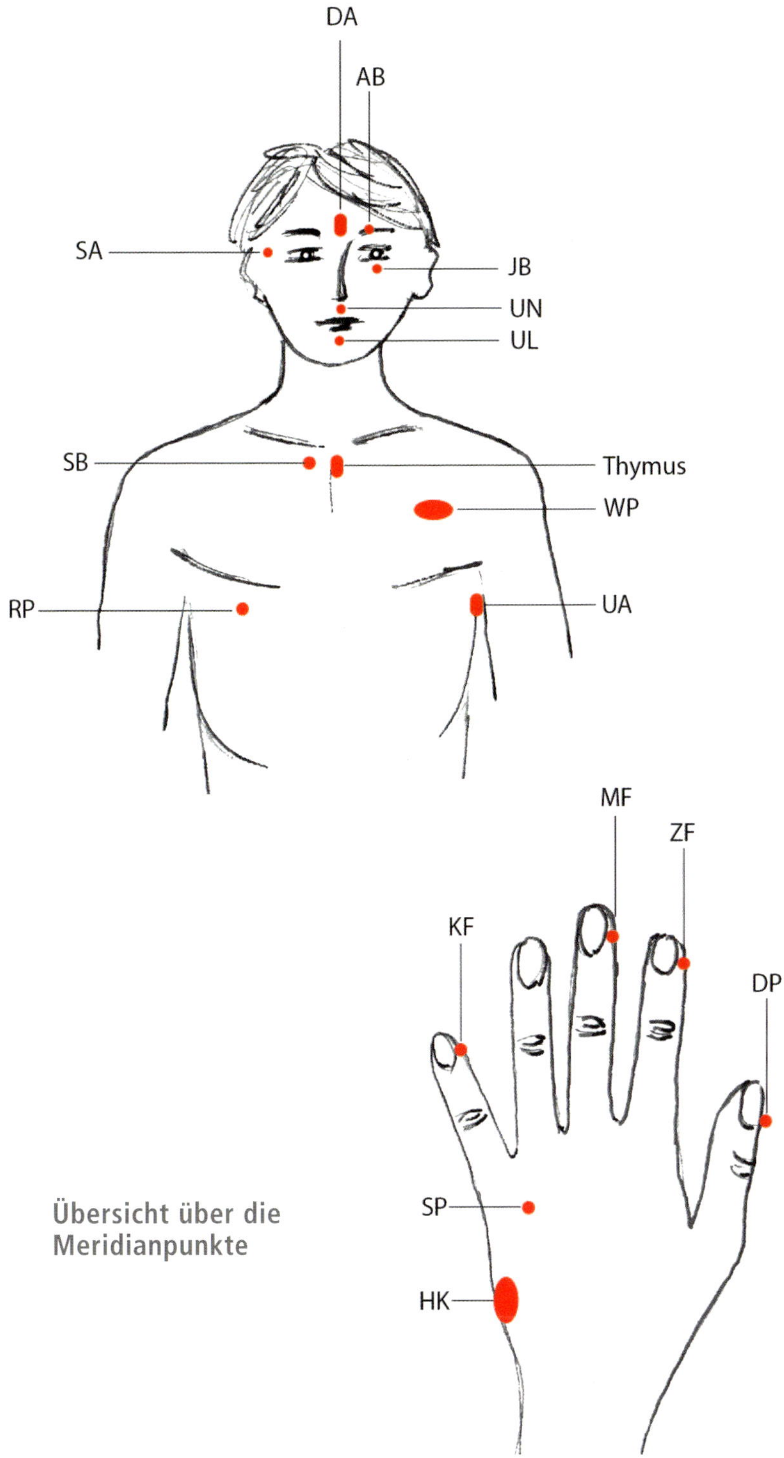

Übersicht über die Meridianpunkte

ihren psychischen Strukturen so etabliert, dass sie sich etwas anderes nur schwer vorstellen können. Allein die Vorstellung, die Käfigtüren könnten offen sein, kann ihnen neue Angst einjagen. Die Angst wird auch als Schutz empfunden.

Neben dem Klopfen der Angst vor der Veränderung, der Freiheit, der Verantwortung, dem Loslassen, vor erneuter Verletzung etc. und natürlich dem Aufspüren und der Klärung der eigentlichen Ursachen, kann erstaunlicherweise folgender Satz einen Umschwung bringen:
»Auch, wenn ich/meine Psyche nichts ändern will/kann, liebe und akzeptiere ich mich zutiefst und vollständig so, wie ich bin und überlasse jetzt alle meine Ängste der Kraft und dem Wirken meiner Seele und meines Geistes.«

Unwirksame Strategien gegen Angst

- Vermeidung der Situation: Manche Reiter versuchen all das, was Angst auslösen könnte, einfach nicht wahrzunehmen. Irgendwann kann der Reiter aber nicht mehr wegschauen und es folgt die Angstreaktion.
- Kurzfristige Konfrontation mit der Angst
- Angst überwinden durch Alkohol, Tabletten oder Essen.
- Sich mit Sorgen und Grübeln beschäftigen.
- Angst aushalten durch Ablenkung.
- Die Angst verstecken.
- Die Angst wegschieben, verdrängen.

Vorbeugen gegen Rückfälle

- Konzentration auf die Umgebung

Überprüfen Sie, inwieweit Sie sich belauern und sich Sorgen machen. Richten Sie Ihre Aufmerksamkeit weg von diesen Befürchtungen, denn diese markieren meist den Beginn der Angst

- Konfrontation statt Vermeidung und Kneifen.
- Signalwirkung

Versuchen Sie herauszufinden, welche Belastungen Ihre Neigung zu Angst begünstigen. Bewerten Sie Ihre Stressreaktion immer als Signal dafür, dass Sie momentan unter Druck stehen. Damit gewinnen Sie der Situation positive Aspekte ab.

- Betreiben Sie Stressmanagement.
- »Gesundes« Verhalten

Ausreichend Schlaf, wenig Alkohol, Nikotin oder Koffein, gute Ernährung, Entspannung, Vorfreude auf Unternehmungen mit dem Pferd. Seien Sie lieb zu sich und betreiben Sie »Seelenhygiene«.

- Die Macht der Bilder nutzen
- Stolz

Seien Sie stolz darauf, wie Sie Ihre Angst überwunden haben. Machen Sie sich immer wieder klar: Angst und übersteigerte Reaktionen auf Stress haben nichts mit persönlichem Versagen zu tun!

Fazit

Wenn die Angst Sie davon abhält, das Reiten wirklich zu genießen und alle Ihre Fähigkeiten zu nutzen, denken Sie daran, dass Sie die Kontrolle über Ihre Ängste haben und dass es praktische Maßnahmen gibt, die Ihnen helfen können, ein proaktiver Reiter voller Selbstvertrauen zu werden.

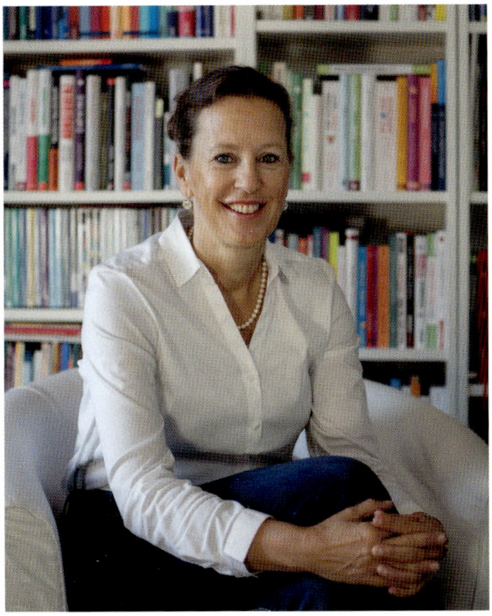

SCHLUSSWORT

»Zeit geben«

Ja, die Ungeduld ... Sie zeigt sich besonders, wenn man lange keine richtig gute Runde mehr im Parcours zurückgelegt hat! Ich verstehe Sie sehr gut. Wenn Sie sich ein neues Pferd gekauft haben, erwarten Sie auch, dass Ihre ersten gemeinsamen Turnierstarts gleich erfolgreich sind. Oder? Und wie ist es beim mentalen Training? Sie besuchen einen Kurs oder kaufen sich ein Buch, und schon erwarten Sie, dass all Ihre mentalen Probleme wie weggeblasen sind.
Leider geht es nicht so schnell. Das Gehirn ist ähnlich wie ein Muskel. Wenn Sie ins Fitnessstudio gehen, haben Sie auch nicht nach drei Stunden Training Muskeln wie Arnold Schwarzenegger oder eine Kondition wie ein Marathonläufer. Ihr Körper braucht eine gewisse Zeit, um sich umzustellen und besser zu werden. Also können Sie dies auch nicht von Ihren »Gedankenaktivitäten« erwarten, die ja nichts anderes als »Aktivitäten Ihres Hirnmuskels« sind.

Dinge, die man sich merken sollte ...
Wenn man Neues erlernt, ist es wichtig, klein anzufangen, vielleicht nur ein paar Minuten zum Beispiel vor dem Aufsatteln oder Aufsitzen, um darüber nachzudenken, was man erreichen möchte.
Einmal Mentaltraining ist nicht genug! Finden Sie Auslöser und Aufforderungen in Ihrer Umgebung, die Sie daran erinnern, mental zu trainieren, damit Sie die Vorteile von mentaler Stärke auch spüren können.

Konzentrieren Sie sich immer nur auf eine Übung. Wir können uns beim besten Willen nicht auf alles gleichzeitig konzentrieren und alles ändern oder verbessern.
Denken Sie am Ende jeder mentalen Trainingseinheit oder am Ende der Reitstunde darüber nach, was funktioniert hat und was Ihre nächsten Schritte sein könnten. Nicht alles, was Sie ausprobieren, wird bei Ihnen und Ihrem Pferd funktionieren. Werden Sie also zum Wissenschaftler und probieren Sie verschiedene Techniken in unterschiedlichen Situationen aus, um herauszufinden, welche mentalen Strategien den größten positiven Einfluss auf Ihr Pferd und Sie haben.
Individuelle Aspekte können in einem Buch nie berücksichtigt werden. Ein Buch kann auch kein persönliches Mental-Coaching-Gespräch oder den Besuch eines Seminars ersetzen. Ich habe meine langjährige Erfahrung eingebracht, um dieses Arbeitsbuch zusammenzustellen. Ich hoffe, dass ich Ihnen einige nützliche Impulse geben konnte.
Vielleicht hat all dies Ihr Interesse geweckt, intensiver mit einem Mental Coach zusammenzuarbeiten.

Ich freue mich über Feedback und Anregungen zu diesem Buch. Viel Spaß auf Ihrer »Reise« zu Ihrem persönlichen Erfolg wünscht Ihnen

Ihre Antje Heimsoeth
info@antje-heimsoeth.de
https://www.heimsoeth-academy.com/

ANTJE HEIMSOETH

ERFOLG BEGINNT IM KOPF

Nährboden, auf dem Erfolge wachsen

Eine persönliche Vision zu verfolgen, positive, attraktive Ziele zu haben und sich der eigenen Stärken und Werte bewusst zu sein – all das bildet den Nährboden, auf dem Erfolge wachsen.

Wie Gedanken Gefühle erzeugen

100% unserer Gefühle entstehen als Folge unserer Gedanken.
Unser Denken hat oft nichts mit der Welt da draußen zu tun. Menschen machen in ein- und derselben Situation unterschiedliche Erfahrungen.
Wir sehen die Welt nicht so, wie sie ist, sondern wie ich bin, ist eine Projektion unserer Gedanken.

Die Welt ist, wie Sie sie sich denken

Wir erschaffen unsere Realität selbst. – Das haben Sie sicherlich schon oft gehört. Ja, es stimmt! Wir denken zum Beispiel, wir seien nicht gut genug im Dressurviereck oder auf dem Springplatz und fühlen uns mit der Zeit immer schlechter. Das beeinflusst unser Verhalten, bis sich unsere persönliche ›Wahrheit‹ bestätigt. Der Unterschied zu erfolgreichen Menschen ist: Verlierer spielen in Gedanken stets das eigene Versagen durch. Die Bilder, die dazu im Unterbewussten abgespeichert werden, haben die Tendenz, sich zu erfüllen – nach dem Prinzip der selbsterfüllenden Prophezeiung.

Men
im Pf

Integrieren S
in Ihren Allt

Entscheiden Sie sich für positive Selbstgespräche

Ich empfehle Ihnen, einen wohlwollenden inneren Dialog mit sich zu führen. Statt sich mit einer Negativ-Überzeugung wie »Ich bin nicht gut genug« zu hemmen, kann man sich mit dem bejahenden Satz »Ich glaube an mich und meine Möglichkeiten« motivieren.
Ersetzen Sie Selbstzweifel und Negativität durch stärkende »Ich bin«-Aussagen. Sagen Sie sich zum Beispiel: »Ich bin wertvoll und verdiene Erfolg.«

Üben Sie sich in Dankbarkeit

Finden Sie möglichst jeden Tag Antworten auf die Fragen: Was haben Sie heute getan, für das Sie dankbar sind? Was hat heute jemand anderes getan, für das Sie dankbar sind? Wofür waren Sie heute dankbar? Was hat Ihnen in der letzten Woche jemand anderes gesagt, für das Sie dankbar sind? Welche drei Dinge sind heute gut gelaufen und warum sind sie gut gelaufen? Die Praxis der Dankbarkeit in Ihren Alltag zu integrieren, ist auf die tiefste Art und Weise lebensverändernd. Ich kann es nicht genug empfehlen!

Bauen Sie sich ein unterstützendes Umfeld auf

Umgeben Sie sich mit Positivität: Umgeben Sie sich mit Menschen, die Ihr reiterliches Wachstum unterstützen und fördern, und mit Menschen, die Sie aufbauen und inspirieren.
Pflegen Sie Kontakte zu Menschen, mit denen Sie gut reden können und die Sie so akzeptieren, wie Sie sind. Kurz gesagt: Menschen, die Ihnen guttun.

Persönlicher Erfolgsplaner

Visualisieren Sie Ihre Ziele

Nur, was Sie sich vorstellen können, können Sie auch erreichen.
Das vollständige Potenzial entfaltet sich dann, wenn Sie die Zielerreichung zusätzlich emotional und körperlich erleben (**Zielvisualisierung**).
Formulieren Sie daher Ihr Ziel so konkret, dass Sie den Zielzustand sehen, hören und spüren – eventuell auch riechen und schmecken können.

Verabschieden Sie sich aus der Opferrolle, kommen Sie ins Tun!

Setzen Sie sich kleine, erreichbare Mikroziele (Wochen-, Monatsziele). Schöpfen Sie Zuversicht aus dem Erleben, diese Ziele am Ende der Woche erreicht zu haben. Genießen Sie die Freude darüber. Das schenkt Zufriedenheit.

Ängste überwinden

Wir alle kennen das – diese entscheidenden Momente, in denen Angst, z.B. Versagensangst, auftaucht und uns zurückzuhalten droht.
Wir haben die Wahl. Wir können die Angst unser Reiterleben bestimmen lassen, oder wir können uns auf unsere Stärken besinnen und uns unseren Ängsten direkt stellen.
Erkennen Sie Ihre Ängste an. Angst verliert ihre Kraft, wenn wir trotz ihrer Anwesenheit handeln.

tark
sport
olgsfaktoren
ntal stärker

Fokussieren Sie sich aufs Hier und Jetzt

Konzentrieren Sie sich nicht auf die Ergebnisse. Die Fokussierung auf Ergebnisse erzeugt Druck.
Konzentrieren Sie sich auf die Gegenwart, auf Ihr Tun an diesem Tag. Das Einzige, was wir wirklich beeinflussen können, ist unsere Gegenwart. Sie sind erfolgreicher, wenn Sie sich auf die Gegenwart konzentrieren, statt sich vor Dingen zu fürchten, die nur bedingt in Ihrem Einflussbereich liegen.

Fehler = Helfer

Akzeptieren Sie die Tatsache, dass Sie Fehler machen (werden).
Niemand ist perfekt, aber was durchschnittliche Sportler von Top-Sportlern unterscheidet, ist die Fähigkeit, auch nach Fehlern Zuversicht, Konzentration und Vertrauen zu bewahren.

Entspannungs- und Regenerationsphasen einplanen

Ohne Spaß an dem, was wir tun, sind wir nicht zu Höchstleistungen fähig. Glück und Zufriedenheit sind die Basis für Erfolg, nicht umgekehrt.
Sanftes Ausdauertraining sowie Progressive Muskelentspannung, Autogenes Training, Yoga, Tai Chi oder Qi Gong tragen wesentlich zur Entspannung bei.

Literaturverzeichnis

A. Antonovsky: Salutogenese. Zur Entmystifizierung der Gesundheit. Tübingen: DGVT. 1997

Besser-Siegmund-Institut, Seminarskript zur Wingwave®-Coach Ausbildung. 2007

R. J. Callahan: Leben ohne Phobie.
Wie Sie in wenigen Minuten angstfrei werden.
Kirchzarten bei Freiburg: VAK. 2002

M. Csikszentmihalyi & S. A. Jackson: Flow im Sport.
München: BLV. 2000

Mihaly Csikszentmihalyi
Das Flow-Erlebnis. Klett-Cotta
Flow. Das Geheimnis des Glücks. Klett-Cotta
Flow im Beruf. Das Geheimnis des Glücks am Arbeitsplatz. Klett-Cotta
Kreativität. Wie Sie das Unmögliche schaffen und Ihre Grenzen überwinden. Klett-Cotta
Dem Sinn des Lebens eine Zukunft geben. Eine Psychologie für das 3. Jahrtausend. Klett-Cotta

8 Traits of Flow According to Mihaly Csikszentmihalyi, https://positivepsychology.com/mihaly-csikszentmihalyi-father-of-flow/, abgerufen am 26.06.2023

Gehirn & Geist (2/2004), Magazin für Psychologie und Hirnforschung, Verlag Spektrum der Wissenschaft, Heidelberg

Bernd Isert & Klaus Rentel: Wurzeln der Zukunft.
Paderborn: Junfermann Verlag. 2000

G. Hüther: Die Macht der inneren Bilder. Göttingen: Vandenhoeck & Ruprecht. 2004

Oliver Kahn: ICH. Erfolg kommt von innen. Goldmann, München, 2010, S. 165

Toyo & Petra Kobayashi: Tai Chi Chuan.
München: Hugendubel. 1999

E. Keller: Endlich frei! Emotionale und körperliche Blockaden auflösen mit Emotional Freedom Techniques EFT. Berlin: Ullstein. 2005

I. Kröger: Abnehmen mit Klopfakupressur. Erfolgreich und dauerhaft. Kirchzarten bei Freiburg: VAK. 2006

Donald R. Ligget: Sporthypnose.
Heidelberg: Carl-Auer-Systeme. 2004

Evelyn Maaß & Karsten Ritschl: Teamgeist. Paderborn: Junfermann Verlag. 2004

Dr. med. Adalbert Olschewski: Atementspannung.
Heidelberg: Karl F. Haug Verlag. 1995

Dr. med. Adalbert Olschewski: Progressive Muskelentspannung. Heidelberg: Karl F. Haug Verlag. 1996

M. Perry: Selbstvertrauen. 10 Schritte zur vollkommenen Selbstsicherheit.
Fränkisch-Crumbach: Edition XXL. 2007

Alfred R. Stielau-Pallas: Die Macht der Dankbarkeit. Dankbarkeits-Tagebuch.
Eggolsheim-Bammersdorf: Pallas-Verlag. 1998

Alfred R. Stielau-Pallas: Motiviere dich selbst. Sonst manipulieren dich andere. Eggolsheim-Bammersdorf: Pallas-Verlag. 2005

B. Volger: Lehren von Bewegungen. Ahrensburg: Czawlina. 1990

Ines von Witzleben & Aljoscha A. Schwarz:
Endlich frei von Angst. München: GU. 2004

Mentales Training

Brian M. Alman & Peter T Lambrou: Selbsthypnose.
Heidelberg: Carl-Auer-Systeme. 2006

Amler/Bernatzky/Knörzer: Integratives Mentaltraining im Sport. Aachen: Meyer & Meyer. 2006

A. Assinger & G. Klug: Auch Sieger haben Angst. ORF. 2002

S. Baumann: Psychologie im Sport.
Aachen: Meyer & Meyer. 1993

C. Besser-Siegmund: Mentales Training. Das Praxisbuch.
München: Südwest Verlag GmbH. 1998

C. Besser-Siegmund: Mentales Selbst-Coaching. Die Kraft der eigenen Gedanken positiv nutzen. Paderborn: Junfermann Verlag. 2006

B. Beswick. Mental gewinnen. Erfolgsfaktoren im Fußball. 2011 by onLi-Verlag - Leer

M. Draksal: Mentale Wettkampfvorbereitung für Sportschützen – Ein praktisches Arbeitsbuch für den Schießsport. www.wettkampfvorbereitung. 2003

M. Draksal: Mentale Marathon-Vorbereitung. Ein praktisches Arbeitsbuch für Laufeinsteiger & Fortgeschrittene. Leipzig: Draksal Fachverlag. 2007

M. Draksal: Mehr Konzentration im Sport. Das große Handbuch für Sportler, Übungsleiter und Trainer. Leipzig: Draksal Fachverlag. 2005

H. Eberspächer: Mentales Training. München: Stiebner. 1995 und 2007

H. Eberspächer: Sportpsychologie. Reinbeck: Rowohlt. 1990

H. Eberspächer: Gut sein, wenn's drauf ankommt.
München/Wien: Hanser. 2004

R. Frester & T. Wörz: Mentale Wettkampfvorbereitung. Göttingen: Vandenhoeck & Ruprecht. 1997

R. Frester: Mentale Fitness für junge Sportler. Göttingen: Vandenhoeck & Ruprecht. 1999

T. W. Gallwey: Tennis – das innere Spiel. München: Wila. 1977

Antje Heimsoeth. Sportmentaltraining: Mit einem Vorwort von Oliver Kahn. pietsch. 2. Edition 2018

Antje Heimsoeth. Chefsache Kopf. Mit mentaler und emotionaler Stärke zu mehr Führungskompetenz. 2015. S. 41

E. Herriegel: Zen in der Kunst des Bogenschießens. München: O. W. Barth. 1979

W. Knörzer: Judo als Bewegungsimitation. In S. Redl, R. Sobotka & A. Russ (Hrsg.): Ganzheitliche Gesundheitsbildung in Theorie und Praxis (S. 101–120). Heidelberg: Haug. 1994

L. Linz: Erfolgreiches Teamcoaching. Aachen: Meyer & Meyer. 2004

J. E. Loehr: Die neue mentale Stärke. München: BLV. 1998

L. R. Morell & M. Draksal: Golf Mental. Praxisbuch für Golfer & Trainer. Leipzig: Draksal Verlag. 2003

Schützenhöfer, L.: PsychoGolf. Erfolg mit dem Schwung des Unbewussten, Leykam, Graz, 2007, S. 40-47.

C. Sterr: Mentaltraining im Sport. Bessere Leistung bei Training und Wettkampf. spomedia. 2006

J. Syer & Ch. Connoly: Psychotraining für Sportler. Reinbek bei Hamburg: rororo. 1981

P. Terry: Mental zum Sieg. München: BLV. 1990

L. E. Unestahl: The ideal sport performance. In L. E. Unestahl (ed.), Sportpsychology in theory and practice. Orebro: Veye

T. Wörz: Mentales Golf. Das Praxisbuch. München: BLV. 2003

T. Zerlauth: Sport im State of Excellence. Paderborn: Junfermann Verlag. 1996

Angst

Angst, https://www.planet-wissen.de/gesellschaft/psychologie/angst/index.html, abgerufen am 26.06.2023

Die Angst überwinden – was wirklich hilft, https://hellobetter.de/blog/angst-ueberwinden/, abgerufen am 28.06.2023

Energetische Psychologie/ Energetisches Coaching

Roger J. Callahan: Den Spuk beenden. Freiburg: VAK. 2001

Roger J. Callahan: Der unwiderstehliche Drang. Freiburg: VAK. 2003

Roger J. Callahan: Tapping the Healer Within. McGraw-Hill Companies. 2002

Fred P. Gallo: Gelöst, entlastet, befreit. Freiburg: VAK. 2002

Fred P. Gallo: Handbuch der Energetischen Psychotherapie. Freiburg: VAK. 2002

Fred P. Gallo: Energetische Psychologie. Freiburg: VAK. 2000

Silvia Hartmann: Emotionale Freiheit. Freiburg: VAK. 2002

Dietrich Klinghardt: Lehrbuch der Psycho-Kinesiologie. Institut für Neurobiologie. 2004

Peter T. Lambrou & George Pratt: Emotionales Selbstmanagement. Beust. 2000

wingwave®

Cora Besser-Siegmund & Harry Siegmund: Erfolge bewegen Coach Limbic. Paderborn: Junfermann Verlag. 2003

Cora Besser-Siegmund & Harry Siegmund: EMDR im Coaching. Paderborn: Junfermann Verlag. 2005

NLP

R. Dilts: Strukturen subjektiver Erfahrung. Paderborn: Junfermann Verlag. 1985

J. O´Connor & J. McDermott: Die Lösung lauert überall – Systemisches Denken verstehen und nutzen. Kirchzarten bei Freiburg: VAK. 1998

J. O´Conner: NLP – das Workbook. Für NLP-Einsteiger und NLP-Trainer. Kirchzarten bei Freiburg: VAK. 2005

M. Schmidt-Tanger: Veränderungscoaching. Paderborn: Junfermann Verlag. 1999

M. Schmidt-Tanger: Gekonnt coachen. Paderborn: Junfermann Verlag. 2004

B. Feustel, & I. Komarek: NLP-Trainingsprogramm. München: Südwest Verlag GmbH. 2006

K. Grochowiak: Das NLP Practitioner Handbuch. Paderborn: Junfermann Verlag. 1996

K. Grochowiak & S. Haag: Die Arbeit mit Glaubenssätzen. Als Schlüssel zur seelischen Weiterentwicklung. Darmstadt: Schirner Verlag. 2004

Nandana & K. Nielsen: NLP mit Weisheit. NLP-Lehrbuch Band I. Verlag: »Karl Nielsen, International Association of NLP-Institutes«. 2005

Zum Weiterlesen

Alfonso Aguilar: Wie Pferde lernen wollen. Kosmos. 2004

Christa Arz: Bodenarbeit; Pferdetraining an der Hand. Verlag Müller Rüschlikon. 2000

L. Bayley: Trainingsbuch Bodenarbeit. Kosmos. 2006

J. Bentley: Reiten ohne Stress und Angst. Cadmos Verlag. 1999

Ursula Bruns & Linda Tellington-Jones: Die Tellington-Methode; So erzieht man sein Pferd. Verlag Müller Rüschlikon. 1985

P. Cummings: Connected Riding; Besser reiten mit inneren Bildern. Kosmos. 2005

Kerstin Diacont: Korrekte Paraden und Übergänge – die Basis für elegantes Reiten. Verlag Müller Rüschlikon. 2020

Dr. med. vet. Helmut Ende: Doktor Endes Stallapotheke. Der Klassiker. Verlag Müller Rüschlikon. 2013

S. Frevert: Entspannt reiten ohne Angst. Kosmos. 2006

Michael Geitner: Be strict – Denken wie ein Pferd. Verlag Müller Rüschlikon. 2001

Michael Geitner: Be strict im Sattel. Verlag Müller Rüschlikon. 2003

K. Grawe: Neuropsychotherapie. Hogrefe. 2004

R. Hinrichs: Reiten mit feinen Hilfen. Kosmos. 2005

P. & W. Hölzel: Mentales Training für Reiter. Der neue Weg zum erfolgreichen Reiten. Kosmos. 1995

I. Kröger & C. Uhl-Kutsch: Reiten im Einklang mit mir selbst. Kosmos. 2003

E. Meyners: Das Bewegungsgefühl des Reiters. Kosmos. 2003

E. Meyners: Bewegungsgefühl und Reitersitz. Kosmos. 2005

Dr. Robert J. Schinke: Erfolg beginnt zuerst im Kopf. Mentales Training für Reiter. Cadmos Verlag. 2006

B. & R. Schinke: Erfolgreicher Reiten mit mentalem Training. FNverlag der Deutschen Reiterlichen Vereinigung. 1999

J. Savoie: Positiv denken – Erfolgreich reiten. Mit Mentaltraining zum persönlichen Sieg. Kosmos. 2006

J. Schumacher & M. Krämer: Reiten mit allen Sinnen. Kosmos. 1999

Susanne E. Schwaiger: Der Weg in die Freiheit – Persönlichkeitstraining mit Pferden. Verlag Müller Rüschlikon. 2013

Sally Swift: Reiten aus der Körpermitte; Pferd und Reiter im Gleichgewicht. Verlag Müller Rüschlikon. 1985

Sally Swift: Reiten aus der Körpermitte Band 2; Perfektion im Sattel. Verlag Müller Rüschlikon. 2003

Mary Wanless: Ride with your mind – Perfekt reiten mit der Wanless-Methode. Verlag Müller Rüschlikon. 2008

Inga Wolframm: Angstfrei Reiten in sieben Schritten. Verlag Müller Rüschlikon. 2010

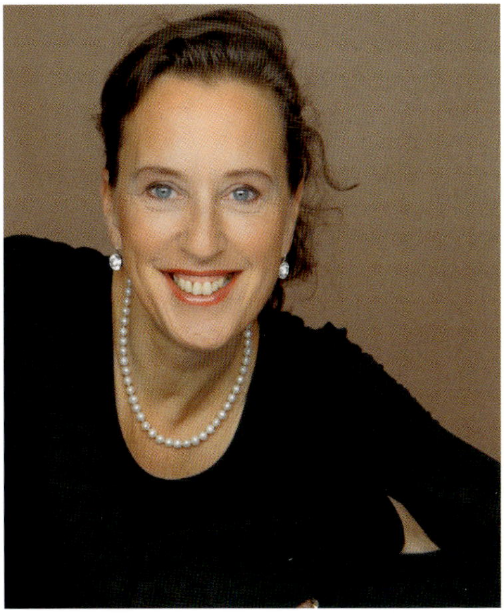

Antje Heimsoeth, Jahrgang 1964, ist Dipl. Ing. (FH) und gehört wohl zu den bekanntesten Mental Coaches & Keynote Speakers in Europa. Sie führt seit 2003 ihr Institut, die Heimsoeth Academy, in dem sie Seminare, Ausbildungen, Trainings und Coachings in den Bereichen Business, Gesundheit und Sport anbietet.

Ihren Expertenstatus unterstreicht Sie durch Ausbildungen als DVNLP-Lehrtrainerin (DVNLP), Coach, DVNLP, zert. LernCoach (nlpaed), ECA Sport Coach (Master Competence), Life Kinetik® Trainerin, zert. Mental Coach, Sportmentaltrainerin (HAG), wingwave®-Coach, zert. Business Coach, Gesundheitstrainerin, zert. Work Health Balance-Coach für systemische Kurzzeit-Konzepte, zert. Entspannungspädagogin. Als Mental Coach und Keynote-Rednerin mit Olympiafaktor: »Go for Gold« ist sie weltweit nachgefragt.

Sie wurde als »Vortragsrednerin des Jahres 2014« und 2021, in 2019 mit TOP 10 Trainer & Influencer und in 2017 mit TOP 100 Erfolgstrainer (durch das Magazin ERFOLG) ausgezeichnet. Bei Managern und Medien gilt sie als »renommierteste Motivationstrainerin Deutschlands« (FOCUS). Antje Heimsoeth wurde in den Senat der Wirtschaft Deutschland berufen.

Mit ihrer Expertise geht sie auch auf Sendung bei Fernsehsendern wie RTL Aktuell, n-tv, Sky, BR, nrw.tv, Hamburg1 und RFO, in Zeitungen wie F.A.Z., WELT und WELT AM SONNTAG sowie bei Radiosendern wie Bayern 3 – Frühaufdreher, Sport1, BR und ManagementRadio.

Erfahrungen weitergeben

Ihr Anliegen ist es, ihre persönlichen Erfahrungen im Mental Coaching von Menschen und Pferden weiterzugeben. Persönlichkeitstraining und -entwicklung mit Pferden macht Spaß, weckt Lebensfreude und eröffnet den Zugang zu versteckten Ressourcen in uns.

Passion Reitsport

Pferde sind ihre großen Lehrmeister. Ihre pferdesportliche Verbindung begann mit dem Laufenlernen. Sie erzielte mit unterschiedlichen, von ihr selbst aus- und weitergebildeten Pferden zahlreiche Siege und Platzierungen in Dressur, Springen und Vielseitigkeit auf regionalen und nationalen Turnieren. Sie ist im Besitz des DRA II (Deutsches Reitabzeichen in Silber).

Antje Heimsoeth ist seit über 20 Jahren Sport Mental Coach und arbeitet mit Reitern aller Couleur: Amateuren und Profis, Freizeitreitern, Trainern, Ausbildern, Junioren und ihren Eltern. Einige von ihr begleiteten Sportler haben an Olympischen Spielen teilgenommen.

Sie können sich mit Ihren Fragen und »Problemen« jederzeit sehr gerne an Antje Heimsoeth wenden. Sie steht Ihnen für Coachings, Seminare und Ausbildungen – Online oder in Präsenz – auch in Ihrer Reitschule/Ihrem Reitzentrum zur Verfügung.

Antje Heimsoeth
Heimsoeth Academy
Schützenstr. 24, D - 83024 Rosenheim

Kontakt zur Autorin:
e-mail: info@antje-heimsoeth.de
www.antje-heimsoeth.com,
www.heimsoeth-academy.com

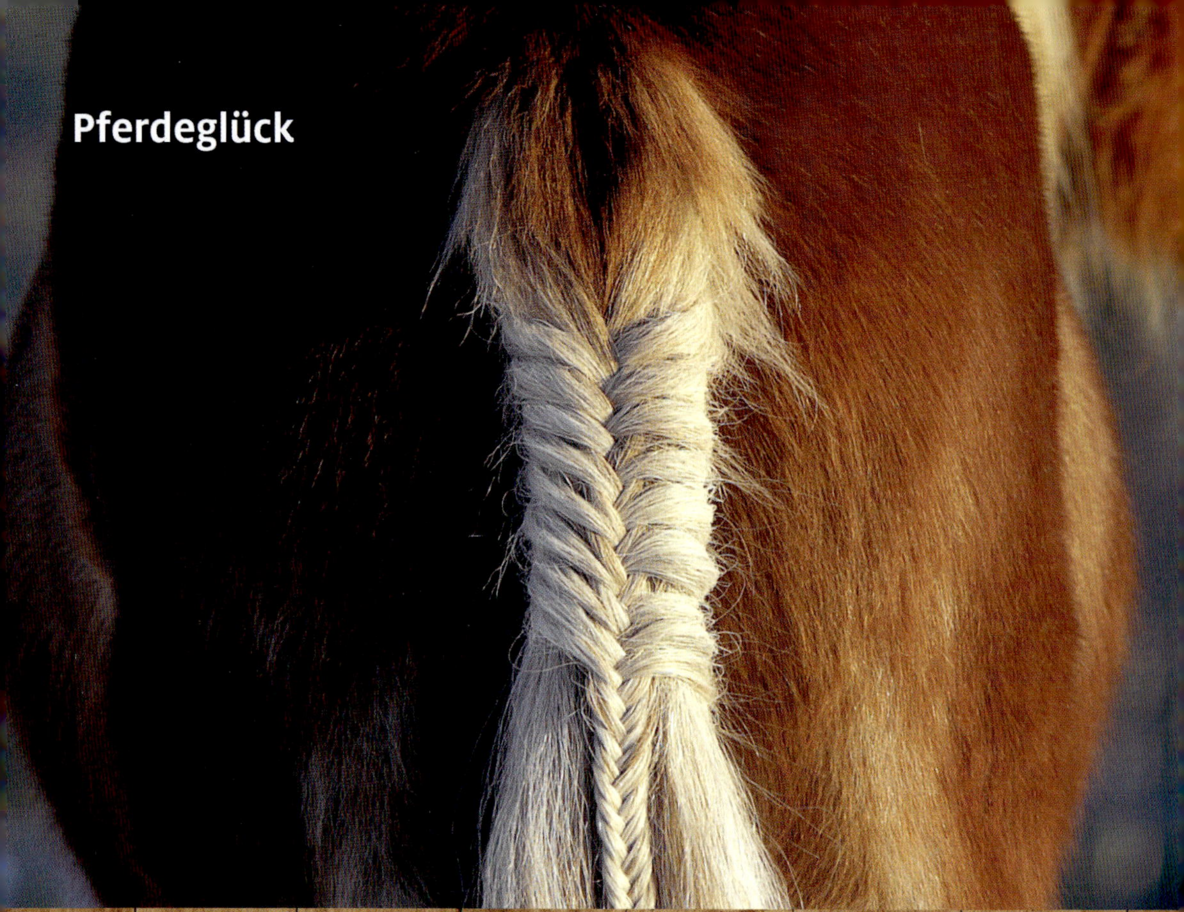
Pferdeglück